쓰기 채점자의 인지 과정과 채점 편향

쓰기 채점자의 인지 과정과 채점 편향

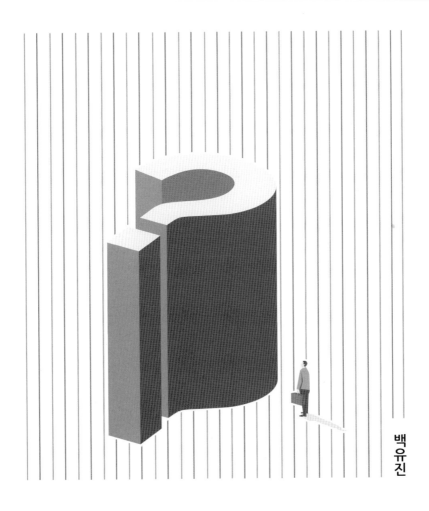

백유진

역락

머리말

아이들의 글을 읽는 일은 언제나 즐겁다. 번뜩이는 아이디어와 재치 있는 표현들까지. 잠이 들기 전 다시 한 번 생각하며 피식 웃게 되는 그런 묘한 매력이 있다. 이 문장이 말이 되는지, 논리의 전개가 설득력이 있는지를 따지자면 한도 끝도 없지만, 이리저리 머리를 굴려가며 종이에 깨작였을 아이들을 생각하면 내 마음에까지 그들의 푸르름이 번져 나가는 것만 같은 느낌을 받는다.

하지만 글에 딱딱한 숫자를 매기려고만 하면, 정해놓은 틀에 맞춰 일렬로 줄을 세우려고만 하면 이야기가 달라진다. 내가 부여한 점수가 타당한지, 이 글과 저 글에 적용한 기준이 다르지는 않은지, 정말 이 점수가 최선인지를 생각하며 글을 읽는 것은 매우 피곤하고, 괴롭고, 어려운 일이다. 고통의 시간을 지나 채점을 다 끝낸 후에는 어김없이 뇌리에 박히는 질문이 하나 있다.

'나, 제대로 채점한 거 맞아?'

이 책에서 다룬 연구는 나 자신에게 수도 없이 했을 이 질문, 그리고 어쩌면 매번 외면해 왔을 이 질문에 당당히 마주하기 위해 시작했다. 시간이 부족하다는 핑계를 대며, 다시 채점해도 비슷한 결과가 나올 것이라는 합리화를 하며, 마음 속 저 깊은 곳에서 꿈틀대는 양심을 외면했던 나 스스로에게 부끄러움을 알리기 위해 시작했다.

이 책은 국어교사의 쓰기 채점 과정에서 나타나는 채점 편향의 특성 및 원인을 분석하고, 채점 편향을 최소화하기 위한 방안을 제시하는 데 목적이 있다. 쓰기 채점자 연구는 채점자의 전문성 신장을 위한 기초 자료를 제공한다는 점에서 의의가 크다. 그동안의 연구는 전체 채점 회기의 채점 결과를 분석하는 양적 접근 방식에 치우쳐 있어 채점자의 세부적인 채점 특성을 분석하는 데는 한계가 있었다. 따라서 이 책에서는 Many-Facet Rasch Model과 사고구술 프로토콜 분석 방법을 활용하여 채점의 세부 국면 간에 나타나는 채점 편향과 채점자의 인지 과정을 분석하였으며, 이를 통해 국어교사의 채점 전문성 신장 방안을 제공하고자 하였다.

1장과 2장에서는 정보 처리 이론과 사고구술, 쓰기 채점자의 인지 과정, 쓰기 채점 전문성, 채점 편향에 대한 이론적 배경과 선행 연구 결과들을 살펴보았다. 3장에서는 논설문 채점 과정에서 나타나는 국어교사의 채점 편향의 특성과 원인을 분석하기 위한 연구 방법에 대해 제시하였다. 구체적으로, 연구 대상, 검사 도구, 연구 절차, 데이터 처리 방법 및 분석 도구, 자료의 적합도에 대해 기술하였다. 4장에서는 연구 결과를 분석하여 정리하였다. 국어교사의 정보 처리 행동을 중심으로 채점 편향을 유발하는 요인을 채점 과정별로 정리하였다. 5장에서는 분석 결과를 바탕으로 국어교사의 논설문 채점 과정에서 나타나는 채점 편향을 최소화하기 위한 방안을 제안하였다.

연구를 마무리하고 이 책을 완성하기까지 많은 분들께서 도움을 주셨다. 우선, 부족한 제자에게 언제나 큰 가르침을 베풀어 주시는, 존경하는 박영민 교수님께 감사의 인사를 드리고 싶다. 아무것도 모르던

새내기 대학생 때부터 박사 학위를 취득한 지금에 이르기까지 한결같은 지지와 격려를 보내주셨던 교수님이 계셨기에 인생의 큰 과업들을 무사히 치러낼 수 있었다. 그리고 친구이자, 든든한 지원군이자, 인생의 동반자인 한국교원대학교 06학번 동기들, 언제나 내 편이 되어주는 소중한 친구 향기와 자인이, 학문적 고민과 배움을 함께하는 연구실 동료들에게도 감사의 인사를 전하고 싶다. 더불어 부족한 글을 편집하고 출판해 주신 역락출판사 분들께도 감사의 말씀을 드린다.

마지막으로, 사랑하는 가족들과 세상에서 가장 멋진 김한중 선생님께 고마운 마음을 전한다.

2022. 1.

백 유 진

차 례

제3장 채점 편향 연구의 실행

제4장 채점 편향의 특성과 원인

제5장 채점 편향을 최소화하기 위한 방안

제1장
정보 처리 이론과
쓰기 채점자의 인지 과정

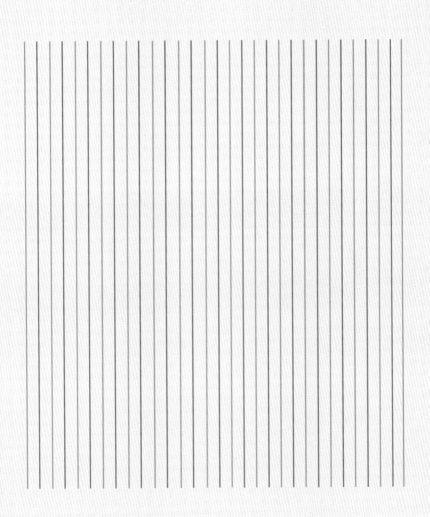

정보 처리 이론과
쓰기 채점자의 인지 과정

1. 정보 처리 이론과 사고구술

(1) 정보 처리 이론

행동주의 심리학이 주류를 이루었던 20세기 초중반까지 인간의 인지 과정에 대한 연구는 거의 배제되거나 외부 관찰자의 피험자 행동 관찰에 의존하는 방식으로 이루어져 왔다(김현택 외 2003, 천경록 2002). 하지만 외적 관찰에 의존하는 인지 과정 연구에 대한 신뢰성 문제와 개인 본인만이 자신의 인지 과정에 접근할 수 있다는 접근권 문제가 제기되면서, 인간의 인지 과정을 '블랙박스(black box)'로 처리하는 행동 주의 심리학의 한계가 드러나기 시작하였다.

이후 인간의 인지 과정을 컴퓨터의 정보 처리 방식으로 설명하는 정보 처리 이론이 등장하면서 인지 과정 자체에 대한 논의가 활발하 게 이루어지기 시작했다(LeDoux 최준식 역 2006, Atkinson & Shiffrin 1968).

정보 처리 이론에서는 인간의 사고 과정 기저의 복잡한 메커니즘을 정보의 입력, 저장과 인출, 문제 해결 과정과 같은 컴퓨터의 정보 처리 과정으로 단순화하여 설명하고자 한다(김현택 2003). 즉, 인간의 인지 과정을 정보가 '감각 등록기, 단기기억, 장기기억'의 저장소 사이를 '주의, 지각, 시연, 부호화, 인출' 등의 인지 처리 과정을 통해 이동하는 것으로 표현한다.

이러한 맥락에서 많은 선행 연구에서는 채점자가 텍스트를 채점할 때 어떠한 인지 과정을 거치는지에 대해 조사하여 채점자의 인지 과정을 모형화하고자 하였다. 이러한 연구는 채점자의 인지 과정에 대한 이해 없이 쓰기 평가의 본질을 논할 수 없다고 전제하므로, 채점자가 주의를 기울이는 텍스트의 요인, 채점 기준을 해석하고 적용하는 방식, 채점 척도 활용 방식 등에 대해 파악하고자 하였다. 더 나아가 이론적 프레임워크를 통해 채점자의 인지 과정을 구체화함으로써 채점자의 전문성 신장 방안을 모색하고자 하였다.

인지 과정의 모형화에 큰 영향을 미친 것은 Simon(1981)의 위계적 시스템에 대한 이론이다. Simon(1981)에 따르면, 인간의 인지 과정과 같은 복잡한 시스템은 최소의 단위로 분해될 수 있으며 분해된 각 계층은 다른 부분들과 상대적으로 독립적으로 작동하는 특성을 지닌다. 또한 하나의 시스템을 이루는 하위 시스템 내 상호작용은 하위 시스템 간 상호작용보다 강하다. 그러므로 복잡한 시스템을 이해하기 위해서는 사고 과정의 하위 과정들을 확인할 필요가 있다. 이러한 Simon(1981)의 견해는 인간의 복잡한 사고를 단순화하여 설명하고자 하는 정보 처리 이론과 맞닿아 있으며, 인간의 복잡한 인지 과정을 이해하기 위해서는 시스템 내 하위 과정들을 파악할 필요가 있음을 시사한다.

　예를 들어, 쓰기 채점자의 인지 과정을 모형화한 초기 연구인 Freedman & Calfee(1983)는 시스템의 하위 요소들이 분리될 수 있고 독립적으로 기능한다는 Simon(1981)의 주장을 통해 채점의 하위 과정들의 독립성을 설명하고자 하였다. 구체적으로, Freedman & Calfee(1983)는 채점의 세 가지 하위 과정에 영향을 미치는 변인을 '채점자의 개인적 특성'과 '과제 환경의 특성'으로 분류한 후, 변인들이 각 과정에 차별적으로 영향을 미친다는 것을 입증하고자 하였다. 각 과정에 영향을 미치는 변인들의 차이는 하위 과정들이 분리 가능하며, 독립적으로 작용한다는 사실을 뒷받침하기 때문이다. <그림 1-1>은 쓰기 채점의 각 과정에 영향을 미치는 변인들을 나타낸 것이다. 좌측은 '과제 환경의 특성', 우측은 '채점자의 개인적 특성'에 해당한다(Freedman & Calfee 1983:95).

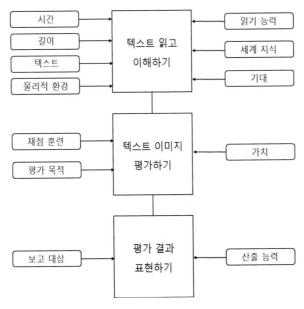

〈그림 1-1〉 채점 과정에 영향을 미치는 변인들

<그림 1-1>에 따르면, '채점자의 개인적 특성' 중 채점자의 읽기 능력, 세계 지식, 기대 등은 '텍스트 읽고 이해하기' 과정에, 채점자의 가치는 '텍스트 이미지 평가하기' 과정에, 채점자의 산출 능력은 '평가 결과 표현하기' 과정에 영향을 미친다. '과제 환경의 특성' 중 과제 시간, 길이, 텍스트 유형, 물리적 환경은 '텍스트 읽고 이해하기' 과정에, 채점 훈련과 평가 목적은 '텍스트 이미지 평가하기' 과정에, 채점 결과의 보고 대상은 '평가 결과 표현하기' 과정에 각각 영향을 미친다.

이렇듯 세 가지 하위 과정에는 각기 다른 변인들이 영향을 미치게 된다. 예를 들어, 채점자들이 같은 텍스트를 채점하더라도 쓰기 대회의 입상을 결정하는 상황과 학생을 보충 수업에 배치하는 결정을 하는 상황에서의 판단은 다를 수 있다. 텍스트에 대한 이미지가 동일하게 형성되더라도 전자의 경우에는 텍스트에 대한 채점자의 평가적 판단이 엄격해질 수 있고 반대로 후자의 경우에는 관대해질 수 있다. 이는 '평가의 목적'이 '텍스트 읽고 이해하기'나 '평가 결과 표현하기'보다는 '텍스트 이미지 평가하기' 과정에 영향을 미친다는 것을 의미한다. 이와 같이 각 과정에 영향을 미치는 변인들의 차이는 채점의 하위 과정들이 독립적으로 작용한다는 것을 의미하며, 각기 다른 방식으로 채점 결과의 차이를 낳는다.

종합하자면, 정보 처리 이론과 Simon(1981)의 위계적 시스템에 관한 이론은 쓰기 채점 과정에서 나타나는 채점자의 인지 과정을 모형화하고 체계화하는 데 큰 영향을 미쳤다고 할 수 있다. 이 모형들은 채점 결과의 차이를 유발하는 채점자의 정보 처리 방식을 밝혀내고, 전문 채점자의 정보 처리 행동의 특성을 분석함으로써 채점 전문성을 신장하기 위한 방안을 마련하는 데 기여했다.

(2) 사고구술

▌사고구술의 개념과 유형

정보 처리 이론이 등장한 이후 인간의 인지 과정을 밝히기 위한 방법으로 '사고구술'이 활용되기 시작하였다. 사고구술 분석 방법은 피험자가 인지 행위를 하는 동안 머릿속에 떠오르는 생각을 모두 소리 내어 말하게 한 후, 이를 기록한 프로토콜을 분석하여 피험자의 인지 과정을 밝혀내는 방법이다(박영민 외 2016).

연구 방법으로서의 사고구술은 1980년대 초반 Ericsson & Simon(1993)이 체계화한 이래 교육학, 심리학, 인지 과학 등 다양한 분야에서 활발히 활용되고 있다. 특히 인간의 사고 과정을 이해하는 것에 중점을 두는 의사 결정, 언어 학습, 텍스트 이해, 기억, 학습 장애 등의 분야에서 주요 연구 방법으로 활용되어 광범위한 학술적 성과물을 산출하는 데 기여하고 있다.[1]

사고구술은 기본적으로 인간의 인지 과정을 정보 처리 시스템으로 이해하는 정보 처리 이론에 기반을 두고 있다. 정보 처리 이론에 따르면, 인지 과정은 일련의 정보 처리 과정으로 변형될 수 있는 내적 상태의 흐름이며, 정보는 서로 다른 용량과 지속시간, 접근 특성을 지닌 기억들에 저장된다. 단기 기억에 저장된 정보 즉, 피험자가 최근에 주의를 기울인 정보는 바로 사고구술 될 수 있고, 장기기억에 저장된 정

---

[1] 사실 사고구술 행위 자체는 일상생활에서도 흔히 일어난다. 선택, 평가, 판단, 행동 등에 대한 질문에 답변하는 행위를 모두 '사고구술'로 볼 수 있다. 예를 들어 학교에서 친구에게 수학 문제를 푸는 방법을 알려준다든가, 목적지를 찾지 못하는 사람에게 길을 알려주는 등과 같은 행위는 사고를 말로 표현한다는 점에서 모두 사고구술이라고 할 수 있다(Nisbett & Wilson 1977).

보는 단기기억으로 인출하여 사고구술 될 수 있다(Ericsson & Simon 1993).

그러므로 사고구술의 구두 보고가 이루어지는 시기는 정보가 어떤 기억에서 인출되는가와 관련이 있다. 주의를 기울인 정보와 구술화 된 정보 사이의 관계는 구두 보고의 형태가 저장된 정보를 직접 언급하고 설명하는 것인지, 저장된 정보를 추상화와 추론과 같은 중간 과정에 투입한 후 그 결과물을 산출하는 것인지와 관련이 있다(Ericsson & Simon 1993). 이 중에서 사고구술이란 피험자가 정보에 주의를 기울일 때마다 그것을 모두 구술화 하는 것을 의미한다.

따라서 사고구술과 가장 밀접한 관련이 있는 것은 단기기억이다. 과제를 수행하며 주의를 기울인 정보는 단기기억에 저장되므로, 정보가 단기기억에 저장되는지의 여부에 따라 사고구술의 가능 여부가 결정된다. 만약 인지적 과제가 단순하거나 사고 과정이 자동화되었을 때는 단기기억을 활용하는 과정을 거치지 않으므로 사고구술을 활용할 수 없다. 하지만 과제가 복잡하거나 사고 과정이 자동화되지 않았을 때는 그것을 처리하는 과정의 다양한 지점들이 단기기억에 나타날 수 있어 사고구술이 가능하다(Ericsson & Simon 1993).

Ericsson & Simon(1993)은 주의를 기울인 정보를 구술화 하는 절차의 유형을 3가지 수준으로 분류하였다. <그림 1-2>, <그림 1-3>, <그림 1-4>는 인지 과정에서 주의를 기울인 정보의 상태와 구두 보고 사이의 관계를 구두 보고의 유형에 따라 나타낸 것이다(Ericsson & Simon 1993: 17).

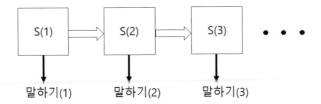

〈그림 1-2〉 Level 1 동시적 구두 보고(Talk Aloud)

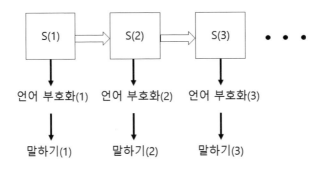

〈그림 1-3〉 Level 2 동시적 구두 보고(Think Aloud)

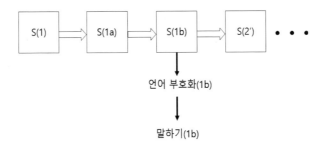

〈그림 1-4〉 Level 3 회상적 구두 보고

* 'S'는 피험자가 주의를 기울인 정보의 상태를 의미한다.

Level 1의 구두 보고는 명시적인 음성 부호를 구술화 하는 것을 의미하며 'talk aloud'라고 한다. 이 수준에서는 중간 과정이 개입하지 않으며, 이미 마음속에 언어로 부호화되어 있는 사고를 말하는 것이므로 피험자는 자신의 생각을 전달하기 위해 특별한 노력을 하지 않아도 된다. Level 2의 구두 보고는 사고 내용에 대해 말하는 것으로 'think aloud'라고 한다. 이 수준의 구두보고는 Level 1의 구두보고와 같이 새로운 정보가 필요하지는 않지만, 언어로 부호화하는 과정이 필요하다. 주의를 기울인 정보의 형태를 그대로 말로 표현하는 Level 1의 구두 보고와 달리, 정보에 주의를 기울이는 시간과 구술화가 이루어지는 시간 사이에 재부호화 과정이 개입된다. 이 때문에 Level 2의 구두 보고는 피험자가 과제를 완료하는 데 더 오랜 시간이 걸린다. 하지만 이러한 재부호화 과정은 주 과제를 수행하는 피험자의 인지 과정을 바꾸지는 않는다. Level 1과 Level 2의 구두 보고를 '동시적 구두 보고[concurrent verbal reports]'라고 하며, 주의를 기울인 정보의 연속적인 상태로 인지 과정을 직접 구술화 한다. 이는 단기기억에 저장된 정보를 바로 구술화 한다는 점에서 사고구술로 명명할 수 있다. 이러한 수준의 구두 보고는 Level 3의 구두 보고와 달리 인지 과정을 수정하지 않고 추가 정보에 주의를 기울이지 않는다는 특징이 있다. 이 연구에서 활용한 사고구술은 피험자의 인지 구조를 변형하지 않는 Level 1과 Level 2의 '동시적 사고구술'이다(Ericsson & Simon 1993).

Level 3의 구두 보고는 피험자의 사고 과정을 설명하게 하는 것으로 '회상적 구두 보고[retrospective verbal reports]'라고 한다. Level 3의 '설명'은 Level 2에서의 '설명'과는 차이가 있다. Level 2의 '설명'이 단순히 단기 기억에 있는 정보를 재부호화 하는 것이라면, Level 3의 '설명'은 주의를 기울인 정보를 이전의 사고들과 연결하는 것을 의미한다. 인지 과정을 말로 표현하기 전에 중간 과정이 개입하는데 이러한 중간 과정은 크게 두 가지로 나눌 수 있다. 하나는 선택적 정보를 구술화 할 때 개입되는 필터링 과정이며, 다른 하나는 피험자가 평상시에 주의를 기울이지 않는 상황에 대해 구술화 할 때 개입되는 추론 과정이다. 이 수준의 구두 보고는 추가적 정보에 주의를 기울여야 하므로 인지 구조의 변형을 불러일으킨다(Ericsson & Simon 1993).

▎사고구술의 장점과 한계

사고구술의 장점은 피험자의 다양한 유형의 반응을 이끌어낼 수 있고, 연구자가 피험자에게 특정 반응을 유도하는 다양한 질문을 던질 수 있다는 것이다. 따라서 사고구술은 연구 상황뿐 아니라 교육적 상황에서도 활발하게 활용되고 있다.

교육적 상황에서는 사고구술이 학습을 증진하는 데 효과가 있다는 연구가 등장하기 시작하면서 하나의 교수·학습 방법으로 활용되고 있다. 사고구술을 교수·학습 방법으로 활용하는 방식은 크게 2가지로 나눌 수 있다. 첫째는 학습 상황에서 교사가 사고구술을 하는 것이다. 기능과 전략에 대한 학습이 중요한 언어 교과에서는 교사가 직접 수행 과정에 대한 시범을 보여줄 필요가 있다. 이때 의미를 구성하는 사고 과정을 보여주는 방법으로 사고구술을 활용하면 학생에게 유능한 학습자의 인지 과정을 학습하게 할 수 있다(박영민 외 2016, 천경록 2002). 둘째는 사고구술 그 자체를 교수·학습 방법으로 활용하는 것이다. 학생에게 사고구술 방법을 가르친 후 다른 학생에게 문제 해결

과정에 대해 사고구술하게 하면 학습의 효과가 증진된다는 여러 연구가 보고되고 있다(천경록 2004).

사고구술은 피험자의 인지 과정을 밝혀낼 수 있다는 점에서 학생의 수행 과정을 평가하기 위한 도구로 활용되기도 한다(Beck 2018). 과제를 해결하는 학생의 머릿속 인지 과정을 구체적으로 파악하면 수행의 수준을 파악할 수 있고, 이를 토대로 수행 능력을 신장하기 위한 진단적 피드백을 제공할 수 있다. 이는 교육의 본질적 목적에 부합하는 매우 타당한 평가 방법이다.

사고구술법은 채점자의 인지 과정을 추론하는 데도 쓰인다(Crisp 2012, Lumley 2002, Wolfe 1997, Vaughan 1991). 사고구술을 통해 채점자의 의사 결정 및 문제 해결 과정 등을 파악할 수 있을 뿐 아니라, 과제나 피험자, 상황에 따른 인지 과정의 차이를 비교할 수 있다(Eckes 2012). Lumley (2005)는 사고구술 프로토콜이 '채점자가 채점 기준을 활용하는 방식, 채점 척도의 역할과 적합성, 채점자의 배경과 경험의 중요성, 채점자 교육의 역할, 채점자가 활용하는 전략, 채점자의 채점 방식, 채점에 영향을 미치는 요인들'을 확인할 수 있게 해주기 때문에 쓰기 채점 연구에서 활발하게 활용되고 있다고 설명하였다.

하지만 사고구술은 몇 가지 한계점을 지니고 있기도 하다. 그중 하나는 사고구술의 내용이 피험자의 사고를 완벽하게 표상하지 못한다는 것이다(Crisp 2012, Crisp 2007, Ericsson & Simon 1993). 많은 연구자들은 사고구술의 내용이 사고의 결과이지 과정이 아니며, 상황에 대한 분석이나 평가는 주로 무의식적 수준에서 일어나므로 문제 해결과 관련된 고차원적 인지 과정을 직접적으로 탐색할 수 있는 방법은 없다고 주장한다(Mandler 1975, Miller 1962).[2] Nisbett & Wilson(1977)는 피험자가 반응에 중대한 영향을 미치는 자극의 존재를 인식하지 못할 수도 있고 반응 자체를 인식하지 못할 수도 있으며, 자극이 반응에 영향을 미치는 것도 인식하지 못할 수 있음을 지적했다. 그리고 피험자가 인지 과정에 대한 정확한 보고를 하기도 하지만 그것이 사고구술과 같은 내성적 접근 방식이 신뢰성이 있음을 입증할 정도는 아니라고 주장하였다.3) Nisbett & Wilson(1977)의 실험 결과는 피험자가 사회적 통념이나 일반적으로 그렇게 될 것이라는 어림짐작 등을 통해 잘못된 추론을 할 가능성이 있으므로, 구두 보고를 과학적 데이터로 활용할 때는 유의할 필요가 있다는 점을 시사한다(LeDoux 최준식 역 2006).

이러한 견해에 따르면, 사고구술은 단기 기억에 표상된 정보를 포착할 뿐 인지적 무의식과 관련 있거나 자동화된 인지 과정을 포착할 수 없다. 따라서 평가와 분석 등 고차원적 인지 과정을 탐색하는 데는 한계가 있는 방법이다. 쓰기 채점자의 인지 과정을 연구한 Crisp(2007)도 일부 판단 과정은 무의식 수준에서 나타나므로 이를 사고구술 방법으로는 포착하기 힘들다는 점을 지적했다. 그러므로 피험자가 산출하는 프로토콜은 실제 실험 과제를 수행할 때 활용했던 인지 과정과 다를 수 있다. 더 나아가 피험자가 사고구술을 하는 중에 인지 과정의 왜곡, 망각, 축소, 변형, 과장 등이 발생할 수 있어 외부로 표출된 프로토콜이 피험자의 인지 과정을 완벽하게 보여준다고 하기도 어렵다.

───────────

2) 이러한 주장을 전개한 연구자들이 주로 사고, 평가 등이 아닌 주로 지각이나 기억의 기초 과정을 연구한 인지심리학자들이었으며, 이러한 논의를 뒷받침하는 실증적 데이터들을 인용한 것은 아니라는 점에서 한계가 있다(Nisbett & Wilson 1977).

3) Miller(1962), Mandler(1975)는 인간이 인지 과정을 직접적으로 탐색할 수 없다는 데 집중해 인간이 인지 과정을 정확하게 포착할 수도 있는 가능성에 대해 논의하지 않았다. 반면 Nisbett & Wilson(1977)은 인간이 인지 과정을 정확하게 포착할 수도 있지만, 그것은 피험자가 자극과 반응 사이의 인과 관계에 대한 선험적 이론에 기반해 보고한 것이어서 우연히 나타난 현상일 가능성이 크다고 설명하였다.

또 다른 문제는 사고구술이 과제 수행과 병행되기 때문에 이중 과제 처리의 인지적 부담이 매우 큰 방법이라는 것이다(박영민 외 2016). 따라서 사고구술 방법은 미숙한 피험자나 학습 부진아 등에게 적용하기 힘들고, 유능한 피험자를 대상으로 할 때도 사전 연습이 충분히 이루어져야 한다.

한편, 사고구술 자체가 피험자의 과제 수행에 영향을 미칠 수도 있다. Lumley(2005)와 Crisp(2008b)에서는 사고구술을 병행하며 쓰기 채점을 수행했을 때와 쓰기 채점만 수행했을 때 채점자들이 산출한 점수를 비교했는데, 수용할 만한 수준의 신뢰도가 산출되었지만 일부 채점자들은 다른 엄격성 수준으로 채점하는 경향이 나타나기도 했다. 이는 사고구술 수행이 피험자의 과제 수행에 영향을 미칠 가능성을 완전히 배제할 수 없음을 의미한다.

비록 인지 과정을 직접적으로 관찰하는 일은 매우 어렵지만, 사고구술은 기존의 연구 방법 중 피험자의 인지 과정을 탐색할 수 있는 가장 확실한 방법이다(박영민 2013, 박영목 2008). 따라서 이러한 한계를 보완해 피험자가 보다 정확하게 자신의 인지 과정을 보고할 수 있도록 사고구술의 환경을 설정하는 것이 중요하다. Nisbett & Wilson(1977)은 명확하고 타당한 자극을 부여했을 때 보다 정확한 사고구술이 일어날 수 있다고 설명하였다. Ericsson & Simon(1993), Lumley(2005)에서도 적절한 조건 하에서 사고구술을 시행했을 때 다른 방법들을 통해서는 알 수 없는 가치 있는 통찰을 얻을 수 있음을 언급하였다. 그러므로 사고구술을 시행할 때는 연구자가 체계적으로 실험을 설계하여 피험자가 연구의 목적과 수행 과제를 명확히 이해한 상태로 사고구술을 할 수 있도록 해야 한다.

2. 쓰기 채점자의 인지 과정

(1) 쓰기 채점자의 인지 과정 모형

▌채점 기준 내면화하기

'채점 기준 내면화하기' 과정은 채점 기준의 용어를 어떻게 해석할 것인지, 주어진 채점 기준에 대한 하위 평가 요소를 어떻게 설정할 것인지, 텍스트의 특징과 채점 기준을 어떻게 연결할 것인지 등 채점 기준을 해석하고 이를 내면화하는 과정을 의미한다. '채점 기준 내면화하기' 과정은 주로 채점 초반부에 이루어지며, 채점자가 채점 지침을 해석하고 내면화하는 방식은 채점 결과에 영향을 미친다(Milanovic et al. 1996). 특히 구체적인 채점 기준별로 점수를 부여하는 분석적 채점에서는 텍스트의 다양한 특징을 어떤 채점 기준과 연결시켜 채점할 것인지에 대한 채점자의 판단이 점수에 큰 영향을 미친다.

채점 기준이 채점 과정에 미치는 영향에 대해 구체적으로 분석한 논의로는 Lumley(2005)가 있다. Lumley(2005:291)는 채점자의 사고구술 프로토콜을 분석하여 <그림 1-5>와 같은 종합적인 쓰기 채점 과정 모형을 제시하였다.[4]

---

4) Lumley(2005)는 '기관 수준, 측정 수준, 해석 수준'에서 일어나는 쓰기 채점 과정을 '읽기, 채점하기, 결과 나타내기'의 세 단계로 분류한 종합적인 모형을 제시하였다. 이 중에서 '기관'은 쓰기 채점을 주관하는 기관을 의미하며, '기관 수준'에서 나타나는 다양한 기관적 제약은 기관의 최종 목적인 표준화된 점수를 산출하는 데 영향을 미친다. 기관 수준의 제약들이 성공적으로 작동될수록 측정 결과의 신뢰성이 확보된다.

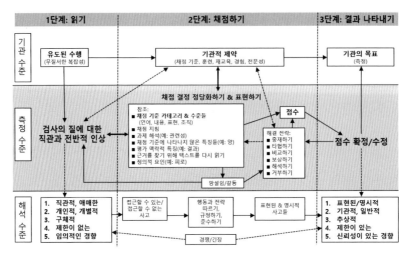

〈그림 1-5〉 쓰기 채점 과정 모형

    〈그림 1-5〉에 따르면, 쓰기 채점에서의 채점 기준의 역할은 세 가지로 정리할 수 있다. 첫째, 채점 기준은 검사 시행 기관의 목적을 실현하는 도구로 활용된다. 모든 검사는 검사를 시행하는 기관의 검사 목적에 영향을 받는다. 쓰기 채점을 주관하는 기관은 일반적으로 선발, 증명, 진단 등의 목적을 달성하기 위해 피험자의 수행으로부터 이를 뒷받침할 근거를 찾고자 한다. 따라서 기관은 피험자의 복잡한 수행 그 자체보다는 검사를 통해 피험자의 능력을 추론하는 데 관심을 둔다. 이러한 맥락에서 채점이라는 행위는 기관적 제약을 받는데, 그 중에서 기관의 검사 목적을 가장 잘 반영하고 있는 것이 채점 기준이다. 채점 기준은 검사의 목적과 가장 밀접한 관련이 있는 피험자의 능력을 명시적으로 반영하고 있기 때문이다. McNamara(2000)는 쓰기 채점을 '쓰기 능력을 구성하는 본질적인 요소들을 채점 기준으로 정한

후 텍스트로부터 각 요소의 수준을 추정하는 행위'라고 정의하였는데,
이를 고려하면 채점 상황에서의 '쓰기 능력을 구성하는 요소'들은 검
사를 주관하는 기관의 평가 목적의 영향을 받는 것으로 볼 수 있다.

둘째, 채점 기준은 채점자가 점수를 부여하기 전에 자신의 결정을
정당화하기 위한 근거들을 탐색하는 데 활용된다. DeRemer(1998)은 쓰
기 채점을 '채점 기준에 포함된 언어를 해석하여 텍스트의 특징과 연
결시키는 문제 해결 과정'으로 설명하였고, Lumley(2002)는 '텍스트에
대한 인상, 텍스트의 구체적인 특징, 채점 기준을 조화시켜 점수를 산
출하는 과정'으로 정의하였다. 즉, 채점자들은 수많은 텍스트의 특징
중에서 채점 기준과 관련이 있는 것들을 중심으로 점수를 부여한다.
하지만 채점자들은 <그림 1-5>에 나타난 것처럼 채점 기준에 없는
요소들을 고려하거나 텍스트의 특징과 채점 기준을 연결하지 못하는
등의 문제를 겪기도 한다. 이때 채점자들이 활용하는 전략으로는 '중
재하기, 타협하기, 비교하기, 보상하기, 해석하기, 거부하기' 등이 있다.

셋째, 채점 기준은 채점자들이 텍스트를 읽으면서 형성한 직관적인
인상을 명시적인 결과로 표준화하는 도구로 활용된다. 채점자는 채점
을 수행하는 동안 자연스러운 읽기 방식과 기관이 요구하는 읽기 방
식 사이에서 지속적인 긴장 상태를 겪는다. 이러한 긴장이 나타나는
이유는 채점자들이 텍스트를 읽을 때 형성하는 인상이 직관적, 구체
적, 개인적이며, 제약이 없고, 임의적인 경향이 있는 반면, 채점을 통
해 산출해야 하는 결과(점수)는 명시적, 추상적, 제도적이며, 제약이 있
고 신뢰로운 경향이 있어야 하기 때문이다. Charney(1984)는 이를 '제약
이 있는 반응'과 '제약이 없는 반응' 사이의 긴장으로 정의하였으며, 채
점 과정에서 나타나는 긴장은 텍스트 질에 대한 '진점수'와 채점 상황

에서 산출되는 '신뢰성을 확보하기 위한' 점수가 다를 수 있다는 점을 시사한다. 만약 채점 기준이 텍스트의 복잡성을 모두 설명하지 못한다면 채점자는 딜레마 상황에 빠지기도 한다.

　이러한 점을 고려하면, 채점자에게 주어지는 채점 기준의 내면화 방식은 기관 수준, 측정 수준, 해석 수준에서 나타나는 채점 과정 전반에 매우 큰 영향을 미친다고 할 수 있다. 특히 박종임(2014)에 따르면, 채점 기준을 해석하는 방식은 채점자가 지니고 있는 채점 특성으로 채점자 특성과 채점 과정을 매개하는 주요 기제이다. 하지만 채점 기준 자체는 추상적인 특징을 지니고 있어서 채점자들은 각 채점 기준별로 텍스트의 구체적인 특징과 관련 있는 하위 평가 요소들을 설정함으로써 좀 더 명확하고 일관적으로 채점을 수행하고자 한다(Lumley 2005, 2002, Huot 1993, Cumming 1990). 이는 매우 심리적인 과정이므로 채점자들은 각기 다른 방식으로 이 과정을 수행한다. 즉, 채점 기준의 하위 요소로 설정하는 평가 요소의 종류와 범위, 이를 점수에 반영하는 정도는 채점자에 따라 매우 상이하다(Cumming et al. 2001, Milanovic et al. 1996, Perkins 1983). 그리고 채점자들이 내면화한 채점 기준은 채점을 수행하는 동안 동일하게 유지되지 않기도 한다. 심지어 일부 채점자들은 채점 기준을 해석하는 데서부터 어려움을 느끼기도 한다(Weigle 1999). 이는 채점자 간 신뢰도와 채점자 내 신뢰도에 부정적인 영향을 미치므로, 대단위 평가에서는 채점자들이 채점 기준을 상이하게 해석하지 않고 동일한 방식으로 내면화할 수 있도록 채점 전 채점자 교육을 실시하기도 한다(Lumley 2005, 2002). 이를 통해 채점자들은 채점 기준의 해석 방식을 숙지하거나 텍스트의 특징과 채점 기준들을 어떻게 연결시킬 것인지에 대한 내적 감각을 형성한다.

▌ 평가적 읽기

'평가적 읽기' 과정은 채점자가 채점 초반에 형성한 텍스트 이미지
를 이상적 텍스트와 채점 기준에 대한 심리적 표상에 비교하면서 텍
스트의 수준을 판단하는 과정이다(Crisp 2012). 이를 위해 채점자는 텍
스트를 읽으며 텍스트 이미지를 형성·저장하고, 수준을 판단한다. 이
과정은 크게 '텍스트 읽고 해석하기'와 '정당화하기'로 나눌 수 있다.

'텍스트 읽고 해석하기'는 채점자가 텍스트를 읽고 이해하면서 텍스
트 이미지를 형성하고 텍스트 이미지에 대한 인상을 저장하는 과정이
다. 텍스트 이미지란 채점자들이 텍스트를 읽고 평가할 때 생성되는
심리적 표상을 의미한다(Wolfe 1997). 쓰기 채점 과정에서 나타나는 텍
스트 이미지의 형성, 저장, 평가에 대해 본격적으로 논의한 연구로는
Freedman & Calfee(1983)가 있다.

Freedman & Calfee(1983)는 위계적 시스템에 관한 Simon(1981)의 견해
와 정보 처리 이론을 바탕으로 <그림 1-6>과 같은 쓰기 채점의 정보
처리 모형을 제안하였다(Freedman & Calfee 1983:92). 이 모형은 좌측의
텍스트 이미지가 저장되는 부분과 우측의 채점 과정이 나타나는 부분
으로 구성되어 있다. 모형에 나타난 실선은 점검하기를 통해 각 과정
이 회귀적으로 일어난다는 것을 의미하며, 점선은 겉으로 나타나는 채
점 과정을, 빈 화살표는 장기기억, 작업기억과 단기기억 사이의 투입
및 인출 과정을 나타낸다(박종임 2014, Freedman & Calfee 1983).

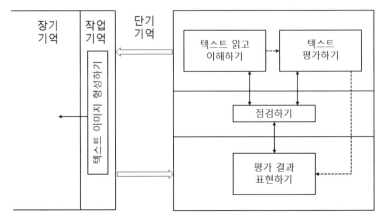

〈그림 1-6〉 쓰기 채점의 정보 처리 모형

이 모형에 따르면, 채점자가 텍스트를 채점할 때 거치는 인지 과정은 '텍스트 이미지'와 밀접한 관련이 있으며, 크게 3가지로 분류할 수 있다. 먼저, 채점자는 텍스트를 읽고 이해하면서 텍스트 이미지를 형성하고 텍스트 이미지에 대한 인상을 저장한다. Milanovic et al.(1996)에 따르면, 채점자는 채점 초반부에 텍스트를 훑어보면서 텍스트의 양, 형식, 손글씨, 조직 등의 외적 요인들에 대한 전반적 인상을 형성한다. Lumley(2005)에서는 텍스트 이미지와 유사한 개념으로 '텍스트에 대한 직관적인 인상'을 제시하였는데, 이는 채점자의 배경 요인이나 경험 등에 영향을 받으며 채점 기준들과 매우 다르게 형성되기도 한다. 즉, 텍스트 이미지는 실제 텍스트와 동일한 형태로 저장되지 않으며 같은 텍스트를 채점하더라도 채점자에 따라 다르게 형성된다. 텍스트 이미지를 형성한 후 채점자는 해당 텍스트 이미지의 질에 대해 평가하고, 텍스트의 수준에 대한 자신의 평가 내용을 종합하여 점수나 등급으로 표현한다. 이때, 채점자가 부여한 점수는 텍스트 이미지에 대한 평가와 밀접한 관련을 지닌다. 이 과정들은 선조적으로 나타날 수도 있지만 그렇지 않을 수도 있다. 채점자들은 텍스트를 모두 읽기 전에 텍스트 이미지에 대한 판단을 내릴 수도 있고, 채점자가 특정 부분을 읽는 동안 형성했던 텍스트 이미지들은 뒷부분을 읽으면서 변형될 수도 있다.

Freedman & Calfee(1983)는 '텍스트 읽기 및 이해하기'와 '텍스트 평가하기' 과정은 수용적인 성격을, '평가 결과 표현하기' 과정은 생산적인 성격을 지닌다고 설명했다. 이는 전자가 단기기억에서 작업기억, 장기기억으로 투입되는 과정인 반면, 후자는 작업기억과 장기기억에서 단기기억으로 인출되는 과정이기 때문이다. 이와 같이 Freedman & Calfee (1983)는 채점의 인지 과정을 정보 처리 이론에서 설명하는 인간의 기억 장치와 연관 지어 설명하고자 했다. 텍스트 이미지를 중심으로 한 '텍스트 읽고 이해하기, 텍스트 평가하기, 평가 결과 표현하기'의 정보 처리 모형은 이후 많은 연구자들이 제시한 채점자의 인지 과정 모형에서도 공통적으로 나타난다는 점에서 채점자 인지 모형의 기본 틀을 제시했다고 할 수 있다.

다음으로 '정당화하기' 과정은 채점자가 자신이 부여할 점수에 대한 근거를 제시하는 과정이다. 이 과정에 포함된 정보 처리 행동들은 채점자의 인지 과정을 연구한 많은 연구에서도 나타났던 것들이며 주로 채점과 밀접하게 관련이 있다는 점에서 '평가적 논평'으로 다루어져왔다(Crisp 2012, Lumley 2005, Wolfe 2005, 1997). 채점 기준이 주어지는 평가 상황에서 '정당화하기'는 채점 기준에 대한 심리적 표상과 상호작용하여 이루어지게 된다. 채점 과정에서 나타나는 '텍스트 이미지의 형성', '채점 기준과 정보 처리 행동 간의 상호작용' 등에 대해 구체적으로 논의한 연구로는 Wolfe(2005, 1997)가 있다.

Wolfe(2005)는 쓰기 채점 과정을 채점 프레임워크[framework of scoring]
와 글 프레임워크[framework of writing]의 상호작용으로 표현한 채점자
인지 모형을 제안하였다(Wolfe 2005:40).[5]

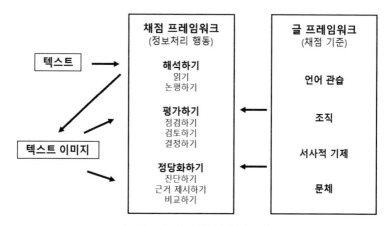

〈그림 1-7〉 쓰기 채점자 인지 모형

채점 프레임워크는 채점자가 생성한 텍스트 이미지와 글 프레임워
크를 비교하는 과정이며, 채점자가 채점 결과의 타당성과 신뢰성을 확
보하기 위해 활용하는 스크립트의 역할을 한다. 채점 프레임워크는 해
석, 평가, 정당화 과정으로 이루어져 있으며, 각 과정은 텍스트를 읽고
채점하는 데 활용되는 심리적 절차들인 정보 처리 행동들로 구성되어
있다(박종임 2014). 이러한 채점 프레임워크는 Freedman & Calfee(1983)에
서 제시한 '텍스트 이미지 형성, 텍스트 이미지 평가, 채점 결과 표현
하기' 과정이나 Frederiksen(1992)에서 제시한 '수행 점검하기, 반복적

─────────

5) Wolfe(1997)의 모형에는 글 프레임워크가 '표면적 특징, 과제 준수, 언어적 관습, 기능 및
   조절, 조직, 서사적 기제, 문체'로 구성되어 있다.

채점 결정 내리기, 최종 점수에 대한 근거 제시하기' 과정과 유사하다.

'해석하기'는 채점자가 텍스트를 읽고 텍스트 이미지를 형성하는 과정으로, 텍스트 이미지를 만들어내기 위한 '텍스트 읽기'와 텍스트나 채점 과제에 대해 개인적, 비평가적 반응인 '논평하기'의 정보 처리 행동으로 구성되어 있다. 이때 생성된 텍스트 이미지는 채점자의 환경적, 경험적 차이에 따라 채점자들마다 다르게 형성된다(Wolfe 2005, 1997).

'평가하기'는 채점자가 텍스트 이미지와 글 프레임워크의 요소들을 연결하면서 다양한 정보의 중요도를 결정하는 과정이다. 이 과정은 읽기 과정 중에 텍스트의 구체적인 특징에 대해 평가적 논평을 하는 '점검하기', 텍스트를 모두 읽은 후 텍스트나 텍스트 이미지가 글 프레임워크와 어떻게 연관되는지에 대해 평가적 논평을 하는 '검토하기', 점수를 부여하는 '결정하기'의 정보 처리 행동으로 구성되어 있다.

'정당화하기'는 채점자가 자신의 수행을 점검한 후 교정적 피드백을 제공하는 과정이다. 이 과정은 텍스트가 개선될 수 있는 방법을 제시하는 '진단하기', 텍스트 이미지가 글 프레임워크를 어떻게 예시하는지를 설명함으로써 점수에 대한 근거를 제공하는 '근거 제시하기', 텍스트 이미지를 다른 정보들과 비교하는 '비교하기'의 정보 처리 행동으로 구성되어 있다.

채점자 간 채점 프레임워크의 차이는 채점자 능숙도의 차이를 유발하기도 한다. 예를 들어, 채점자의 배경지식이나 읽기 능력이 텍스트 이미지 형성에 영향을 미치는데(Freedman & Calfee 1983), 만약 이로 인해 채점자가 잘못된 텍스트 이미지를 형성한다면 텍스트의 질을 잘못 판단하게 된다. 그리고 텍스트에 대해 평가적 본질에 맞지 않는 개인적 논평을 하는 경향은 채점자들이 채점 과정에 집중하지 않았다는 것을 의미한다. 실제로 Wolfe(2005, 1997)에서는 미숙한 채점자가 능숙한 채점자보다 개인적 논평을 더 많이 산출하는 것으로 나타났다.

글 프레임워크는 능력 수준이 높거나 낮은 텍스트의 특징, 즉 채점 기준에 대한 심리적 표상으로, 채점 결정을 내릴 때 채점자가 주의를 기울이는 텍스트의 특징인 채점 기준으로 구성되어 있다. 이러한 글 프레임워크는 채점 경험, 교육, 채점 기준에 대한 친숙도 등으로 인해 채점자들마다 다르게 표상된다(Pula & Huot 1993). 또한 채점 프로젝트마다 다른 채점 기준이 선정되므로 채점자의 글 프레임워크는 채점 프로젝트마다 바뀔 수 있다.

채점자 간 글 프레임워크의 차이는 채점 결과의 차이를 유발하는 원인으로 작용한다. 예를 들어, 필자의 '문체'를 주로 고려하는 경향이 있는 채점자들은 '서사적 기제 활용'을 강조하는 채점자들과 상이한 채점 결과를 도출할 것이다. 그리고 채점 결정을 내리는 동안 주의를 기울이는 채점 기준을 빈번하게 바꾸는 채점자들은 전체적으로 텍스트를 개념화하는 데 어려움을 겪고 있다고 볼 수 있다(Wolfe 2005, 1997). Wolfe, Kao & Ranney(1998)는 미숙한 채점자들이 채점 기준에 제시되어 있지 않은 특징에 주의를 기울이는 경향이 있음을 지적하기도 하였다.

'평가적 읽기' 과정에서 나타나는 정보 처리 행동을 구체적으로 제시한 연구로는 Cumming(1990)과 Crisp(2012)가 있다. 우선, Cumming(1990)은 채점자의 사고구술 프로토콜을 채점자들이 활용하는 전략인 해석 전략과 판단 전략으로 분류한 후, 채점자들이 주의를 기울이는 항목인 자기 조절, 내용, 언어, 조직에 따라 재분류하여 <표 1-1>과 같은 28개의 의사 결정 행동들을 밝혀냈다(Cumming 1990:37).

<표 1-1> 채점자의 의사 결정 행동

	자기 조절	내용	언어	조직
해석 전략	1. 첫 인상을 형성하기 위해 전체 텍스트 훑어보기	3. 모호한 구절 해석하기	5. 오류 분류하기	7. 수사적 구조 파악하기
	2. 쓰기 상황과 필자의 상황에 대해 상상하기	4. 명제 요약하기	6. 구절 편집하기	
판단 전략	8. 텍스트의 질에 대한 개인적 반응하기	14. 명제 수 세기	19. 이해 가능 수준 평가하기	25. 일관성 평가하기
	9. 자신만의 채점 기준과 전략을 정의·평가·수정하기	15. 관련성 평가하기	20. 오류의 가치 결정하기	26. 불필요한 반복 확인하기
	10. 채점 기준을 평가하기 위해 텍스트 읽기	16. 흥미로움 평가하기	21. 오류의 빈도 세기	27. 독자들에게 도움이 되는 점 평가하기
	11. 텍스트 비교하기	17. 화제의 발전 평가하기	22. 통사적 복합성 결정하기	28. 전반적인 조직 채점하기
	12. 범주 사이의 상호작용 구별하기	18. 전체적인 내용 채점하기	23. 어휘의 적절성 결정하기	
	13. 판단을 종합적으로 요약하기		24. 전체적인 언어 활용 채점하기	

* 음영 표시는 전문 채점자와 초보 채점자의 프로토콜 빈도 차이가 유의한 전략을 표시한 것이다(p<.05).

Cumming(1990)은 눈에 잘 띄는 오류들을 수정하며 텍스트를 채점하는 초보 채점자와 달리, 전문 채점자들은 텍스트의 표면적 특징보다는 내용, 수사적 조직, 언어적 특징 등 다양한 측면에 동시적으로 주의를 기울이면서 채점을 수행하는 경향이 있음을 밝혀냈다. 그리고 전문 채점자들은 텍스트를 평가할 때 평가 기준을 고려하거나 평가 기준 간에 나타날 수 있는 상호작용에 유의하며 채점을 수행하는 정보 처리 행동을 보이는 경향이 있었다. 이는 채점 과정에서 나타나는 정보 처리 행동의 차이가 채점 전문성과 밀접한 관련이 있음을 시사한다.

Crisp(2012)는 채점자들의 사고구술 프로토콜을 분석하여 <그림 1-8>과 같은 쓰기 채점 과정 모형을 제시하였다(Crisp 2012:17).

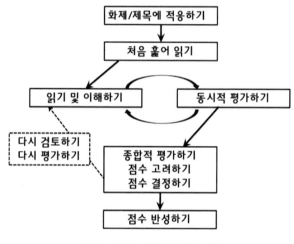

〈그림 1-8〉 쓰기 채점 과정 모형

'화제나 제목에 적응하기'는 채점자들이 텍스트의 화제에 적응하거나, 제목을 통해 텍스트에 나타날 것으로 예상되는 특징에 대해 논평을 하는 과정이다. 이 과정은 주로 채점 초반에 나타나지만 때때로 채점 중반에도 일어난다. 이후 채점자들은 '처음 훑어 읽기'와 '읽기 및 이해하기' 과정을 거친다. '처음 훑어 읽기'는 텍스트를 정독하기 전에 텍스트를 훑어 읽고 텍스트의 주요 내용과 구조를 관찰하는 과정이며, '읽기 및 이해하기'는 다른 말로 표현하기, 요약하기, 의미와 관련성을 자세히 살펴보기 등을 통해 텍스트를 정독하면서 텍스트에 대한 심리적 표상을 형성하는 과정이다. Crisp(2007)에 따르면, 이러한 읽기 과정은 채점자의 사전 지식 구조를 활용한 해석과 추론 과정을 동반하는 능동적인 인지과정이다.

'읽기 및 이해하기'는 '동시적 평가하기' 과정을 동반한다. '동시적 평가하기'는 생략된 내용 언급하기, 이전에 읽은 텍스트와 비교하기, 구두점·철자·문법 평가하기 등을 통해 이루어진다. Crisp(2012)는 채점자들이 텍스트를 읽는 동안 주로 다른 텍스트와 비교하며 평가를 하거나, 채점 기준들과 직접적으로 관련이 있는 텍스트의 긍정적·부정적인 면에 대해 평가하는 경향이 있다고 보고하였다. 이 단계에서 채점자들은 정서적 반응 표현하기, 가상의 학생에게 질문하기/이야기하기, 수행 예측하기/텍스트에 대한 기대 언급하기, 학생의 특성에 대해 논평하기, 주석과 메모달기, 지원에 대해 논평하기 등의 사회적·정서적 반응을 보이기도 한다.

텍스트를 모두 읽은 후에는 '종합적 평가하기', '점수 고려하기와 결정하기'의 과정을 수행한다. '종합적 평가하기'는 채점자가 관찰한 텍스트의 질과 특성을 종합하는 과정이고, '점수 고려하기와 결정하기'는 텍스트의 질에 대한 점수를 결정하는 과정이다. 이 과정에서 채점자들은 이전에 읽었던 텍스트의 심리적 표상이나 내재화된 채점 기준에 대한 표상을 활용하고, 동시적 평가 과정의 판단을 요약하면서 텍스트에 대한 최종 점수를 결정한다. 또한 채점자들은 판단을 정당화하거나 요약하기 위해 텍스트의 특정 부분으로 다시 돌아가는 '텍스트를 다시 읽으며 재검토·재평가하기' 과정을 수행하기도 한다. 점수를 부여한 후에는 그 점수가 채점자들의 기대나 텍스트의 질에 대한 전반적인 느낌과 일치하는지를 살펴보는 '점수 반성하기' 과정을 거친다.

종합하자면 '평가적 읽기' 과정에서 나타나는 '텍스트 이미지 형성하기'는 텍스트의 내용을 파악하는 것과, '정당화하기'는 텍스트 이미지를 평가하는 정보 처리 행동들과 관련이 있다. 특히 채점자들은 텍스트에 나타난 구체적인 근거를 제시하거나, 근거를 제시하지 않고 포괄적 판단을 내리기도 하며, 개선 방안을 제시하거나, 다른 텍스트와의 비교를 하는 방식으로 자신이 부여할 점수를 정당화하기도 한다.

하지만 이러한 정보 처리 행동을 수행하는 것은 인지적으로 부담이 따르는 일이다. 따라서 이 과정에서 '다른 채점 기준의 개입', '외적 요소 고려하기' 등의 정보 처리 행동이 나타나기도 한다. 이외에도 채점자는 텍스트의 내용을 잘못 파악하거나 채점 지침을 제대로 준수하지 않는 등의 실수를 범하기도 한다.

'다른 채점 기준의 개입'은 채점자들이 특정 채점 기준에 대한 판단을 내릴 때, 다른 채점 기준의 평가 요소를 고려하는 정보 처리 행동으로, 텍스트의 내용과 채점 기준을 명확하게 연결시키지 못할 때 나타난다(권태현 2014, Eckes 2011, Perkins 1983). '채점 기준 외적 요소 고려하기'는 채점자들이 채점 기준에 제시되어 있지 않은 평가 요소를 고려하는 정보 처리 행동으로, 채점자들이 주로 고려하는 외적 요소는 '텍스트의 양'이다(Lumley 2005). 선행 연구의 결과에 따르면, 텍스트의 양은 주로 텍스트의 초기 인상을 형성하는 데 영향을 미치며, 특히 양이 적을 경우 특정 채점 기준의 점수를 감점하는 데 영향을 미친다(Crisp 2007, Sakyi 2000, Nold & Freedman 1977). 이러한 정보 처리 행동은 채점자가 명확하게 내면화하고 있지 않을 가능성이 있으므로, 이를 채점에 적용할 경우 채점 일관성에 부정적인 영향을 미치거나 채점 편향에 영향을 미칠 수 있다(백유진 2020a, 이창수 2014).

▌ 점수 확정하기

'점수 확정하기' 과정은 채점자가 텍스트에 대한 주관적 판단을 점수로 표현하는 과정이다. 채점자가 텍스트를 읽으면서 형성한 텍스트 이미지, 그리고 이에 대한 채점자의 판단은 주관적이고 추상적인 특징을 지닌다. 반면 채점의 최종 산출물인 점수는 객관적이고 구체적인 특징을 지니므로, 이를 변환하는 과정은 채점자에게 매우 큰 인지적 부담으로 작용한다(McNamara 채선희 외 역 2003, Hamp-Lyon & Henning 1991). 이러한 이유로 일부 채점자들은 채점 척도를 등간으로 유지하지 못하거나 특정 척도만을 활용하여 점수를 부여하기도 한다.

채점자가 채점 기준을 명확하게 해석하고, 이를 일관적으로 적용해 텍스트의 수준을 정확하게 판단하더라도 최종적으로 잘못된 척도를 활용하여 점수를 부여한다면 그 채점 결과는 타당하다고 할 수 없다. 특히 분석적 채점에서는 각 채점 기준별로 점수를 부여하므로, 채점자가 지적해 낸 가점 요인이나 감점 요인에 부여하는 가중치에 따라 점수가 크게 달라질 수도 있다. 이러한 점에서 채점자의 '척도 활용 양상'은 채점 결과의 차이를 유발하는 주요 요인으로 볼 수 있다(박종임 2014).

'점수 확정하기' 과정은 채점자가 텍스트의 수준에 대한 자신의 판단을 수(數)로 변환하는 '점수 부여하기'와 이미 부여한 점수를 수정하는 '점수 수정하기'로 나눌 수 있다. '점수 부여하기'는 채점자의 인지 과정을 다룬 많은 연구에서 '평가 결과 표현하기', '결정하기' 등으로 제시했던 정보 처리 행동이다(Wolfe 1997, Freedman & Calfee 1983). 하지만 일부 연구들은 채점자가 점수를 수정하는 과정에 대해서 구체적으

로 다루지 않았다는 한계가 있다. 채점자의 '점수 수정하기'를 인지 과
정 모형 안에 명시함으로써, 점수를 수정하는 채점자의 정보 처리 행
동의 양상을 구체적으로 제시한 연구로는 Milanovic et al.(1996)이 있다.

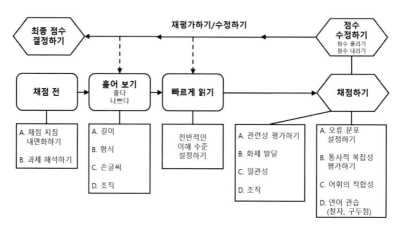

〈그림 1-9〉 쓰기 채점의 의사 결정 과정 모형

Milanovic et al.(1996)은 채점자의 정보 처리 행동을 '해석 전략'과 '판
단 전략'으로 나누어 분석한 Cumming(1990)의 연구 결과를 참고한 후
채점 경험이 풍부한 채점자들과 논의하여 <그림 1-9>와 같은 쓰기
채점의 의사 결정 과정 모형을 개발하였다(Milanovic et al. 1996:5). 이 모
형은 크게 의사 결정을 위한 채점자의 정보 처리 행동과 각 과정에서
채점자들이 주의를 기울이는 텍스트의 특징으로 구성되어 있다. 채점
자의 정보 처리 행동은 '채점 전 행동, 훑어보기, 빠르게 읽기, 채점하
기, 점수 수정하기, 재평가하기와 수정하기, 최종 점수 결정하기'의 7
가지로 나눌 수 있다.

구체적으로, 채점자는 채점을 하기 전에 주어진 채점 지침을 내면화하고 과제를 해석한다. 이후 텍스트를 훑어보며 텍스트에 대한 전반적인 인상을 형성한다. 이 과정에서 채점자들은 주로 텍스트의 길이, 형식, 손글씨, 조직 등에 주의를 기울이는 경향이 있다. 텍스트를 훑어본 후에는 텍스트를 빠르게 읽으며 텍스트의 이해 수준을 설정한다. 다음으로, '관련성, 화제 발달, 일관성, 조직, 오류, 통사적 복잡성, 어휘의 적합성, 언어 관습' 등에 주의를 기울이며 채점을 수행한다. 이후에는 바로 최종 점수를 결정하거나, 텍스트를 다시 훑어보거나 빠르게 읽는 행동을 반복한 후 점수를 수정한다. 이러한 채점 과정은 Freedman & Calfee(1983)에서 제시한 '텍스트 읽고 이해하기, 텍스트 이미지 평가하기, 평가 결과 표현하기'의 과정과 유사하다.

이 모형은 주목해야 할 점은 Freedman & Calfee(1983)의 모형보다 점수 수정을 위한 재채점 과정을 더욱 구체적으로 제시했다는 점이다. <그림 1-9>에 따르면, 채점자는 점수를 수정하고 자신의 판단을 조정하기 위해 '훑어보기'나 '빠르게 읽기'로 회귀한 후 '채점하기' 과정을 다시 거쳐 점수를 올리거나 낮추는 정보 처리 행동을 수행한다. 이 모형은 최종 점수를 확정하기 전에 채점자들이 텍스트를 다시 검토하는 방식, 점수를 조정하는 방식 등을 모형에 명시함으로써 쓰기 채점의 회귀적 성격을 더욱 뚜렷하게 제시했다고 할 수 있다.

여러 선행 연구의 결과를 종합하면, '점수 수정하기'가 나타나는 경우는 다섯 가지로 정리할 수 있다. 첫째, 점수를 부여한 후 텍스트를 다시 읽는 과정에서 나타날 수 있다. 채점자는 점수를 부여한 후, 점수를 정당화하기 위해 텍스트를 다시 읽기도 하는데, 이 과정에서 새로운 가점 요인이나 감점 요인을 찾기도 한다. 그리고 텍스트를 다 읽지 않고 점수를 결정한 후에 나머지 부분을 읽으면서 텍스트에 대한 판단이 바뀌기도 하는데, 이 경우에도 '점수 수정하기'가 나타난다.

둘째, 채점자가 채점 기준 해석 방식을 바꾸었을 때 나타날 수 있다. 채점자들은 채점 기준을 보다 용이하게 활용하기 위해 하위 평가 요소를 재설정하는데, 이러한 하위 기준들은 채점을 하는 도중에 변경되기도 한다. 따라서 새로운 하위 평가 요소를 재설정했을 경우 이전 텍스트들로 회귀해서 점수를 수정하기도 한다.

셋째, 채점자가 자신의 실수를 깨달았을 때 나타날 수 있다. 텍스트를 읽으면서 찾았던 가점 요인이나 감점 요인을 점수를 부여하는 과정에서 누락한 채 점수를 부여하는 경우가 있는데, 이 사실을 깨달았을 때 채점자는 다시 해당 텍스트로 회귀해서 점수를 수정하기도 한다. 또한 자신이 설정한 하위 평가 요소를 잘못 적용했다는 사실을 깨달았을 때에도 점수를 수정하는 정보 처리 행동이 나타난다. 채점자들은 특정 채점 기준의 평가 요소를 다른 채점 기준의 점수를 부여할 때 반영하기도 하는데 이를 깨달았을 때 점수를 수정하기도 한다.

넷째, 채점자가 스스로 매우 엄격하거나 관대하게 점수를 부여했다고 생각할 때 나타날 수 있다. 채점자는 채점을 완료한 후 전체 점수를 살펴보며 자신이 판단한 텍스트의 수준보다 관대한(엄격한) 점수를 부여했다고 생각하는 경우 일부 점수를 높이거나 낮추기도 한다. 그리고 형평성을 고려해 다른 텍스트와 비교하여 점수를 수정하기도 한다.

마지막으로 텍스트의 수준이 명확하지 않을 때 채점자들은 두 척도 사이에서 어떤 점수를 부여할지 고민하기도 하는데, 이때 점수를 여러 번 수정하는 모습이 나타나기도 한다. 이 경우 채점자가 텍스트의 수준을 세부적으로 변별하는 데 어려움을 겪고 있는 것으로 볼 수 있다.

이상의 논의를 종합하자면, 채점자는 텍스트를 읽으면서 내린 판단을 종합하여 최종 점수를 결정한다. 그러므로 채점자가 부여하는 점수에는 텍스트 이미지에 대한 판단, 가점 요인이나 감점 요인에 부여하는 가중치, 점검 및 조정하기 양상, 채점 척도 활용 양상 등이 종합적으로 영향을 미친다고 할 수 있다.

▌ 점검 및 조정하기 과정

'점검 및 조정하기 과정'은 채점자가 자신의 채점 과정과 채점 결과를 점검하고 조정하는 과정이다. 이 과정의 정보 처리 행동은 상위 인지 기제와 관련이 있다. 상위 인지란 수행의 주체가 자신의 인지적 상황에 주의를 기울이면서 자신의 수행 과정을 점검, 통제, 조절하는 정신적 기제를 의미한다(서울대학교 국어교육연구소 2008). 이를 고려하면, 채점 과정에서의 상위 인지란 채점자가 자신의 채점 행위를 스스로 평가하고 수정하는 것을 의미한다.

'점검 및 조정하기' 과정은 쓰기 채점의 회귀적 성격과 관련이 있다. Freedman & Calfee(1983)에서는 '점검하기'가 '텍스트 읽고 이해하기', '텍스트 평가하기'와 '평가 결과 표현하기' 사이를 매개하지만, 이러한 회귀적 과정은 겉으로 드러나지 않는 것으로 표현하였다. 이는 '점검 및 조정하기'가 상위 인지적 차원에서 일어나는 과정이기 때문이다. 한편, Milanovic et al.(1996)이나 Crisp(2012)에서는 '점검 및 조정하기'를 명시적으로 제시하지는 않았지만, 이들 모형에서 제시한 재채점 과정, 점수 수정하기 과정 등은 자신의 채점 과정과 결과에 대한 점검 및 조정과 밀접한 관련이 있다.

박종임(2013a)에 따르면, 채점자들은 문제를 파악했을 때 이를 조정하거나 통제하기도 하지만 아무런 조치를 취하지 않은 채 채점을 진행하는 모습을 보이기도 한다. 이처럼 채점자가 자신의 채점 과정과 채점 결과를 점검한 후 타당한 방식으로 조정하지 않는다면 채점 과정을 과도하게 고민하게 되는 결과를 낳아 채점 일관성을 적절하게 유지하는 데 부정적인 영향을 미치게 된다.

'점검 및 조정하기'가 쓰기 채점 전반에 영향을 미치는 것으로 설명한 연구로는 박종임(2014)이 있다. 박종임(2014)은 박종임(2013a), Freedman &Calfee(1983), Wolfe(1997)의 쓰기 채점 과정 모형을 비판적으로 고찰하여, '채점 과정', '채점 과제 환경', '채점자 특성'의 세 가지 프레임워크로 구성된 새로운 쓰기 채점 과정 모형을 제안하였다(박종임 2014:75).

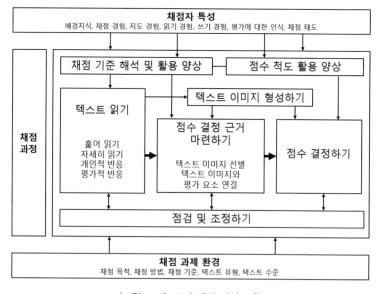

〈그림 1-10〉 쓰기 채점 과정 모형

<그림 1-10>에 따르면, 채점자는 '텍스트 읽기' 과정을 통해 텍스트 이미지를 형성하며, 이를 기반으로 점수 결정의 근거를 마련한 후 최종 점수를 결정한다. '점검 및 조정하기' 과정은 이 세 가지 과정에 영향을 미친다. 예를 들어, 채점자는 점수 결정 근거를 마련하거나 텍스트에 대한 인상이 흔들릴 때 텍스트를 다시 읽기도 하고, 텍스트의 수준을 변별하기 힘들 때 내면화한 평가 요소를 다시 점검하기도 한다. 또한 점수를 결정한 후에도 이를 다시 수정하기도 한다. 이러한 회귀적 과정은 '점검 및 조정하기'로 나타나는 상위 인지에 의해 작동된다.

이를 고려하면, 쓰기 채점에서 나타나는 '점검 및 조정하기'는 '채점 과정에 대한 점검 및 조정하기'와 '채점 결과에 대한 점검 및 조정하기'로 나눌 수 있다. 우선, '채점 과정에 대한 점검 및 조정하기'는 <그림 1-10>의 '텍스트 읽기'와 '점수 결정 근거 마련하기' 과정에서 나타난다. 구체적으로는 텍스트를 정확하게 읽고 있는지, 텍스트의 특정 부분에 대한 판단과 채점 기준을 올바로 대응시켰는지, 채점 기준 간 개입이 일어나고 있지는 않은지, 인상 평가를 하고 있지는 않은지 등을 점검하고 조정하는 양상으로 나타날 수 있다. '채점 과제 환경'과 관련하여, 채점 지침을 잘 지키고 있는지, 채점 시간이 너무 오래 걸리지는 않는지 등에 대해서도 점검할 수 있다.

'채점 결과에 대한 점검 및 조정하기'는 <그림 1-10>의 '점수 결정하기' 과정에서 나타날 수 있다. 이때 채점자는 자신의 부여할 혹은 이미 부여한 점수가 후하거나 박하지는 않은지, 다른 텍스트의 점수와 비교했을 때 형평성에 어긋나는 점수를 부여하지는 않았는지 등을 점검하고 조정할 수 있다. '채점 결과 점검 및 조정하기'는 자신의 점수를 수정하는 정보 처리 행동과 밀접한 관련이 있다.

(2) 쓰기 채점에 영향을 미치는 채점자의 인지 과정

▌ 쓰기 채점자의 정보 처리 행동

쓰기 채점은 인간 채점자의 주관적 판단에 의존하기 때문에 전통적으로 채점자 요인은 채점 결과의 차이를 만들어내는 주요인으로 지적되어 왔다. 채점 결과의 차이가 채점자의 인지 과정의 차이에서 비롯된다고 전제하는 선행 연구들은 채점자의 정보 처리 행동을 분석하여 채점자의 채점 전문성 신장을 위한 방안을 모색하고자 하였다. 이에 따르면, 채점 결과의 신뢰성과 타당성을 확보하기 위해서는 채점자의 정보 처리 행동이나 채점자가 채점을 수행할 때 주의를 기울이는 텍스트의 특징 등 채점자의 인지 과정에 대해 파악할 필요가 있다.

채점자의 정보 처리 행동은 쓰기 채점 과정에서 채점자가 텍스트 이미지를 형성하고 이 이미지를 채점 기준에 비교하는 방식을 의미한다(Wolfe 1997). 즉, 채점자가 채점을 수행하기 위해 활용하는 채점 전략, 의사 결정 행동을 의미한다. 채점자의 의사 결정 과정에서 나타나는 일련의 정보 처리 행동은 채점자마다 다를 수 있으며, 이는 채점 결과의 차이를 낳는 주요 요인으로 작용한다.

신동일·장소영(2002)은 말하기 평가에 나타나는 채점자의 후광 효과를 분석하고, 이를 방지하기 위한 방안에 대해 탐색하였다. 그 결과 '세부적 능력 변별 부담, 채점자의 노력 및 역량 부족' 등이 후광 효과에 영향을 미치는 것으로 나타났다. 특히 채점자가 중심 단어나 발음 등 쉽게 구별될 수 있는 몇 가지 발화 특성에만 주목하거나 단순한 채점 규칙 몇 가지로 수험자 집단을 채점할 때, 전체적인 인상에 강한 영향을 받아 한두 가지 요소에만 의존해 점수를 부여할 때 피험자의 능력을 세부적으로 변별하지 못하는 문제를 보이는 것으로 나타났다.

박종임(2013a)은 전체 일관성 수준에 따라 채점자를 분류한 후 사고 구술 프로토콜을 분석하여 채점자의 정보 처리 행동의 차이를 분석하였다. 그 결과 부적합·과적합 일관성으로 분류된 재심사들은 채점 기준 해석과 변별에 어려움을 느끼며, 특정 채점 기준에 점수를 부여할 때 다른 채점 기준의 영향을 받는 경향이 있는 것으로 나타났다. 그리고 이들은 텍스트의 특징과 채점 기준을 적절하게 연결하지 못하거나 텍스트마다 채점 기준을 다르게 적용하는 등 채점 기준을 적용하는 데 있어 어려움을 겪고, 텍스트의 수준에 맞는 척도를 적절하게 활용하지 못하는 문제를 지닌 것으로 나타났다.

이창수(2014)는 기존의 채점 편향 연구가 양적 연구 중심, 결과 분석 중심으로 이루어져 채점자의 인지 과정을 제대로 다루지 못했음을 지적하면서, 다국면 Rasch 모형[Many-Facet Rasch Model, 이하 MFRM]과 사고 구술 프로토콜 분석 방법을 활용하여 채점 편향의 원인을 분석하였다. 그 결과 다른 채점 기준의 점수에까지 영향을 미치는 채점 기준의 중요도에 대한 채점자의 차별적 인식, 채점 기준 간 혼란, 채점 기준에 제시되지 않은 평가 요소를 채점에 반영하는 채점 경향 등이 채점 편향을 일으키는 원인인 것으로 나타났다. 특히 채점 기준 외적 요소를 활용하는 채점 경향은 채점자에게 개별 피드백을 제공하더라도 쉽게 바뀌지 않는 경향이 있는 것으로 나타났다.

김지영(2018)은 말하기 평가에 나타난 개별 채점자의 채점 경향과 정보 처리 행동의 특성을 분석하였다. MFRM과 포커스 그룹 인터뷰를 분석한 결과, 특정 평가 구인 채점의 어려움, 이전 채점 경험, 응시자 특성, 채점 기준에 대한 중요도 인식, 척도 적용 기준 수립 여부 등이 특정 텍스트에서의 채점자 엄격성 및 엄격성 변화에 영향을 미치는 것으로 나타났다. 또한 김지영(2018)은 전체 일관성 수준을 적절하게 유지하고 있는 채점자에게서도 특정 텍스트에 대한 채점 편향이 나타날 수 있으며, 보상적 편향이 표면적으로는 다른 채점자들과 비슷한 점수를 부여한 것처럼 보이게 만드는 문제를 낳는다고 지적하였다.

백유진(2020a)은 채점자의 사고구술 프로토콜을 분석한 후 일관성 수준이 '적합'으로 분류된 채점자와 '과·부적합'으로 분류된 채점자의 정보 처리 행동을 비교하였다. 그 결과 과·부적합 채점자들은 채점 근거를 제시하거나 채점 기준을 해석하는 등의 정보 처리 행동에 인지적 노력을 적게 쏟는 경향이 있으며 채점 기준 외적 요인인 '텍스트의 양'을 채점에 더 많이 반영하는 경향이 있는 것으로 나타났다. 반대로 적합 채점자들은 채점 근거를 찾기 위해 노력하는 경향이 있었으며, 특히 텍스트의 수준을 개선할 수 있는 방안을 제시하는 정보 처리 행동을 더 많이 수행하는 것으로 나타났다.

Vaughan(1991)은 쓰기 채점을 수행한 채점자들의 사고구술 프로토콜을 분석하였다. 그 결과 채점자 간 평가적 논평 수, 채점 시 고려하는 요소의 수, 주의를 기울이는 채점 기준에 차이가 있음이 나타났다. 심지어 비슷한 양의 논평을 하더라도 부여하는 점수에는 차이가 있었는데, 이를 통해 Vaughan(1991)은 채점자들이 미리 정해진 채점 기준을 내면화하지 않으며 채점 기준을 모든 텍스트에 일관성 있게 적용하지도 않는다고 지적하였다. 그리고 채점자들은 점수를 부여할 때 특정 텍스트에 대해 부정적 논평을 하더라도 높은 점수를 부여하는 등 모순된 채점 경향을 보이거나 텍스트의 특징과 채점 기준을 연결하지 못하는 어려움을 지니고 있는 것으로 나타났다.

Wolfe(1997)는 급내 상관 계수를 기준으로 채점자 그룹을 분류한 후 능숙한 채점자와 미숙한 채점자의 정보 처리 행동 패턴을 비교하였다. 그 결과 미숙한 채점자는 '읽기-평가하기-읽기-평가하기'의 패턴을 통해 의사 결정 과제를 분석적으로 처리해 텍스트의 내용을 거시적으로 이해하는 데 실패하는 경향이 있는 것으로 나타났다. Wolfe(1997)는 미숙한 채점자들이 채점 기준을 적용하는 데서 오는 인지적 부담을 조절하기 위해 이러한 채점 패턴을 보인다고 설명하였다. 반면, 능숙한 채점자는 채점 기준을 적절하게 내면화하고 있으며 주의를 기울이고 있는 텍스트의 특징에 집중하는 경향이 있어, '읽기-검토하기-결정하기'의 간결한 채점 패턴을 보이는 것으로 나타났다.

Weigle(1999)은 MFRM과 사고구술 프로토콜 분석을 통해 채점 편향의 특성과 원인을 분석하였다. 그 결과 텍스트의 특징과 채점 기준을 연결하는 데 겪는 어려움, 채점 기준이 요구하는 텍스트의 특성에 대한 판단 차이, 쓰기 과제에 따른 수사적 구조의 차이, 쓰기 과제가 요구하는 텍스트의 난도에 대한 채점자의 인식 차이, 쓰기 과제에 대한 친숙도 차이가 채점 차이를 유발하는 것으로 나타났다. 이를 통해 Weigle(1999)은 채점자 교육을 통해 텍스트를 어떻게 판단해야 하는지에 대해 합의하고 쓰기 과제의 선호도에 대한 무의식적인 채점 편향을 줄일 수 있도록 노력해야 한다고 주장하였다.

Lumley(2002)는 사고구술 프로토콜을 분석하여 채점자들이 자신만의 독특한 채점 기준을 적용하며 채점을 수행하는 경향이 있음을 확인하였다. 특히 채점자마다 채점 기준을 해석하고 적용하는 방식, 특정 평가 요소에 가중치를 부여하는 정도에 차이가 있는 것으로 나타났다. 또한 채점자들은 다른 텍스트와 비교하는 등의 자신만의 전략을 활용하는 경향이 있었다. 심지어 일부 채점자들은 텍스트를 처음 읽었을 때 형성한 복잡한 직관적 인상에 따라 채점하기도 했다. Lumley(2002)는 이러한 정보 처리 행동의 차이가 채점 결과의 차이를 유발한다고 설명하면서, 개별 채점자의 독특한 정보 처리 행동의 차이는 채점자 교육을 하더라도 쉽게 사라지지 않는 경향이 있다고 하였다.

Wolfe(2005)는 채점자의 사고구술 프로토콜을 분석하여 능숙한 채점자와 미숙한 채점자의 정보 처리 행동의 차이를 조사했다. 그 결과 능숙한 채점자는 텍스트의 다양한 질을 고려하고, 텍스트를 다 읽을 때까지 판단을 보류하며, 채점을 할 때도 텍스트의 일반적 특징을 총체적으로 판단하고, 채점 기준에 있는 용어보다는 스스로 만든 용어를 활용해 채점하는 것으로 나타났다. 반면, 미숙한 채점자는 일부 채점 기준에 주의를 기울이고, 텍스트를 다 읽기 전에 평가적 논평을 하거나 점수를 부여하는 경향이 있으며, 개인적 논평을 많이 하고, 채점 기준에 있는 용어를 활용해 채점을 수행하는 것으로 나타났다.

선행 연구의 논의를 종합하면, '채점 기준 해석 방식의 차이, 채점 기준 내면화 여부, 채점 기준 간 개입, 채점 기준 외적 요소를 점수에 반영하는 방식, 인상에 따른 채점 방식, 채점 기준과 텍스트의 특징을 연결하지 못하는 어려움, 특정 평가 요소에 부여하는 가중치의 차이' 등은 채점 결과에 영향을 미친다. 따라서 채점 편향의 특성과 원인을 탐색하기 위해서는 양적 접근 방식과 질적 접근 방식을 함께 활용하여 이러한 정보 처리 행동이 어떠한 방식으로 채점 편향에 영향을 미치는지 구체적으로 파악할 필요가 있다.

▌쓰기 채점자가 주의를 기울이는 텍스트의 특징

쓰기 채점은 쓰기 능력을 구성하는 구인들을 채점 기준으로 정한 후, 필자가 생산해 낸 텍스트로부터 그 요소의 수준을 추정하는 방식을 취한다(McNamara 2000). 따라서 채점자는 점수를 부여할 때 채점 기준과 관련이 있는 텍스트의 특징에 주의를 기울이며 텍스트를 읽는다.

이러한 점에서 채점자의 읽기 과정은 일반적인 읽기 과정과는 차이가 있다(Lumley 2002). 채점자는 채점의 신뢰도를 확보하기 위해 쓰기 능력의 하위 요인들로 구성되어 있는 채점 기준에 맞게 텍스트를 해석한다. 이때 채점 기준은 텍스트에 대한 채점자의 무한한 반응을 제한하고, 채점자가 부여한 점수를 정당화하는 역할을 한다. Eckes(2008)는 채점 기준이 채점자가 텍스트를 인식하고 점수를 부여하기 위한 통로의 역할을 한다고 설명하였다. 종합하자면, 채점자의 읽기 과정은 채점 기준의 평가 요소에 주의를 기울이며 텍스트의 수준을 판단하는 과정이다. 그러므로 채점자가 채점을 수행할 때 주의를 기울이는 텍스트의 특징은 채점자가 어떤 쓰기 능력을 중요시하는지, 텍스트의 특정 부분을 어떤 채점 기준과 연결하는지에 따라 달라질 수 있으며 이는 채점 결과의 차이로 이어진다(박종임 · 박영민 2011). 이에 따라 많은 선행 연구에서는 채점자가 주의를 기울이는 텍스트의 다양한 특징들을 분석해왔다.

Freedman & Calfee(1983)는 텍스트 분석 이론을 참고하여 '내용, 조직, 문장 구조, 언어 관습'을 채점에 영향을 미치는 텍스트 요인으로 추출한 후, 이 요인들이 점수에 미치는 영향을 조사하였다. 각 요인의 수준이 높아지거나 낮아지도록 원 텍스트를 수정한 후 채점자가 부여한 점수를 분석한 결과, 채점자의 판단에 영향을 미치는 것은 '내용, 조직, 언어 관습'이었으며, 그중에서도 '내용'이 가장 큰 영향 요인인 것으로 나타났다.[6] 이는 텍스트의 내용 즉, 아이디어의 발달, 명제의 수준 등이 채점자의 판단에 가장 큰 영향을 미친다는 것을 의미한다.

Vaughan(1991)은 채점자의 사고구술 프로토콜을 분석하여 채점자의 유형을 '하나의 항목에 주의를 기울이는 유형, 첫 인상에 지배받는 유형, 두 개의 범주에 주의를 기울이는 유형, 감정적 반응을 보이는 유형, 문법 지향 유형'으로 분류하였다. 각 유형을 분석한 결과, 채점자들이 비슷한 훈련을 받았더라도 서로 다른 텍스트의 특징에 주의를 기울이며 점수를 부여하는 등 개별적 접근 방식을 취하는 경향이 있는 것으로 나타났다. Vaughan(1991)은 이러한 경향이 채점 결과의 차이를 불러일으키는 주요 원인으로 작용하며 학생의 쓰기 능력을 정확하게 측정하는 데 부정적인 영향을 미친다고 설명하였다.

Milanovic et al.(1996)은 채점자가 주의를 기울이는 텍스트 요인을 '양, 가독성(손글씨), 문법, 구조, 의사소통의 효율성, 어조, 어휘, 철자, 내용, 과제 인식, 구두점' 등 11가지로 제시하였다. 이 중에서 텍스트의 최종 점수에 가장 큰 영향을 미치는 것은 '텍스트의 내용에 대한 채점자의 개인적 반응'인 것으로 나타났다. 채점자들은 텍스트가 필자의 개성을 담고 있는지, 텍스트가 생동감이 있는지 등 다양한 내용적 측면에 대해 판단하는데, 이에 대한 채점자의 주관이 판단에 큰 영향을 미친다. Milanovic et al.(1996)은 텍스트의 내용에 대해 채점자들이

---

6) 예를 들어, 내용 요인의 수준을 높인 텍스트는 모든 논증이 서로 관련이 있고, 쓸모없는 내용이 없고, 논리적으로 일관적인 내용이 되도록 수정하였고, 반대로 내용 요인의 수준을 낮춘 텍스트는 논증이 서로 관련이 없고, 쓸모없는 내용이 포함되어 있고, 논리적으로 일관적이지 않은 내용이 되도록 수정하였다.

지니고 있는 기준은 매우 상이하며, 이는 통제하기가 매우 어렵다는 점을 지적하였다.

Eckes(2008)는 MFRM 분석과 군집 분석을 통해 채점 기준에 대한 중요도 인식에 따라 채점자의 유형을 '구문 유형, 정확성 유형, 구조 유형, 유창성 유형, 유창성을 중요하게 생각하지 않는 유형, 논증을 중요하게 생각하지 않는 유형'의 6가지로 제시한 후, 각 유형별로 채점 기준의 중요도 인식에 대한 차별적인 경향이 있음을 파악해 냈다. 이 결과를 통해 Eckes(2008)는 채점자가 중요하게 생각하는 채점 기준과 그렇지 않은 채점 기준을 파악하여 채점자가 여러 채점 기준을 더욱 균형 있게 사용할 수 있게 해야 한다고 주장했다.

이상의 선행 연구는 쓰기 능력을 구성하는 본질적 요소인 텍스트의 내용이나 조직 수준이 채점자의 주관적 판단에 영향을 미친다는 것을 밝혀냈다. 하지만 일련의 연구에서는 채점자들이 텍스트의 양, 손글씨, 문법적 오류 등 텍스트의 표면적 특징에 주의를 기울이며 채점을 하는 경향이 있음을 지적했다.

Nold & Freedman(1977)은 채점자의 반응에 영향을 미치는 텍스트의 특징을 구문적 특징(T unit 당 단어, T unit 당 종속절, 주절 길이의 평균, 종속절 길이의 평균, 후치 자유 수식어, 중간 자유 수식어 등), 어휘적 특징(일반 동사), 내용적 특징(긴 텍스트, 짧은 텍스트)으로 분류한 후, 이 요소들이 텍스트에 나오는 수와 비율을 측정하여 점수와 비교하였다. 그 결과 '짧은 텍스트'는 텍스트의 점수 중 20%를 설명하는 가장 영향력 있는 변인으로 나타났다. 상관 분석 결과, '짧은 텍스트'는 점수와 가장 높은 상관관계가 나타났으며, '긴 텍스트'는 17개의 변인 중 5번째로 높은 상관관계가 나타났다. 이는 텍스트의 양이 채점자의 판단에 가장 큰 영향을 미치는 요인이라는 것을 의미한다.

　Stewart & Grobe(1979)는 상관 분석을 통해 교사 채점자가 텍스트에 부여한 점수와 '텍스트의 양, T unit 당 단어의 비율, 100단어 당 철자 오류의 비율, T unit 당 불명확하거나 잘못된 대명사의 수 등'의 관계를 파악한 후, 단계적 중다회귀분석을 통해 각 변인이 텍스트의 점수를 설명하는 정도를 분석하였다. 그 결과 모든 학년에서 '텍스트의 양과 철자 오류의 비율'이 점수에 가장 큰 영향을 미치는 요인인 것으로 나타났다. 이 결과를 통해 Stewart & Grobe(1979)는 교사들이 쓰기 지도와 평가를 수행할 때 언어 발달의 구문적 요소를 적절하게 고려하지 못하는 점에 대해 지적하였다.

　Charney(1984)는 채점자들이 학생의 실제 쓰기 능력과는 무관한 '텍스트의 양, 손글씨의 모양, 단어 선택, 철자 오류' 등에 주의를 기울이며 채점을 하는 경향이 있음을 지적하였다. 채점자들이 이러한 표면적 특징에 주의를 기울이는 이유는 보다 손쉽게 텍스트의 질에 대한 판단을 내릴 수 있기 때문이라고 설명하였다. 그리고 표면적 특징을 기준으로 채점하는 방식은 높은 채점자 간 신뢰도를 산출할 수 있음을 언급하면서, 만약 특정 검사에서 채점자 간 신뢰도가 높게 나타났다면 채점자들이 텍스트의 표면적 특징에 주의를 기울이며 점수를 부여했을 가능성을 고려해야 한다고 주장하였다.

　Milanovic et al.(1996)은 '양, 가독성(손글씨), 문법적 오류, 철자, 구두점' 등 텍스트의 표면적 특징이 채점에 미치는 영향을 분석하였다. 그 결과 채점자들이 텍스트의 양을 고려하지 않는 것처럼 보이지만 텍스트에 대한 초기 인상을 형성할 때는 텍스트의 양에 영향을 받는 것으로 나타났다. 특히 텍스트의 양이 채점 기준에 제시되어 있지 않은 경우에 해당 요인을 처리하는 방식에도 채점자마다 차이가 있는 것으로 나타났다. 문법적 오류도 채점자마다 가중치를 다르게 부여하는 요인 중 하나이지만, 철자와 구두점 등의 사소한 실수에는 감점하지 않는 경향이 있는 것으로 나타났다.

Sakyi(2000)는 채점자의 사고구술 프로토콜을 분석하여 채점에 영향을 미치는 요인들을 분석하였다. 이 중 '텍스트의 양'은 텍스트의 양이 적을 때 채점에 영향을 미치는 것으로 나타났다. 텍스트의 양이 적은 경우, 어떤 채점자는 텍스트의 양 자체에 초점을 맞추어 낮은 점수를 부여하기도 하고, 다른 채점자는 텍스트의 양이 적더라도 다른 요소에 주의를 기울여 점수를 부여하는 등 채점자마다 텍스트의 양을 처리하는 방식이 상이한 것으로 나타났다. 이외에도 문법적 오류나 언어 관습적 오류도 채점에 영향을 미치며, 이러한 오류가 아이디어나 조직 등 다른 평가 요소에 대한 판단에도 영향을 미치는 것으로 나타났다.

Crisp(2008a)는 채점자의 사고구술 프로토콜을 분석하여 채점자들이 채점 기준에 제시되어 있지 않은 텍스트의 맞춤법, 손글씨, 텍스트의 양 등에 주의를 기울이는 경향이 있음을 파악하였다. 특히 텍스트의 양이 적어서 필자의 지식이나 기능 수준을 충분히 반영하지 못하는 경우, 반대로 텍스트가 길어서 불필요한 정보를 너무 많이 포함하고 있는 경우에 채점자가 텍스트의 양을 채점에 반영하는 것으로 나타났다. 하지만 Crisp(2008a)에서는 채점자들이 텍스트의 양을 반영하더라도 이를 통제하려는 노력을 기울였기 때문에, 텍스트의 양이 채점에 중대한 영향을 미치지는 않는 것으로 나타났다.

선행 연구의 논의를 종합하면, 채점자마다 주의를 기울이는 텍스트의 특징, 특정 평가 요소에 가중치를 부여하는 정도 등은 상이하다. 특히 채점자들이 텍스트의 본질적 요소와는 상대적으로 무관한 표면적 요소에 주의를 기울이며 채점을 수행하는 경향이 나타나는데, 이는 고등 사고 기능을 측정하고자 하는 쓰기 채점의 목적을 고려할 때 타당한 방식이라고 할 수 없다. 이러한 정보 처리 행동은 채점 결과의 차이를 낳는 요인으로 작용하므로, 채점 편향의 원인을 탐색할 때는 채점자가 주의를 기울이는 텍스트의 특징이 무엇인지, 텍스트의 표면적 특징을 중심으로 채점을 하는 방식이 나타나는지 등에 대해 살펴볼 필요가 있다.

제2장
쓰기 채점 전문성과
채점 편향

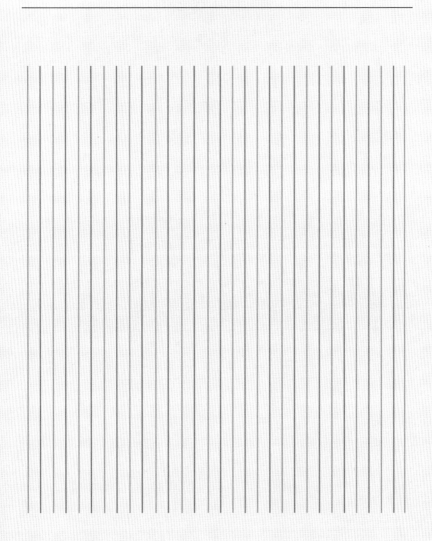

쓰기 채점 전문성과
채점 편향

1. 쓰기 채점 전문성

평가란 개인의 특성에 대해 추론하기 위해 그 특성에 대한 근거 자료를 수집하는 과정이다(Messick 1989). 채점은 평가 과정 중 한 부분으로, 대상을 판단하는 데 도움을 주기 위한 평정 척도를 활용하여 특정 점수나 등급을 부여하는 과정을 의미한다(박영민 외 2016). 따라서 '쓰기 채점'이란 채점자가 여러 개의 채점 기준을 고려하여 텍스트의 수준을 판단한 후 그 수준을 객관적인 양적 척도로 표현하는 행위를 의미한다. DeRemer(1998)와 Lumley(2002)는 이러한 쓰기 채점의 과정을 '채점 루브릭에 포함된 언어를 해석한 후 텍스트의 특정 부분과 연결하는 문제 해결 과정'으로 정의하기도 하였다. 이러한 논의를 고려하면 채점의 신뢰성, 타당성 등을 떨어뜨리는 주요인은 채점을 수행하는 주체인 채점자의 주관성이라고 할 수 있다. 그러므로 텍스트의 수준에 대한 객관적 결과를 도출하기 위해서는 채점자의 고도의 전문성과 인지적 노력이 필요하다.

이러한 맥락에서 여러 선행 연구에서는 채점자의 전문성에 대한 논의를 전개해왔다. 이인제 외(2004), 이성영(2005)은 쓰기 평가자가 갖추어야 할 능력을 '지식, 수행, 태도'의 측면에서 다루면서, 국어 교사는 채점 기준을 이해하는 능력, 이를 바탕으로 일관성 있게 채점하는 능력, 채점 결과의 의미나 원인 등에 대해 입체적으로 해석하는 능력 등을 지녀야 한다고 주장하였다. 박영민(2012)은 채점 기준에 따라 텍스트의 수준을 변별하는 능력, 판단 결과를 적확한 척도로 변환하는 능력, 텍스트의 수준과 관련성이 떨어지는 외적 요인들을 통제하며 채점하는 능력, 채점 회기 동안 엄격성의 수준을 일관성 있게 유지하는 능력 등을 쓰기 채점자가 갖춰야 할 전문적 능력으로 제시하였다. 특히 전체 채점 회기 동안 채점자가 내면화하고 있는 채점 기준이나 척도에 대한 인식이 변하지 않도록 통제하면서 채점해야 채점 일관성을 적합하게 유지할 수 있음을 강조하였다.

채점자를 능숙한 채점자와 미숙한 채점자로 분류한 후 두 집단의 인지 과정과 채점 결과의 차이를 분석한 연구도 다수 발표되었다. 이러한 연구에서는 채점 전문성을 구성하는 요인들을 분석하거나, 능숙한 채점자의 채점 경향을 분석함으로써 미숙한 채점자를 위한 채점자 교육 방안을 모색하기도 했다. 하지만 '능숙'의 기준이 명확하지 않아서 연구자들마다 적용하는 '전문 채점자'의 기준은 상이한데(Wolfe 1997), 그중에서도 자주 적용되는 기준은 '경험'과 '채점 일관성'이다.

개인적 배경(독자, 필자로서의 경험), 전문적 경험(특히 석사와 박사 연구 경험), 직업적 경험(교사, 채점자로서의 경험) 등을 포함하는 '경험' 요인은 채점자들이 활용하는 암시적 기준들에 중대한 영향을 미친다(Lumley 2005, Wolfe 1997, Pula & Huot 1993). 이 중에서도 '채점 경험'은 채점자가 지니고 있는 쓰기 평가에 대한 전문적인 지식을 채점 수행 능력으로 이어지게 하기 위한 주요 기제이며, 특히 채점자가 주의를 기울이는 하위 평가 요소와 엄격성을 조정하는 데 영향을 미친다(박영민 2011). 구체적인 채점자 교육을 제공하더라도 이러한 채점자 요인은 텍스트를 채점하는 방식에 영향을 미친다(Milanovic et al. 1996). 그리고 유사한 경험을 지닌 채점자들은 유사한 방식으로 채점을 수행하는 경향이 있다. 따라서 타당한 채점을 위해서는 유사한 배경을 가지고 있는 채점자들을 선정할 필요가 있다(Bejar et al. 2006, Charney 1984). 이러한 맥락에서 많은 양적, 질적 연구에서는 채점 경험이 풍부한 채점자와 채점 경험이 부족한 채점자의 채점 과정을 비교·대조함으로써 배경 요인이 채점 과정과 채점 결과에 미치는 영향을 분석해왔다.

Pula & Huot(1993)에 따르면 채점자의 판단에 가장 큰 영향을 미치는 경험은 '채점자로서의 경험'이다. 특히 전문 채점자들은 텍스트에 대한 점수를 부여할 때 내재화된 채점 기준에 의한 직관으로 점수를 결정한 후 자신이 부여한 점수의 정당화를 위해 채점 기준을 활용하는 경향이 있다. 그리고 전문 채점자들은 초보 채점자들보다 텍스트를 타당한 방식으로 읽는 경향이 있다. 한편 Huot(1993)은 경험이 풍부한 전문 채점자들은 초보 채점자들보다 더 많은 개인적 논평을 하는 경향이 있음을 확인하였다. '개인적 논평'이란 '망설임, 느낌, 기대, 웃음, 비꼼, 의문' 등 비평가적 논평을 의미한다. Huot(1993)은 '개인적 논평'이 채점자에게 부여되는 여러 제약에서 벗어난 자연스러운 읽기 과정과 관련이 있으므로 채점의 타당성을 보여주는 지표라고 주장하였다.

이러한 맥락에서 경험이 풍부한 전문 채점자들이 더 많은 개인적 논평을 한다는 것은 그들이 초보 채점자들보다 더 타당한 방식으로 텍스트를 읽는다는 것을 의미한다.[1]

종합하자면, 채점자의 경험은 텍스트 읽기 방식, 채점 기준 활용 방식, 텍스트의 질을 판단하는 방식 등에 영향을 미친다. 이러한 맥락에서 Cumming(1990)은 경험이 부족한 초보 채점자들에게 채점 과정에서 활용할 수 있는 정보 처리 행동에 대한 명시적 지침을 제공할 필요가 있다고 주장하였다. 즉, 채점 전문성을 신장하기 위해서는 채점을 수행할 때 필요한 다양한 지식과 기능을 밝혀내 초보 채점자를 위한 채점자 교육 내용을 구성하고, 채점 연습 기회를 제공함으로써 초보 채점자가 채점자로서의 다양한 경험을 쌓을 수 있도록 해야 한다.

채점 전문성을 구성하는 또 다른 요소는 '채점 일관성'이다(박영민 2011). 채점 일관성은 채점자가 채점 회기 동안 자신의 엄격성을 적정한 수준으로 유지하며 텍스트를 채점하는 경향을 의미한다(박영민 2012). 일관성 수준은 적합, 과적합, 부적합 일관성으로 나눌 수 있다. '과적합 채점자'는 텍스트에 비슷한 점수들만 부여해 수준을 세부적으로 변별하지 못하는 문제를 보이는 채점자를, '부적합 채점자'는 높은 수준의 텍스트에 낮은 점수를 부여하고 낮은 수준의 텍스트에 높은 점수를 부여하는 등 텍스트의 수준을 잘못 변별하는 문제를 보이는 채점자를 의미한다. 이들의 채점 결과는 일관성을 적절하게 유지한 '적합 채점자'의 채점 결과와 달리 타당하다고 할 수 없다. 이러한 맥락에서

---

1) 이 결과는 미숙한 채점자들이 개인적 논평을 더 많이 산출하는 경향이 있음을 보고한 Wolfe(2005, 1997)의 결과와 상이하다. 이에 대해 Wolfe(1997)는 Huot(1993)의 피험자가 훈련을 받지 않은 초보 채점자였던 것과 달리, Wolfe(1997)의 피험자는 채점자 교육을 받았기 때문에 결과 차이가 나타났을 가능성이 있다고 설명하였다.

많은 연구에서는 채점자가 채점 회기 동안 일관성 있게 엄격성을 유지하는지에 초점을 맞추어 채점 전문성을 논의해왔다.

박종임(2013a)와 백유진(2020a)에서는 '적합 채점자'와 '과·부적합 채점자'의 정보 처리 행동의 차이를 밝혔는데, 두 연구의 논의를 종합하면 채점자가 채점 일관성을 적절하게 유지하는 데 영향을 미치는 능력은 세 가지로 분류할 수 있다. 첫째, 채점 기준을 해석하고 이를 채점에 적용하는 능력이다. 만약 채점자가 채점 기준이 의도하는 쓰기 능력과 구인들에 대한 지식이 없어서 채점 기준을 적절하게 해석하지 못하거나 평가 요소를 텍스트와 적절하게 연결하지 못할 경우 해당 채점자의 채점 결과는 타당하다고 볼 수 없다.

둘째, 채점 기준이 요구하는 쓰기 능력이 텍스트에 잘 구현되어 있는지에 대해 정확하게 판단하는 능력이다. 이를 위해 채점자는 텍스트를 꼼꼼하게 읽어 명확한 텍스트 이미지를 형성하려고 노력해야 하며, 그 수준을 정확하게 판단할 수 있어야 한다. 채점자가 텍스트를 잘못 읽었거나 특정 평가 요소의 수준을 잘못 판단한다면 텍스트의 수준을 적절하게 변별하지 못하는 오류를 범하게 된다.

셋째, 판단에 알맞은 척도를 활용하여 점수를 부여하는 능력이다. 채점자는 텍스트에 대한 채점자의 인상과 텍스트의 구체적인 특징, 채점 기준을 조화시켜 텍스트를 읽으면서 필자의 쓰기 능력 수준을 판단해야 하며, 최종적으로는 이를 여러 개의 범주로 나뉘어 있는 점수로 변환해야 한다(박영민 외 2016, Lumley 2002). 하지만 채점자의 척도 활용 양상은 매우 상이하므로, 텍스트의 수준에 대해 같은 판단을 내렸더라도 채점자들마다 부여하는 점수에는 차이가 발생할 수 있다 (McNamara & Adams 1991). 즉, 판단을 어떤 척도로 변환하는지에 따라 최종 점수가 달라질 수 있으며, 이는 채점 결과의 신뢰성과 밀접한 관련이 있다.

실제 교사 양성 과정이나 교사 대상 연수 프로그램에서는 쓰기 채점 전문성을 신장하기 위한 노력이 미흡한 상태이다(백유진·박영민 2021, 최미숙 2017, 장은섭 2015, 박영민 2011a). 특히 국어 교사의 정보 처리 행동에 대한 논의가 충분히 이루어지지 않은 상태이므로 전문 채점자의 인지 과정은 어떠한지, 채점자들이 채점 과정에서 겪는 문제점은 무엇인지, 이러한 문제들을 해결하기 위한 방안은 무엇인지 등에 대한 정보가 부족한 상황이다. 그러므로 국어 교사의 채점 전문성을 신장하기 위한 대학의 교사 양성 프로그램이나 현직 교사들의 재교육 프로그램을 개발하기 위해서는 채점 과정에서 나타나는 국어 교사들의 정보 처리 행동의 특징과 이들이 겪고 있는 문제점들을 파악하는 연구가 선행되어야 한다.

2. 채점 편향

(1) 채점 편향의 의미와 분석의 의의

채점 일관성은 채점 결과의 타당성과 신뢰성을 확보하기 위한 필수 조건이다. 따라서 많은 선행 연구에서는 채점자의 일관성 수준을 측정하고 개선하기 위한 방안을 탐색하는 데 노력을 기울여 왔다(김지영 2018, 최숙기·박영민 2011, Lumley & McNamara 1995, Wigglesworth 1993). 하지만 이 연구들은 전체 채점 회기 동안 채점 엄격성을 일관성 있게 유지했는지에 초점을 맞추어 채점자의 특성을 분석했기 때문에 특정 텍스트를 채점할 때 나타나는 엄격성의 변화를 포착하지 못하는 한계가 있었다. 그러므로 특정 텍스트나 채점 기준, 과제 등을 채점할 때 채점자의 엄격성이 매우 엄격하거나 관대하게 변하는 채점 편향의 특성을 세부적으로 살펴볼 필요가 있다.

채점에 영향을 미치는 국면은 크게 텍스트, 채점자, 채점 기준으로 나눌 수 있다. 이 국면들은 서로 상호작용을 하면서 채점 결과에 영향을 미치는데, 이를 차별적 국면 기능[Differential Facet Functioning]이라고 하며, 이 중에서 채점자를 포함하는 상호작용을 채점 편향[rating bias], 혹은 차별적 채점자 기능[Differential Rater Functioning]이라고 한다(Engelhard 2007, Du et al. 1996). 즉, 채점 편향은 채점자와 특정 국면 간의 상호작용을 의미하며, 구체적으로는 채점자가 특정 텍스트나 채점 기준에 대하여 매우 엄격하거나 매우 관대한 점수를 부여하는 것을 의미한다(최숙기·박영민 2011, 장소영·신동일 2009). 따라서 채점 편향이 나타났다는 것은 특정 텍스트를 채점하는 과정에서 채점자가 자신의 엄격성 수준을 제대로 유지하지 못했다는 것으로 해석할 수 있다. 만약 채점자가 특정 텍스트에 예측값과 크게 차이가 나는 점수를 부여한다면 그 채점 결과는 신뢰성이 있다고 할 수 없다. 즉, 채점 편향은 쓰기 평가 전체의 신뢰성을 떨어뜨리고 학생의 쓰기 능력 수준을 왜곡하는 문제를 낳는다는 점에서 채점 결과의 질을 결정짓는 중요 요인으로 작용한다.

채점 편향은 MFRM을 적용한 FACETS의 bias/interaction 분석을 통해 확인할 수 있다. bias/interaction 분석을 실시하면 MFRM의 예측값이 산출되고, 실제 관찰값과의 차이를 logit으로 변환한 편향 크기[bias measure], 편향 크기를 표준화한 t 통계량, p-value를 얻을 수 있다. 채점 편향은 t 통계량이 ±2 범위 밖에 있으면 실질적 채점 편향이 나타난 것으로 해석하며, '+'로 나타나면 채점자가 다국면 Rasch 모형이 예측한 엄격성 수준보다 관대하게 채점했다는 것을, '-'로 나타나면 채점자가 보다 엄격하게 채점했다는 것을 의미한다.[2] 따라서 채점 편향이 나타났다는 것은 특정 텍스트에서 채점자가 자신의 엄격성 수준을 제대로 유지하지 못했다는 것으로 해석할 수 있다(Eckes 2011). 만약 채점자가 특정 텍스트에 예측값과 크게 차이가 나는 점수를 부여한다면 그 채점 결과는 신뢰성이 있다고 할 수 없다.

채점 편향 분석에서 나타나는 '매우 엄격하거나 매우 관대한'이라는 용어는 채점자의 전반적인 엄격성 수준과는 차이가 있다. 채점자의 엄격성 수준은 채점자가 지니고 있는 고유의 특성이므로 엄격성 수준이 높다고 해서 채점 편향이 나타났다고 해석하지 않는다. 최종 점수를 산출할 때 채점자의 엄격성 차이는 MFRM을 통해 통계적으로 조정할 수 있다. 반면, 채점 편향은 MFRM의 예측값과 실제 관찰값의 차이가 매우 크다는 것을 의미한다. 그러므로 '매우 엄격하거나 매우 관대한'이라는 용어는 채점자가 예측값에 비해서 특정 텍스트나 채점 기준에 매우 높은(관대한) 점수를 부여했거나 매우 낮은(엄격한) 점수를 부여했음을 의미한다. 이는 채점 결과의 차이를 유발하므로, 특정 채점 기준이나 텍스트에 매우 관대하거나 엄격한 편향을 보인다면 재교육을 실시한 후 재채점하게 해야 한다(백유진 2020b, 박종임 2013b).

채점 편향이 많이 나타날수록 채점자의 전체 엄격성 수준은 '부적합'으로 판정될 가능성이 높아진다(최숙기·박영민 2011). 뿐만 아니라

---

2) Eckes(2011)는 p값이 표본 값에 크게 의존하기 때문에 절댓값 2이상의 t 통계량을 실질적 채점 편향의 지표로 고려하는 것이 합리적이라고 설명했다. 또한 FACETS의 키파일 명령어를 수정하여 '+'일 경우 엄격, '-'일 경우 관대한 것으로 결과를 산출하도록 조정할 수 있다.

채점 편향은 일관성 수준이 '적합'으로 분류된 채점자에게서도 나타나기도 한다. 이는 채점 편향이 특정 채점자와 특정 텍스트 간 상호작용에서 나타나는 것인 반면, 채점 일관성 수준은 전체 텍스트에 대해 엄격성을 일관성으로 유지했는지 여부에 따라 판정되기 때문이다. 그러므로 채점 결과를 구체적으로 분석하고, 엄격성이 일관적으로 유지되지 못한 지점을 선별해내기 위해서는 채점 편향을 분석하는 것이 효율적이다.

채점 편향 연구에서 공통적으로 나타나는 현상은 특정 텍스트나 채점 기준에 관대한 점수를 부여하고 나머지에는 엄격하게 점수를 부여하는 보상적 편향이다(Eckes 2012, Schaefer 2008, Kondo-Brown 2002). 보상적 편향[compensatory bias]은 채점자의 엄격성 수준을 평균으로 수렴하게 만들어 평균적으로는 채점 편향이 나타나지 않는 것처럼 보이게 한다(Eckes 2012). 채점자가 특정 텍스트에 MFRM의 예측값과 비슷한 점수를 부여했더라도 세부적으로 분석해 보면 특정 채점 기준에는 매우 관대하게, 다른 채점 기준에는 매우 엄격하게 채점했을 가능성이 있다. 이러한 채점 패턴이 나타나는 경우, 해당 채점자는 텍스트의 수준을 제대로 판단했다고 볼 수 없다. 그러므로 채점 결과의 타당성, 객관성, 신뢰성을 확보하기 위해서는 채점 편향을 세부적으로 분석하여 이를 제거하거나 최소화하기 위한 노력을 기울일 필요가 있다.

(2) 채점 편향 분석의 유형

채점 편향 분석은 목적에 따라 탐색적 채점 편향 분석[exploratory bias]과 확증적 채점 편향 분석[confirmatory bias], 분석에 활용되는 국면 수에 따라 이원 분석[two-way]과 삼원 분석[three-way]으로 나눌 수 있다. 또한 두 텍스트에 대한 엄격성 차이를 보여주는 쌍대 비교 분석이 있다.

우선, 채점 편향 분석의 유형은 분석의 목적이 모든 국면들 사이에 나타나는 채점 편향의 경향을 살펴보는 것인지, 연구자의 가정이나 이론적 근거 등을 확인하기 위한 것인지에 따라 탐색적 채점 편향 분석과 확증적 채점 편향 분석으로 나눌 수 있다. 탐색적 채점 편향 분석이란 어떤 특별한 가정 없이 연구에 활용된 모든 국면들 사이의 채점 편향, 즉 MFRM의 예측값과 관찰값 사이의 체계적인 편차를 확인하는 분석 방식이다. 탐색적 채점 편향 분석을 위해서는 기본 MFRM에 관련 국면들 사이의 상호 작용을 나타내는 편향 국면을 추가해야 한다. 예를 들어 채점자와 피험자 간, 채점자와 채점 기준 간 채점 편향을 분석하기 위해서는 채점자 j와 피험자 n의 상호작용을 나타내는 ϕ_{nj}나 채점자 j와 문항 i의 상호작용을 나타내는 ϕ_{ij}를 추가해야 한다(Eckes 2011). 탐색적 채점 편향 분석에서는 채점에 활용된 채점자와 텍스트 (혹은 채점자와 채점 기준) 전체에 대해 각각 t 통계량과 p-value를 산출한다. 예를 들어 20명의 채점자가 30편의 텍스트를 모두 채점했을 경우 최대 상호작용 수는 600개이기 때문에 탐색적 채점 편향 분석을 실시했을 경우 600개의 상호작용에 대한 t 통계량과 p-value가 각각 산출된다.

탐색적 채점 편향 분석을 통해 채점 편향의 전체적인 경향을 탐색할 수 있으며, 채점자들이 전체 텍스트를 MFRM이 예측한 수준으로 채점하고 있는지, 특정 텍스트나 채점 기준에 비정상적으로 엄격하거나 관대한 점수를 부여하고 있는지, 특정 채점 기준에 대해 예측하지 못한 점수 패턴이 나타나는지 등에 대해 판별할 수 있다. 따라서 채점이 끝난 후 탐색적 채점 편향 분석을 실시한다면 채점자의 엄격성이 적절하게 유지되지 못한 텍스트를 찾아내 채점자에게 해당 텍스트를 재채점하게 함으로써 채점 결과의 신뢰성을 높일 수 있다. 뿐만 아니라 채점 편향이 산출된 텍스트와 채점 편향이 산출되지 않은 텍스트에서의 인지 과정의 차이를 비교함으로써 채점자가 채점 편향을 산출하는 데 영향을 미친 자신의 정보 처리 행동을 조절하게 할 수 있다. 즉, 탐색적 채점 편향 분석은 채점자 특성 프로파일을 구축하고, 개별 채점자 수행에 대한 지속적인 피드백을 제공하는 데 유용하게 쓰일 수 있다(Wigglesworth 1993).

확증적 채점 편향 분석은 피험자의 성별, 채점 시간과 같은 채점 국면들을 새로 지정한 후 이에 따른 채점 편향 패턴을 분석하는 방식이다. 확증적 채점 편향 분석은 이론적 근거, 선행 연구들의 결과, 연구자의 가정, 반복적으로 관찰되는 현상 등에 기초하여 새로운 국면을 설정하므로, 연구자가 집단 간 차이에 대한 사전 지식을 가지고 있을 경우 그룹 수준의 채점 편향을 입증하는 데 유용하다. 확증적 채점 편향 분석을 위해서는 기본 MFRM에 연구자가 가정한 새로운 국면과 편향 국면을 추가해야 한다. 예를 들어 채점자의 성별과 피험자 사이의 채점 편향을 분석하기 위해서는 채점자의 성별 국면 χ_g와 성별이 g인 채점자와 피험자 n의 상호작용을 나타내는 ϕ_{gn}을 추가해야 한다(Eckes 2011).

확증적 채점 편향 분석에서도 특정 채점자 집단과 텍스트(혹은 채점자와 특정 텍스트 그룹) 전체 국면에 대해 각각 t 통계량과 p-value를 산출한다. 예를 들어 남교사와 여교사 집단이 30편의 텍스트를 모두 채점했을 경우 최대 상호 작용 수 60개에 대한 t 통계량과 p-value가 산출된다. 탐색적 채점 편향 분석과 마찬가지로 통계적으로 유의한 채점 편향이 나타났을 경우 특정 집단이 MFRM의 예측값에서 벗어나는 점수를 부여한 것으로 해석한다.

확증적 채점 편향 분석을 통해 선행 연구의 결과나 연구자의 가정을 통해 설정된 변인들이 실제로 채점 편향 산출에 영향을 미치는지를 검증해 볼 수 있다. 즉, 채점 결과에 영향을 미치는 채점자의 특성, 텍스트의 특징 등에 대해 파악할 수 있다. 만약 텍스트의 수준에 따른 채점 편향의 특징을 살펴보고자 한다면 '상, 중, 하'의 텍스트 수준에 대한 국면을 새롭게 설정한 후, 개별 채점자들이 '상, 중, 하' 텍스트들에 부여한 점수와 MFRM의 예측값 사이에 유의한 차이가 있는지를 통해 엄격성 변화 여부를 살펴볼 수 있다. 따라서 확증적 채점 편향 분석의 결과는 타당한 채점을 위한 채점자 선정이나 텍스트 분배에 대한 정보를 제공한다.

다음으로, 채점 편향 분석의 유형은 분석에 활용되는 국면 수에 따라 이원 분석(two-way)과 삼원 분석(three-way)으로 나눌 수 있다. 채점의 국면은 다양하게 설정될 수 있는데, 채점에 필수적으로 필요한 국면은 채점자, 텍스트, 채점 기준 등 세 가지이다(이창수 2014). 이원 분석의 경우 텍스트와 채점자, 채점자와 채점 기준, 텍스트와 채점자 등 2개 국면의 상호작용을, 삼원 분석의 경우 텍스트, 채점자, 채점 기준 3개 국면에 대한 상호작용을 분석한다. 이창수(2014)에서는 이를 부분적 편향과 국소적 편향이라고 명명하였다.

FACETS의 bias/interaction 분석은 이원 분석을 실시한다. 따라서 이 분석으로 산출되는 탐색적 채점 편향 분석과 확증적 채점 편향 분석은 기본적으로 두 국면의 상호 작용 결과를 산출하므로 이원 분석으로 볼 수 있다. 이원 분석은 두 국면 사이의 상호 작용을 분석한다는 점에서 삼원 분석보다는 덜 구체적인 결과를 산출한다. 하지만 채점자가 엄격성 수준을 적절하게 유지하지 못하는 국면을 구체적으로 확인할 수 있는 탐색적 채점 편향 분석과 다양한 이론적 근거에 기초하여 특정 국면의 어떤 요소가 채점 편향과 관련이 있는지를 확인할 수 있는 확증적 채점 편향 분석을 실시할 수 있기 때문에 채점에 영향을 미치는 잠재적 요소들을 분석할 수 있다는 장점이 있다.

삼원 분석 결과는 FACETS을 구동하면 산출되는 비신뢰성 검증(unexpected response)을 통해 확인할 수 있다. 비신뢰성 검증은 MFRM의 예측값과 관찰값 사이의 잔차와 잔차를 표준화한 값을 산출한다(장소영·신동일 2009). 표준화 잔차가 ±3을 벗어나면 채점자가 부여한 점수가 MFRM의 예측값과 차이가 있는 것으로 판단한다. 표준화 잔차가 +3 이상일 경우 채점자가 MFRM이 예측한 엄격성 수준보다 관대한 점수를 부여했다는 것을, −3 이하일 경우 엄격한 점수를 부여했다는 것을 의미한다.

삼원 분석은 채점의 3가지 기본 국면을 모두 고려한 이상치를 살펴볼 수 있게 해 준다는 장점이 있다. 이는 MFRM이 예측한 점수와 큰 차이가 나타난 세부 국면을 확인할 수 있을 뿐 아니라, 이상치를 많이 산출한 채점자, 텍스트, 채점 기준에 대해서도 살펴볼 수 있다는 점에서 매우 유용한 분석 방식이다. 예를 들어 특정 채점자가 많은 채점 편향을 산출했을 때, 해당 채점자가 채점 편향을 산출한 텍스트, 채점 기준들을 바로 파악할 수 있으므로 채점 편향의 원인을 보다 빠르게 찾아 교정하게 할 수 있다. 또한 특정 채점 기준에 대한 채점 편향이 많이 산출되었을 경우 채점자 교육 시 해당 채점 기준에 대한 지침을 보다 구체적으로 제시하거나 더 집중적으로 채점자 교육을 실시하는 등의 방법을 적용할 수도 있다.

마지막으로, 쌍대 비교 분석[bias/interaction pairwise]은 두 텍스트에 대한 채점자의 엄격성 차이, 두 채점자가 동일한 텍스트에 부여한 logit의 차이가 유의한지를 보여주는 분석 방법이다. 전자의 경우 채점자 내 신뢰도와 관련된 정보를, 후자의 경우 채점자 간 신뢰도와 관련된 정보를 제공한다. 쌍대 비교 분석은 특정 텍스트의 채점 과정에 대한 세부적인 정보를 제공한다는 점에서 채점자의 채점 특성과 채점 오류의 원인을 파악하는 데 효과적인 분석 방법이다.

채점자의 엄격성에 대한 쌍대 비교 분석에서 제공하는 정보는 두 가지이다. 하나는 특정 텍스트에 대한 채점자의 엄격성 수준이다. 선행 연구에서는 주로 전체 텍스트에 대한 채점자의 엄격성 수준을 분석하였다. 하지만 쌍대 비교 분석에서는 각 텍스트마다 채점자가 어느 정도의 엄격성 수준으로 채점했는지에 대한 정보를 제공한다. 채점 일관성이란 채점자가 엄격성 수준을 채점 회기 동안 일정하게 유지했는지를 의미하므로(최숙기·박영민 2011), 채점자의 일관성 수준에 대해 상세하게 파악하기 위해서는 어떤 텍스트를 어느 정도의 엄격성 수준으로 채점했는지에 대해 파악할 필요가 있다. 쌍대 비교 분석에서 제공하는 각 텍스트에 대한 엄격성 수치는 채점자의 전체 엄격성 수준에서 해당 텍스트에 대한 편향 크기를 빼서 산출된다(Linacre 2019).[3] 이 정보를 통해 채점자의 엄격성이 심하게 변하는 텍스트에 대한 정보를 확인할 수 있다.

---

3) Linacre(2019)에서는 채점자의 전체 엄격성 수준을 '전반적 엄격성[global measure]', 특정 텍스트에 대한 엄격성 수준을 '국소적 엄격성[local measure]'로 명명하였다.

다른 하나는 두 텍스트에 대한 엄격성 간 차이가 유의한지에 대한 정보이다. FACETS의 쌍대 비교 분석은 두 텍스트의 엄격성 차이에 대한 Welch's t 통계량과 p-value를 산출한다. 이를 통해 두 텍스트에 대한 채점자의 엄격성 간 차이가 유의한지 여부를 확인할 수 있다. 만약 채점자가 1번 텍스트와 2번 텍스트에 서로 다른 엄격성 수준으로 점수를 부여했고, 그 차이의 p-value가 0.05 미만이라면 두 텍스트에 대한 채점자의 엄격성 차이는 유의하다고 할 수 있으며, 해당 채점자는 엄격성 수준을 적절하게 유지하지 못한 것으로 볼 수 있다.

채점자 간 점수 차이에 대한 쌍대 비교 분석도 유사한 정보를 제공한다. 이는 하나의 텍스트에 두 채점자가 부여한 점수와 두 채점자가 부여한 점수의 차이가 유의한지에 대한 Welch's t 통계량과 p-value를 제공한다. 이 때 특정 텍스트에 대해 채점자가 부여한 점수는 전체 채점자가 해당 텍스트에 부여한 점수에 해당 채점자와 텍스트 간 편향 크기를 더해서 산출한다(Linacre 2019). 이는 어떤 채점자가 어떤 텍스트에 구체적으로 몇 점을 부여했는지에 대한 정보를 제공한다는 점, 두 채점자가 부여한 logit의 차이가 유의한지에 대한 정보를 제공한다는 점에서 채점 결과를 해석하는 데 매우 유용하게 활용될 수 있다.

(3) 쓰기 채점자의 채점 편향 분석 연구

채점 편향에 대한 연구는 주로 채점자와 텍스트 간 상호작용, 채점자와 채점 기준 간 상호작용을 분석하는 방식으로 이루어져 왔다. 채점자가 어떤 텍스트를 채점할 때 자신의 엄격성 수준을 일관성 있게 유지하지 못하는지, 어떤 채점 기준을 더 엄격하게 혹은 관대하게 채점하는지 등을 분석하는 연구가 주를 이루었다.

신동일(2001)은 영어 말하기 평가에서 나타난 채점 편향을 분석하였다. 그 결과 초급 과제에 관대하면 중급 과제에는 엄격하거나 상급 과제에 관대하면 중급 과제에 엄격하는 등의 보상적 편향과 채점 기준 중에서 '정확성'을 엄격하게 평가하는 경향이 나타났다. 사후 인터뷰를 실시해 채점 편향의 원인을 탐색한 결과, 자신의 채점 경향에 대한 이해 부족, 채점 기준의 척도에 대한 숙지 부족, 일부 채점 기준만을 활용해 채점하는 경향, 발화의 양으로만 채점하는 경향, 채점자마다 평가 영역에 다르게 가중치를 부여하는 경향, 평가 영역에 각기 다른 채점 전략을 활용하는 경향 등이 채점 편향 산출에 영향을 미치는 것으로 나타났다.

최숙기·박영민(2011)은 중학생 논설문 35편을 채점한 국어 교사 68명의 채점 편향을 분석하였다. 그 결과 채점자와 텍스트 간, 채점자와 채점 기준 간에 유의한 채점 편향이 나타났다. 이는 국어 교사들이 특정 텍스트나 채점 기준에 점수를 부여할 때 자신의 엄격성을 일관성 있게 유지하지 못하는 문제를 지니고 있음을 의미한다. 특히 채점 편향의 빈도가 높게 나타난 채점자들은 모두 일관성 수준이 '부적합'으로 분류된 채점자였는데, 이는 채점 편향이 채점자가 엄격성을 일관성 있게 유지하는 데 부정적인 영향을 미친다는 것을 의미한다. 이 결과는 부적합 채점자이면서 유의한 채점 편향의 빈도가 높게 나타난 채점자의 채점 결과를 수용할 때는 신중하게 접근할 필요가 있음을 시사한다.

강민석(2014)은 한국어 교사를 대상으로 쓰기 채점에서 나타나는 채점 편향의 특성을 분석하였다. 그 결과 전체 일관성 수준이 '부적합'으

로 분류된 채점자들이 많은 채점 편향을 보이는 것으로 나타났다. 이
는 특정 채점 기준이나 텍스트에 대한 채점 편향이 나타나면 전체 일
관성 수준도 부적합으로 판정될 가능성이 높아진다는 것을 의미한다.
또한 채점자를 경력, 채점 훈련 경험에 따라 분류한 후 쓰기 능력 수
준에 따른 채점 편향을 분석한 결과 저경력 채점자들과 채점자 교육
을 받은 경험이 없는 채점자들이 채점 편향을 많이 보이는 것으로 나
타났다.

김지영·원미진(2018)은 말하기 수행에 대한 한국어 교사의 채점 결
과를 분석하여 엄격성과 편향성을 중심으로 개별 채점자의 채점 경향
을 파악하였다. 그 결과 채점자와 평가 문항 간, 채점자와 응시자 간,
채점자와 평가 구인 간 상호작용에서 유의한 채점 편향이 나타났다.
그리고 김지영·원미진(2018)은 전체 일관성 수준이 '적합'으로 분류된
채점자도 특정 텍스트나 채점 기준에 대해 채점 편향이 나타날 수 있
음을 지적하면서, 채점자 내 신뢰도를 확보하기 위해서는 채점자의 전
체 일관성 수준뿐 아니라 편향성도 함께 점검할 필요가 있음을 강조
하였다.

Lumley & McNamara(1995)는 OET(Occupational English Test)의 말하기
수행을 약 20개월 동안 3번에 걸쳐 채점했을 때 각 채점 회기에서 나
타난 엄격성의 차이를 분석하여 채점 시간에 따른 채점 편향을 파악
하였다. 그 결과 채점 시간에 따라 채점자의 엄격성이 변하며, 채점자
와 채점 시간 사이에 유의한 채점 편향이 있음을 밝혀냈다. 이를 토대
로 Lumley & McNamara(1995)는 긴 채점 시간이 채점자가 자신의 엄격
성 수준을 일관성 있게 유지하는 데 부정적인 영향을 미칠 수 있다고
설명하였다.

  Kondo-Brown(2002)은 일본어 L2 쓰기 평가에 나타난 채점자의 채점 특성과 채점 편향을 분석하였다. 그 결과 채점자들은 수준이 극단적으로 높거나 낮은 텍스트에 채점 편향을 보이는 경향이 있는 것으로 나타났다. 이 결과를 통해 Kondo-Brown(2002)은 극단적인 수준의 텍스트를 평가할 때는 더 명확한 기준과 채점자 교육이 제공되어야 한다고 제언하였다. 그리고 특정 채점 기준에 대한 채점 편향도 나타났는데, 이에 대해서는 채점자들이 해당 채점 기준에 대한 해석을 동일하게 적용하는 데 어려움을 겪고 있을 가능성이 있다고 설명하였다.

  Schaefer(2008)는 쓰기 평가에 나타난 채점자의 채점 편향 패턴을 분석하였다. 그 결과 채점자와 채점 기준 간, 채점자와 텍스트 간에 유의한 채점 편향이 나타났다. 또한 다른 채점 편향 연구에서도 지적한 보상적 편향의 경향도 나타났다. 한편 채점자들은 낮은 수준의 텍스트보다 높은 수준의 텍스트에 더 많은 채점 편향을 보였으며, 수준이 매우 높은 텍스트는 엄격하게, 수준이 매우 낮은 텍스트는 관대하게 평가하는 경향이 있는 것으로 나타났다. 이에 대해 Schaefer(2008)는 채점자들이 높은 능력을 지닌 필자들에게는 높은 수준으로 기대를 하므로 더 엄격하게 채점하는 경향이 있으며, 낮은 능력 수준을 지닌 필자들에게는 이익을 주기 위해 노력하므로 관대하게 채점하는 경향이 있다고 설명하였다.

  Eckes(2012)는 채점 편향 통계치에 따라 위계적 군집 분석을 실시해 채점자 유형을 설정한 후 채점 결과를 분석했다. 그 결과 각 유형별 채점 편향은 채점 기준의 중요도 인식과 밀접한 관련이 있는 것으로 나타났다. 채점자들은 중요도가 높다고 생각하는 채점 기준은 엄격하게, 중요도가 낮다고 생각하는 채점 기준은 관대하게 평가하는 경향이 있었다. 그리고 특정 채점 기준에 엄격하게 평가한 채점자들은 다른 채점 기준에는 관대하게 평가하는 보상적 편향을 보이는 것으로 나타났다. 이 결과를 토대로 Eckes(2012)는 채점 기준의 중요도에 대한 채점자의 인식을 조사해 채점자의 유형을 확인하고, 채점자가 채점 기준에 대해 균형 있는 인식을 갖게 하는 점검 활동을 통해 채점 편향을 줄일 수 있다고 주장하였다.

He et al.(2013)은 쓰기 평가에 나타난 채점자의 채점 편향을 분석하여 채점자의 전공, 텍스트의 주제, 채점 기준에 따라 채점자 엄격성에 차이가 있음을 확인하였다. 특히 논증적 텍스트가 설명적 텍스트보다 엄격하게 평가되는 것으로 나타났는데, 이 결과에 대해 He et al.(2013)은 논증적 주제가 더 많은 인지적 노력을 요구하기 때문이라고 설명하였다. 채점 기준의 중요도 인식에 따른 채점 차이 분석에서는 채점자들이 중요하게 여기는 평가 기준은 엄격하게, 중요하지 않다고 여기는 채점 기준은 관대하게 채점하는 경향이 나타났다. He et al.(2013)은 분석 결과를 통해 채점자의 채점 편향을 분석함으로써 채점의 객관성을 개선하기 위한 효과적인 채점자 교육 설계 방법을 구안할 수 있다고 제언하였다.

이상의 선행 연구는 채점 편향 연구에 대한 몇 가지 시사점을 제공한다. 첫째, 채점자의 전문성을 논의할 때 채점자의 전체 일관성 수준과 함께 채점 편향을 고려할 필요가 있다. 그동안의 쓰기 채점 연구에서는 채점자의 전체 엄격성이나 일관성 수준을 중심으로 채점자의 전문성에 대해 논의해왔다. 하지만 선행 연구에서는 공통적으로 적합 일관성으로 분류된 채점자도 채점 편향을 보일 수 있음을 지적하고 있다. 이는 전체 일관성 수준으로 채점자의 전문성을 논의하는 데 한계

가 있음을 의미한다. 그리고 하나의 텍스트나 채점 기준에 엄격(관대)
하면 나머지 텍스트나 채점 기준에는 관대(엄격)하게 채점하는 보상적
편향은 전체 엄격성 수준을 평균으로 수렴시켜 비정상적인 채점 패턴
을 확인할 수 없게 만든다. 그러므로 채점 결과를 분석할 때는 세부적
인 채점 편향 정보를 살펴볼 필요가 있다.

둘째, 채점 편향을 유발하는 원인을 파악하기 위해서는 채점자의 인
지 과정을 심도 있게 분석할 필요가 있다. 대부분의 선행 연구는 채점
자가 부여한 점수를 분석해 채점 편향의 경향을 분석하거나 양적 분
석 결과를 통해 채점 결과의 차이의 원인을 추론하는 수준에 머무르
고 있다. 특히 채점 편향이 나타난 텍스트와 채점 편향이 나타나지 않
은 텍스트의 채점 과정을 대조한 연구는 매우 부족한 실정이다. 채점
편향이 채점 일관성을 적절하게 유지하는 데 부정적인 영향을 미치는
요인이라는 점을 고려하면, 채점 편향이 나타난 텍스트에서의 채점 과
정을 세부적으로 분석해 이를 제거하거나 최소화하기 위한 방안을 탐
색할 필요가 있다.

제3장

채점 편향 연구의 실행

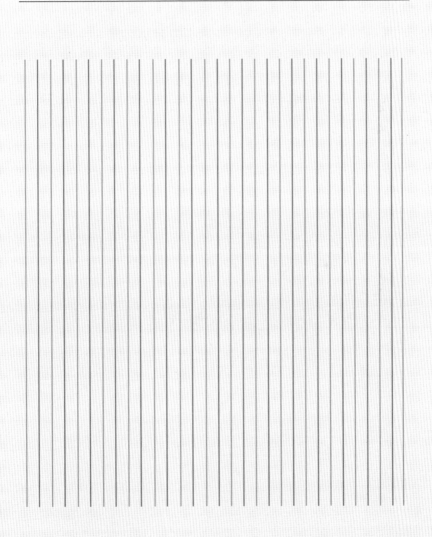

채점 편향 연구의 실행

1. 연구 대상

학생 논설문을 채점할 때 나타나는 국어 교사들의 채점 편향의 특성과 원인을 분석하기 위해 이 연구에서는 현직 국어 교사 20명을 연구 대상으로 선정하였다. 연구에 참여한 국어 교사의 수와 비율을 성별, 경력에 따라 정리하면 <표 3-1>과 같다.

〈표 3-1〉 연구 대상의 표집 현황(명)

경력 \ 성별	남자	여자	계
5년 미만	2	3	5(25%)
5년 이상 ~ 10년 미만	7	3	10(50%)
10년 이상	1	4	5(25%)
계(%)	10(50%)	10(50%)	20(100%)

<표 3-1>에 따르면, 이 연구에 참가한 국어 교사는 총 20명이다. 성별에 따라 분류하면 남교사는 10명(50%), 여교사는 10명(50%)이다. 채점자의 성별에 따른 채점 결과의 차이를 보고한 연구들을 고려하면 (정미경 2011, 최숙기·박영민 2011, 박영민·최숙기 2010b, 박영민·최숙기 2009), 연구 대상자의 성비가 한쪽으로 치우칠 경우 성별 특성이 연구 결과에 영향을 미칠 가능성이 있다. 따라서 이 연구에서는 남교사와 여교사 수의 비율을 동일하게 표집하여 연구 결과를 왜곡시킬 수 있는 성별 요인을 통제하고자 하였다.

연구 대상자를 경력에 따라 분류하면, 5년 미만의 교사는 5명(25%), 5년 이상 10년 미만의 교사는 10명(50%), 10년 이상의 교사는 5명(25%) 이다. 경력에 따른 채점 차이는 연구마다 상반된 결과를 보고하는데, 많은 연구에서 공통적으로 지적하는 것은 경력이 낮은 교사와 경력이 높은 교사 사이에 채점 차이가 존재하며(백유진 2018, 박영민·최숙기 2010a, Cumming 1990), 경력이 비슷한 교사들은 비슷한 방식으로 채점을 수행 한다는 것이다(Bejar et al. 2006). 따라서 이 연구에서는 연구 대상자의 경력 요인이 연구 결과에 미치는 영향을 통제하기 위해 경력이 낮은 교사의 수와 경력이 높은 교사의 수를 동일하게 표집하였다.

인적 사항 설문지를 통해 쓰기 평가와 관련된 채점자들의 추가 정 보를 수집하였다. 장은주(2018)에 따르면, 대학이나 대학원에서 쓰기 평가 강좌를 수강한 경험이나 입직 후 쓰기 평가 연수 이수 경험이 채 점 일관성 수준에 영향을 미친다. 그러므로 이 연구에 참가한 국어 교 사들이 쓰기 평가 교육 경험이나 쓰기 평가 횟수 등의 측면에서 동질 적인 배경을 지니고 있는지 확인할 필요가 있다. <표 3-2>는 연구 대 상자들의 쓰기 평가 교육 경험 및 쓰기 평가 횟수를 정리한 표이다.

<표 3-2> 연구 대상자의 쓰기 평가 교육 경험 및 쓰기 평가 횟수(명)

쓰기 평가 교육 경험	1년 미만	1년 이상 ~2년 미만	2년 이상 ~3년 미만	3년 이상
	6(30%)	6(30%)	4(20%)	4(20%)
	M= 1.75 , SD=1.5			
쓰기 평가 횟수(1년)	2회	3회	4회	5회 이상
	6(30%)	3명(15%)	10명(50%)	1명(5%)
	M= 3.45 , SD=1.4			

<표 3-2>에 따르면, 이 연구에 참가한 국어 교사들의 쓰기 평가 교육 경험은 평균 1년 9개월(SD=1.5)이었다. 쓰기 평가 교육을 2년 미만 (60%) 받은 국어 교사가 2년 이상(40%) 받은 국어 교사보다 1.5배 더 많았다. 설문 조사 결과, 국어 교사들은 주로 대학교나 대학원 수업을 통해 쓰기 평가 교육을 받았으며(15명), 쓰기 평가 관련 연수(7명)나 동교 교사와의 협의(1명)를 통해서도 쓰기 평가의 이론과 실제에 대해 교육을 받은 것으로 나타났다.

이 연구에 참가한 국어 교사들이 1년 간 시행하는 쓰기 평가 횟수는 평균 3.45회(SD=1.4)인 것으로 나타났다. 설문 조사 결과, 국어 교사 20명 모두 수행평가를 통해서 쓰기 평가를 수행하는 것으로 나타났으며, 수업 중 쓰기 지도, 자기소개서 지도, 대회 출품작 평가 등을 통해서도 쓰기 평가를 수행하고 있는 것으로 나타났다. 따라서 이 연구에 참가한 국어 교사들은 비슷한 정도의 쓰기 평가 교육 경험을 지니고 있었으며, 쓰기 평가 교육을 받은 경로, 1년 간 시행하는 쓰기 평가 횟수와 평가 방법도 매우 유사한 것으로 볼 수 있다.

2. 검사 도구

(1) 설문지

채점자와 채점 과정에 대한 추가 정보를 수집하기 위해 인적 사항 설문지와 채점 사후 설문지를 구성하였다. 그리고 연구에 대한 이해를 돕기 위해 안내문을 제작하였다. 우선, 인적 사항 설문지는 연구에 참가한 국어 교사들의 이름, 성별, 근무 학교급, 학위 취득 사항, 교육 경력, 쓰기 평가 교육 경험 및 교육 경로, 쓰기 평가 횟수 및 쓰기 평가 방법 등에 대한 문항으로 구성하였다. 연구 참가자들의 개인 정보를 수집한 것은 성별, 교육 경력, 쓰기 평가 교육 경험 등 채점에 영향을 미치는 배경 요인을 확인하고자 했기 때문이다. 연구자가 처음에 인적 사항 설문지를 구성할 때는 어떠한 경로로 교원 자격증을 취득했는지에 대한 문항을 포함시켰으나, 내용 타당도 검토 결과 연구의 목적과 크게 관련이 없고 과도한 개인 정보 수집이라는 지적이 있어 이에 대한 문항을 제외하였다.

채점 사후 설문지는 본 검사 후 채점에 대한 부가적인 정보를 수집해 사고구술 프로토콜 자료의 한계를 보완할 목적으로 제작하였다. 채점 사후 설문지는 이 연구에서 초점을 맞추고 있는 채점 기준과 채점 척도, 학생 논설문, 채점자 등에 대한 문항으로 구성하였다. 구체적으로, 채점 기준 해석 방식, 채점 기준에 대한 중요도 인식, 척도 변별의 어려움, 채점이 쉬웠던 텍스트와 어려웠던 텍스트, 화제에 대한 채점자의 배경지식 수준과 논설문 쓰기 수준, 채점의 일관성 및 전문성에 대한 채점자의 인식, 실제 채점 시 활용하는 채점 기준 등에 대한 문항으로 구성하였다. 처음에 연구자가 사후 설문지를 구성할 때는 채점자가 실제 채점 시 활용하는 채점 기준에 대한 문항은 없었으나, 내용 타당도 검토 결과 채점자가 실제로 활용하는 채점 기준과 이 연구에서 활용하는 채점 기준 사이의 괴리가 채점에 영향을 미칠 수 있다는 의견이 있어 이 문항을 추가하였다.

연구에 대한 이해를 돕기 위해 국어 교사들에게 제공한 안내문은 '채점 텍스트 안내문, 채점 기준 및 척도 안내문, 채점 시 유의 사항 안내문, 사고구술 안내문'으로 구성하였다. 채점 텍스트 안내문은 학생 필자에 관한 정보, 학생 논설문 선정 방식에 대한 내용으로 구성하였다. 그리고 채점 시 국어 교사들이 반드시 숙지해야 할 쓰기 과제와 쓰기 과제를 수행한 쓰기 맥락에 대한 내용도 포함시켰다.

채점 기준 및 척도 안내문은 국어 교사들이 활용할 채점 기준과 채점 척도에 대한 설명으로 구성하였다. 국어 교사들의 자연스러운 채점을 방해하지 않는 범위 내에서 채점 기준과 척도에 대해 설명함으로써 채점 기준과 척도에 대한 이해를 돕고자 하였다.

채점 시 유의 사항 안내문은 국어 교사들이 연구 과제를 수행하면서 유의해야 할 사항들로 구성하였다. 특히 채점할 때 국어 교사들이 작성할 채점표의 위치, 띄어쓰기의 채점 여부, 논평 기록 방법, 채점을 하면서 텍스트를 읽는 방법 등에 대한 내용을 포함시켜 국어 교사들이 채점할 때 유의해야 하는 사항들을 숙지하도록 하였다.

사고구술 안내문은 전명재(2002), 천경록(2002), 이창수(2014), Ericsson & Simon(1993) 등의 선행 연구를 참고하여 구성하였다. 우선 사고구술이 익숙하지 않은 채점자를 위해 사고구술의 개념에 대한 내용을 포함시켰으며, 채점자들이 사고구술을 하면서 유의해야 할 사항들에 대해 정리하였다. 처음에 연구자가 사고구술 안내문을 구성할 때는 사고구술의 개념을 포함하지는 않았으나, 내용 타당도 검토 결과 연구 참가자들에게 사고구술이 무엇인지에 대해 설명해 주는 것이 좋을 것 같다는 의견이 있어 이 내용을 안내문에 포함시켰다.

(2) 사고구술 연습 자료

사고구술은 연구 대상자의 의미 구성 과정을 생생하게 보여준다는 점에서 인지 과정 연구 방법으로는 최선의 방법이지만, 피험자의 인지적 부담이 상당하다는 점에서 나이가 어리거나 미숙한 피험자에게는 실시하기가 힘든 방법이다(박영민 외 2016, 최현섭 외 1997). 이 연구에 참가한 국어 교사들은 모두 학사 이상의 학위를 취득한 후 현직 교사로 쓰기 채점을 수행하고 있는 국어 교육 전문가이기 때문에 미숙한 피험자로 볼 수 없으므로 일정한 채점자 교육을 거치면 원활하게 사고구술을 할 수 있다고 판단하였다(박영민 외 2016). 하지만 국어 교사들이 겪을 사고구술의 인지적 부담을 고려하여 본 검사를 실시하기 전에 사고구술을 연습할 수 있도록 검사 도구를 개발하였다.

이 연구에 활용한 사고구술 연습자료는 전명재(2002), 천경록(2002), 이창수(2014), Ericsson & Simon(1993)을 참고하여 제작한 것으로, 총 2단계의 연습으로 구성하였다. 처음부터 실제 논설문을 채점하면서 사고구술을 하게 했을 때 연구 대상자들이 부담을 가질 것을 고려하여 1단계 사고구술 연습은 간단한 덧셈 문제를 풀면서 머릿속에 떠오르는 사고들을 자연스럽게 말로 표현하는 과제로 구성하였다. 2단계 사고구술 연습은 실제 학생 논설문 2편을 채점하면서 사고구술을 해 보는 과제로 구성하였다. 사전 채점 결과에서 상 수준으로 분류된 논설문과

하 수준으로 분류된 논설문을 연습 자료로 선정하여 채점자들이 실제 채점할 논설문의 수준을 가늠해 보도록 하였다.

(3) 학생 논설문

이 연구에서 국어 교사들에게 제공한 학생 논설문 자료는 전라북도의 인문계 고등학교에 재학 중인 1학년 학생들로부터 수집한 논설문 30편이다. 고등학교 1학년의 논설문을 선정한 이유는 이들이 초등학교 1학년부터 중학교 3학년까지의 공통 교육과정을 이수했으므로 논설문 작성에 필요한 기초적인 역량들을 갖추고 있다고 판단했기 때문이다(교육부 2015, 교육과학기술부 2011). 또한 논설문을 작성한 학생들은 고등학교의 공통 과목인 '국어'의 성취 기준 '주제, 독자에 대한 분석을 바탕으로 타당한 근거를 들어 설득하는 글을 쓴다.'에 대한 학습을 이미 완료했으므로, 논설문을 작성하는 데 필요한 담화 지식, 기능과 전략 등을 갖추고 있을 것이라고 판단했다.

쓰기 과제는 연구자와 국어 교육 경력 20년 이상의 교사 2인이 고등학교 1학년의 관심사, 수준, 흥미, 논설문 평가의 적절성 등을 검토하여 결정하였다. <표 3-3>은 학생들에게 제시한 쓰기 과제이다.

〈표 3-3〉 학생 논설문 쓰기 과제

쓰기 과제: '과학 연구를 위해 동물실험을 해야 하는지'에 대한 자신의 의견을 제시하여 다른 사람을 설득할 수 있도록 글을 쓰시오. ＊ 완결된 한 편의 글이 되도록 쓰세요 ＊ 볼펜으로 써 주세요

연구에 활용할 텍스트 유형을 논설문으로 정한 이유는 논설문 작성 능력과 관련된 성취기준이 전체 국어과 교육과정 내의 전 학년에 고루 분포되어 있을 만큼 국어과에서 중요시되는 텍스트 유형이기 때문이다. 특히 2015 국어과 교육과정에서 중요하게 여기는 핵심 역량인 비판적·창의적 사고 역량, 자료·정보 활용 역량, 의사소통 역량 등을 평가하는 데는 논설문이라는 텍스트 유형이 가장 적합하다고 판단하였다(교육부 2015). 또한 논설문은 정서 표현의 텍스트보다 형식이 뚜렷하여 내용, 조직, 표현의 범주에 따라 채점할 때 학생들의 능력 차이가 명확하게 나타나 실제로 학교에서 자주 평가의 대상이 된다는 점도 고려하였다(백유진 2018, 장은주 2015). 한편 텍스트의 주제는 논설문을 작성할 필자가 인문계 고등학생이라는 점, 텍스트의 유형이 자신의 주장에 대한 객관적 근거들을 논리적으로 제시해 상대방을 설득하는 논설문이라는 점을 고려하여, 이를 잘 드러나게 할 수 있는 과학 관련 주제를 선정하였다.

학생들에게 수집한 논설문은 총 136편이었으나, 이 중에서 논설문 채점에 방해가 될 정도로 쓰기 과제를 충족하지 못한 텍스트, 미완성된 텍스트 등을 제외한 총 92편을 1차로 선정하였다. 이후 채점 텍스트 선정을 위해 국어 교육 경력 3~10년의 교사 5인이 완전 교차 설계 방식으로 학생 논설문 92편을 채점하였다. 사전 채점에 활용된 채점 기준 및 척도는 이 연구에서 활용한 것과 같다.

<표 3-4>는 채점 텍스트 선정을 위한 사전 채점 결과이다. 채점자 간 신뢰도는 Cronbach's α와 일반화가능도 계수(상대 계수, 절대 계수)를 통해 확인하였다.

〈표 3-4〉 사전 채점의 채점자 간 신뢰도

Cronbach's α	상대 계수	절대 계수
0.84	0.83	0.61

일반적으로 Cronbach's α가 0.8 이상일 때(Lance et al. 2006, Nunnally 1978), 상대 계수가 0.7 이상, 절대 계수가 0.6 이상일 때(한철우 외 2012, 조재윤 2009) 채점자 간 신뢰도를 확보한 것으로 판단한다. 사전 채점 결과의 Cronbach's α는 0.84, 상대 계수는 0.83, 절대 계수는 0.61로 산출되었으므로, 1차로 선정된 텍스트 92편에 대한 채점 결과는 채점자 간 신뢰도를 확보한 것으로 판단하였다.

본 연구에 활용할 학생 논설문은 채점 시 나타날 수 있는 텍스트 수준에 의한 채점 편향(백유진 2020b, Schaefer 2008, Kondo-Brown 2002)을 통제하기 위해 국어 교사 5인의 사전 채점 결과를 바탕으로 층화무선표집 하였다. 경력 3∼10년의 국어 교사 2인이 협의해 상, 중, 하의 수준을 잘 대변하고 있다고 판단된 텍스트 10편씩, 총 30편을 이 연구에 활용할 학생 논설문 자료로 선정하였다. <표 3-5>는 최종적으로 선정된 학생 논설문 30편의 기술 통계 결과이다.

〈표 3-5〉 최종 선정된 학생 논설문의 기술 통계

쓰기 수준	텍스트 수	평균(점)	표준 편차	최댓값(점)	최솟값(점)
상	10(33.3%)	42.40	1.8	45.40	40.40
중	10(33.3%)	33.50	1.5	35.60	31.00
하	10(33.3%)	25.26	2.1	27.80	22.20
계	30(100%)	33.72	7.3	45.40	22.20

사전 채점 결과 전체 논설문의 30편의 평균은 33.72점(SD=7.3), 상수준 텍스트의 평균은 42.40점(SD=1.8), 중 수준 텍스트의 평균은 33.50점(SD=1.5), 하 수준 텍스트의 평균은 25.26점(SD=2.1)인 것으로 나타났다. 선정된 텍스트를 대상으로 ANOVA를 실시한 결과 F=227.46 (p<.001)으로 수집된 텍스트의 수준 차이는 유의한 것으로 나타났다. Tukey HSD 결과, '상-중', '상-하', '중-하' 그룹 간 차이도 모두 유의한 것으로 나타났다(p<.05). 또한 상, 중, 하 수준으로 분류된 텍스트의 최솟값과 최댓값의 범위는 겹치지 않는 것으로 나타났다.

국어 교사들에게 제공한 학생 논설문 자료는 글씨체에 따른 채점 편향을 통제하기 위해 워드프로세서로 입력하여 작성하였다(임천택 2012, Milanovic et al. 1996, Charney 1984). 학생에 대한 후광효과를 차단하고, 개인정보보호를 위해 논설문을 작성한 학생의 이름을 제시하지 않고 텍스트 번호로 제시하였다. 채점 텍스트 자료를 작성할 때 국어 교사의 채점에 크게 영향을 미칠 수 있는 띄어쓰기는 수정하였고, 맞춤법 오류는 수정하지 않았다. 국어 교사들에게 제공한 채점 기준표에 띄어쓰기는 포함되어 있지 않지만 맞춤법 오류는 포함되어 있기 때문이다. 그리고 국어 교사들이 채점을 하면서 자유롭게 논평을 기록할 수 있도록 여백을 충분히 남겨 두었다. 마지막으로 예비 검사 후 채점자들의 의견을 반영하여 채점 텍스트 하단부에 채점표를 배치하였고, 예비 검사에서 국어 교사들이 밑줄을 그으면서 읽으라는 채점 지침을 잊는 모습이 종종 나타났기 때문에 사고 구술 시 유의 사항을 채점 텍스트의 상단부에 제시하였다.

(4) 채점 기준 및 채점 척도

채점 방법은 채점 결과에 영향을 미치는 주요 요인이므로, 채점 연구에서는 채점 방법을 중요하게 고려해야 한다(Carr 2000, Polin 1981, Smith et al. 1980). 이 연구에서 분석적 채점 방법을 채택한 이유는 총체적 채점 방법보다 더 신뢰성 높은 결과를 산출할 수 있고(지은림 1999, Hamp-Lyon 1991, Spendal & Stiggins 1990) 학생의 쓰기 능력에 대해 좀 더 세부적인 진단적 정보를 제공하는 특징이 있어 실제 학교의 쓰기 채점에서 주로 활용되고 있는 방법이기 때문이다(Weigle 정희모 외 역 2017, Perkins 1983). 더 나아가 분석적 채점 방법은 채점자의 채점 전략과 채점 기준, 채점자가 주의를 기울이는 텍스트의 특징에 대한 정보를 이끌어낼 수 있는 장점이 있어, 채점 연구에서는 이 방법을 적용하는 것이 타당하다(Weigle 2002).

이 연구에서 활용한 분석적 채점 기준은 권태현(2014)을 참고하여 수정한 것이다. 권태현(2014)에서는 국가수준 학업 성취도 평가와 2009 국어과 교육과정의 핵심 성취기준 및 성취 수준을 참고하여 중학교 3학년용, 고등학교 2학년용 총체적 채점 기준과 분석적 채점 기준을 도출했다. 이 연구는 고등학생 필자들의 텍스트를 분석적 채점 방법으로 채점하는 연구이므로 권태현(2014)의 고등학교 2학년용 분석적 채점 기준을 참고하였다. 채점 기준을 설정할 때는 연구자가 권태현(2014)에서 연구 목적에 맞는 평가 요소들을 추출한 후, 경력 3~8년의 국어 교사 2인과 함께 내용 타당도를 검토하여 확정하였다.

'내용 1. 글쓰기 상황(목적, 주제나 화제, 예상독자)에 맞게 다양한 내용을 생성하였는가?'에서는 예상 독자 요인을 제외하고 목적과 주제를 중심으로 내용 생성과 관련된 채점 기준을 구성하였다. 채점 상황에서 필자가 예상 독자의 흥미와 수준, 관심사 등을 고려했는지를 파악하는 것이 쉽지 않다고 판단했기 때문이다. 그리고 삶의 맥락에서 논설문을 쓸 때는 '예상 독자에 대한 고려'가 매우 중요하지만, 쓰기 과제에서 예상 독자를 구체화하지 않고 '다른 사람'으로 포괄적으로 제시했으므로 '예상 독자에 대한 고려' 요소가 논설문에 명확하게 표현되지 않을 것이라고 판단하였다. 한편, 검사 도구에 대한 내용 타당도를 검토할 때, 논설문의 주제와 주장이 혼동되는 경우가 많기 때문에 주제에 관한 평가 요소를 주장에 관한 평가 요소에 통합시킬 것인가에 대해 논의하였다. 하지만 학생들에게 텍스트의 상황 맥락을 가르칠 때 주제와 목적을 중요한 요소로 가르치는 경향이 있다는 점에 주목하여 주장과 주제 요소를 분리해서 별개의 채점 기준으로 설정하였다.

'내용 3. 주장에 대한 여러 가지 타당한 근거를 들었는가?'는 주장과 근거 요소를 각각 분리된 채점 기준으로 구성하였다. 논설문의 목적은 객관적 근거들을 논리적으로 제시해 주장의 타당성을 입증하는 것이므로, 이 두 평가 요소를 따로 설정하는 것이 타당하다고 판단하였다. '주장' 요소는 명료성과 타당성에, '근거' 요소는 풍부성과 타당성에 초점을 맞춰 평가 기준을 구성하였다.

'조직 1. 문단 구성 및 문단 전개의 일반 원리를 고려하여 내용을 조직하였는가?'는 '체계성'과 관련된 채점 기준으로 제시하였다. 논설문처럼 구조가 뚜렷한 텍스트를 작성할 때는 담화 관습을 따르는 것이 바람직하기 때문이다.

'조직 2. 글의 통일성과 응집성을 고려하여 내용을 조직하였는가?'는 '통일성'과 '응집성'을 분리하여 별도의 채점 기준으로 설정하였다.

'응집성'은 표면적으로 드러난 담화 표지 등을 통해 문단과 문단, 문장과 문장의 유기적 연결 정도를 판단하고, '통일성'은 주제에 벗어나는 내용이 있는지, 세부 내용들이 하나의 주제를 드러내고 있는지 등을 판단한다는 점을 고려하였다.

'표현 1. 글쓰기 상황(목적, 주제나 화제, 예상독자)에 적합한 어휘와 표현을 활용하여 창의적으로 글을 썼는가?'는 '창의적'이라는 기준이 다소 모호하고, 연구에 활용된 텍스트의 유형이 논설문이어서 표현의 창의성이 크게 두드러지지 않을 것이라는 점을 고려하여 창의성 요인을 배제하고, 표현의 명료성에 초점을 맞추어 채점 기준을 구성하였다. 명료하지 않거나 너무 긴 문장을 사용해 텍스트를 작성하면 상대방이 그 뜻을 이해하지 못해 설득의 목적을 달성할 수 없기 때문이다. '적합한 어휘 활용'은 '표현 2. 국어 규범을 정확히 지키며 글을 썼는가?'에 통합해 제시하였다. 내용 타당도 검토 과정에서 어법의 범위가 너무 넓고, 채점자들이 어법에 대한 채점에 치중하여 논설문 채점의 목적을 흐릴 수 있다는 지적이 있었다. 하지만 텍스트의 어법 수준에 따라 예상 독자들의 이해도가 달라질 수 있다는 점, 실제 국어 교사들이 학생 텍스트를 채점할 때 많이 적용하고 있는 평가 요소라는 점을 고려할 때, 어법이 문장의 명료성만큼 표현 부분에서 중요하게 다루어져야 한다고 판단하여 별도의 채점 기준으로 설정하였다.

이러한 과정을 통해 완성한 채점 기준표는 <표 3-6>과 같다.

〈표 3-6〉 채점 기준표

채점 기준	채점 척도
1. 글쓰기 상황(목적, 주제)에 맞게 내용을 생성하였는가?	6···5···4···3···2···1
2. 주장이 명료하고 타당한가?	6···5···4···3···2···1
3. 근거가 타당하고 풍부한가?	6···5···4···3···2···1
4. 글이 통일성을 갖추었는가?	6···5···4···3···2···1
5. 내용이 체계적으로 구성되었는가?	6···5···4···3···2···1
6. 글이 응집성을 갖추었는가?	6···5···4···3···2···1
7. 이해하기 쉽고, 명료한 문장을 사용하였는가?	6···5···4···3···2···1
8. 어법(맞춤법, 단어, 문장부호 등)에 맞게 표현되었는가?	6···5···4···3···2···1

이 연구에서 학생들에게 부여한 쓰기 과제는 '과학 연구를 위해 동물 실험을 해야 한다.'에 관한 논설문을 작성하는 것이다. 이러한 쓰기 상황 맥락에 맞게 내용을 생성하였는지를 판단하기 위해 채점 기준 1번을 설정하였다. 논설문의 핵심 요소인 '주장'의 명료성과 타당성 수준을 판단하기 위해 채점 기준 2번을, '근거'의 풍부성과 타당성을 판단하기 위해 채점 기준 3번을 설정하였다. 이러한 세부 내용들이 쓰기 과제에서 제시하고 있는 주제나 필자의 주장과 관련이 있는지를 판단하기 위해 채점 기준 4번을 설정하였다.

채점 기준 5번과 6번은 논설문이 갖춰야 할 구조적, 조직적 특징을 고려하여 설정하였다. 논설문의 내용을 조직하는 전형적인 방법은 서론, 본론, 결론으로 구성하는 것인데, 정보 전달이나 설득을 목적으로 하는 텍스트에서는 이러한 텍스트 구성 방식이 엄밀하고 체계적으로 드러나는 경향이 있다(박영목 2008). 쓰기 관습으로서의 논설문의 구성 방식을 따르는 것은 매우 중요한 능력이므로, 이와 관련된 채점 기준으로 '체계성'을 설정하였다. 그리고 텍스트 표면에 드러나는 문장과 문장 간 연결 관계, 문단과 문단 간 연결 관계의 유기성을 평가하기 위해 '응집성'과 관련된 채점 기준을 설정하였다.

채점 기준 7번은 가상적 혹은 실제적 예상 독자를 효과적으로 설득하기 위해서는 명료하고 쉬운 표현을 사용해서 논설문의 내용을 상대방에게 이해시키는 것이 선행되어야 한다는 점을 고려하여 설정하였다. 그리고 어법에 관한 채점 기준 8번을 따로 설정하되, 지엽적인 규범인 띄어쓰기는 배제하였고 맞춤법, 구두점, 단어의 적절성 등에 초점을 맞추어 채점하도록 채점 기준을 구성하였다.

채점 척도는 Likert 6점 척도를 활용하였다. 척도의 개수가 너무 많거나 적으면 판단의 정확성이 떨어질 수 있으며, 특히 척도의 개수가 많을 때에는 채점자들에게 매우 무거운 인지적 부담을 줄 수 있다. 따라서 이 연구에서는 높은 신뢰도를 확보할 수 있고, 넓은 응답자 반응을 이끌어낼 수 있는 6점 척도를 활용하였다(배정윤 2001, Hamp-Lyons 1991, Mckelvie 1978). 각 채점 기준에 대해 '매우 그렇다(6점), 그렇다(5점), 조금 그렇다(4점), 별로 그렇지 않다(3점), 그렇지 않다(2점), 전혀 그렇지 않다(1점)'로 수준을 변별하여 점수를 부여하도록 하였다.

3. 연구 절차

이 연구에서는 MFRM과 사고구술 프로토콜 분석을 통해 국어 교사들의 학생 논설문 채점 과정과 채점 결과를 탐색함으로써 채점 편향의 특성과 원인을 파악하고자 하였다. 이를 위한 연구 절차는 <그림 3-1>과 같다.

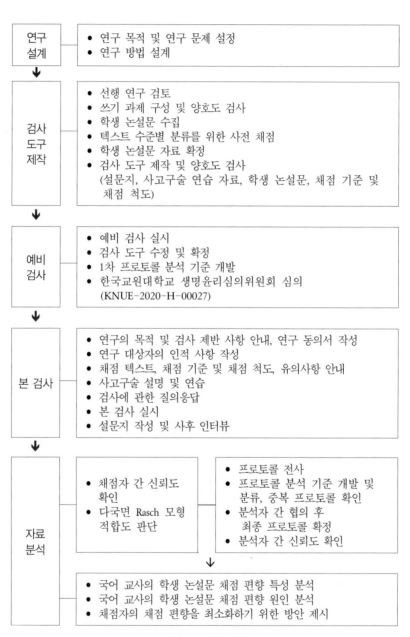

〈그림 3-1〉 연구 절차

　우선 연구의 목적을 중심으로 연구 문제를 설정한 후 연구 방법을 결정하였다. 연구 문제를 다루기 위해 이 연구에서 채택한 설계 방법은 혼합 연구 방법이다. 혼합 연구 방법이란 연구자가 양적 데이터와 질적 데이터를 수집한 후 이를 통합하여 심도 있는 해석을 이끌어내는 연구 방법이다(Denzin & Lincoln 최욱 외 역 2014, Johnson et al. 2007, Tashakkori & Teddlie 1998). 이 연구에서는 양적 데이터(채점자들이 텍스트에 부여한 점수)와 질적 데이터(사고구술 프로토콜)를 통합함으로써 각 데이터의 장단점을 보완해 연구 문제를 다양한 각도에서 분석하고 보다 심화·확장된 해석을 이끌어내기 위해 혼합 방법 연구 방법 중에서 수렴적 설계 방식[convergent design]을 채택하였다.[1] 국어 교사들이 학생 논설문을 채점하면서 산출한 점수와 사고구술 프로토콜을 각각 분석하여 비교하고(대비적 관찰), 질적 데이터를 양적 데이터로 변환하는(데이터 변환) 방법으로 양적 분석과 질적 분석 결과를 통합시켜 최종 결론을 도출함으로써 국어 교사들의 채점 편향의 특성과 그 원인을 다각도로 분석하고자 하였다.

　다음으로 검사 도구를 제작하였다. 이 연구에서 활용한 검사 도구는 설문지, 사고구술 연습 자료, 학생 논설문, 채점 기준 및 채점 척도로 구성되어 있다. 쓰기 과제는 연구자와 국어 교육 경력 20년 이상의 교사 2인이 함께 협의하여 구성하였다. 채점의 목적과 연구의 목적, 학습자의 수준과 관심사 등을 고려하여 텍스트의 유형, 주제, 분량 제한, 작성 시간 등을 결정하였다. 학생 논설문은 전라북도의 인문계 고등학교 1학년 136명으로부터 수집하였다. 쓰기 수행은 해당 학교 국어 교

---

1) 수렴적 설계 방식이란 양적 데이터와 질적 데이터를 별도로 수집한 후 비교·통합하여 결과를 해석해내는 방식으로, 양적 연구 결과에 대한 해석을 돕기 위해 질적 연구 방법을 추가로 활용하는 설명적 순차 설계 방식과는 차이가 있다(Creswell 김동렬 역 2017).

사의 감독하에 50분간 실시되었다. 연구자가 1차로 92편을 선정한 후 국어 교육 경력 3~10년의 교사 5인의 사전 채점 결과와 경력 3~10년 의 교사 2인의 협의 결과를 종합하여 총 30편을 연구에 활용할 학생 논설문 자료로 확정하였다.

다음으로 선행 연구 검토를 통해 채점 텍스트 안내문, 채점 기준 및 척도 안내문, 채점 시 유의 사항 안내문, 사고구술 안내문, 인적 사항 설문지 및 사후 설문지, 사고구술 연습 자료를 구성한 후 연구에 활용 할 채점 기준 및 채점 척도를 결정하였다. 이후 경력 3~10년의 국어 교사 3인이 검사 도구의 내용 타당도를 검토하였다. 검토 결과, 인적 사항 설문지에서 교원 자격증 취득 방법에 대한 정보를 수집하는 것 이 과도한 개인 정보 수집이라는 지적, 채점자가 실제로 활용하는 채 점 기준을 사후 설문지에 포함하고 사고구술의 개념에 대해 채점자들 에게 안내하는 것이 좋을 것 같다는 의견 등이 있어 이를 반영하였다.

검사 도구의 적절성을 판단하기 위해 교육 경력 3~11년의 교사 5 인을 대상으로 학생 논설문 6편에 대한 예비 검사를 실시하였다. 예비 검사 결과, 채점의 편의를 위해 채점표를 텍스트 밑에 제시하는 게 좋 을 것 같다는 의견, 사고구술 하면서 채점자가 읽고 있는 부분에 밑줄 긋는 것을 잊지 않도록 텍스트 자료 안에 유의 사항을 제시할 필요가 있다는 의견이 있어 이를 반영하여 검사 도구를 수정하였다. 그리고 본 검사를 하기 전에 학생들이 어떤 상황에서 논설문을 썼는지에 대 해 연구자가 설명해 주는 것이 좋을 것 같다는 의견이 있어 본 검사를 할 때는 연구자가 연구 대상자와 연구 안내문을 함께 읽으며 질의 응 답하는 시간을 가졌다.

예비 검사에서 채점자들이 산출한 점수와 사고구술 프로토콜을 분석하여 유효한 데이터가 산출되는지를 확인하였다. MFRM 적합도 분석 결과 5명의 국어 교사가 6편의 텍스트에 부여한 점수는 일부 이상치를 제외하고 대부분 95%의 신뢰 구간 안에 위치한 것으로 나타났다. 국어 교사 1인과 함께 사고구술 프로토콜 분석을 위한 1차 분석 기준을 개발한 후 프로토콜을 분류한 결과 총 1,708개의 프로토콜이 산출되었다. 이는 채점자 1인이 1편의 텍스트를 채점할 때 약 56.9개의 프로토콜을 산출한다는 것을 의미하므로 이 연구 방법이 여러 검증에 필요한 충분한 수의 데이터를 산출하는 것으로 판단하였다. 예비 검사가 완료된 후에는 연구 계획과 검사 도구에 대해 한국교원대학교 생명윤리위원회(IRB)에 심의를 신청하였고, 위원회로부터 승인을 받은 후 본 검사를 실시하였다(승인 번호 KNUE- 2020-H-00027).

본 검사는 연구 특성 상 연구자가 연구 대상자를 직접 만나 실시하였다. 우선 채점을 시작하기 전에 연구자가 직접 연구 대상자에게 연구의 목적, 연구 대상자 및 참여기간, 절차, 방법 등에 대해 자세히 설명한 후, 연구에 자발적으로 참여한다는 동의서를 받았다. 이후 연구 대상자에게 인적 사항 설문지를 기록하도록 요청하고, 쓰기 과제 및 쓰기 수행 맥락, 채점에 활용할 채점 기준 및 척도, 채점 시 유의해야 할 사항, 사고구술 시 유의해야 할 사항 등에 대해 설명하였다. 특히 텍스트의 하단부에 제시된 채점표에 점수를 기입할 것, 띄어쓰기와 독자 요소는 채점에 고려하지 말 것, 논평은 여백에 자유롭게 쓸 것, 논설문을 읽을 때는 밑줄을 그으면서 읽을 것 등 채점 시 유의 사항을 강조하였다. 그리고 사고구술을 할 때는 떠오른 생각을 자세히 설명하거나 정리하지 말고 즉시 말로 표현하고, 떠오르는 생각은 무엇이든지

말하도록 요청하였다. 연구자가 연구의 제반 사항에 대해 설명한 후에
는 연구 대상자에게 의문 사항에 대해 질의하도록 하였다.

　다음으로 2단계의 사고구술 연습을 실시하였다. 1단계 사고구술 연
습은 간단한 덧셈 문제를 풀면서 머릿속에 떠오르는 생각을 구술하도
록 하는 과제로 구성되어 있다. 대부분의 국어 교사들은 어려움 없이
덧셈 문제를 풀며 사고구술을 수행하는 모습을 보였다. 2단계 사고구
술 연습은 실제 학생 논설문 2편을 채점하면서 사고구술을 해 보는 과
제로 구성되어 있다. 2단계 사고구술 연습을 할 때는 연구자가 동석해
국어 교사의 채점 과정을 관찰하였고, 본 검사와 마찬가지로 채점 과
정을 녹화하였다. 2단계 사고구술 연습에 활용된 학생 논설문 2편은
사전 채점 결과 상 수준으로 분류된 논설문과 하 수준으로 분류된 논
설문이었다. 이 연구에 참여한 채점자들이 2단계 사고구술 연습에서
두 텍스트에 부여한 점수의 평균은 각각 43.45점(SD=4.6), 31.10점(SD=
8.1)이었으며, t-test 결과 두 텍스트의 수준은 t=5.90(p<.001)으로 유의
한 차이가 있는 것으로 나타났다. 또한 상 수준 텍스트보다 하 수준
텍스트에 더 높은 점수를 부여한 채점자는 없는 것으로 나타났다. 이
는 채점자들이 연습용 텍스트의 수준을 잘 변별했음을 의미한다. 채점
이 끝난 후에는 채점자들에게 각 텍스트의 수준에 대한 정보를 제공
해 채점할 학생 논설문의 수준을 가늠할 수 있도록 하였다.

　이후 채점 과정이 잘 녹화되었는지 확인하였고, 채점 시 유의해야
할 사항과 연구자가 이해하기 힘든 채점자의 행동에 대해 논의하였다.
연습을 할 때 동시적 사고구술이 아닌 회상적 사고구술을 하거나, 사
고구술을 거의 하지 않거나, 작은 목소리로 말하거나, 읽고 있는 부분
에 밑줄을 긋지 않는 등 채점 지침을 잘 지키지 않고 있는 부분에 대

해서는 연구자가 설명한 후 시범을 보임으로써 채점자들이 잘 숙지할 수 있도록 하였다. 그리고 특정 채점 기준에 점수를 부여하는 데 시간이 오래 걸린 이유, 특정 채점 척도만 사용한 이유, 채점자가 채점할 때 활용한 기호의 의미, 채점자가 독특하게 사용하는 용어의 의미 등에 대해 질문해 채점자의 채점 행동에 대해 구체적으로 파악하고자 하였다. 마지막으로 검사 도구가 카메라의 촬영 범위 밖으로 벗어나게 하거나, 고정해 놓은 카메라를 건드리지 않도록 유의할 것을 당부한 후 채점 시 어려웠던 점에 대한 질의응답 시간을 가졌다.

연습이 끝난 후에는 본 검사를 실시하였다. 국어 교사의 채점 과정과 사고구술은 2대의 카메라를 이용해 녹화하였다. 첫 번째 카메라는 채점자가 채점하고 있는 텍스트를 위에서 아래로 촬영하도록 설치하여 채점자의 채점 과정, 채점자가 부여한 점수, 논평 등을 녹화하였다. 두 번째 카메라는 채점자의 모습을 정면에서 촬영하도록 설치하여 표정, 시선, 행동 등 전체적인 채점자의 모습을 확인하였다. 본 검사는 채점자의 자연스러운 채점 과정을 방해하지 않기 위해 외부와 차단된 개별 공간에서 실시하였고, 연구자는 동석하지 않았다(전명재 2002, Ericsson & Simon 1993). 단, 연구자는 문제 상황이 발생했을 때 즉시 대처할 수 있도록 채점자와 가까운 공간에서 대기하였다.[2]

---

2) Ericsson & Simon(1993)은 사고구술을 연습할 때는 연구자가 동석해야하지만 실제 사고 구술 실험이 진행되는 동안에는 연구자가 동석할 필요가 없음을 밝히고 있다. 이전 연구에서 연구자들이 동석했던 것은 피험자들의 사고구술을 기록할 수단이 미비했기 때문이다. 하지만 오늘날에는 충분한 용량의 영상을 녹화할 수 있는 기기들이 개발되었고, 연구자가 동석해서 피험자에게 사고구술을 하라고 일깨워주는 행동이 피험자의 사고 과정에 영향을 미칠 수 있다고 판단해 이 연구에서는 본 검사를 실시할 때 연구자가 동석하지 않았다. 사고구술을 통해 채점자의 인지 과정을 연구한 Cumming(1990)에서도 연구자로부터 자신의 채점 과정에 대한 즉시적인 피드백을 받기를 원하는 초보 채점자 2명을 제외하고는 모두 연구자가 동석하지 않은 채로 채점을 수행하였다.

본 검사가 끝난 후에는 채점자들에게 채점 기준 해석 방식, 채점 기준 및 척도에 대한 인식, 채점하기 어려웠던 텍스트와 쉬웠던 텍스트 등에 대한 사후 설문지를 작성하게 하였다. 망각이나 기억의 왜곡을 방지하기 위해 채점이 끝난 직후에 사후 설문지를 작성하도록 하였다. 마지막으로 연구자가 채점자의 검사 도구를 살펴본 후 의문 사항에 대해 질문하였고, 채점을 수행하는 동안 채점자가 겪었던 어려움에 대해 논의하였다. 검사가 완료된 후 사고구술 프로토콜을 전사하면서 특이한 사항이 있거나, 연구자가 이해하지 못하는 채점 행동이 나타난 경우, 연구 대상자와 사후 인터뷰를 실시해 프로토콜의 신뢰성을 확보하고자 하였다.

4. 데이터 처리 방법 및 분석 도구

(1) 양적 데이터 처리 방법 및 분석 도구

채점자들이 산출한 점수의 양적 분석을 위해 MFRM을 적용한 FACETS을 활용하였다. MFRM은 logit, 편향 크기와 t 통계량, infit/outfit MnSq를 통해 개별 채점자의 채점 정보를 제공하므로, 채점 편향을 최소화하거나 채점자의 일관성 수준을 개선하는 데 유용하게 쓰일 수 있다(Weigle 1999, Engelhard 1994).

MFRM을 적용하기 위해서는 2가지 가정이 충족되어야 한다(채선희 1996). 첫째는 일차원성 가정으로 검사가 단일 특성을 측정하는 동질적 문항으로 구성되어 있어야 한다는 것이다. 이는 MFRM이 기본적으로 문항반응모형의 이론에 근거하고 있기 때문이다(지은림·채선희 2000).

이 연구에서 수집한 데이터가 일차원성 가정을 충족하는지 확인하기 위해 4,800개의 점수 데이터(채점자 20명×학생 논설문 30편×채점 기준 8개)에 대한 모형적합도 검증을 실시하였다. 모형적합도 검증 결과 대부분의 측정치들이 신뢰 구간 내에 위치해 있으므로 이 연구의 데이터는 첫 번째 가정을 충족하는 것으로 판단하였다.[3]

두 번째 가정은 채점자들이 일정 분량의 텍스트를 공통적으로 채점하는 채점 설계 방식이어야 한다는 것이다(채선희 1996). MFRM은 원점수가 비선형 데이터로 구성되어 있거나 분실값이 많은 상황에서도 활용할 수 있지만, 채점자들 사이에 공통적으로 채점한 텍스트가 없다면 채점 결과를 분석할 수 없다. 이 연구에서는 완전교차설계방식으로 설계했으므로 데이터가 두 번째 가정을 충족하는 것으로 판단하였다.

채점 편향은 MFRM을 적용한 FACETS의 bias/interaction 분석을 통해 확인하였다. bias/interaction 분석을 실시하면 MFRM의 예측값이 산출되고, 실제 관찰값과의 차이를 logit으로 변환한 편향 크기[bias measure], 편향 크기를 표준화한 t 통계량, p-value를 얻을 수 있다. t 통계량이 ±2 범위 밖에 있으면 실질적 채점 편향이 나타난 것으로 해석하며, '+'로 나타나면 채점자가 다국면 Rasch 모형이 예측한 엄격성 수준보다 관대하게 채점했다는 것을, '-'로 나타나면 채점자가 보다 엄격하게 채점했다는 것을 의미한다. Eckes(2011)는 p값이 표본 값에 크게 의존하므로 절댓값 2 이상의 t 통계량을 실질적 채점 편향의 지표로 고려하는 것이 합리적이라고 설명했다. 이 연구에서는 '탐색적 편향 분석', '이원 분석', '쌍대 비교 분석' 방법으로 채점 편향을 분석하였다. 이 연구에서 활용한 MFRM의 공식은 다음과 같다(Eckes 2011).

---

3) 이에 대한 내용은 3장 5절에서 자세히 다룬다.

〈표 3-7〉 탐색적 채점 편향 분석을 위한 MFRM

$$\ln \left[\frac{P_{nijk}}{P_{nij(k-1)}} \right] = \theta_n - \beta_i - \alpha_j - \phi_{nj}(\phi_{ij}) - \tau_k$$

P_{ijkn} : 피험자 n이 문항 i에 대하여 채점자 j로부터 점수 k를 받을 확률.
$P_{ij(k-1)n}$: 피험자 n이 문항 i에 대하여 채점자 j로부터 점수 k-1을 받을 확률
θ_n : 피험자 n의 능력 수준
β_i : 문항 i의 난도
α_j : 채점자 j의 엄격성 수준
ϕ_{nj} : 채점자와 피험자 간 상호작용 / ϕ_{ij}: 채점자와 문항 간 상호작용
τ_k : 점수 k-1에 비해 점수 k를 받기 어려운 정도

이 연구에서는 채점자와 텍스트를 기본 국면으로 설정해 MFRM의 탐색적 편향 분석을 실시한 후 채점자별로 엄격한 편향이 나타난 텍스트, 관대한 편향이 나타난 텍스트, 편향이 나타나지 않은 텍스트를 분류하였다. 이후 채점 편향이 나타난 텍스트와 채점 편향이 나타나지 않은 텍스트에서의 정보 처리 행동의 특징을 비교·대조하였다. 채점 편향이 나타난 텍스트를 '엄격한 편향이 나타난 텍스트'와 '관대한 편향이 나타난 텍스트'로 분류한 것은 정보 처리 행동 중 긍정 판단의 비율과 부정 판단의 비율이 각기 다른 방식으로 영향을 미칠 것이라고 판단했기 때문이다. 이후 쌍대 비교 분석을 통해 채점자의 엄격성 차이가 유의했던 두 텍스트를 선정하였다. 즉, 엄격한 편향이나 관대한 편향이 나타난 텍스트와 채점 편향이 나타나지 않은 텍스트에서의 채점 과정을 비교하여 특정 정보 처리 행동이 채점 편향에 미치는 영향에 대해 분석하였다.

이 연구에서는 채점자들이 산출한 점수 데이터를 분석하기 위해 FACETS version 3.71.3을 활용하였다. bias/interaction 분석을 통해 편향 크기, t 통계량과 p-value 등을 확인하였고, bias/interaction pairwise 분석을 통해 채점자 엄격성의 쌍대 비교에 대한 Welch's t 통계량과 p-value를 확인하였다. 이외에 FACETS이 계산하는 logit을 통해 텍스트 수준, 채점자 엄격성, 문항 난도를, infit MnSq와 SE를 통해 채점자의 일관성 수준을 분석하였다.

점수 데이터에 대한 통계 처리를 위해 Python 3.7.9를 활용하였다. Python은 소스 코드를 한 줄씩 해석해 결과를 산출하는 인터프리터 언어로, 간결하고 직관적이어서 프로그래밍뿐 아니라 데이터 분석에도 활발히 활용되고 있다(박응용 2016). 이 연구에서는 Python의 IDE 중 하나인 Spyder 4.1.2.를 활용하여 데이터의 기술 통계 및 t-test, ANOVA, Tukey HSD, 채점자 간 신뢰도 분석(Cronbach's α), 상관분석 등을 실행하였다. 또한 EduG 6.1을 통해 일반화가능도 계수를 산출하였다.

(2) 질적 데이터 처리 방법 및 분석 도구

채점자들이 산출한 프로토콜을 분석하기 위해 질적 데이터 분석 방법 중 내용 분석 방법을 활용하였다. 내용 분석 방법이란, 특정 맥락에서의 담화나 텍스트의 내용을 분석함으로써 의사소통의 내용을 체계적·수량적·객관적으로 설명하는 연구 방법이다(이종승 2009). 이 연구에서 활용한 내용 분석의 절차는 <그림 3-2>와 같다.

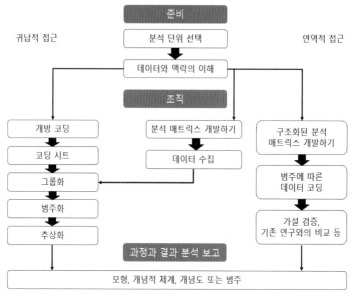

〈그림 3-2〉 내용 분석 절차

　　〈그림 3-2〉는 Elo & Kyngäs(2008)가 제시한 내용 분석 절차이다. Elo & Kyngäs(2008)는 내용 분석의 방법을 연역적 접근과 귀납적 접근 방식으로 나누어 제시하였다. 연역적 접근 방식은 기존의 이론이나 모형을 통해 자료를 코딩하는 방식이며, 귀납적 접근 방식은 특정 사례들을 포괄적인 상황으로 통합하면서 자료를 코딩하는 방식이다(최성호 2016). 이 연구에서는 백유진(2020a)에서 제시한 프로토콜 분석 기준을 기반으로 자료를 코딩하는 연역적 접근 방식과 임의의 자료를 선정해 실제로 분류해 봄으로써 이를 수정해 나가는 귀납적 접근 방식을 함께 적용하여 자료를 코딩하였다. 다음 〈그림 3-3〉은 최종 프로토콜 확정 과정을 나타낸다.

작업 내용	작업 수행인	참고 자료
프로토콜 전사	연구자	• 2대의 카메라 녹화 자료 • 채점자가 기록한 논평 • 채점자가 부여한 점수 • 사후 인터뷰 및 설문지 자료
프로토콜 분석 기준 개발	연구자 국어 교사 1인	• 프로토콜 전사 자료 • 1차 프로토콜 분석 기준 • 선행 연구 • 국어 교사 협의 내용
프로토콜 분류	연구자 국어 교사 1인 박사 과정 수료생 1인	• 프로토콜 전사 자료 • 분석자 교육 자료 • 분석자 간 협의 내용
중복 프로토콜 통합	연구자 국어 교사 1인	• 프로토콜 분류 자료
최종 프로토콜 확정	연구자	• 프로토콜 분류 자료 • 분석자 간 협의 내용

〈그림 3-3〉 최종 프로토콜 확정 과정

자료를 코딩하기에 앞서 내용 분석 대상을 규정하기 위해 채점자들이 산출한 프로토콜을 전사하였다. 질적 연구 결과의 일반화 가능성을 높이기 위해서는 자료를 삼각검증법[triangulation]에 기반해 분석해야 한다(Denzin & Lincoln 2018, Denzin 1978, Campbell & Fiske 1959). 이에 따라 이 연구에서는 2대의 카메라 녹화 자료, 채점자들이 채점 과정에서 기록한 논평과 부여한 점수, 사후 인터뷰 및 설문지 자료 등을 종합적으로 고려하여 프로토콜을 전사하였고(다양한 데이터 수집 방법), 3명의 분석자(다양한 데이터 분석자)가 채점자 20명(다양한 데이터 원천)의 프로토콜 분류에 참여함으로써 타당성과 신뢰성을 확보하고자 하였다.

Lumley(2002)에 따르면, 사고구술 프로토콜 분석을 위한 기준은 채점자들의 사고구술 데이터를 설명하고 연구 문제를 다루기 위해서 개발된다. 그러므로 특정 연구를 위해 개발된 사고구술 프로토콜 분석 기준은 다른 연구에 그대로 활용될 수 없다. 이는 해당 연구 상황에서 수집된 데이터에 적합한 분석 기준을 별도로 개발해야 한다는 것을 의미한다. 따라서 이 연구에서는 채점자의 정보 처리 행동을 담고 있는 의미 단위를 분석 기준으로 설정해 연구 목적에 맞는 분석 기준을 새로 개발함으로써 채점자의 채점 경향을 파악하고자 하였다.

이를 위해 연구자와 국어 교사 1인이 예비 검사에서 산출된 프로토콜 1,708개를 분류하여 1차 프로토콜 분석 기준을 개발하였다. 1차 프로토콜 분석 기준은 Wolfe(2005)와 Crisp(2012)의 선행 연구를 참고하는 연역적 방법과 실제 프로토콜 자료를 직접 개방 코딩, 그룹화, 범주화, 추상화하는 귀납적 방법을 적용해 자료를 코딩함으로써 개발하였다. 프로토콜을 코드화하고 범주화 할 때는 코드의 상호 배타성, 상호 독립성, 단일분류원칙 등을 고려함으로써 분석 코드의 타당성과 신뢰성을 확보할 수 있도록 하였다(이종승 2009, 김렬 2007). 1차 프로토콜 분석 기준을 수립하기 위한 예비 검사의 Cohen's Kappa 계수는 .979로 분석자 간 신뢰도는 매우 높은 것으로 확인되었다.

1차 프로토콜 분석 기준을 바탕으로 연구자와 국어 교사 1인이 본 검사에서 산출된 국어 교사 3인의 프로토콜을 임의로 뽑아 분류하고 협의함으로써, 좀 더 이 연구의 목적에 부합하는 최종 프로토콜 분석 기준을 개발하였다. 즉, 최종 프로토콜 분석 기준은 1차 프로토콜 분석 기준, 박종임(2014), Cumming(1990), Wolfe(2005), Lumley(2005), Crisp(2012) 등의 연구 결과를 참고하는 연역적 방법과, 1차 프로토콜 분석 기준에 따라 실제 프로토콜을 분류하면서 수정하는 귀납적 방법을 적용해 개발되었다. 1차 프로토콜 분석 기준에서 제시했던 '동시적 평가하기', '종합적 평가하기' 과정을 '평가적 읽기' 과정으로 통합하여 텍스트를 채점하는 과정에서 나타나는 정보 처리 행동에 좀 더 초점을 맞추었다. 그리고 채점 편향을 유발하는 다양한 원인을 탐색하기 위해 '채점 기준 간 개입, 채점 기준 외적 요소 고려하기, 실수' 등의 정보 처리 행동을 추가하였다. 1차 프로토콜 분석 기준에 따라 프로토콜을 분류할 때, 프로토콜이 다양한 코드로 코딩될 수 있거나 어떤 코드에도 포함되지 않는 경우 코드를 수정하거나 삭제, 추가하였다.

최초 완성된 프로토콜 분석 기준은 총 307개의 코드로 이루어져 있었으나, Cumming(1990)에서 프로토콜 코드를 구성할 때 적용한 세 가지 조건, '코드들이 채점과 관련된 정보 처리 행동들을 논리적으로, 변별적으로 나타내고 있는지, 충분한 빈도로 나타나는지, 초기 분석에서 80% 이상의 일치도가 나타나는지' 등을 고려하여 이에 부합하지 않는 16개의 코드를 삭제하였다. 삭제된 코드는 '외적 요소 고려하기' 중 채점 기준에 없는 띄어쓰기를 고려하는 정보 처리 행동이었는데, 해당 코드의 프로토콜이 매우 적은 수치로 산출되었고, 어법과 관련이 있는 채점 기준 8번의 채점 과정에서만 산출되는 특징이 있었다. 따라서 분석자 간 협의를 거쳐 해당 프로토콜을 '실수(J8)'로 재분류하였다. 마지막으로 분석 기준이 일반적인 국어 교사의 채점 과정과 일치하는지에 대해 분석자 간 협의를 마친 후 최종 프로토콜 분석 기준을 완성하였다. <표 3-8>은 이 연구에서 활용한 최종 프로토콜 분석 기준이다.

〈표 3-8〉 사고구술 프로토콜 분석 기준

채점 과정	상위 정보 처리 행동			채점 기준								
				1 (맥락)	2 (주장)	3 (근거)	4 (통일)	5 (체계)	6 (응집)	7 (문장)	8 (어법)	9 (기타)
채점 기준 내면화하기	A. 채점 기준 내면화하기			A1	A2	A3	A4	A5	A6	A7	A8	A9
평 가 적 읽 기	B. 내용 파악하기			B1	B2	B3	B4	B5	B6	B7	B8	B9
	C. 채점 근거 제시하기		긍	C1+	C2+	C3+	C4+	C5+	C6+	C7+	C8+	C9+
			부	C1-	C2-	C3-	C4-	C5-	C6-	C7-	C8-	C9-
	D. 다른 텍스트와 비교하기		긍	D1+	D2+	D3+	D4+	D5+	D6+	D7+	D8+	D9+
			부	D1-	D2-	D3-	D4-	D5-	D6-	D7-	D8-	D9-
			중	D1O	D2O	D3O	D4O	D5O	D6O	D7O	D8O	D9O
	E. 개선 방안 제시하기			E1	E2	E3	E4	E5	E6	E7	E8	E9
	F. 판단하기		긍	F1+	F2+	F3+	F4+	F5+	F6+	F7+	F8+	
			부	F1-	F2-	F3-	F4-	F5-	F6-	F7-	F8-	
	G. 총평하기		긍					G+				
			부					G-				
			중					GO				
	H. 다른 채점 기준의 개입		긍	H12+ ~H18+ H1234+	H21+ ~H28+	H31+ ~H38+	H41+ ~H48+	H51+ ~H58+	H61+ ~H68+	H71+ ~H78+	H81+ ~H87+	
			부	H12- ~H18- H1234-	H21- ~H28-	H31- ~H38-	H41- ~H48-	H51- ~H58-	H61- ~H68-	H71- ~H78-	H81- ~H87-	
	I.외적 요소 고려하기	Ia.양	긍	Ia1+	Ia2+	Ia3+	Ia4+	Ia5+	Ia6+	Ia7+	Ia8+	Ia9+
			부	Ia1-	Ia2-	Ia3-	Ia4-	Ia5-	Ia6-	Ia7-	Ia8-	Ia9-
		Ib.텍스트 수준	긍	Ib1+	Ib2+	Ib3+	Ib4+	Ib5+	Ib6+	Ib7+	Ib8+	
			부	Ib2-	Ib3-	Ib4-	Ib5-	Ib6-	Ib7-	Ib8-	Ib9-	
	J. 실수			J1	J2	J3	J4	J5	J6	J7	J8	
점수 확정하기	K. 점수 부여하기	Ka. 읽기 후		Ka1	Ka2	Ka3	Ka4	Ka5	Ka6	Ka7	Ka8	
		Kb. 이른 결정		Kb1	Kb2	Kb3	Kb4	Kb5	Kb6	Kb7	Kb8	
	L. 점수 수정하기		가	L1+	L2+	L3+	L4+	L5+	L6+	L7+	L8+	
			감	L1-	L2-	L3-	L4-	L5-	L6-	L7-	L8-	
점검 및 조정하기	M. 점검 및 조정하기							M				
기타	N. 채점의 어려움			N1	N2	N3	N4	N5	N6	N7	N8	N9
	O. 개인적 반응	Oa. 정서						Oa				
		Ob. 지식						Ob				

이 연구에서는 총 15개의 상위 정보 처리 행동을 최종 프로토콜 분석 대상으로 확정하였다. 이 중에서 '채점 기준 내면화하기'는 채점을 시작하기 전이나 채점 중에 나타나는 정보 처리 행동으로 채점 기준의 용어 해석, 채점 기준에 대한 하위 평가 요소 설정, 채점 기준과 텍스트 특징을 연결하는 것과 관련이 있다(Lumley 2005, Milanovic et al. 1996).

'평가적 읽기' 과정에서 나타나는 정보 처리 행동은 '텍스트 이미지의 형성 및 저장'이나 '부여할 점수에 대한 정당화'와 관련이 있다. '내용 파악하기'는 텍스트의 내용을 이해하고 추론하는 정보 처리 행동으로 Wolfe(1997)나 박종임(2014)에서 '해석하기', '텍스트 읽기'로 제시했던 것들이다. 이를 통해 형성된 텍스트 이미지는 이후 텍스트의 수준을 판단하는 기초 자료로 활용된다.

'채점 근거 제시하기'는 텍스트의 구체적인 내용을 제시하며 평가적 논평을 내리는 정보 처리 행동이다. Wolfe(1997)는 이 정보 처리 행동을 텍스트가 채점 기준들을 얼마나 잘 예시하고 있는지에 대해 결정하기 위해 텍스트의 구체적 특성들을 점검하고 검토하는 과정으로 설명했다.

'다른 텍스트와 비교하기'는 텍스트의 수준을 판단할 때 다른 텍스트의 수준과 비교하는 정보 처리 행동이다. 이는 채점자의 인지 과정을 연구한 많은 연구에서도 나타나는 주요 채점 전략이다(Lumley 2002, Sakyi 2000, Cumming 1990).

'개선 방안 제시하기'는 텍스트의 질을 향상하기 위한 교정적 피드백을 제공하는 정보 처리 행동이다. Wolfe(2005, 1997)에서 '진단하기'로 제시했던 정보 처리 행동이며, 학생 글에 대한 피드백을 제공한다는 점에서 채점의 목적과 밀접한 관련이 있다.

'판단하기'는 채점 기준의 수준에 대해 단순하게 평가적 논평을 하는 정보 처리 행동이다. '채점 근거 제시하기'와 달리 텍스트의 내용을 언급하지 않고 판단을 한다는 점에서 좀 더 직접적인 방식으로 나타난다. 이 정보 처리 행동은 Wolfe(2005)와 박종임(2014)에서 나타난 '일반적 논평', '포괄적 논평'과 유사하다.

'총평하기'는 텍스트의 전체 수준에 대해 판단하는 정보 처리 행동으로, '판단하기'와 같이 단순한 방식으로 나타난다. 채점 기준 각각에 따라 판단하는 것이 아니므로, 이 정보 처리 행동이 나타날 경우 인상 평가가 이루어질 가능성이 높아지게 된다.

'다른 채점 기준의 개입'은 특정 채점 기준에 대한 점수를 부여할 때 다른 채점 기준의 평가 요소를 고려하는 정보 처리 행동이다. 이 정보 처리 행동은 채점 기준 간 평가 요소가 명확하게 변별되지 않을 때 채점 기준 간 개입이 일어난다는 결과를 보고한 김라연(2007), 권태현(2014)을 고려하여 설정하였다.

'외적 요소 고려하기'는 채점자가 쓰기 채점을 수행할 때 채점 기준 외적 요소를 고려하는 정보 처리 행동이다. 이는 쓰기 채점자의 인지 과정을 연구한 Milanovic et al.(1996), Sakyi(2000), Lumley(2005) 등에서도 언급했던 정보 처리 행동이며, '텍스트의 양'과 '텍스트의 수준'을 반영하는 것으로 재분류된다.

'실수'는 채점자가 텍스트의 내용을 잘못 이해하거나 채점 지침을 숙지하지 않아 텍스트의 수준을 잘못 판단하는 정보 처리 행동이다. 이러한 실수는 채점 결과의 차이를 낳는 요인으로 작용하므로 별도의 분석 기준으로 설정하였다.

'점수 확정하기' 과정에서 나타나는 정보 처리 행동은 텍스트의 수준에 대한 채점자의 판단을 수(數)로 표현하는 것과 관련이 있다. '점수 부여하기'는 텍스트를 모두 읽은 후 점수를 부여하는 정보 처리 행동과 텍스트를 모두 읽기 전에 점수를 부여하는 '이른 결정'의 정보 처리 행동으로 나뉜다(Wolfe 1997). '점수 수정하기'는 채점자가 이미 부여한 점수를 높이거나 낮추는 정보 처리 행동으로 Milanovic et al. (1996), Lumley(2005)를 참고하여 설정하였다.

'점검 및 조정하기' 과정에서 나타나는 정보 처리 행동은 채점자가 스스로 자신의 채점 과정과 결과를 점검하고 조정하는 것과 관련이 있다. 이는 채점자의 인지 모형을 개발한 대부분의 연구에서 나타나는 정보 처리 행동으로 채점의 회귀적 성격과 관련이 있다(박종임 2014, Freedman & Calfee 1983).

이외에 채점자는 채점을 수행하면서 어려움을 표현하거나 텍스트 내용과 채점 과정 자체에 대한 개인적 반응을 산출한다(박종임 2013a, Wolfe 1997, Cumming 1990). '채점의 어려움'은 각 채점 기준에 부여할 점수를 고민하거나, 채점 기준을 해석하는 데 겪는 어려움, 채점 과정 자체의 힘듦과 귀찮음, 피로, 배경지식의 부족으로 인해 겪는 어려움 등으로 나타난다. '개인적 반응'은 텍스트나 채점 과제에 대한 채점자의 비평가적 반응을 의미하며, 텍스트 내용에 대한 채점자의 공감, 흥미, 호불호 등의 정서적 반응과 텍스트 내용을 읽으면서 새로운 지식을 습득하는 것을 포함한다.[4]

이 상위 정보 처리 행동들은 채점자가 주의를 기울이는 채점 기준(텍스트의 특징)과 상호작용하거나, '긍정 판단', '중립 판단', '부정 판단'

---

4) 이 연구에서는 쓰기 채점과 밀접한 관련이 있는 '채점 기준 내면화하기', '평가적 읽기', '점수 확정하기', '점검 및 조정하기' 과정에서 나타나는 정보 처리 행동을 중심으로 채점 편향의 원인을 분석하였다.

등 판단의 유형을 나타내는 극성을 통해 총 291개의 정보 처리 행동으로 세분화된다. 즉, 채점자의 정보 처리 행동은 상위 정보 처리 행동, 채점 기준, 극성 등 3가지 차원의 특징에 의해 결정된다.[5] <그림 3-4>는 프로토콜 분석 기준을 결정하는 요소들을 그림으로 표현한 것이다.

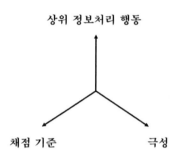

상위 정보처리 행동

채점 기준   극성

〈그림 3-4〉 프로토콜 분석 기준 결정 요소

각 코드에 부여된 번호는 상위 정보 처리 행동(A~O), 채점 기준 번호(1~9),[6] 긍정 판단(+)/부정 판단(-)/중립 판단(O)을 나타낸다. 예를 들어, 코드 'C1+'은 '채점 근거를 제시하며 채점 기준 1번에 대한 긍정 판단하기'를 의미하며, 'H12-'는 '채점 기준 1번에 대한 점수를 부여

---

5) '정보 처리 행동'이라는 용어는 Wolfe(1997)에서 제시한 것으로, 채점 프레임워크를 구성하는 심리적 절차를 의미한다. 이 연구에서는 Wolfe(1997)의 정보 처리 행동을 채점 기준, 극성에 따라 세분화했고, '세분화된 정보 처리 행동'과 '세분화되기 이전의 정보 처리 행동'을 구분하기 위해 후자를 '상위 정보 처리 행동'으로 명명하였다. 따라서 Wolfe(1997)의 '정보 처리 행동'과 이 연구의 '상위 정보 처리 행동'은 같은 차원의 채점 행위를 의미한다.

6) 이 연구에 활용된 채점 기준은 8가지이다. 9번(기타)은 채점자가 지적하기는 했지만 어떤 채점 기준에도 반영하지 않은 요소들을 의미한다. 즉, '9번(기타)'과 '외적 요소 고려하기'의 차이점은 점수에 반영했는지의 여부이다. 9번(기타)은 특정 채점 기준의 점수에 반영되지 않으며, '외적 요소'는 특정 채점 기준의 점수에 반영된다. 단, '외적 요소 고려하기'의 9번은 '텍스트의 양을 고려하여 전체 수준에 대해 판단하기'를 의미하며, 텍스트의 전체 인상을 형성하는 데 영향을 미치는 요소로 고려하였다.

할 때 채점 기준 2번의 평가 요소를 고려해 부정 판단 내리기'를 의미
한다. 'Ia9-'는 '텍스트의 양을 고려하여 전체 수준에 대한 부정 판단
내리기'를 의미한다.

프로토콜 분석 기준을 확정한 후 연구자, 국어 교사 1인, 국어 교육
박사 과정 수료생 1인이 분석자로 참여해 이 연구에서 산출된 전체 프
로토콜을 분류하였다. 분류 전에 연구의 목적, 연구에 활용된 채점 기
준, 사고구술 프로토콜 분석 기준, 사후 설문지를 통해 확보한 채점자
별 채점 기준 해석 내용 등에 대해 사전 교육을 실시하였다. 특히 사
고구술 프로토콜 분류 방법 및 분류 코드, 각 코드별 예시 프로토콜을
교육 자료에 포함시켜 분석자들이 숙지하도록 하였다. 사고구술 프로
토콜 데이터는 Excel로 연구자가 개발한 코딩 틀을 통해 분석하였다.
분석에 활용된 코딩 틀은 <표 3-9>에 제시하였다.

분석자의 작업 편의를 위해 연구자가 영상을 분석할 때 확인한 프
로토콜의 특징을 프로토콜 코딩 틀에 기재하여 제공하였다. 프로토콜
분석 중 의문이 있거나 녹화 영상 원본을 참고할 필요가 있는 경우에
는 연구자에게 연락하여 문제를 해결하도록 하였다. 각 분석자의 분류
가 끝난 후, 분석자 간 협의를 통해 분류 코드가 일치하지 않는 부분
에 대해 논의하여 최종 프로토콜의 코드를 확정하였다. 그 결과 이 연
구에 참여한 채점자 20명이 논설문 30편을 채점하면서 산출한 프로토
콜은 총 16,022개인 것으로 나타났다.

〈표 3-9〉 프로토콜 코딩 틀 예시

T	N	시간	프로토콜	설명	종	A	B	C	D	E	F	G	H	I	J	K	L	M	N	O	회	분석자 협의 내용
2	18	13:11 ~13:38	(17~20줄)사(18~21줄을 가리키며) '지목받는 것은' '~것은 ~이다. 여기도 ~ 문장의 호응이 적절하지 않은 것 같다.	'~것에는 '~이다'가 나와야 문장의 호응이 알맞다는 말						7												1, 2: '~이다'로 고쳐야 한다는 것이 구체적으로 나왔으므로 'E7' / 3: 판단 기준으로 보임(C7.) / 종합: 1,2번 분석자의 의견을 따르기로 합의
2	55	18:31 ~18:34	(채점 기준 2의 '5점'을 '4점'으로 감을까														2-					1: '2점수 부여로 실못표기' / 2, 3: 수정 '2' / 종합: 2, 3번 분석자가 맞게 함.
3 (6)	36	44:00 ~44:07	(3번 텍스트를 보며)양쪽 자리 한데											9-							1	1: 분량에 대한 충별이므로 'G'로 분류 / 2, 3: 'I'로 분류 / 종합: 2,3번 분석자의 의견을 따르기로 합의
R1																						
9	33	05:18 ~05:22	반대하는 것 같긴 한데 주장이 명료하진 않지.	채점자가 실못 판단한 부분. 이 필자는 찬성하는 듯하지만 반대에 대한 듯한 의견을 내고 있음. 결론에으로 실험을 명료하지 하는 적으로 하지나 의견을 내고 있음.							2-											1: 채점자가 주장을 '반대'로 실못 파악했으므로 'J'로 분류 / 2: 실못 판단하였다기보다는 하나 주장이 명료하지 않다는 점을 잃었다는 점은 타당한 면이 있으므로 C로 분류하는 것도 고려할 수 있음.(C2.) / 3: 실못 판단했어도 주장이 명료하지도 않다는 점 지적(F2.) / 종합: 3번 분석자의 의견을 따르기로 합의
18	6	2:01:36 ~2:01:50	(4줄의 '개선해야할 점에 표시하며)개선점? 왜 개선점을 제시하지? 처음다, '동물 실험의 부작용에 대해서 제시하셨다: 타고 애기 해야 하는데						3												1: 주장문의 개선점 진단(E2) / 2, 3: 동물실험의 한부의 이유에 대한 내용이므로 'E3'이 적절함 / 종합: 2, 3번 분석자의 의견을 따르기로 합의
28	30	2:59:08 ~2:59:15	(채점 기준 4를 읽으며)3못한 부분은 없으니까							4+												1,2: '없다'(C4+) / 3: 단순 판단, 채점 기준 주의 생략(R4+) / 종합: 3번 분석자의 의견을 따르기로 합의

마지막으로 채점자들이 같은 내용을 단순 반복한 중복 프로토콜을 통합하였다. 이 작업은 연구자와 국어 교사 1인이 각각 중복 프로토콜을 체크하는 방식으로 수행하였으며, 이후 연구자가 두 결과를 통합하니 중복 프로토콜을 확정하였다. 즉, 채점자들이 산출한 프로토콜 16,022개 중 중복 프로토콜 1,003개를 통합하여 총 15,019개의 프로토콜을 최종 프로토콜로 확정하였다. 각 정보 처리 행동별 프로토콜 예시는 [부록]에 제시하였다.

프로토콜 수집 및 분류가 끝난 후에는 R version 3.6.1을 통해 Fleiss's Kappa, Cohen's Kappa 계수를 산출하여 사고구술 프로토콜 분류에 대한 분석자 간 신뢰도를 확인하였으며, Python 3.7.9를 활용해 프로토콜 빈도에 대한 기술통계, t-test, ANOVA, Tukey HSD, Bonferroni 사후 검정 결과를 분석하였다. 정규성을 충족하지 않는 경우에는 Wilcoxon rank sum test나 Kruskal-Wallis H 검정과 Bonferroni 사후 검정을, 등분산성이 가정되지 않는 경우에는 Welch's ANOVA, Games-Howell 사후 검정을 실시하였다(Kurihara & Maruyama 김선숙 역 2018, 유진은 2015).

5. 자료의 적합도 분석

(1) 채점자 간 신뢰도와 모형 적합도

국어 교사들이 채점 과정에서 산출한 양적 데이터가 분석에 적합한지 살펴보기 위해 채점자들이 텍스트에 부여한 점수를 통해 채점자 간 신뢰도를 측정하였다. 채점자 간 신뢰도는 사전 채점과 같이 Cronbach's α와 일반화가능도 계수를 통해 확인하였다.

〈표 3-10〉 본 검사의 채점자 간 신뢰도

Cronbach's α	상대 계수	절대 계수
0.98	0.82	0.82

이 연구에서 시행한 본 검사 결과의 Cronbach's α는 0.98, 상대 계수
는 0.82, 절대 계수는 0.82로 매우 높게 산출되었으므로, 채점자 간 신
뢰도를 확보한 것으로 판단하였다.

다음으로, 국어 교사들로부터 수집된 채점 결과가 MFRM을 활용하
여 분석하기에 적합한지 알아보았다. <그림 3-5>는 이 연구에 참여한
20명의 채점자들이 30편의 학생 논설문을 채점한 결과의 적합도를 보
여주는 그래프이다.

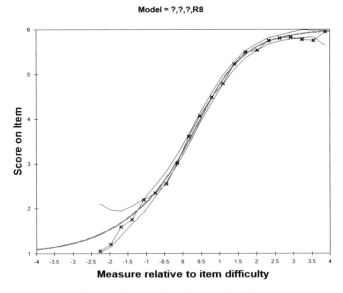

〈그림 3-5〉 쓰기 채점 자료의 모형 적합도

이 그래프는 채점 자료에 나타난 반응 빈도와 이론적인 문항 특성 곡선 간의 관계를 보여준다. 가로축은 '피험자 능력 추정치-문항 난도 추정치'를 나타내며, 세로축은 기대 점수를 나타낸다. 그래프 상에 표시된 중앙의 곡선은 피험자의 능력 추정치에 따른 기대점수를 나타내는 이론적인 문항 특성 곡선이다(강민석 2014). 'x'는 관찰점수의 평균, 즉, 'θ_n-β_i'의 평균값을 의미하며, 'x' 값 양쪽의 얇은 선은 이 값들을 기준으로 95% 신뢰 구간을 설정한 것이다. 만약, 'x'를 연결한 관찰치가 이 신뢰 구간 내에 위치한다면 수집한 채점 데이터가 MFRM 분석에 적합하다는 것을 의미한다(장소영·신동일 2009).

<그림 3-5>에 따르면, 난도 추정치 3~3.5의 범주에서 일부 관찰치들이 신뢰 구간 밖에 위치해 있는 것으로 나타났다. FACETS의 출력 결과는 측정 모형에 기반한 확률값이므로 이러한 관찰치는 다른 출력 자료와 조합하여 해석할 필요가 있다(장소영·신동일 2009). 하지만 대부분의 관찰치가 신뢰 구간 내에 있으므로 이 연구에서 수집된 데이터는 전체적으로 MFRM 측정에 적합한 것으로 판단하였다.

(2) 프로토콜 분류에 대한 분석자 간 신뢰도

Kappa 계수 산출을 위해 각 코드를 명목척도로 변환한 후, 코드 분류에 대한 분석자 간 신뢰도를 산출하였다. 프로토콜 코드는 3인의 분석자가 분류했으므로 Fleiss's Kappa 계수를, 중복 프로토콜은 2인의 분석자가 분류했으므로 Cohen's Kappa 계수를 산출해 분석자 간 신뢰도를 산출하였다(박영민 2015). 다음 <표 3-11>은 중복 프로토콜 분류 및 프로토콜 코드 분류에 대한 분석자 간 신뢰도를 나타낸다.

〈표 3-11〉 중복 프로토콜 및 프로토콜 코드 분류에 대한 분석자 간 신뢰도

채점자	중복 프로토콜 분류		프로토콜 코드 분류	
	프로토콜 개수	Cohen's Kappa	프로토콜 개수	Fleiss's Kappa
R1	1499	0.941	1320	0.896
R2	901	0.952	833	0.920
R3	745	0.909	715	0.940
R4	644	0.971	627	0.931
R5	966	0.945	875	0.952
R6	744	0.972	707	0.948
R7	707	0.839	683	0.928
R8	975	0.961	889	0.943
R9	635	0.967	619	0.943
R10	914	0.884	869	0.936
R11	564	0.941	529	0.966
R12	754	0.970	699	0.976
R13	797	0.912	765	0.966
R14	645	0.948	625	0.972
R15	956	0.937	858	0.972
R16	517	0.839	508	0.987
R17	594	0.953	559	0.955
R18	667	0.951	634	0.974
R19	970	0.892	925	0.966
R20	828	0.932	780	0.971
전체	16,022	0.939	15,019	0.950

전체 프로토콜 16,022개의 중복 여부에 대한 분석자 간 신뢰도는
0.939이었으며, 각 채점자 별 kappa 계수는 0.839에서 0.972 사이에 분
포해 있다. 최종 프로토콜 코드 15,019개에 대한 분석자 간 신뢰도는
0.950이며, 각 채점자별 kappa 계수는 0.896에서 0.987 사이에 분포해

있다. Landis & Koch(1979)에 따르면, kappa 계수가 0.00이하일 경우 거의 일치하지 않음, 0.00-0.20일 경우 아주 약간 일치함, 0.21-0.40일 경우 약간 일치함, 0.41-0.60일 경우 중간 정도 일치함, 0.61-0.80일 경우 상당히 일치함, 0.81이상일 경우 거의 완벽하게 일치함으로 해석할 수 있다. 그러므로 이 연구에서의 분석자 간 신뢰도는 매우 높은 것으로 볼 수 있다.

제4장
채점 편향의 특성과 원인

채점 편향의
특성과 원인

1. 학생 논설문 채점 편향의 특성

(1) 채점자와 텍스트 간 전체 채점 편향

채점자와 텍스트 사이의 채점 편향을 살펴보기 위해 MFRM 분석을 실시하였다. 그 동안의 많은 연구에서는 채점자가 엄격성을 적정 수준으로 유지했는지의 여부를 infit MnSq나 outfit MnSq, 혹은 infit ZStd, outfit ZStd를 통해 판별해왔다. 하지만 이는 전체적인 채점 경향에 대한 결과치를 나타낸다는 점에서 특정 텍스트에서의 엄격성 변화를 포착하지 못하는 문제가 있다. 전체 엄격성 수준이 일관성 있게 유지된 채점자라도 특정 텍스트에는 비정상적으로 관대하거나 엄격하게 점수를 부여할 수 있으므로 채점 결과를 분석할 때는 보다 세부적인 채점 편향 정보를 함께 고려할 필요가 있다(백유진 2020b). 이 연구에서는 20명의 채점자가 30편의 텍스트를 모두 채점했으므로 총 600개의 상호작용이 나타날 수 있다. 이 중에서 t의 절댓값이 2 이상인 경우 실질적 채점 편향이 나타난 것으로 판단하였다(Eckes 2011).

다음 <표 4-1>은 이 연구에 참여한 채점자들과 텍스트 사이에 나타난 채점 편향을 t의 절댓값 순으로 정리한 것이다. R은 채점자 번호, T는 텍스트 번호, Ob는 채점자가 실제 부여한 점수, Ex는 MFRM에 의해 예측된 점수, Bias는 채점 편향 크기, SE는 표준 오차, t는 채점 편향 크기를 표준화한 값, p는 유의확률을 의미한다.

<표 4-1> 채점자와 텍스트 간 채점 편향

R	T	Ob	Ex	Bias	SE	t	p	R	T	Ob	Ex	Bias	SE	t	p
11	28	42	47.28	-1.86	0.38	-4.85	0.0019	20	13	32	39.62	-0.70	0.29	-2.44	0.0451
17	2	19	36.28	-1.60	0.36	-4.45	0.0030	18	2	16	24.11	-1.00	0.41	-2.43	0.0457
18	1	26	40.62	-1.32	0.30	-4.43	0.0030	7	27	24	17.53	0.75	0.31	2.43	0.0457
16	11	16	31.77	-1.65	0.41	-4.01	0.0051	8	29	40	31.22	0.80	0.34	2.36	0.0500
11	4	42	46.97	-1.53	0.38	-3.99	0.0052	12	25	33	40.13	-0.67	0.29	-2.34	0.0520
17	3	12	26.77	-2.13	0.55	-3.86	0.0062	14	1	31	38.50	-0.66	0.29	-2.31	0.0543
7	3	27	16.87	1.12	0.29	3.81	0.0066	8	4	40	44.74	-0.78	0.34	-2.30	0.0546
5	15	11	24.43	-2.27	0.63	-3.62	0.0085	18	27	8	17.95	-3.80	1.67	-2.28	0.0568
18	8	41	26.89	1.29	0.36	3.59	0.0089	18	25	30	37.51	-0.64	0.29	-2.25	0.0594
8	7	37	44.68	-1.08	0.31	-3.52	0.0098	18	16	47	36.88	2.14	0.95	2.25	0.0595
8	23	42	28.37	1.30	0.38	3.39	0.0116	20	3	25	18.70	0.68	0.30	2.25	0.0595
4	15	35	23.57	0.98	0.29	3.32	0.0128	1	6	14	20.81	-1.04	0.47	-2.24	0.0605
10	28	44	47.28	-1.51	0.46	-3.26	0.0139	12	18	17	24.47	-0.87	0.39	-2.23	0.0612
14	2	32	21.75	0.91	0.29	3.18	0.0155	4	25	37	42.72	-0.68	0.31	-2.22	0.0615
18	24	10	20.57	-2.34	0.75	-3.12	0.0168	9	5	21	28.93	-0.74	0.33	-2.22	0.0623
7	20	23	34.23	-0.97	0.32	-3.06	0.0183	5	23	26	33.82	-0.65	0.30	-2.19	0.0642
16	30	40	28.48	1.03	0.34	3.03	0.0192	14	18	26	19.62	0.65	0.30	2.19	0.0644
16	18	16	26.80	-1.24	0.41	-3.01	0.0196	18	14	37	29.12	0.67	0.31	2.18	0.0659
8	27	29	19.99	0.86	0.29	3.00	0.0200	15	18	31	38.11	-0.62	0.29	-2.17	0.0665
18	5	38	27.05	0.94	0.31	2.97	0.0207	18	13	47	37.67	2.06	0.95	2.17	0.0668
14	22	25	35.61	-0.90	0.30	-2.96	0.0210	14	9	21	15.76	0.72	0.33	2.16	0.0673
20	9	27	18.66	0.86	0.29	2.94	0.0217	15	17	38	43.28	-0.68	0.31	-2.16	0.0674
17	15	39	28.11	0.95	0.33	2.91	0.0226	14	20	40	32.09	0.73	0.34	2.16	0.0680
8	20	28	37.81	-0.84	0.29	-2.89	0.0232	7	17	36	28.29	0.64	0.30	2.15	0.0686
14	7	34	42.04	-0.84	0.29	-2.89	0.0232	11	22	42	45.66	-0.81	0.38	-2.12	0.0719
12	30	16	26.04	-1.17	0.41	-2.85	0.0246	1	12	10	15.30	-1.58	0.75	-2.11	0.0726
9	19	35	42.55	-0.83	0.29	-2.83	0.0255	10	10	43	46.19	-0.87	0.42	-2.10	0.0735
5	30	42	31.28	1.06	0.38	2.77	0.0278	6	21	21	28.46	-0.70	0.33	-2.10	0.0740
16	2	40	29.69	0.93	0.34	2.73	0.0293	7	13	30	37.05	-0.60	0.29	-2.09	0.0744

R	T	Ob	Ex	Bias	SE	t	p	R	T	Ob	Ex	Bias	SE	t	p
8	9	27	19.15	0.80	0.29	2.73	0.0295	12	14	25	32.49	-0.63	0.30	-2.09	0.0752
8	3	11	19.19	-1.70	0.63	-2.72	0.0296	15	30	33	39.47	-0.60	0.29	-2.08	0.0762
4	29	26	35.60	-0.81	0.30	-2.71	0.0302	12	21	32	24.97	0.59	0.29	2.07	0.0769
16	24	16	25.38	-1.12	0.41	-2.71	0.0303	20	24	29	22.43	0.59	0.29	2.06	0.0782
3	26	35	42.29	-0.79	0.29	-2.69	0.0310	20	21	31	24.18	0.59	0.29	2.05	0.0797
7	24	28	20.06	0.77	0.29	2.66	0.0325	18	26	20	27.16	-0.71	0.35	-2.05	0.0800
14	24	11	18.64	-1.63	0.63	-2.61	0.0349	15	11	36	41.66	-0.61	0.30	-2.04	0.0804
18	3	9	17.26	-2.66	1.03	-2.58	0.0364	15	12	30	23.34	0.58	0.29	2.04	0.0806
6	16	35	41.99	-0.75	0.29	-2.54	0.0386	1	2	36	28.74	0.61	0.30	2.03	0.0824
18	9	10	17.22	-1.90	0.75	-2.54	0.0388	6	6	16	22.41	-0.83	0.41	-2.02	0.0831
18	20	45	34.92	1.35	0.53	2.53	0.0391	10	8	35	40.86	-0.59	0.29	-2.02	0.0834
14	13	45	35.07	1.34	0.53	2.51	0.0406	7	15	23	17.64	0.64	0.32	2.01	0.0841
12	6	27	19.70	0.73	0.29	2.49	0.0416	19	9	15	21.16	-0.88	0.44	-2.01	0.0841
18	15	11	18.05	-1.55	0.63	-2.48	0.0420	1	28	43	46.11	-0.83	0.42	-2.01	0.0847
9	29	39	29.92	0.80	0.33	2.45	0.0438	10	29	36	41.58	-0.60	0.30	-2.01	0.0848

<표 4-1>에 따르면, 채점자와 텍스트 간 채점 편향은 총 88개이며 이는 채점자와 텍스트 사이에 나타날 수 있는 상호작용 600개 중 14.7%에 해당한다. 이 중에서 MFRM이 예측한 것보다 더 엄격한 편향은 54개였고, 더 관대한 편향은 34개였다. 편향 크기가 가장 큰 상호작용은 11번 채점자가 28번 텍스트를 채점할 때 나타났다. 11번 채점자는 28번 텍스트에 MFRM이 예측한 47.28점보다 5.28점 낮은 42.00점을 부여했는데, 이때 편향 크기는 -1.86 logit(SE=0.38), t 통계량은 -4.85(p<.01)로 매우 큰 것으로 나타났다. 이는 11번 채점자가 28번 텍스트를 채점할 때 일반적인 자신의 엄격성 수준보다 매우 엄격한 점수를 부여해 28번 학생의 쓰기 능력을 과소 추정한 것으로 볼 수 있다.

채점자와 텍스트 사이에 채점 편향이 있다는 결과는 이미 여러 선행 연구에서도 지적했던 사항이다(이창수 2014, 최숙기·박영민 2011, Schaefer 2008, Kondo-Brown 2002). 이는 텍스트의 수준을 객관적 수치로 표현하는 과정에서 개입하는 채점자의 주관성과 관련이 있다. 자신의 엄격성 수준을 전체 채점 회기 동안 동일하게 유지하기 위해서는 채점자가

채점 기준을 명확히 내면화한 상태로 전체 텍스트에 동일하게 적용해야 하며, 채점 기준과 텍스트의 특징을 정확하게 연결할 수 있어야 한다. 하지만 이러한 과정은 매우 큰 인지적 부담이 따르기 때문에 채점자는 텍스트마다 다른 정보 처리 행동을 통해 점수를 부여하게 된다. 이는 특정 텍스트에 매우 엄격하거나 관대한 점수를 부여하는 문제를 유발한다.

채점 편향은 채점자가 자신의 일반적인 엄격성 수준에서 벗어나는 점수를 부여할 때 나타나므로 채점 편향이 나타난 텍스트의 점수는 타당하다고 볼 수 없다. 예를 들어, 2번 학생은 17번 채점자에게는 매우 불리한 점수를 받은 반면(t=-4.45, p<.01), 14번 채점자에게는 매우 유리한 점수를 받았다(t=3.18, p<.05). 7번 학생은 8번 채점자에게 불리한 점수를 받은 반면(t=-3.52, p<.01), 23번 학생은 유리한 점수를 받았다(t=3.39, p<.05). 이러한 결과는 어떤 채점자를 만나느냐에 따라 텍스트의 점수가 달라질 수 있다는 것을 의미한다. 만약 입학, 취업, 진학 등의 중요한 평가 상황에서 채점 편향이 나타난다면, 이는 학생의 삶에 중대한 영향을 미치게 된다. 그러므로 특정 텍스트에 채점자들이 채점 편향을 보이는 원인은 무엇인지에 대해 세밀히 탐색할 필요가 있다.

채점자별 채점 편향 특성을 상세히 분석하기 위해 <표 4-1>에 나타난 채점 편향을 채점자별로 정리하였다. 채점자 일관성 수준의 경우, 조사 상황에서는 0.6~1.4 범위 내의 infit MnSq를 적합 일관성 수준으로 판단하는 것이 합리적이라고 주장한 Wright et al.(1994)의 견해에 따라 판정하였다.

〈표 4-2〉 채점자별 채점 편향 산출 수

채점자	일관성 수준	엄격한 편향		관대한 편향		계
		텍스트	소계	텍스트	소계	
1	적합	6, 12, 28	3	2	1	4
2	적합		0		0	0
3	적합	26	1	-	0	1
4	과적합	25, 29	2	15	1	3
5	적합	15, 23	2	30	1	3
6	적합	6, 16, 21	3	-	0	3
7	적합	13, 20	2	3, 15, 17, 24, 27	5	7
8	부적합	3, 4, 7, 20	4	9, 23, 27, 29	4	8
9	적합	5, 19	2	29	1	3
10	부적합	8, 10, 28, 29	4	-	0	4
11	적합	4, 22, 28	3	-	0	3
12	적합	14, 18, 25, 30	4	6, 21	2	6
13	적합	-	0		0	0
14	적합	1, 7, 22, 24	4	2, 9, 13, 18, 20	5	9
15	부적합	11, 17, 18, 30	4	12	1	5
16	적합	11, 18, 24	3	2, 30	2	5
17	부적합	2, 3	2	15	1	3
18	적합	1, 2, 3, 9, 15, 24, 25, 26, 27	9	5, 8, 13, 14, 16, 20	6	15
19	적합	9	1	-	0	1
20	과적합	13	1	3, 9, 21, 24	4	5
계		54(61.4%)		34(38.6%)		88(100%)
M		2.70		1.70		4.40
SD		1.9		1.9		3.4

〈표 4-2〉에 따르면, 채점 편향을 보인 채점자는 20명 중 18명(90%) 인 것으로 나타났다. 이는 대부분의 채점자들이 특정 텍스트에 대해 채점 편향을 보인다는 것을 의미한다. 전체 채점 편향의 수는 평균 4.40개(SD=3.4)로, 채점자 1인 당 4.4편(14.7%)의 텍스트에 채점 편향을 보인 것으로 나타났다. 이 중 엄격한 편향은 평균 2.70개(SD=1.9), 관대 한 편향은 평균 1.70개(SD=1.9)였다. 이는 채점자들이 특정 텍스트를 채점할 때 자신의 엄격성을 적정 수준으로 유지하지 못해서 텍스트의

수준을 과대 추정하거나 과소 추정할 수 있다는 점을 시사한다.

가장 많은 채점 편향을 보인 채점자는 18번 채점자로, 30편의 텍스트 중 15편(50%)의 텍스트에 채점 편향을 보였다. 18번 채점자는 전체 일관성 수준이 '적합'으로 분류된 채점자였는데(infit MnSq=1.19), 이는 전체 일관성 수준이 적합하더라도 특정 텍스트를 채점할 때는 채점 편향이 나타날 수 있다는 점을 시사한다. 특히 18번 채점자는 전체 텍스트의 1/2에 해당하는 15편에 채점 편향을 보였으므로 신뢰로운 채점 결과를 산출했다고 볼 수 없다.

주목할 만한 점은 18번 채점자가 보인 엄격한 편향 중 2번(-0.41 logit), 3번(-1.21 logit), 9번(-1.21 logit), 15번(-1.09 logit), 24번(-0.78 logit), 27번(-1.11 logit) 텍스트는 수준이 낮은 텍스트였고, 관대한 편향 중 13번(-0.76 logit), 14번(0.03 logit), 16번(-.68 logit), 20번(-0.51 logit) 텍스트는 상대적으로 수준이 높은 텍스트였다는 것이다. 이를 고려하면, 18번 채점자는 텍스트 수준의 높고 낮음은 변별할 수 있지만, 최상 수준의 텍스트에는 과도하게 관대한 점수를, 최하 수준의 텍스트에는 과도하게 엄격한 점수를 부여하는 문제를 겪는 것으로 볼 수 있다. 이는 채점자들이 극단적 수준의 텍스트에 채점 편향을 보이는 경향이 있음을 보고한 Kondo-Brown(2002), Schaefer(2008), 백유진(2020b)의 결과와 일치한다.

18번 채점자가 일관성 수준이 '적합'으로 판정되었음에도 불구하고 채점 편향을 가장 많이 보인 것은 채점 기준별 엄격성을 일관성 있게 유지하지 못했기 때문인 것으로 볼 수도 있다. 채점자와 채점 기준 간 채점 편향 분석 결과, 18번 채점자는 채점 기준 3번(t=2.80, p<.01), 7번(t=-2.48, p<0.05), 8번(t=-3.14, p<0.01)에도 채점 편향을 보였는데, 이는 18번 채점자가 채점 기준 3번에는 매우 관대한, 채점 기준 7번과 8번

에는 매우 엄격한 점수를 부여한 것을 의미한다. 김지영(2018), Eckes (2012)는 이러한 채점 기준의 보상적 편향이 전체적으로는 다른 채점 자들과 유사한 점수를 부여한 것처럼 보이게 하며, 평균적으로는 채점 결과에 문제가 없는 것처럼 보이게 한다고 지적하였다. 텍스트에 부여 되는 점수는 채점 기준별 점수의 총합으로 산출되므로, 채점 기준 3번 과 채점 기준 7, 8번의 보상적 편향이 18번 채점자의 엄격성 수준을 평균으로 수렴하게 만들었을 가능성이 있다.

한편, 채점 분량에 따라 18번 채점자의 일관성 수준이 변화했고, 채 점 편향이 나타난 텍스트들이 해당 구간에 포함되어 있었을 가능성이 있다. 박종임·박영민(2011)은 채점 분량 증가에 따라 일관성 수준이 변하는 채점자들이 약 26%에 달했음을 보고하면서, 전체 일관성 수준 이 '적합'으로 나타나더라도 채점 분량별로 나누어 살펴보면 일관성 수준이 '적합'으로 나타나지 않을 가능성이 있다고 설명하였다. 18번 채점자의 경우 채점 초반부에 배치된 1번, 2번, 3번, 5번 텍스트와 채 점 후반부에 배치된 24번, 25번, 26번, 27번 텍스트에 채점 편향이 집 중적으로 나타났다. 즉, 18번 채점자의 전체 일관성 수준이 '적합'으로 분류되었지만, 평가 분량별로 일관성 수준을 살펴보면 다른 결과가 나 타날 가능성이 있다.

그러므로 18번 채점자에게는 재교육과 재채점의 기회를 제공할 필 요가 있다. 특히 텍스트 수준에 대한 채점 편향은 채점자의 기대나 보 상 전략과 밀접한 관련이 있고(Schaefer 2008, Hamp-Lyons & Mathias 1994), 채점 기준에 대한 채점 편향은 채점 기준 간 변별의 어려움이나 채점 기준의 중요도에 대한 차별적 인식 때문일 가능성이 있으므로(김지영 2018, Eckes 2012), 이를 채점자 교육에 구체적으로 반영할 필요가 있다.

<표 4-2>에 따르면, 2번 채점자와 13번 채점자는 채점 편향을 전혀 보이지 않은 것으로 나타났다. 2번 채점자(infit MnSq=0.96)와 13번 채점자(infit MnSq=0.61)는 일관성 수준이 '적합'으로 분류된 채점자이므로 채점 편향을 보이지 않을 가능성이 컸다고 볼 수 있다. 따라서 이들은 특정 텍스트에 채점 편향을 보이지 않으면서도 전체 일관성을 적합하게 유지한, 전문성 수준이 높은 채점자라고 할 수 있다.

하지만 이 두 채점자 외에 일관성 수준이 '적합'으로 분류된 나머지 12명의 채점자들에게 채점 편향이 나타났다는 점은 주목할 만하다. 특히 '적합'으로 분류된 14번 채점자(9개)는 '부적합'으로 분류된 10번 채점자(4개)보다 더 많은 채점 편향을 보였는데, 이처럼 '적합'으로 분류된 채점자도 특정 텍스트에 대해 채점 편향을 보인다는 점은 많은 선행 연구에서도 공통적으로 나타나는 현상이다(김지영·원미진 2018, 이창수 2014, 최숙기·박영민 2011, 신동일 2001, He et al. 2013). 따라서 채점 결과를 분석할 때는 전체 일관성 수준뿐 아니라 채점 편향도 함께 분석해 점수의 타당성과 신뢰성을 살펴볼 필요가 있다.

일관성 수준별로 살펴보면, '적합'으로 분류된 14명의 채점자들은 평균 4.29개의 채점 편향을 보였고, '과적합'으로 분류된 2명의 채점자들은 평균 4개의 채점 편향을, '부적합'으로 분류된 4명의 채점자들은 평균 5개의 채점 편향을 보인 것으로 나타났다. '부적합'은 채점자들이 전체 채점 회기에서 자신의 엄격성 수준을 일관성 있게 유지하지 못했음을 의미하므로, 이 채점자들의 평균 채점 편향 수가 가장 많이 나타난 것은 당연한 결과로 볼 수 있다. 반면, '과적합' 채점자들의 채점 편향이 가장 적게 나타난 것은 이들이 다양한 척도를 활용하지 않고 대부분의 텍스트에 유사한 점수를 부여해 잔차값이 커지는 정도가 작았기 때문인 것으로 볼 수 있다(백현영·양병곤 2011). 하지만 이들은 학생 논설문의 수준을 세부적으로 변별하지 못하는 문제를 지니고 있으므로 채점 편향이 적게 나타났다고 해서 이들의 채점 결과를 그대로 받아들여서는 안 된다(신동일·장소영 2002).

<표 4-2>에서 주목해야 할 것은 관대한 편향과 엄격한 편향이 비슷하게 나타나는 경우이다. 한 요소는 엄격하게 채점하고, 다른 요소는 관대하게 채점할 경우 보상적 편향이 일어난 것으로 보는데, 이러한 보상적 편향은 채점자의 엄격성 수준을 수렴시켜 평균적으로는 채점 편향이 나타나지 않은 것처럼 보이게 만든다(Eckes 2012). 2개 이상의 채점 편향을 보인 채점자 중, 관대한 편향과 엄격한 편향의 개수 차이가 1개 이하인 채점자는 4번, 5번, 8번, 9번, 14번, 16번, 17번으로 총 7명(35%)이었는데, 이들의 전체 엄격성 수준은 보상적 편향으로 인해 평균으로 수렴되었을 가능성이 있다. 그러므로 채점 결과를 분석할 때는 이러한 보상적 편향이 나타났는지를 반드시 확인할 필요가 있다.

종합하자면, 대부분의 채점자들은 특정 텍스트를 채점할 때 자신의 평균적인 엄격성 수준보다 매우 관대하거나 엄격하게 점수를 부여하는 경향이 있으며, 이러한 채점 편향은 전체 일관성 수준이 '적합'으로 분류된 채점자들에게서도 나타날 수 있다. 그리고 보상적 편향으로 전체 채점 결과에 이상이 없는 것으로 보일 수도 있다. 그러므로 채점이 끝난 후에는 채점자들의 infit MnSq뿐 아니라 특정 텍스트에 채점 편향을 보이는지에 대해 세부적으로 분석할 필요가 있다. 만약 채점자에게서 채점 편향이 나타났다면 해당 채점자의 채점 결과와 과정을 세부적으로 탐색해 채점 편향이 일어난 원인을 분석한 후 채점자가 이를 교정할 수 있도록 재교육의 기회를 제공할 필요가 있다.

다음으로 채점자와 텍스트 간의 채점 편향에 대해 세부적으로 살펴보기 위해 <표 4-1>에 나타난 채점 편향을 텍스트별로 정리하였다.

<표 4-3> 텍스트별 채점 편향 산출 수

텍스트	엄격한 편향		관대한 편향		계	텍스트	엄격한 편향		관대한 편향		계
	채점자	소계	채점자	소계			채점자	소계	채점자	소계	
1	14, 18	2	–	0	2	18	12, 15, 16	3	14	1	4
2	17, 18	2	1, 14, 16	3	5	19	9	1	–	0	1
3	8, 17, 18	3	7, 20	2	5	20	7, 8	2	14, 18	2	4
4	8, 11	2	–	0	2	21	6	1	12, 20	2	3
5	9	1	18	1	2	22	11, 14	2	–	0	2
6	1, 6	2	12	1	3	23	5	1	8	1	2
7	8, 14	2	–	0	2	24	14, 16, 18	3	7, 20	2	5
8	10	1	18	1	2	25	4, 12, 18	3	–	0	3
9	18, 19	2	8, 14, 20	3	5	26	3, 18	2	–	0	2
10	10	1	–	0	1	27	18	1	7, 8	2	3
11	15, 16	2	–	0	2	28	1, 10, 11	3	–	0	3
12	1	1	15	1	2	29	4, 10	2	8, 9	2	4
13	7, 20	2	14, 18	2	4	30	12, 15	2	5, 16	2	4
14	12	1	18	1	2	계	54 (61.4%)		34 (38.6%)		88 (100%)
15	5, 18	2	4, 7, 17	3	5						
16	6	1	18	1	2	M	1.80		1.13		2.93
17	15	1	7	1	2	SD	0.7		1.0		1.2

<표 4-3>에 따르면, 이 연구에 활용된 30편의 모든 텍스트에서 채점 편향이 나타났다. 전체 채점 편향의 평균은 2.93개(SD=1.2)로, 이는 텍스트 1편 당 2.93명(14.7%)의 채점자가 채점 편향을 보였음을 의미한다. 이 중 엄격한 편향은 텍스트 1편 당 평균 1.80개(SD=0.7), 관대한 편향은 평균 1.13개(SD=1.0)인 것으로 나타났다. 이는 이 연구에 활용된 모든 텍스트들이 특정 채점자들에 의해 과대 추정되거나 과소 추정되었다는 것을 의미한다.

가장 많은 채점 편향이 나타난 텍스트는 2번, 3번, 9번, 15번, 24번 텍스트로 각각 5개의 채점 편향이 나타났다. 이 중 3번, 9번, 15번, 24번 텍스트의 측정치는 각각 -1.21 logit, -1.94 logit, -1.09 logit, -.78 logit으로 낮은 수준이었다. 반면 가장 적은 채점 편향이 나타난 텍스트는 10번과 19번으로 각각 1개의 채점 편향이 나타났으며, 각 텍스트 측정치는 1.03 logit, 1.19 logit으로 높은 수준에 해당했다. 이는 채점자들이 수준이 높은 텍스트보다는 수준이 낮은 텍스트를 채점하는 데 더 많은 어려움을 겪는다는 것을 의미한다.

<표 4-3>에서 주목해야 할 것은 관대한 편향과 엄격한 편향이 비슷하게 나타나는 보상적 편향의 경향이다. 2개 이상의 채점 편향이 나타난 텍스트 중 관대한 편향과 엄격한 편향의 차이가 1개 이하인 텍스트는 총 19편(63.3%)이었으며, 이들의 전체 측정치는 평균으로 수렴되었을 가능성이 있다. 전술했듯이 이러한 보상적 편향은 텍스트가 특정 채점자에게 불리하거나 유리한 점수를 받았을 수도 있는 지점을 겉으로 보이지 않게 만든다는 점에서 문제가 있다. 특정 텍스트에 대해 한 채점자는 평균 엄격성 수준보다 엄격한 점수를 부여하고, 다른 채점자는 관대한 점수를 부여했다면 해당 텍스트에 부여된 점수는 신뢰성이 있다고 할 수 없다. 그러므로 FACETS을 통해 보다 정확한 텍스트 측정치를 산출했다 하더라도, 채점 편향이 나타난 텍스트의 특징과 채점자의 채점 과정을 종합적으로 분석할 필요가 있다. 만약 특정 텍스트에서 비정상적인 채점 편향 패턴이 나타난다면 그 원인을 분석한 후 채점자를 재교육하거나 해당 텍스트의 채점 결과를 배제하는 등의 후속 조치를 취해야 한다.

(2) 채점 편향 산출 여부에 따른 채점 과정

▌채점 편향 산출 여부에 따른 프로토콜 빈도 차이[1]

채점 편향이 나타난 텍스트와 나타나지 않은 텍스트에서의 채점 과정을 비교하기 위해 각 텍스트에서 채점자들이 산출한 프로토콜의 평균 빈도를 비교하였다. 다음 <표 4-4>는 채점 편향 산출 여부에 따라 채점자들의 프로토콜 평균 산출 수를 비교한 것이다. '평균'은 프로토콜 빈도의 평균을 의미하며, '편차'는 전체 텍스트에서 산출된 평균 프로토콜 수와 각 텍스트에서의 평균 프로토콜 수의 차이를 의미한다. '엄격'은 엄격한 편향이 나타난 텍스트에서 각 채점자들이 산출한 프로토콜 평균 빈도, '관대'는 관대한 편향이 나타난 텍스트에서 각 채점자들이 산출한 프로토콜 평균 빈도, '미산출'은 편향이 나타나지 않은 텍스트에서 각 채점자들이 산출한 프로토콜 평균 빈도를 의미한다.

〈표 4-4〉 채점 편향 산출 여부에 따른 프로토콜 평균 빈도

채점자		엄격	관대	미산출	전체
R1	평균	43.67	66.00	43.19	44.00
	편차	-0.33	22.00	-0.81	
R3	평균	27.00	–	23.72	23.83
	편차	3.17	–	-0.11	
R4	평균	20.00	17.00	21.11	20.90
	편차	-0.90	-3.90	0.21	
R5	평균	40.00	31.00	28.30	29.17
	편차	10.83	1.83	-0.87	
R6	평균	24.33	–	23.48	23.57
	편차	0.76	–	-0.09	

---

1) 이 글에서는 특정 텍스트에 채점 편향을 보이지 않은 2번, 13번 채점자의 채점 과정은 분석하지 않았다.

채점자		엄격	관대	미산출	전체
R7	평균	25.00	22.20	22.70	22.77
	편차	2.23	−0.57	−0.07	
R8	평균	35.25	25.00	29.45	29.63
	편차	5.62	−4.63	−0.18	
R9	평균	20.50	20.00	20.67	20.63
	편차	−0.13	−0.63	0.04	
R10	평균	27.50	−	29.19	28.97
	편차	−1.47	−	0.22	
R11	평균	16.67	−	17.74	17.63
	편차	−0.96	−	0.11	
R12	평균	20.50	24.00	23.71	23.30
	편차	−2.80	0.70	0.41	
R14	평균	21.00	19.40	21.14	20.83
	편차	0.17	−1.43	0.31	
R15	평균	26.00	33.00	28.84	28.60
	편차	−2.60	4.40	0.24	
R16	평균	16.33	16.50	17.04	16.93
	편차	−0.60	−0.43	0.11	
R17	평균	29.00	18.00	17.89	18.63
	편차	10.37	−0.63	−0.74	
R18	평균	20.78	24.33	20.07	21.13
	편차	−0.35	3.20	−1.06	
R19	평균	33.00	−	30.76	30.83
	편차	2.17	−	−0.07	
R20	평균	25.00	26.25	26.00	26.00
	편차	−1.00	0.25	0.00	
M		25.28	24.26	25.06	25.03

<표 4-4>에 따르면 전체 30편의 텍스트에 대한 평균 프로토콜 산출 수는 25.03개이다. 전체적으로 살펴보면, 엄격한 편향이 나타난 텍스트, 관대한 편향이 나타난 텍스트, 채점 편향이 나타나지 않은 텍스트에 대한 채점자들의 평균 프로토콜 산출 수는 25.28개, 24.26개, 25.06개로 ANOVA 결과 프로토콜 평균 산출 수는 유의한 차이가 나타나지 않았다(p>.05). 이는 채점자들마다 프로토콜을 산출하는 양상이

다르기 때문이다. 예를 들어, 7번 채점자는 엄격한 편향이 나타난 텍스트에서 자신의 평균 프로토콜 산출 수보다 2.23개의 프로토콜을 더 산출했지만, 15번 채점자는 2.60개의 프로토콜을 덜 산출했다. 이 경우 전체 프로토콜 수는 평균으로 수렴한다. 그러므로 전체 채점자의 프로토콜 산출 수의 차이보다 각 채점자별로 채점 편향이 나타난 텍스트를 채점하는 과정에서 산출한 프로토콜 수와 정보 처리 행동을 살펴볼 필요가 있다.

<표 4-4>에 따르면, 30편의 텍스트에 대해 각 채점자들이 산출한 평균 프로토콜 수는 16.93개~44.00개 사이에 분포해 있다. 가장 많은 프로토콜을 산출한 채점자는 1번 채점자이며, 가장 적은 프로토콜을 산출한 채점자는 16번 채점자이다. 채점자의 일관성 수준에 따른 정보 처리 행동 수의 차이를 분석한 백유진(2020a)에 따르면, 자신의 엄격성 수준을 일관적으로 유지한 채점자일수록 많은 프로토콜을 산출하는 경향이 있다. 일관성 수준을 적합하게 유지하기 위해서는 텍스트에 대한 정확한 이해를 바탕으로 다양한 정보 처리 행동을 수행할 필요가 있기 때문이다. 1번 채점자도 전체 일관성 수준이 적합한 것으로 판정되었는데(infit MnSq=0.82), 이러한 노력이 채점의 일관성 수준을 적절하게 유지하는 데 영향을 미친 것으로 볼 수 있다.

반면 16번 채점자는 학생 논설문을 채점할 때 가장 적은 프로토콜을 산출한 것으로 나타났다. 그럼에도 불구하고 16번 채점자는 전체적으로 자신의 엄격성 수준을 일관성 있게 유지한 채점자로 판정되었는데(infit MnSq=1.18), 이는 단순히 프로토콜의 양만으로 채점 결과의 신뢰성이 결정되지는 않는다는 것을 의미한다. 같은 맥락에서, 일관성 수준이 '부적합'으로 분류된 8번 채점자, 10번 채점자, 15번 채점자는

각각 평균 29.63개, 28.97개, 28.60개의 프로토콜을 산출했는데, 이는 20명의 채점자 중 3번째, 5번째, 6번째로 많은 프로토콜 수이다.

종합하자면, 단순히 많은 프로토콜을 산출했다고 해서 그것이 신뢰성 있는 채점으로 이어지는 것은 아니다. 채점자가 텍스트를 잘못 이해하거나, 텍스트의 수준을 잘못 판단하거나, 채점 기준을 잘못 적용했을 경우 채점의 질을 떨어뜨릴 수 있기 때문이다. Cumming(1990)은 초보 채점자와 전문 채점자의 차이가 채점 과정의 질에서 비롯되었을 가능성이 있음을 밝혔는데, 이는 단순히 프로토콜의 총량보다는 정보 처리 행동별 프로토콜 빈도나 점유율 특히, 채점 결과에 부정적인 영향을 미치는 정보 처리 행동의 프로토콜 빈도나 점유율 등을 자세히 살펴볼 필요가 있음을 시사한다.

'엄격한 편향이 나타난 텍스트'의 평균 프로토콜 산출 수는 16.33개 ~43.67개 사이에 분포하며, '관대한 편향이 나타난 텍스트'의 평균 프로토콜 산출 수는 16.50개~66.00개 사이에 분포한다. 반면 '채점 편향이 나타나지 않은 텍스트'의 평균 프로토콜 산출 수는 17.04개~43.19개에 분포한다. 채점 편향이 나타난 텍스트의 프로토콜 산출 범위가 채점 편향이 나타나지 않은 텍스트의 프로토콜 산출 범위보다 크다는 것은 채점 편향이 나타난 텍스트에서의 채점 과정이 채점 편향이 나타나지 않은 텍스트에서의 채점 과정과 다를 수 있음을 의미한다.

전체 텍스트에 대한 평균 프로토콜 수와 채점 편향 산출 여부에 따른 평균 프로토콜 수의 편차는 대부분 채점 편향이 나타난 텍스트의 편차의 절댓값이 채점 편향이 나타나지 않은 텍스트의 편차의 절댓값보다 더 큰 것으로 나타났다. '엄격한 편향이 나타난 텍스트'의 편차의 절댓값은 0.13~10.83, '관대한 편향이 나타난 텍스트'의 편차의 절댓값은 0.25~22.00, '채점 편향이 나타나지 않은 텍스트'의 편차의 절댓값은 0~1.06에 분포한다. 편차가 가장 크게 나타난 것은 1번 채점자의 관대한 편향이 나타난 텍스트로, 1번 채점자의 평균 프로토콜 산출 수인 44.00개보다 평균 22.00개를 더 많이 산출한 것으로 나타났다.

8번 채점자는 '엄격한 편향이 나타난 텍스트'에는 평균보다 약 5.62개 많은 프로토콜을 산출했고, '관대한 편향이 나타난 텍스트'에는 평균보다 4.63개 적은 프로토콜을 산출했다. 반대로 '채점 편향이 나타나지 않은 텍스트'에는 평균과 유사한 수의 프로토콜을 산출했는데, 이는 8번 채점자의 채점 편향이 텍스트에 대한 평가적 논평의 수와 밀접한 관련이 있음을 시사한다. 이외에 1번, 5번, 17번 채점자도 채점 편향이 나타난 텍스트를 채점하는 과정에서 평균보다 5개 이상 많거나 적은 프로토콜을 산출한 것으로 나타났다.

이 결과는 채점자가 자신의 평균 수준보다 더 많거나 더 적게 평가적 논평을 내릴 경우 채점 편향이 나타날 가능성이 높아진다는 것을 의미한다. 특정 텍스트에 점수를 부여하는 일은 텍스트의 수준에 대한 판단과 밀접한 관련이 있다. 따라서 채점자가 자신의 엄격성을 일관성 있게 유지하기 위해서는 특정 텍스트를 채점할 때 자신의 평균적인 논평 수를 유지하며 채점할 필요가 있다.

▍채점 편향 산출 여부에 따른 정보 처리 행동별 프로토콜 빈도 및 점유율 차이

채점 편향이 나타난 텍스트와 나타나지 않은 텍스트의 프로토콜 수에 차이가 있다는 것은 채점 과정의 차이가 채점 편향에 영향을 미칠 가능성이 있다는 것을 의미한다. 따라서 채점 편향 산출 여부에 따른 채점 과정을 비교하기 위해 채점 편향 산출 여부에 따라 채점자들이 산출한 프로토콜을 정보 처리 유형별로 나누어 비교하였다.

<표 4-5>는 20명의 채점자들이 산출한 프로토콜을 채점 편향 산출 여부에 따라 정보 처리 행동별로 비교한 표이다.

〈표 4-5〉 채점 편향 산출 여부에 따른 정보 처리 행동별 프로토콜 평균 빈도

정보 처리 행동		엄격	관대	미산출	통계치	평균 차이			전체
						엄-관	미-엄	미-관	
해석		0.09	0.12	0.20	0.48	0.03	0.12	0.09	0.20
파악		2.13	2.29	2.59	0.95	0.16	0.46	0.29	2.53
근거	긍	1.22	1.65	1.71	1.48	0.42	0.49	0.07	1.67
	부	6.37	4.91	5.17	1.76	-1.46	-1.20	0.26	5.27
비교	긍	0.02	0.12	0.04	1.95	0.10	0.02	-0.07	0.05
	부	0.04	0.03	0.05	0.25	-0.01	0.02	0.02	0.05
	중	0.04	0.09	0.04	0.73	0.05	0.00	-0.05	0.04
개선		1.81	2.09	1.48	2.07	0.29	-0.33	-0.61	1.54
판단	긍	1.30	2.15	2.50	13.63***	0.85*	1.20**	0.35	2.37
	부	1.72	1.12	1.28	1.98	-0.60	-0.44	0.17	1.31
총평	긍	–	0.12	0.15	-0.59	–	–	0.04	0.14
	부	0.20	0.03	0.08	3.40*	-0.17*	-0.13	0.05	0.09
	중	–	0.06	0.02	1.82	–	–	-0.04	0.02
개입	긍	0.09	0.09	0.10	0.04	0.00	0.01	0.01	0.10
	부	0.44	0.44	0.35	0.60	0.00	-0.09	-0.08	0.37
외	긍	0.09	0.06	0.08	0.14	-0.03	-0.01	0.02	0.08
	부	0.30	0.06	0.19	1.79	-0.23	-0.10	0.13	0.19
실수		0.22	0.12	0.11	1.53	-0.10	-0.11	-0.00	0.12
점수 부여		7.28	7.94	7.22	1.89	0.66	-0.06	-0.72	7.27
이른 결정		0.72	0.06	0.78	1.89	-0.66	0.06	0.72	0.73
수정	가	0.17	0.09	0.14	0.32	-0.08	-0.03	0.05	0.14
	감	0.44	0.38	0.31	1.24	-0.06	-0.13	-0.07	0.33
점검 조정		0.28	0.12	0.21	1.09	-0.16	-0.07	0.09	0.21
어려움		0.24	0.12	0.18	0.67	-0.12	-0.06	0.06	0.18
개인적 반응		0.05	0.03	0.04	0.13	-0.03	-0.01	0.01	0.04
합계		25.28	24.26	25.06	0.15	-1.01	-0.22	0.79	25.03

* $p < .05$, ** $p < .01$, *** $p < .001$

<표 4-5>의 '엄격'은 엄격한 편향이 나타난 상호작용 54개, '관대'는 관대한 편향이 나타난 상호작용 34개, '미산출'은 채점 편향이 나타나지 않은 상호작용 512개, '전체'는 전체 600개의 상호작용에서 산출된 프로토콜 평균 빈도, '통계치'와 '평균 차이'는 각 텍스트에서 산출된 프로토콜 평균 빈도에 대한 ANOVA 결과와 Bonferroni 사후 검정 결과를 정리한 것이다. 이 중에서 '판단하기(긍정 판단)', '총평하기(부정 판단)'는 Levene 검정 결과 등분산성이 가정되지 않아 Welch's ANOVA를, 사후 검정은 Games-Howell 검정으로 실시하였다. 엄격한 편향이 나타난 텍스트에서 프로토콜이 전혀 산출되지 않은 '총평하기(긍정 판단, 중립 판단)'는 나머지 두 텍스트를 대상으로 t-test를 실시하였다.

<표 4-5>에 따르면 각 정보 처리 행동별 프로토콜 평균 차이가 대부분 유의하지 않은 것으로 나타났다. 이러한 결과가 나타난 것은 채점자들마다 활용하는 정보 처리 행동의 유형이 다르며, 채점 편향이 나타난 텍스트와 그렇지 않은 텍스트에서의 정보 처리 행동 차이의 양상이 다르기 때문인 것으로 판단된다.

유의한 차이가 있었던 정보 처리 행동은 '판단하기(긍정 판단)'와 '총평하기(부정 판단)'이다. '판단하기(긍정 판단)'는 텍스트에 제시되어 있는 특정 평가 요소를 지적하지 않은 채 각 채점 기준에 대해 단순히 긍정 판단을 내리는 정보 처리 행동이며, '총평하기(부정 판단)'는 텍스트의 전체적인 수준에 대해 부정 판단을 내리는 정보 처리 행동이다. '판단하기(긍정 판단)'는 엄격한 편향이 나타난 텍스트보다 관대한 편향이 나타난 텍스트에서 더 많이 산출되었으며, '총평하기(부정 판단)'는 관대한 편향이 나타난 텍스트보다 엄격한 편향이 나타난 텍스트에서 더 많이 산출되었다. 이는 '판단하기(긍정 판단)'를 통해 채점을 수행할수록 관대한 점수를, '총평하기(부정 판단)'을 통해 채점을 수행할수록 엄격한 점수를 부여할 가능성이 높다는 것을 의미한다. '판단하기'와 '총평하기' 모두 특정 감점 요인이나 가점 요인을 지적하지 않는 정보 처리 행동이므로, 이들 정보 처리 행동이 많이 나타날수록 인상에 따른 채점이 이루어졌을 가능성이 높다. 따라서 '판단하기(긍정 판단)'나 '총평하기(부정 판단)'를 통해 채점을 할수록 채점 편향이 나타날 가능성이 높아진다고 할 수 있다.

채점 편향이 나타난 텍스트와 나타나지 않은 텍스트에서의 채점 경향을 좀 더 세부적으로 비교하기 위해 정보 처리 행동의 유형별로 점유율을 분석하였다. <표 4-6>은 전체 20명의 채점자의 채점 경향을 분석한 후, 채점 편향이 나타난 텍스트와 채점 편향이 나타나지 않은 텍스트에서의 정보 처리 행동의 점유율을 비교한 것이다. 채점 편향이 나타난 텍스트에서 점유율이 높게 나타난 경우 음영을 표시하였다.

〈표 4-6〉 채점 편향 산출 여부에 따른 정보 처리 행동별 프로토콜 점유율

정보 처리 행동		엄격	관대	미산출	전체
해석		0.4	0.5	0.8	0.8
파악		8.4	9.5	10.3	10.1
근거	긍	4.8	6.8	6.8	6.7
	부	25.2	20.2	20.6	21.0
비교	긍	0.1	0.5	0.2	0.2
	부	0.1	0.1	0.2	0.2
	중	0.1	0.4	0.2	0.2
개선		7.2	8.6	5.9	6.2
판단	긍	5.1	8.8	10.0	9.5
	부	6.8	4.6	5.1	5.2
총평	긍	0.0	0.5	0.6	0.5
	부	0.8	0.1	0.3	0.3
	중	0.0	0.2	0.1	0.1

정보 처리 행동		엄격	관대	미산출	전체
개입	긍	0.4	0.4	0.4	0.4
	부	1.8	1.8	1.4	1.5
외	긍	0.4	0.2	0.3	0.3
	부	1.2	0.2	0.7	0.7
실수		0.9	0.5	0.4	0.5
점수 부여		28.8	32.7	28.8	29.0
이른 결정		2.9	0.2	3.1	2.9
수정	가	0.7	0.4	0.6	0.6
	감	1.8	1.6	1.2	1.3
점검 조정		1.1	0.5	0.8	0.8
어려움		1.0	0.5	0.7	0.7
개인		0.2	0.1	0.2	0.2

<표 4-6>에 따르면, 채점 편향이 나타나지 않은 텍스트의 점유율 분포가 전체 텍스트에 대한 점유율 분포와 거의 비슷하다는 것을 확인할 수 있다. 이는 채점 편향 산출 여부에 따른 평균 프로토콜 산출 빈도를 비교했던 <표 4-4>의 결과와 유사하다. 그러므로 자신의 엄격성 수준을 일관성 있게 유지하기 위해서는 텍스트에 대한 평균 정보 처리 행동의 수를 유지해야 할 뿐 아니라, 자신의 정보 처리 행동의 방식도 채점 회기 동안 일관적으로 유지할 필요가 있다고 할 수 있다. 이는 전문 채점자들이 초보 채점자들보다 정보 처리 행동의 패턴을 일관적으로 적용하는 경향이 있음을 보고한 Wolfe & Ranney(1996), Wolfe (1997)와 유사한 결과이다.

엄격한 편향이 나타난 텍스트를 살펴보면, 채점 편향이 나타나지 않은 텍스트와 가장 두드러지게 나타나는 차이는 '채점 근거 제시하기, 개선 방안 제시하기, 판단하기, 총평하기, 다른 채점 기준의 개입, 외적 요소 고려하기' 중 부정 판단에 해당하는 정보 처리 행동의 비율, '실수, 점수 수정, 점검 및 조정하기, 어려움 표현'의 비율이 높게 나타

났다는 점이다. 반대로 '채점 근거 제시하기, 다른 텍스트와 비교하기, 판단하기, 총평하기'의 긍정 판단과 '채점 기준 내면화하기, 내용 파악하기'의 비율은 낮게 나타났다. 관대한 편향이 나타난 텍스트를 살펴보면, '채점 근거 제시하기, 판단하기, 총평하기, 외적 요소 고려하기'의 부정 판단에 해당하는 정보 처리 행동의 비율이 모두 낮게 나타나는 경향이 있었다. 이는 채점자가 감점 요인을 지적하는 데 주의를 기울이는 정도에 따라 채점 편향이 나타날 수 있음을 의미한다. 특히 긍정 판단보다 부정 판단이 영향을 미치는 이유는 대부분의 채점자들이 텍스트의 가점 요인을 제시하며 점수를 더해가는 방식으로 채점하기보다 감점 요인을 지적하며 점수를 감해가는 방식으로 채점하는 경향이 있기 때문이다. 텍스트의 수준 판단과 관련이 있는 평가적 읽기 과정의 프로토콜 8,041개 중 긍정 판단은 2,614개(32.8%), 부정 판단은 5,292개(65.8%)였는데, 이는 대부분의 채점자들이 부정 판단을 통해 점수를 만점에서부터 감점하는 식으로 점수를 부여한다는 것을 의미한다. 따라서 엄격한 편향이 나타난 텍스트에서는 채점자들이 과도하게 감점 요인을 지적했거나 감점 요인에 매우 큰 가중치를 부여했을 가능성이 있으며, 반대로 관대한 편향이 나타난 텍스트에서는 감점 요인을 지적하지 못하거나 매우 작은 가중치를 부여했을 가능성이 있다.

정보 처리 행동 중, '외적 요소 고려하기'의 점유율은 긍정 판단과 부정 판단 모두 엄격한 편향이 나타난 텍스트에서 높았다. 특히 외적 요소 고려하기의 프로토콜 165개 중 109개(66%)가 텍스트의 양이 적은 것에 대한 부정적 판단이었음을 고려하면, 점수를 부여할 때 '텍스트의 양이 적음'이라는 감점 요인을 비중 있게 반영할 경우 엄격한 편향이 나타날 가능성이 높아진다고 할 수 있다. 선행 연구에서도 지적했다시피, 채점 기준의 외적 요소는 채점 기준이 내포하고 있는 평가 요소들보다 채점자에게 내면화되기 힘든 경향이 있어서 채점자가 일관성을 유지하는 데 부정적인 영향을 미친다(백유진 2020a, Milanovic et al. 1996). 이러한 이유로 엄격한 편향이 나타난 텍스트에서 '외적 요소 고려하기'의 점유율이 높게 나타난 것으로 판단된다.

엄격한 편향이 나타난 텍스트와 관대한 편향이 나타난 텍스트에서 공통적으로 나타나는 현상은 '개선 방안 제시하기'나 '다른 채점 기준의 개입(부정 판단)', '실수'의 정보 처리 행동의 점유율이 채점 편향이 나타나지 않은 텍스트의 점유율보다 높았다는 점이다. 이는 텍스트의 수준을 개선할 수 있는 방안을 제시하는 정보 처리 행동이나 다른 채점 기준의 평가 요소를 고려하며 텍스트의 수준을 부정적으로 판단하는 정보 처리 행동이 채점 편향에 영향을 미친다는 것을 의미한다. 그리고 채점 지침을 제대로 준수하지 않거나 텍스트의 내용을 잘못 파악할 경우에도 채점 편향이 나타날 가능성이 높아진다고 할 수 있다.

'개선 방안 제시하기'는 교육적 피드백을 제공한다는 점에서 평가의 목적에 가까운 정보 처리 행동임에도 불구하고 채점 편향이 나타난 텍스트에서 높은 점유율이 나타났다. 이는 채점자들이 주로 텍스트의 주장이나 근거의 질과 같은 논설문의 핵심 요소에 대한 개선 방안을 제시하는 것보다 문단 구분이나 어법의 오류 등 텍스트 표면에 명시적으로 드러나는 감점 요인에 대해 피드백을 하는 경향이 있기 때문이다. 따라서 상대적으로 부수적인 평가 요소에 주의를 기울이며 채점하는 경향은 엄격성을 일관성 있게 유지하는 데 부정적인 영향을 미치는 것으로 볼 수 있다(신동일·장소영 2002, Crisp 2012, Cumming 1990). '다른 채점 기준의 개입'은 채점자가 특정 채점 기준의 평가 요소를 명확하게 구별하지 못하고 있거나 이를 내면화하지 못하고 있음을 의미하므로 채점 편향이 나타난 텍스트에서 점유율이 높았던 것으로 볼 수 있다. 마지막으로 '실수'는 채점자가 타당하지 않은 방식으로 채점을 수행했음을 의미하므로 채점 편향이 나타난 텍스트에서 점유율이 높았던 것으로 볼 수 있다.[2]

종합하자면, 채점 편향이 나타난 텍스트에서의 각 정보 처리 행동의 점유율 분포는 채점 편향이 나타나지 않은 텍스트에서의 분포와 상이하다고 할 수 있다. 채점 편향이 나타난 텍스트와 채점 편향이 나타나지 않은 텍스트의 점유율의 분포에 차이가 있다는 것은 각 텍스트의 채점 과정에서 채점자가 자신의 정보 처리 행동 비율을 일정하게 유지할 필요가 있다는 것을 시사한다. 특히 채점 편향이 나타난 텍스트에서 '채점 근거 제시하기(부정 판단), 개선 방안 제시하기, 판단하기(부정 판단), 총평하기(부정 판단), 다른 채점 기준의 개입, 외적 요소 고려하기, 실수' 등의 점유율이 높게 나타났다. 후속 절에서는 이러한 정보 처리 행동을 중심으로 채점 편향이 나타난 텍스트와 채점 편향이 나타나지 않은 텍스트에 나타나는 채점자의 정보 처리 행동의 특징을 채점 과정별로 살펴봄으로써 채점 편향의 원인을 분석하고자 한다.

---

2) 이에 대한 논의는 4장 3절에서 자세히 다룬다.

2. 채점 기준 내면화하기 과정에서 나타나는 채점 편향의 특성과 원인

(1) 채점 편향 산출 텍스트에 나타난 채점 기준 내면화하기 과정의 특징

'채점 기준 내면화하기' 과정은 채점자가 채점 기준을 하위 평가 요소로 재설정하고 그러한 요소들을 내면화하는 과정을 의미한다. Milanovic et al.(1996)에 따르면, 채점 기준의 내면화 과정은 주로 본격적인 채점 행위를 시작하기 전에 일어난다. 또한 채점자들은 초반부의 텍스트를 읽으면서 채점 기준을 어떻게 적용할 것인지에 대해 결정하기도 한다. 이러한 과정이 반복되면 채점 기준 해석 방식과 적용 방식이 내면화 되므로 텍스트의 특징과 채점 기준을 보다 쉽게 연결할 수 있게 된다. 채점이 어려웠던 텍스트와 채점이 쉬웠던 텍스트에 대한 사후 설문을 분석한 결과, 3번, 9번, 10번, 15번 채점자는 초반부에 있는 텍스트를 채점할 때는 채점 기준이 구체적으로 내면화되어 있지 않아서 어려움 을 겪고, 채점 후반부에 있는 텍스트일수록 채점 기준이 내면화되어 있어 쉽게 채점했다고 응답하였다. 이는 채점 기준의 내면화 여부와 채점의 인지적 부담이 매우 밀접한 관련이 있음을 의미한다.

채점 기준을 해석하고 내면화하는 방식은 채점자들마다 상이하며, 채점자 교육과 채점 지침을 제공하더라도 쉽게 바뀌지 않는다(Lumley 2002). 심지어 초보 채점자들은 채점 기준을 해석하는 것 자체에 어려 움을 느끼기도 한다. 이러한 채점자의 채점 기준 내면화 방식은 채점 결과의 차이를 낳는 주요 원인으로 작용하므로, 채점 편향의 원인을 탐색하기 위해서는 채점자들의 채점 기준 내면화 방식을 상세히 살펴 볼 필요가 있다. 이 연구에서는 프로토콜에 나타난 채점 기준 해석 방식을 통해 채점자들의 채점 기준 내면화 방식을 살펴보았다.

<표 4-7>은 전체 채점자의 프로토콜 중 '채점 기준 내면화하기'에 해당하는 프로토콜 산출 빈도를 정리한 것이다.

〈표 4-7〉 '채점 기준 내면화하기'의 프로토콜 산출 빈도

정보 처리 행동	채점 기준									합계
	1 (맥락)	2 (주장)	3 (근거)	4 (통일)	5 (체계)	6 (응집)	7 (문장)	8 (어법)	9 (기타)	
채점 기준 내면화하기	12	8	13	3	19	16	13	30	3	117 (0.8%)

이 과정에서 채점자들이 수행하는 정보 처리 행동은 '채점 기준 내면화하기'로, 총 117개(0.8%)의 프로토콜이 산출되었다. 이는 채점자 1인 당, 채점 기준 1개에 평균 0.73의 프로토콜을 산출했음을 의미한다. 채점 기준 1개 당 1개 이상의 프로토콜이 산출되지 않은 것은 채점자들이 채점 기준에 대한 해석을 명시적인 프로토콜로 산출하지 않은 채 이미 내면화된 채점 기준을 활용하는 경향이 있기 때문인 것으로 판단된다.

채점 기준별로는 채점 기준 8번에 대한 해석(30개, 25.6%)이 가장 높은 빈도로 산출되었는데, 이는 어법 요소가 텍스트의 표면에 명시적으로 드러나는 특징을 지니고 있기 때문이다. 텍스트의 어법 수준은 문법적 지식을 활용해 판단할 수 있어서 채점자들이 이에 대한 하위 평가 요소를 상대적으로 쉽게 설정할 수 있었던 것으로 볼 수 있다.

채점 기준 5번(19개, 16.2%), 채점 기준 6번(16개, 13.7%)의 해석에 대한 프로토콜이 많이 산출된 원인도 이와 같은 맥락에서 살펴볼 수 있다. 대부분의 채점자들은 '문단 구분의 적절성', '담화 표지의 적절성

여부'를 이 채점 기준들의 하위 평가 요소로 설정하는 경향이 있었다. 이는 텍스트 표면에 명시적으로 드러나는 기제여서 채점자들이 하위 평가 요소로 설정하는 데 큰 어려움을 겪지 않았던 것으로 볼 수 있다.

종합하자면, 채점자들은 텍스트 표면에 명시적으로 드러나는 평가 요소로 재설정할 수 있는 채점 기준을 더 많이 해석하는 것으로 볼 수 있다. 각 채점 기준이 내포하고 있는 쓰기 능력은 매우 복잡하고 추상적인 특성을 지니고 있으며, 이는 채점자의 인지적 부담을 증가시키는 요인으로 작용한다. 이로 인해 채점자들은 상대적으로 수준을 쉽게 판단할 수 있는 표면적 특징들을 채점 기준의 하위 평가 요소로 설정함으로써 채점의 인지적 부담을 덜고자 한 것으로 판단된다.

'채점 기준 내면화 과정'이 채점 편향에 미치는 영향을 살펴보기 위해 채점 편향 산출 여부에 따른 '채점 기준 내면화하기' 프로토콜의 점유율을 분석하였다. <표 4-8>은 채점 편향이 나타난 텍스트와 채점 편향이 나타나지 않은 텍스트에서 각 채점자들이 산출한 '채점 기준 내면화하기' 프로토콜의 점유율을 나타낸다.

〈표 4-8〉 채점 편향 산출 여부에 따른 '채점 기준 내면화하기' 프로토콜 점유율

채점자	엄격	관대	미산출	전체	채점자	엄격	관대	미산출	전체
1	1.5	1.5	1.9	1.8	12	0.0	0.0	0.0	0.0
3	3.7	–	0.9	1.0	14	0.0	0.0	0.0	0.0
4	0.0	0.0	0.2	0.2	15	0.0	0.0	2.1	1.7
5	0.0	0.0	1.0	0.9	16	0.0	0.0	0.0	0.0
6	0.0	–	0.2	0.1	17	0.0	0.0	0.0	0.0
7	0.0	0.0	0.4	0.3	18	0.0	0.0	0.0	0.0
8	0.7	0.0	1.5	1.2	19	0.0	–	0.3	0.3
9	0.0	0.0	0.0	0.0	20	0.0	2.9	0.9	1.2
10	0.9	–	3.3	3.0	전체	0.4	0.5	0.8	0.8
11	0.0	–	0.2	0.2					

<표 4-8>에 따르면, 채점 편향이 나타난 텍스트에서 '채점 기준 내면화하기'의 점유율이 높은 채점자는 2명뿐인 것으로 나타났다. 이는 채점 기준의 재해석이 특정 텍스트를 채점할 때 나타나는 것이 아니기 때문이다. 프로토콜의 빈도와 점유율은 낮았지만, 채점 기준 해석에 대한 사후 설문지와 채점 과정에 나타난 채점 특성을 고려하면 채점자들은 자신만의 방식으로 채점 기준의 하위 평가 요소를 설정하는 경향이 있었다. 즉, 채점자들은 채점 전에 하위 평가 요소들을 설정해 두거나, 미리 내면화된 채점 기준을 활용하여 채점하는 것으로 볼 수 있다. 따라서 이 연구에서는 '채점 기준 내면화하기' 프로토콜, 다른 정보 처리 행동에서 나타나는 채점 기준 해석 방식, 사후 설문지 분석 결과를 종합하여 채점자의 채점 기준 내면화 방식을 분석하였다.[3]

(2) 채점 기준 내면화 과정에서 나타나는 채점 방식의 문제

▌두 채점 기준의 점수를 동일하게 부여하는 문제

분석적 채점은 쓰기 능력을 구성하는 하위 기능들을 개별 채점 기준으로 설정해 각각에 독립적인 점수를 부여하는 채점 방식이다(채선희 1996, White 1984). 그러므로 채점자는 쓰기 능력을 구성하는 각각의 평가 요소들을 명확하게 변별하여 점수를 부여해야 한다. 하지만 각 채점 기준의 평가 요소들은 서로 영향을 미치는 경우가 많으며, 매우

---

3) '엄격한 편향, 관대한 편향이 나타난 텍스트에서의 채점 과정'과 '채점 편향이 나타나지 않은 텍스트에서의 채점 과정'을 비교하여 채점 편향의 원인을 파악한 것이 아니라, 채점 편향이 나타난 텍스트의 채점 과정을 살펴보면서 '채점 기준 내면화하기' 과정과 관련된 채점 편향의 원인을 찾아냈다는 점에서 후속 절의 논의와는 차이가 있다.

추상적인 특징을 지니고 있어, 중첩되지 않는 독립적인 하위 평가 요소들을 설정하는 것은 인지적으로 매우 힘든 일이다(김라연 2007).

프로토콜을 분석한 결과, 일부 채점자들은 각각의 채점 기준을 독립적으로 채점하지 못하고 다른 채점 기준의 점수를 그대로 반영하여 점수를 부여하는 모습을 보이기도 했다. 특히 특정 채점 기준에 대한 하위 평가 요소들을 명확히 설정하지 못하는 경우, 두 채점 기준을 변별하지 못하는 경우에 이러한 채점 방식을 활용하여 점수를 부여하는 경향이 있었다. 두 채점 기준에 동일한 점수를 부여할 경우, 특정 채점 기준의 수준을 정확하게 파악하지 못해 해당 쓰기 능력에 대한 구체적인 진단적 정보를 제공하지 못하는 문제가 발생한다. 이는 동일한 감점 요인이나 가점 요인을 중복 반영하는 것과 마찬가지이므로 관대하거나 엄격한 편향이 나타날 가능성이 높아지게 된다. 따라서 이 연구에서는 두 채점 기준에 동일한 점수를 부여하는 경향이 전체 텍스트를 채점하는 과정에서 반복적으로 나타나는 경우를 중심으로, 채점 편향이 나타난 텍스트와 나타나지 않은 텍스트에서 산출된 프로토콜을 대조함으로써 이러한 채점 방식이 채점 편향에 미치는 영향에 대해 분석하였다.

이 연구에서는 두 채점 기준에 부여된 점수의 상관 계수가 0.9 이상인 경우, 두 채점 기준에 동일한 점수를 부여한 텍스트가 20편 이상인 경우, 채점자가 사후 설문지에 두 채점 기준을 연관지어 채점했다는 것을 명시했거나 비슷한 평가 요소를 설정한 경우에 두 점수가 관련이 있는 것으로 판단하였다.

<표 4-9>의 'R'은 채점자, 'Cx'는 점수를 부여할 때 참고한 채점 기준, 'Cy'는 'Cx'와 동일한 점수가 부여된 채점 기준, 'r'은 상관 계수, 'N'은 두 채점 기준에 동일한 점수가 부여된 텍스트의 수이다.[4]

<표 4-9> 동일한 점수가 부여된 채점 기준

R	Cx			Cy			r	N
	번호	하위 평가 요소	빈도 (%)	번호	하위 평가 요소	빈도 (%)		
5	2	동물 실험의 찬반에 대한 필자의 의견이 분명한지 여부	62 (10.6)	4	찬반에 대한 자신의 의견이 흔들리지 않는지	31 (5.3)	0.95	23
7	3	3가지 이상의 근거가 갖추어져 있고 타당한 경우 5점을 부여했다.	119 (30.7)	4	타당한 근거들로 초점화되어 있는 경우 5점을 부여했다.	16 (4.1)	0.91	21
	5	문단의 구성이 이루어지지 않은 경우, 여러 문장이 흩어져 있는 경우 2점, 한 문단으로 글이 구성된 경우 3점	81 (20.9)	6	문단의 구성이 적절해야 문단 간의 응집성이 나타나므로 '채점 기준 5'와 연동하여 판단함	28 (7.2)	0.95	26
	7	가독성에 따라 판단	47 (12.1)	8	어법을 살펴보되 '채점 기준 7'과 연동하여 판단	6 (1.5)	0.96	27
16	6	문단의 내용이 잘 뭉쳐져 있는지를 판단함	39 (16.3)	5	내용이 문단별로 정리가 잘 되어 있고, 문단의 흐름이 자연스러운지를 판단	12 (5.0)	0.98	29
18	7	구체적이지 않은 표현	29 (8.8)	8	기준 7과 이어서 생각	10 (3.0)	0.99	27
20	2	주장이 모호하면 감점, 중도적 입장의 경우에도 감점, 윤리적으로 매우 부적절한 판단이나 주장의 경우 감점	53 (11.1)	1	'기준 2, 3' 점수를 고려해 비슷하게 부여함.	25 (5.2)	0.95	24
	3	3개 이상의 근거를 제시하였으면 4점 이상의 점수 부여, 논지 뒷받침이 안 되거나 사례가 적절하지 않으면 감점	89 (18.7)	1	'기준 2, 3' 점수를 고려해 비슷하게 부여함.	25 (5.2)	0.95	22

---

4) 프로토콜 빈도는 '평가적 읽기' 과정에서 나타난 전체 프로토콜 빈도에서 채점 기준과 상호작용하지 않은 '총평하기'와 '전체 텍스트 양을 고려하기'의 프로토콜 빈도와 '기타' 요소에 대한 프로토콜 빈도를 제외하고 계산하였다.

<표 4-9>에 따르면 두 채점 기준에 동일한 점수를 부여하는 경향을 보인 채점자는 총 5명이다. 이들은 해당 채점 기준의 평가 요소들을 명확하게 설정하지 못했거나 변별하지 못하는 문제를 지니고 있는 것으로 볼 수 있다. 이 중에서 상관 계수가 가장 높게 산출된 것은 18번 채점자의 채점 기준 7번과 8번이다. 채점 기준 8번의 해석 방식에 대한 사후 설문에서 18번 채점자는 '기준 7과 이어서 생각했다.'고 응답했는데, 이를 통해 18번 채점자가 채점 기준 8번을 독립적으로 채점하지 않고 채점 기준 7번의 점수를 그대로 부여했음을 알 수 있다. '평가적 읽기' 과정의 프로토콜 산출 수를 살펴보면,[5] 18번 채점자가 산출한 총 330개의 프로토콜 중 채점 기준 7번에 관한 프로토콜은 29개(8.8%)인 반면 채점 기준 8번에 관련된 프로토콜은 10개(3.0%)로 가장 낮게 산출되었다. 그리고 특정 정보 처리 행동 없이 점수를 부여하거나 '판단하기'만으로 채점 기준 8번의 점수를 부여한 텍스트가 24편에 달했다. 이는 18번 채점자가 채점 기준 8번의 평가 요소를 독립적으로 파악해내지 못했다는 것을 시사한다. 심지어 18번 채점자는 채점 기준 7번의 점수를 부여한 직후 채점 기준 8번의 점수를 곧바로 부여하는 경향이 있었다. 종합하자면, 18번 채점자가 채점 기준 8번의 점수를 부여할 때 '기준 7과 이어서 생각했다.'는 것은 채점 기준 7번의 점수를 채점 기준 8번에 그대로 부여한 것으로 해석할 수 있다. 전술했듯이 이러한 채점 방식은 텍스트의 어법 수준을 독립적으로 채점하지 못한다는 점에서 타당하다고 볼 수 없다. 따라서 두 채점 기준의 점수를 동일하게 부여하는 문제가 어떠한 방식으로 채점 편향에 영향을

---

5) 18번 채점자가 산출한 '평가적 읽기' 과정의 총 프로토콜 수는 총 359개인데, 채점 기준과 상호작용하지 않는 '총평하기'(13개), '전체 텍스트 양을 고려하기'(2개)의 프로토콜과 '기타' 요소에 대한 프로토콜(14개)은 제외하였다.

미치는지 알아보기 위해, 18번 채점자의 채점 편향이 나타난 텍스트와 채점 편향이 나타나지 않은 텍스트에서의 채점 과정을 대조하였다. 'R'은 채점자 번호, 'T'는 텍스트 번호, 'Measr'는 해당 텍스트를 채점할 때의 채점자의 엄격성, 'SE'는 표준오차이다.

〈표 4-10〉 18번 채점자의 쌍대 비교 분석 결과

R	채점 편향 산출 텍스트			채점 편향 미산출 텍스트			t	p
	T	Measr	SE	T	Measr	SE		
18	25	0.43	0.29	22	−1.26	0.53	2.80	0.0160

18번 채점자의 전체 엄격성 수준은 −0.21 logit(SE=0.06)으로, 25번 텍스트와의 편향 크기는 −0.64 logit(SE=0.29), 22번 텍스트와의 편향 크기는 1.05 logit(SE=0.53)이었다. 25번 텍스트의 수준은 0.74 logit(SE= 0.09), 22번 텍스트의 수준은 0.81 logit(SE=0.09)으로 비슷하였으며, 20명의 채점자들이 25번 텍스트에 부여한 점수의 평균은 41.85점(SD= 6.0), 22번 텍스트에 부여한 점수의 평균은 42.25점(SD=5.0)으로 두 텍스트 간 평균 차이는 유의하지 않았다(p>.05). 하지만 18번 채점자는 25번 텍스트의 경우 0.43 logit의 엄격성으로, 22번 텍스트의 경우 −1.26 logit의 엄격성으로 매우 다르게 채점하였다. 25번 텍스트와 22번 텍스트를 채점할 때 18번 채점자의 엄격성 간 차이는 t=2.80(p<.05)로 유의하였다. 다음은 18번 채점자가 25번 텍스트와 22번 텍스트를 채점하면서 산출한 프로토콜을 비교한 것이다.

〈표 4-11〉 18번 채점자의 25번, 22번 텍스트 채점 과정

채점 기준	T25			T22		
	번호	코드	프로토콜	번호	코드	프로토콜
7	4	E7	(14~25줄)(16~18줄 묶으며) 이 얘기는 다른 얘기인데 …. 인슐린을 찾은 얘기랑 임상실험이랑은 다른 얘기라는 생각이 듭니다. 불필요한 얘기.(19~25 줄 읽고)불필요한 얘기인 것 같지는 않습니다. 왜 끌어왔는지 이해는 됩니다. 그럼 이렇게 얘기하면 안 되죠 (14줄을 가리키며)신약 개발 후에 개발 자체의 실험이 필요하다고 이야기해야 하는 거죠. 표현이 조금	17	Ka7	(채점 기준 7을 보며) (5점이라고 씀)
	6	E7	(26~27줄)(27줄의 '말들이 나오고 있다' 에 x표시) 이런 표현도 굳이			
	8	C7-	(29~36줄)(16~18줄 묶음 가리키며) 개발 과정 자체의 임상실험을 이야기 하는 것 같은데 지금 뭔가 적절한 표현을 안 썼다는 생각이 들고	19	F7+	명료한 문장. 문장 더 줘도 될 것 같습니다.
	18	Ka7	(채점 기준 7을 보며)2점	20	L7+	(채점 기준 7의 5점을 6점으로 수정)
8	5	C8-	(15줄의 '계발'에 표시)	18	Ka8	(채점 기준 8을 보며) (5점이라고 씀)
	19	Ka8	(채점 기준 8을 보며) (2점이라고 씀)	21	L8+	(채점 기준 8의 5점을 6점으로 수정)

〈표 4-11〉은 채점 기준 7번과 8번에 대한 채점 과정을 보여주는 프로토콜이다. 20명의 채점자들이 25번 텍스트와 22번 텍스트의 채점 기준 8번에 부여한 점수의 평균은 각각 5.30점(SD=1.0), 5.50점(SD=0.8) 으로, Wilcoxon rank sum test 결과 두 텍스트의 어법 수준은 유의한 차이가 없는 것으로 나타났다(p>.05). 하지만 18번 채점자는 25번 텍스트에는 2점을 부여한 반면, 22번 텍스트에는 만점을 부여한 것으로 나타났다. 25번 텍스트를 채점하면서 18번 채점자가 지적한 감점 요인은

'계발' 한 가지였는데, 감점 요인이 거의 없음에도 매우 낮은 점수를 부여한 것은 18번 채점자가 채점 기준 7번에 부여한 점수를 그대로 채점 기준 8번에 부여하는 경향이 있기 때문이다. 22번 텍스트의 채점 과정을 살펴보면, 채점 기준 7번의 점수를 높이면서 어떤 근거도 제시하지 않은 채 채점 기준 8번의 점수도 함께 높이는데, 이는 18번 채점자가 채점 기준 8번의 평가 요소를 독립적으로 변별하지 못하고 있음을 시사한다.[6] 이러한 맥락에서 두 채점 기준에 동일한 점수를 부여하는 채점 방식은 특정 채점 기준에 타당하지 않은 점수를 부여하는 결과로 이어지며, 채점 편향이 나타나는 데 영향을 미친다고 할 수 있다.

▌ 타당성이 떨어지는 하위 평가 요소 설정의 문제

텍스트의 수준을 채점 기준에 맞게 판단하는 것은 인지적 부담이 따르는 일이므로, 채점자들은 보다 쉽고 명확하게 채점을 수행하기 위해 채점 기준을 하위 평가 요소들로 세분화하는 전략을 활용한다. 즉, 추상적인 특징을 지니고 있는 쓰기 능력을 구체적인 텍스트의 특징과 연결하기 위해 자신만의 방식으로 하위 평가 요소들을 재설정한다(백유진 2020a). 예를 들어 채점 기준에 제시된 '통일성'은 매우 추상적인 특징을 지니고 있어서, 채점자들은 '주제에서 벗어나는 내용이 나올 경우 감점한다.'와 같이 구체적인 텍스트의 특징을 '통일성'의 하위 평가 요소로 재설정한다. 실제로 일관성 유지 방법에 관한 사후 설문에서 채점자 중 10명은 채점 기준을 구체화하는 전략을 활용한다고 응

---

6) 채점자와 채점 기준 간 채점 편향 분석 결과 18번 채점자는 7번(t=3.14, p<.001), 8번 (t=-2.48, p<.05) 채점 기준에 엄격한 편향을 보였다. 이는 18번 채점자가 채점 기준 7번과 8번에 자신의 엄격성 수준에서 벗어난 점수를 부여했음을 의미한다.

답하였고, 5명은 평가 요소들을 수량화해서 채점하는 전략을 활용한다고 응답하였다. 이러한 채점 방식은 텍스트에 명확하게 드러나는 평가 요소를 통해 점수를 부여한다는 점에서 채점의 일관성을 확보하는데 효과적이다.

하지만 일부 채점자들은 텍스트의 특징과 채점 기준을 연결하는 데 어려움을 겪기도 한다(Vaughan 1991). 그리고 다소 타당성이 떨어지는 하위 평가 요소를 설정하는 문제를 보이기도 한다. 채점 기준과 관련성이 떨어지는 하위 평가 요소를 설정할 경우, 채점 기준에서 측정하고자 하는 쓰기 능력과 무관한 평가 요소를 평가하는 결과를 초래하므로 해당 채점자가 산출해 낸 점수는 타당하다고 할 수 없다. 그러므로 타당성이 떨어지는 하위 평가 요소를 점수에 반영할 경우 채점 편향이 나타날 가능성이 높아진다.

이 연구에서는 각 채점자들의 하위 평가 요소 설정 방식을 참고하여, 다른 채점자들과 매우 상이한 방식으로 평가 요소를 설정한 경우 타당성이 떨어지는 하위 평가 요소를 설정한 것으로 판단하였다. 10번과 15번 채점자는 각각 채점 기준 1번과 5번의 하위 평가 요소로 '정의 포함 여부'를 설정하는 경향이 있었는데, 이는 다른 채점자들에게서 나타나지 않은 채점 방식이었다. 채점 기준 1번과 5번이 각각 목적과 주제에 맞는 내용 생성 여부, 체계성 수준을 판단하는 채점 기준임을 고려할 때, 단순히 용어의 정의가 포함되어 있는지를 평가 요소로 설정하는 것은 타당하다고 볼 수 없다. 또한 10번 채점자는 텍스트에 제시된 '내용'의 개수를 채점 기준 1번의 점수에 반영하는 경향이 있었으며, 15번 채점자는 대부분의 채점자들이 채점 기준 2번의 하위 평가 요소로 설정하는 '핵심 주장문의 포함 여부'를 채점 기준 5번의 하위 평가 요소로 설정하는 경향이 있었다. 다른 채점자들의 채점 방식을 고려하면, 이러한 채점 방식은 다소 타당성이 떨어진다. 따라서 이들의 채점 과정을 분석하여, 타당성이 떨어지는 하위 평가 요소를 설정하는 문제가 채점 편향에 미치는 영향에 대해 상세히 살펴보았다.

'정의 포함 여부', '주장의 포함 여부'를 채점 기준 5번의 하위 평가 요소로 설정한 15번 채점자의 쌍대 비교 분석 결과를 통해 채점 편향이 나타난 텍스트와 채점 편향이 나타나지 않은 텍스트의 채점 과정을 분석하였다.

〈표 4-12〉 15번 채점자의 쌍대 비교 분석 결과

R	채점 편향 산출 텍스트			채점 편향 미산출 텍스트			t	p
	T	Measr	SE	T	Measr	SE		
15	18	-1.04	0.29	21	-2.08	0.38	2.17	0.0493

15번 채점자의 전체 엄격성 수준은 -1.66 logit(SE=0.07)으로, 18번 텍스트와의 편향 크기는 -0.62 logit(SE=0.29), 21번 텍스트와의 편향 크기는 0.42 logit(SE=0.38)이었다. 18번 텍스트의 수준은 -0.65 logit(SE=0.07), 21번 텍스트의 수준은 -0.61 logit(SE=0.07)으로 비슷하였으며, 20명의 채점자들이 18번 텍스트에 부여한 점수의 평균은 28.50점(SD=7.7), 21번 텍스트에 부여한 점수의 평균은 29.00점(SD=7.2)으로 두 텍스트 간 평균 차이는 유의하지 않았다(p>.05). 하지만 15번 채점자는 18번 텍스트의 경우 -1.04 logit의 엄격성으로, 21번 텍스트의 경우 -2.08 logit의 엄격성으로 매우 다르게 채점하였다. 18번 텍스트와 21번 텍스트를 채점할 때 15번 채점자의 엄격성 간 차이는 t=2.17(p<.05)로 유의하였다. 다음은 15번 채점자가 18번 텍스트와 21번 텍스트를 채점하면서 산출한 프로토콜을 비교한 것이다.

〈표 4-13〉 15번 채점자의 18번, 21번 텍스트 채점 과정

채점 기준	T18			T21		
	번 호	코 드	프로토콜	번 호	코 드	프로토콜
5	2	B5	여기까지가 서론	1	C5+	(1~2줄)(2줄에 표시) 정의 나오고
	17	B5	(16줄 가리키며)서론, 본론, 결론….여기가 결론인가 봐.	16	C5+	(채점 기준 5를 보며) 서론, 본론, 결론 다 있고
	18	H52-	근데 주장이 없어.			
	19	C5+	정의는 있네.	17	Ka5	(6점이라고 씀)
	20	Ka5	(5점이라고 씀)			

〈표 4-13〉은 채점 기준 5번에 대한 채점 과정을 보여주는 프로토콜이다. 20명의 채점자들이 18번 텍스트와 21번 텍스트의 채점 기준 5번에 부여한 점수의 평균은 각각 2.95(SD=0.9), 2.75점(SD=1.3)으로, Wilcoxon rank sum test 결과 두 텍스트의 체계성 수준은 유의한 차이가 없는 것으로 나타났다(p>.05). 채점 기준 5번의 해석 방식에 관한 사후 설문에서 15번 채점자는 텍스트의 체계성 수준을 판단할 때 '서론, 본론, 결론을 갖추고 있는지(각 1점), 주장이 드러나는지(1점), 정의가 포함되어 있는지(1점) 등으로 채점한다.'고 응답했는데, 주장과 정의가 드러나는지 여부로 체계성 수준을 판단한다는 점에서 매우 독특하다고 할 수 있다. 이를 채점 기준 5번의 하위 평가 요소로 설정한 채점자는 15번 뿐이었다는 점을 고려하면, 15번 채점자의 채점 방식은 타당성이 떨어진다고 할 수 있다. 또한 15번 채점자는 '주장이 없다'는 점을 지적하며 18번 텍스트에 더 낮은 점수를 부여하고 있다. 채점 기준 2번의 평가 요소를 체계성을 채점하는 데 반영한 것인데, 이런 방식으로 채점한다면 같은 감점 요인을 두 채점 기준에 중복 반영하게 되어 더 엄격

한 점수를 부여하는 문제가 발생하게 된다.

20명의 채점자들이 18번과 21번 텍스트의 채점 기준 5번에 부여한 평균 점수와 15번 채점자가 부여한 점수는 차이가 있는데, 이는 15번 채점자가 다른 채점자들과 다른 방식으로 재점했음을 시사한다. 특히 채점자와 채점 기준 간 채점 편향 분석 결과, 15번 채점자는 채점 기준 5번에 관대한 편향($t=3.9$, $p<.001$)을 보이는 것으로 나타났다. 이는 하위 평가 요소를 타당하게 설정하지 않는다면 채점 편향뿐 아니라 채점자 간 신뢰도에도 부정적인 영향을 미칠 수 있음을 의미한다.

종합하자면, 타당하지 않은 방식으로 채점 기준의 하위 평가 요소를 설정할 경우 채점 편향이 나타날 뿐 아니라 채점자 간 신뢰도를 확보하지 못하는 문제가 발생할 수 있다. 그러므로 채점을 시작하기 전에 채점자 간 협의나 자기 점검을 통해 채점자가 설정한 하위 평가 요소가 타당한 방식으로 설정되었는지 확인할 필요가 있다.

▌ 하위 평가 요소를 채점에 일관적으로 적용하지 못하는 문제

채점의 신뢰성을 확보하기 위해서는 채점 기준 각각에 대한 하위 평가 요소들을 구체적으로 설정한 후 이를 명확하게 내면화하여 전체 채점 회기 내내 동일한 방식으로 적용해야 한다. 박종임·박영민(2011)에서는 채점 회기 동안 일관성 수준을 적합하게 유지하는 채점자들은 주어진 채점 기준을 세부 요소로 재설정한 후 이를 내면화하는 경향이 있다고 언급하였는데, 이는 채점 기준을 재해석하는 방식, 각 채점 기준의 평가 요소에 대한 내면화 여부가 채점 편향에 영향을 미칠 수 있음을 시사한다.

하지만 일부 채점자들은 자신이 설정한 평가 요소를 채점에 일관적으로 적용하지 못하는 모습을 보이기도 한다. 예를 들어 하위 평가 요소들 중 일부만 반영하거나, 텍스트들마다 다른 평가 요소들을 적용하여 채점하는 등의 문제가 나타나기도 한다(Vaughan 1991). 이러한 문제는 채점자가 스스로 설정한 하위 평가 요소들을 완벽하게 내면화하지 못했음을 의미한다. 하위 평가 요소는 채점자가 부여하는 점수와 직접적인 관련이 있으므로, 이러한 기준이 흔들린다면 채점자의 일반적인 엄격성 수준보다 매우 관대하거나 매우 엄격한 점수를 부여하는 문제를 낳을 수 있다(Kondo-Brown 2002).

따라서 이 연구에서는 채점 기준 해석 방식에 대한 사후 설문, 채점자들의 프로토콜 등을 통해 파악한 채점자별 하위 평가 요소 설정 방식을 참고하여, 채점자가 스스로 설정한 하위 평가 요소들을 일관적으로 채점에 적용하지 않는 경우 어떠한 방식으로 채점 편향이 나타나는지에 대해 분석하였다. 우선, 하위 평가 요소를 각 텍스트에 다른 방식으로 적용하는 문제를 보인 20번 채점자의 관대한 편향이 나타난 텍스트의 채점 과정을 살펴보았다.

〈표 4-14〉 20번 채점자의 쌍대 비교 분석 결과

R	채점 편향 산출 텍스트			채점 편향 미산출 텍스트			t	p
	T	Measr	SE	T	Measr	SE		
20	9	-1.27	0.29	27	0.09	0.41	2.70	0.0183

20번 채점자의 전체 엄격성 수준은 -0.41 logit(SE=0.06)으로, 9번 텍스트와의 편향 크기는 0.86 logit(SE=0.29), 27번 텍스트와의 편향 크기

는 -0.50 logit(SE=0.41)이었다. 9번 텍스트의 수준은 -1.21 logit(SE= 0.07), 27번 텍스트의 수준은 -1.11 logit(SE=0.07)으로 비슷하였으며, 20명의 채점자들이 9번 텍스트에 부여한 점수의 평균은 22.75점(SD=6.1), 27번 텍스트에 부여한 점수의 평균은 23.75점(SD=8.3)으로 두 텍스트 간 평균 차이는 유의하지 않았다(p>.05). 하지만 20번 채점자는 9번 텍스트의 경우 -1.27 logit의 엄격성으로, 27번 텍스트의 경우 0.09 logit의 엄격성으로 매우 다르게 채점하였다. 9번 텍스트와 27번 텍스트를 채점할 때 20번 채점자의 엄격성 간 차이는 t=2.70(p<.05)로 유의하였다. 다음은 20번 채점자가 9번 텍스트와 27번 텍스트를 채점하면서 산출한 프로토콜을 비교한 것이다.

〈표 4-15〉 20번 채점자의 9번, 27번 텍스트 채점 과정

채점 기준	번호	코드	프로토콜	번호	코드	프로토콜
6	2	C6-	(전체 훑어 읽기) 문단 구분이 아예 없어.	4	C6-	(5~8줄 묶으며)'첫째, 둘째, 셋째'를 왜 안 썼어?
	14	Ka6	(채점 기준 6을 보며) (3점이라고 씀)	1	C6-	(전체 훑어 읽기) 문단 구분 전혀 안되고 있구나.
				15	F6-	(채점 기준 6을 보며)아니야.
				16	Ka6	(1점이라고 씀)
8	1	C8-	(1줄) (1줄의 '된고'에 표시)	3	C8-	(5~8줄)(7줄의 '결과'에 표시)
	4	C8-	(1~4줄) (4줄의 '한발작'에 표시)	5	C8-	(9~11줄)(11줄의 '있다'에 표시) 종결어미
	7	C8-	(12줄) (12줄의 '어두문'에 표시)	22	Ka8	(채점 기준 8을 보며) (3점이라고 씀)
	8	C8-	(13줄) (13줄의 '됐다고'에 표시)			
	15	Ka8	(채점 기준 8을 보며) (5점이라고 씀)			

<표 4-15>의 첫 번째 항목은 채점 기준 6번에 대한 채점 과정을 보여준다. 20명의 채점자들이 9번과 27번 텍스트의 채점 기준 6번에 부여한 점수의 평균은 3.25점(SD=1.7), 2.55점(SD =1.1)으로, Wilcoxon rank sum test 결과 두 텍스트의 응집성 수준은 유의한 차이가 없는 것으로 나타났다(p>.05). 채점 과정을 살펴보면, 20번 채점자는 두 텍스트 모두 문단 구분 수준에 대해 공통적으로 지적하였지만, 27번 텍스트를 채점할 때는 담화 표지를 사용하지 않았다는 점을 추가로 지적하며 최하점을 부여한다. 하지만 실제 9번 텍스트에도 '첫째, 둘째, 셋째'와 같은 담화 표지가 없다는 점을 고려하면, 20번 채점자는 '담화 표지의 사용 여부'를 9번 텍스트에서 판단하지 않은 것으로 볼 수 있다. 채점자가 스스로 설정한 '담화 표지 사용 여부'의 하위 평가 요소가 명확히 내면화되지 않아서, 9번 텍스트를 채점할 때는 이를 적용하지 못했고, 상대적으로 관대한 점수를 부여하게 된 것으로 볼 수 있다.

<표 4-15>의 두 번째 항목은 채점 기준 8번에 대한 채점 과정을 보여주는 프로토콜이다. 20명의 채점자들이 9번 텍스트와 27번 텍스트의 채점 기준 8번에 부여한 점수의 평균은 각각 3.15점(SD=1.3), 4.10점(SD=1.6)으로, Wilcoxon rank sum test 결과 두 텍스트의 어법 수준은 유의한 차이가 있는 것으로 나타났다(p<.05). 하지만 20번 채점자는 9번 텍스트에 더 높은 점수를 부여해 두 텍스트의 수준 차이를 적절히 변별하지 못한 것으로 나타났다. 9번 텍스트의 평균 점수와 20명의 채점자 중 13명이 3점 이하의 점수를 부여했음을 고려하면, 20번 채점자가 9번 텍스트에 부여한 5점은 상대적으로 관대한 점수로 볼 수 있다.

이러한 결과가 산출된 것은 20번 채점자가 채점 기준 8번의 하위 평가 요소로 설정한 '종결어미의 불일치'를 9번 텍스트를 채점할 때는

적용하지 않고, 27번 텍스트를 채점할 때는 적용했기 때문이다. 실제
로 9번 텍스트에도 종결어미가 일치하지 않는 문제가 있었다는 점을
고려하면 20번 채점자는 자신이 설정한 하위 평가 요소를 일관적으로
적용하지 못했고, 이로 인해 9번 텍스트에 관대한 점수를 부여하게 되
는 결과가 나타났다고 볼 수 있다.

다음으로, 채점 중에 하위 평가 요소를 재설정한 후 회귀해서 이전
텍스트들을 재채점하지 않은 문제를 보였던 8번 채점자의 엄격한 편
향이 나타난 텍스트의 채점 과정을 살펴보았다.

〈표 4-16〉 8번 채점자의 쌍대 비교 분석 결과

R	채점 편향 산출 텍스트			채점 편향 미산출 텍스트			t	p
	T	Measr	SE	T	Measr	SE		
8	3	1.23	0.63	15	−0.34	0.36	2.17	0.0490

8번 채점자의 전체 엄격성 수준은 −0.48 logit(SE=0.06)으로, 3번 텍스
트와의 편향 크기는 −1.70 logit(SE=0.63), 15번 텍스트와의 편향 크기는
−0.14 logit(SE=0.36)이었다. 3번 텍스트의 수준은 −1.21 logit(SE= 0.07),
15번 텍스트의 수준은 −1.09 logit(SE=0.07)으로 비슷했으며, 20명의 채
점자들이 3번 텍스트에 부여한 점수는 22.80점(SD=8.3), 15번 텍스트에
부여한 점수는 23.90점(SD=9.0)으로 두 텍스트 간 평균 차이는 유의하
지 않았다(p>.05). 하지만 8번 채점자는 3번 텍스트의 경우 1.23 logit의
엄격성으로, 15번 텍스트의 경우 −0.34 logit의 엄격성으로 매우 다르게
채점하였다. 3번과 15번 텍스트를 채점할 때 8번 채점자의 엄격성 간
차이는 t=2.17(p<.05)로 유의하였다. 다음은 8번 채점자가 3번 텍스트
와 15번 텍스트를 채점하면서 산출한 프로토콜을 비교한 것이다.

〈표 4-17〉 8번 채점자의 3번, 15번 텍스트 채점 과정

채점 기준	T3			T15		
	번호	코드	프로토콜	번호	코드	프로토콜
5	38	Ka5	(채점 기준 5를 보며) 1점	31	C5+	(채점 기준 5를 읽으며) 문단을 끊어서 해야 한다는 점에 대해서는 알고 있는 것 같지만
				32	F5-	체계적이진 않지.
				33	Ka5	(3점이라고 씀)

〈표 4-17〉은 채점 기준 5번에 대한 채점 과정을 보여주는 프로토콜이다. 20명의 채점자들이 3번 텍스트와 15번 텍스트의 채점 기준 5번에 부여한 점수의 평균은 각각 2.80점(SD=1.4), 2.95점(SD=1.5)으로, Wilcoxon rank sum test 결과 두 텍스트의 체계성 수준은 유의한 차이가 없는 것으로 나타났다(p>.05). 하지만 8번 채점자는 3번 텍스트에는 1점, 15번 텍스트에는 3점을 부여해 상대적으로 3번 텍스트에 엄격한 점수를 부여했다. 채점 기준 해석 방식에 관한 사후 설문에서 8번 채점자는 '문단 구분이 되어 있으면 중 이상, 안되어 있으면 하'를 채점 기준 5번에 대한 하위 평가 요소로 설정했다고 응답했는데, 8번 채점자의 프로토콜을 살펴보면 이를 설정한 것은 8번 텍스트를 채점할 때이다. 3번 텍스트와 15번 텍스트는 문단 구분이 되어있으므로, 이 기준에 따르면 모두 중 이상의 점수를 부여해야 한다. 하지만 8번 채점자는 8번 텍스트를 채점할 때 채점 기준 5번에 대한 하위 평가 요소를 설정한 후 회귀해서 3번 텍스트의 점수를 조정하지 않았다. 결과적으로 8번 채점자는 3번 텍스트와 15번 텍스트에는 서로 다른 채점 기준을 적용해 점수를 부여하게 되었고, 이것이 상대적으로 3번 텍스트에

엄격한 점수를 부여하게 되는 결과로 이어지게 되었다.

종합하자면, 채점자가 자신이 설정한 하위 평가 요소를 명확하게 내면화하지 못해 채점에 일관적으로 적용하지 못하면 채점 편향이 나타날 가능성이 높아진다. 특히 채점 기준의 하위 평가 요소들을 채점 중에 재설정했다면 이전 텍스트들을 재채점하는 과정이 필요하다. 만약 재채점하지 않는다면 채점 기준을 재설정했던 시점을 기준으로 그 이전의 텍스트와 그 이후의 텍스트에는 다른 채점 기준을 적용하여 채점하는 결과가 발생하기 때문이다. 그러므로 채점자가 자신이 설정한 하위 평가 요소를 명확하게 내면화한 상태로 채점을 수행할 수 있도록 채점자 교육을 제공할 필요가 있다.

3. 평가적 읽기 과정에서 나타나는 채점 편향의 특성과 원인

(1) 채점 편향 산출 텍스트에 나타난 평가적 읽기 과정의 특징

▌ 내용 파악하기

'내용 파악하기'는 텍스트를 읽으면서 내용을 파악, 이해, 추론하는 과정이다. 채점자들은 텍스트를 읽고 이해하는 과정을 통해 채점에 활용할 텍스트 이미지를 형성하므로(Freedman & Calfee 1983), 채점의 타당성과 신뢰성을 확보하기 위해서는 학생 텍스트를 정확하게 읽는 과정이 필요하다(백유진 2020a, 오세영 2017). 채점 과정에서 나타나는 읽기 과정은 일반적인 읽기 과정과는 다른 양상을 보인다.

Lumley(2005)는 직관적, 발산적, 임의적인 경향이 있는 일반적 읽기 과정과 달리, 채점 상황에서 나타나는 읽기 과정은 측정의 목표를 달성하기 위한 여러 제약들로 인해 명시적, 수렴적인 경향이 있다고 설명하였다. 즉, 채점 과정에서의 읽기 과정은 채점 기준, 채점자 교육, 재교육 등에 의해 제한되며 이러한 부자연스러운 읽기 과정은 채점 과정 내내 일반적 상황에서의 자연스러운 읽기 과정과의 긴장을 유발하게 된다. 특히 채점 기준이 텍스트의 복잡성을 설명하는 데 부적절하다면 채점자들은 채점 과정에서 어려움을 겪게 된다.

채점 상황에서의 '내용 파악하기'는 채점 기준 각각의 평가 요소와 관련이 있는 텍스트의 특징을 추출해내는 정보 처리 행동으로 볼 수 있다. '내용 파악하기'의 정보 처리 행동에는 추출해 낸 텍스트의 특징에 대한 가치 판단이 포함되어 있지 않으며, 이 과정을 통해 파악해 낸 '내용'은 각 채점 기준에 의해 제한되는 텍스트 이미지를 형성하는 데 기초 자료의 역할을 수행한다. 이 정보 처리 행동은 주로 각 텍스트 채점 과정의 초반부에 나타나며, 점수 부여의 근거를 찾기 위해 텍스트를 다시 읽는 과정에서 나타나기도 한다(Crisp 2012).

<표 4-18>은 전체 채점자의 프로토콜 중 '내용 파악하기'에 해당하는 프로토콜 산출 빈도를 정리한 것이다.

<표 4-18> '내용 파악하기'의 프로토콜 산출 빈도

정보 처리 행동	채점 기준									합계
	1 (맥락)	2 (주장)	3 (근거)	4 (통일)	5 (체계)	6 (응집)	7 (문장)	8 (어법)	9 (기타)	
내용 파악하기	111	198	661	0	145	253	17	9	126	1,520 (10.1%)

<표 4-18>에 따르면, '내용 파악하기' 정보 처리 행동의 프로토콜 수는 총 1,520개(10.1%)이다. 이는 채점자 1인 당 채점 기준 1개에 평균

9.50개의 프로토콜을, 채점자 1인 당 텍스트 1편에 평균 2.53개의 프로토콜을 산출했음을 의미한다. 이를 통해 채점자들이 가치 판단 없이 단순히 텍스트의 내용을 파악하는 데는 많은 인지적 노력을 쏟지 않는 것으로 볼 수 있다. 이는 텍스트의 특정 부분을 근거로 들어 수준을 판단하는 '채점 근거 제시하기'의 프로토콜 수와 비교해 보면 보다 명확히 나타난다. '내용 파악하기'와 '채점 근거 제시하기'는 모두 텍스트의 내용을 파악해야 한다는 공통점이 있지만 전자가 가치 중립적인 반면, 후자는 가치 판단이 필수적으로 포함된다. 채점의 본질은 텍스트의 특징의 수준을 판단하는 것이므로 채점자들이 가치 판단 없이 단순히 텍스트의 내용을 파악하는 데는 많은 인지적 노력을 쏟지 않은 것으로 볼 수 있다.

이 중에서 가장 많은 프로토콜이 산출된 정보 처리 행동은 채점 기준 3번 '근거가 풍부하고 타당한가?'에 대한 내용 파악하기(661개)였는데, 이는 전체 '내용 파악하기' 프로토콜 수의 43.5%에 해당한다. 이러한 결과가 나타난 것은 필자가 제시하는 근거가 텍스트 전체 내용의 핵심을 이루기 때문이다. 보통 논설문에서는 하나의 주장에 대해 2~3개의 근거를 제시하므로, 채점자가 채점 기준 3번의 수준을 판단하기 위해서는 각 근거의 내용을 파악해야 한다. 특히 근거가 많이 제시될수록 텍스트의 분량도 늘어나고 텍스트의 내용도 복잡해져서 채점자의 인지적 부담이 늘어나는 경향이 있다. 따라서 채점자들이 근거와 관련된 내용을 이해하는 데 많은 인지적 노력을 쏟은 것으로 판단된다.

　채점 기준 2번 '주장이 명료하고 타당한가?'에 대한 내용 파악하기의 프로토콜도 198개(13.0%)로 많이 산출되었는데,[7] 이는 필자의 주장을 파악해야 논설문의 전체 내용을 이해할 수 있기 때문이다. 주로 채점 기준 2번에 대한 '내용 파악하기'는 텍스트를 채점하는 초반부에 나타났는데, 이는 채점자들이 전체 텍스트의 내용을 이해하기 위해 필자가 찬성하는 입장인지 반대하는 입장인지를 우선적으로 파악한다는 것을 의미한다. 필자의 주장은 필연적으로 근거의 타당성, 통일성, 맥락에 맞는 내용 생성 등에도 영향을 미치므로, 채점자들이 필자의 주장을 파악하는 데 많은 인지적 노력을 쏟은 것으로 보인다.

　특이한 점은 채점 기준 4번 '글이 통일성을 갖추었는가?'에 대한 내용 파악하기의 프로토콜이 전혀 산출되지 않았다는 것이다. 채점자들은 채점 기준 4번에 점수를 부여할 때 주로 필자의 주장에 부합하지 않는 내용을 찾거나, 주제에서 벗어나는 내용을 찾는 경향이 있는데 이러한 요소들에는 이미 가치 판단이 내재되어 있다. 즉, 통일성과 관련된 텍스트의 특징은 모두 가치 판단이 포함되어 있으므로 내용 파악하기의 프로토콜이 산출되지 않은 것으로 볼 수 있다.

　'내용 파악하기'의 정보 처리 행동이 채점 편향에 미치는 영향을 살펴보기 위해 프로토콜의 점유율을 분석하였다. <표 4-19>는 채점 편향이 나타난 텍스트와 채점 편향이 나타나지 않은 텍스트에서 각 채점자들이 산출한 '내용 파악하기' 프로토콜의 점유율을 나타낸다.

---

7) 두 번째로 많은 프로토콜이 산출된 것은 채점 기준 6번 '글이 응집성을 갖추었는가?'에 대한 내용 파악하기(253개, 16.6%)였는데, 이 중에서 101개는 채점자 9번이 산출한 것이었다. 따라서 많은 채점자들이 이 채점 기준에 많은 인지적 노력을 쏟는다고 일반화하기에는 무리가 있다고 판단하였다.

〈표 4-19〉 채점 편향 산출 여부에 따른 '내용 파악하기' 프로토콜 점유율

채점자	엄격	관대	미산출	전체	채점자	엄격	관대	미산출	전체
1	5.3	9.1	9.8	9.3	12	12.2	16.7	22.5	20.9
3	11.1	-	16.1	15.9	14	11.9	5.2	8.3	8.3
4	17.5	0.0	7.7	8.1	15	11.5	3.0	13.7	13.1
5	8.8	6.5	8.1	8.1	16	10.2	12.1	13.6	13.2
6	4.1	-	6.6	6.4	17	3.4	0.0	4.8	4.5
7	14.0	14.4	16.1	15.7	18	0.5	10.3	5.0	4.9
8	0.7	9.0	4.8	4.6	19	0.0	-	2.7	2.6
9	26.8	35.0	20.1	21.0	20	4.0	4.8	5.1	5.0
10	20.9	-	20.2	20.3	전체	8.4	9.5	10.3	10.1
11	10.0	-	12.1	11.9					

　〈표 4-19〉에 따르면, 대부분의 채점자들은 채점 편향이 산출되지 않은 텍스트에서 '내용 파악하기'의 정보 처리 행동을 더 많이 수행한 것으로 나타났다. 이러한 결과는 일관성을 적절하게 유지하는 채점자들이 텍스트의 내용을 이해하는 데 더 많은 노력을 기울인다는 사실을 밝힌 백유진(2020a)의 결과와 유사하다. 그러므로 텍스트의 내용을 정확하게 이해하고 채점 기준의 평가 요소들을 파악하는 데 인지적 노력을 쏟을수록 채점 편향이 나타날 가능성이 낮아진다고 할 수 있다.

　텍스트의 내용을 파악하는 것은 해당 평가 요소의 수준을 판단하기 위해 반드시 거쳐야 하는 과정이다. 만약 채점자가 텍스트의 내용을 파악하는 데 인지적 노력을 기울이지 않거나, 채점 기준의 평가 요소들을 파악하면서 텍스트를 읽지 않는다면 각 채점 기준에 대한 자신의 인상만으로 점수를 부여하게 되는 문제가 발생할 수 있다.

▌채점 근거 제시하기

'채점 근거 제시하기'는 점수를 결정하기 위한 채점 근거들을 제시하는 정보 처리 행동으로, 텍스트의 구체적인 부분을 제시하며 평가적 논평을 하거나 채점 기준의 하위 평가 요소에 대한 가치 판단을 내리는 행동을 포함한다. Crisp(2012)는 이 정보 처리 행동이 텍스트를 읽으면서 평가적 결정을 하는 동시적 평가 과정과 텍스트를 다 읽은 후 판단들을 요약하는 종합적 평가 과정 모두에서 나타나는 것으로 보았다.

채점자는 자신이 부여할 점수를 정당화하기 위해 구체적인 채점 근거들을 찾으며 텍스트를 읽는다. 채점자가 설정한 하위 평가 요소들이 텍스트에 구체적으로 나타났을 경우 긍정 판단 혹은 부정 판단을 내리게 되는데, 이를 가점 요인, 감점 요인이라고 한다. 채점자는 가점 요인과 감점 요인들을 지적하면서 텍스트를 읽으며, 이에 대한 판단을 종합하여 최종 점수를 산출한다. 예를 들어 채점자가 텍스트의 체계성에 대한 점수를 부여할 때, 체계성이 떨어지는 텍스트의 구체적 부분을 제시하거나 체계성의 하위 평가 요소를 이루는 문단 구분 수준의 적절성을 지적하기도 한다. 이렇게 찾은 근거들은 채점자가 채점 기준 5번에 부여한 점수를 정당화하는 데 기여한다. 그러므로 채점 근거를 제시하는 정보 처리 행동은 점수를 정당화하기 위한 가장 일반적인 전략이라고 볼 수 있다. 이러한 맥락에서 채점자들이 채점 근거를 제시하는 방식을 살펴볼 필요가 있다.

<표 4-20>은 전체 채점자의 프로토콜 중 '채점 근거 제시하기'에 해당하는 프로토콜 산출 빈도를 정리한 것이다.

〈표 4-20〉 '채점 근거 제시하기'의 프로토콜 산출 빈도

정보 처리 행동		채점 기준									합계
		1 (맥락)	2 (주장)	3 (근거)	4 (통일)	5 (체계)	6 (응집)	7 (문장)	8 (어법)	9 (기타)	
채점 근거 제시하기	긍	92	173	296	69	226	63	32	24	25	4,160
	부	193	337	559	209	362	305	492	656	47	(27.7%)

'채점 근거 제시하기' 정보 처리 행동의 프로토콜은 단일 정보 처리 행동 중 '점수 부여하기'를 제외하고 가장 많이 산출되었다. '점수 부여하기'는 채점자, 텍스트, 채점 기준 수에 따라 정해지므로, 프로토콜이 많이 산출되었다고 해서 채점자들이 이 정보 처리 행동에 특별히 많은 인지적 노력을 쏟았다고 볼 수는 없다. 그러므로 실질적으로는 '채점 근거 제시하기' 정보 처리 행동의 프로토콜이 가장 많이 산출된 것으로 볼 수 있다.

<표 4-20>에 따르면, '채점 근거 제시하기' 정보 처리 행동의 프로토콜 수는 총 4,160개(27.7%)이다. 이는 채점자 1인 당 채점 기준 1개에 평균 26.00개의 프로토콜을 산출했음을 의미하며, 채점자 1인 당 텍스트 1편에 평균 6.93개의 프로토콜을 산출했음을 의미한다. 채점 근거에 대한 판단 유형별로 살펴보면 긍정 판단은 총 1,000개(24.0%), 부정 판단은 총 3,160(76.0%)인 것으로 나타났다. 따라서 채점자들은 텍스트의 특정 부분이나 자신이 재해석한 평가 요소에 대해 가치 판단을 하는 데 가장 많은 인지적 노력을 쏟으며, 주로 감점 요인을 지적하며 채점하는 경향이 있다고 볼 수 있다.

이 중에서 가장 많은 프로토콜이 산출된 정보 처리 행동은 채점 기준 3번 '근거가 풍부하고 타당한가?'에 대한 채점 근거 제시하기(855개,

20.6%)인 것으로 나타났다. 이는 채점자들이 학생 논설문을 채점하는 데 있어 근거를 매우 중요하게 고려한다는 것을 의미한다. 이러한 결과가 나타난 것은 필자가 제시하는 근거가 논설문의 전체 내용의 질을 좌우하며, 설득이라는 목적을 달성하는 데 중요한 역할을 하기 때문이다. 또한 근거의 풍부성과 타당성은 주장의 명료성, 주장의 타당성, 텍스트의 통일성 등에도 영향을 미친다는 점에서 채점자들이 근거의 질을 판단하는 데 많은 인지적 노력을 쏟은 것으로 볼 수 있다.

한편으로는 채점 기준 3번에 대한 판단이 상대적으로 쉬워서 채점자들이 많은 프로토콜을 산출한 것으로 볼 수도 있다. 20명의 채점자 중 15명은 채점 기준 3번의 수준을 판단할 때 근거가 3개 미만이면 감점하는 경향을 보였는데, 이는 단순히 채점자가 제시한 근거의 수를 세는 것이어서 채점 근거를 제시하기가 쉬웠을 것으로 판단된다.

두 번째와 세 번째로 많은 프로토콜이 산출된 채점 기준은 8번(680개, 16.3%)과 5번(588개, 14.1%)이었는데, 이들 채점 기준의 수준을 판단하는 것이 상대적으로 인지적 부담이 덜했기 때문인 것으로 볼 수 있다. 채점 기준 8번은 긍정 판단보다는 부정 판단에 관한 프로토콜이 매우 많이 산출되었는데, 이는 채점자들이 주로 철자 오류, 문법적 오류에 주의를 기울이며 채점하는 경향이 있음을 지적한 Stewart & Grobe (1979), Charney(1984), Lumley(2002)의 결과와도 유사하다. 이러한 결과가 나타난 이유는 채점자들이 텍스트 표면에 드러나는 어법 오류들을 찾는 데 큰 인지적 부담을 갖지 않기 때문이다.

채점 기준 5번의 프로토콜이 많이 산출된 원인도 인지적 부담과 관련된 맥락에서 파악해 볼 수 있다. 20명의 채점자 중 16명의 채점자들은 문단 구분 수준을 채점 기준 5번의 하위 평가 요소로 설정하였는데, 이 요소도 텍스트 표면에 명시적으로 드러나는 기제이다. Milanovic et al.(1996)은 채점자들이 텍스트의 내용을 파악하기 전에 텍스트의 배치나 문단 구분에 의해 편향을 보이는 경향이 있음을 파악했다. 이는 해당 요소들이 텍스트를 읽지 않더라도 대략적으로 파악할 수 있는, 인지적 부담이 크게 들지 않는 요소이기 때문이다.

하지만 채점 기준 8번의 난도가 -0.37 logit(SE=.04)로 가장 관대했고, 채점 기준 5번과 3번의 난도가 각각 0.39 logit(SE=.04), 0.30 logit(SE=.04)로 가장 엄격했음을 고려하면, 각 채점 기준에 대한 가점 요인이나 감점 요인을 점수에 반영하는 양상에는 차이가 있음을 알 수 있다. 예를 들어, 근거에 대한 감점 요인, 문단 구분에 대한 감점 요인 1개를 찾았을 때는 1점을 감점하더라도 어법 오류를 1개 찾았을 때는 감점하지 않았을 수도 있다. 이는 채점자들이 텍스트 평가 요소들에 대해 서로 다른 가중치를 부여한다는 것을 의미한다(Cumming et al. 2002, Lumley 2002, Weigle 1998, Milanovic et al. 1996).

이러한 경향이 나타나는 이유는 채점자들이 채점 기준에 대한 중요도를 다르게 인식하기 때문이다. 사후 설문 분석 결과, 20명의 채점자 중 17명이 채점 기준 8번을 가장 중요하지 않은 채점 기준으로 응답했고, 심지어 4명은 필요 없는 채점 기준으로 응답했다. 이를 고려하면, 채점자들이 텍스트의 어법 수준을 상대적으로 중요하지 않은 평가 요소로 인식해 가중치를 작게 부여한 것으로 볼 수 있다.

반대로 대부분의 채점자들은 채점 기준 3번을 중요한 채점 기준으로 꼽았고, 채점 기준 5번도 채점 기준 8번보다는 중요한 채점 기준으로 꼽았다. 채점자가 중요하다고 생각하는 채점 기준일수록 엄격하게 채점하는 경향이 있다고 보고한 Eckes(2012)를 고려하면, 채점 기준에 대한 중요도 인식이 감점 요인이나 부정적 판단에 부여하는 가중치에 영향을 미치는 것으로 판단된다. 따라서 채점자들은 인지적 부담이 크지 않은 어법 오류나 문단 구분 수준을 채점 근거로 많이 제시하지만, 이를 점수에 반영하는 양상에는 차이가 있다고 할 수 있다.

종합하자면, 채점자들은 자신이 중요하다고 생각하는 채점 기준의 채점 근거나 상대적으로 수준 판단의 인지적 부담이 적은 채점 기준의 채점 근거를 찾는 데 주의를 기울이는 경향이 있다. 하지만 채점자들이 각 채점 기준의 평가 요소에 부여하는 가중치가 상이하므로, 특정 채점 기준에 대한 채점 근거를 찾는 데 주의를 기울인다고 해서 이것이 엄격하거나 관대한 점수로 바로 이어지지는 않는다. 따라서 채점자들이 특정 채점 기준에 부여하는 점수는 해당 채점 기준에 대한 채점자의 중요도 인식, 인지적 부담, 가중치의 차이 등이 복합적으로 영향을 미친다고 할 수 있다.

'채점 근거 제시하기'의 정보 처리 행동이 채점 편향에 미치는 영향을 살펴보기 위해 프로토콜의 점유율을 분석하였다. <표 4-21>은 채점 편향이 나타난 텍스트와 채점 편향이 나타나지 않은 텍스트에서 각 채점자들이 산출한 '채점 근거 제시하기' 프로토콜의 점유율을 나타낸다.

〈표 4-21〉 채점 편향 산출 여부에 따른 '채점 근거 제시하기' 프로토콜 점유율

채점자	극성	엄격	관대	미산출	전체	채점자	극성	엄격	관대	미산출	전체
1	긍	7.6	10.6	10.5	10.2	12	긍	3.7	2.1	5.1	4.7
	부	37.4	30.3	33.4	33.6		부	26.8	14.6	14.8	16.2
3	긍	0.0	-	4.4	4.2	14	긍	3.6	5.2	3.8	4.0
	부	29.6	-	20.3	20.7		부	11.9	10.3	11.7	11.5

채점자	극성	엄격	관대	미산출	전체	채점자	극성	엄격	관대	미산출	전체
4	긍	0.0	5.9	4.6	4.3	15	긍	5.8	15.2	8.6	8.5
	부	10.0	17.6	11.6	11.6		부	27.9	39.4	24.4	25.4
5	긍	1.3	0.0	5.3	4.0	16	긍	0.0	3.0	4.9	4.3
	부	37.5	29.0	25.5	26.7		부	8.2	6.1	9.9	9.4
6	긍	4.1	–	3.8	3.8	17	긍	1.7	0.0	1.2	1.3
	부	20.5	–	23.5	23.2		부	37.9	38.9	15.5	18.6
7	긍	4.0	6.3	9.0	8.2	18	긍	4.8	13.0	11.0	9.6
	부	18.0	19.8	15.3	16.3		부	27.3	13.7	14.6	18.1
8	긍	4.3	5.0	4.6	4.6	19	긍	6.1	–	11.8	11.6
	부	30.5	21.0	27.5	27.2		부	21.2	–	21.6	21.6
9	긍	0.0	0.0	2.2	1.9	20	긍	12.0	4.8	5.7	5.8
	부	17.1	5.0	17.9	17.4		부	28.0	30.5	26.8	27.3
10	긍	10.9	–	10.9	10.9	전체	긍	4.8	6.8	6.8	6.7
	부	15.5	–	14.9	15.0						
11	긍	10.0	–	6.3	6.6		부	25.2	20.2	20.6	21.0
	부	20.0	–	21.5	21.4						

<표 4-21>에 따르면, 채점 편향이 나타난 텍스트에서 ‘채점 근거 제시하기’ 정보 처리 행동의 점유율이 높게 나타난 채점자는 총 15명이었다. 이 중에서 엄격한 편향이 나타난 텍스트에서 ‘채점 근거 제시하기(부정 판단)’의 점유율이 높게 나타난 채점자는 1번, 3번, 5번, 7번, 8번, 10번, 12번, 14번, 15번, 17번, 18번, 20번 채점자였으며, 관대한 편향이 나타난 텍스트에서 ‘채점 근거 제시하기(긍정 판단)’의 점유율이 높게 나타난 채점자는 1번, 4번, 8번, 14번, 15번, 18번 채점자였다. 전자의 경우 감점 요인을 과도하게 지적했거나 감점 요인에 큰 가중치를 부여했을 가능성이 있으며, 후자의 경우 가점 요인을 과도하게 지적했거나 가점 요인에 큰 가중치를 부여한 것으로 볼 수 있다.

반대로 관대한 편향이 나타난 텍스트에서 ‘채점 근거 제시하기(부정 판단)’의 점유율이 높게 나타난 채점자는 4번, 5번, 7번, 15번, 17번, 20

번 채점자였으며, 엄격한 편향이 나타난 텍스트에서 '채점 근거 제시하기(긍정 판단)'의 점유율이 높게 나타난 채점자는 6번, 11번, 17번, 20번 채점자였다. 전자의 경우 감점 요인에 작은 가중치를 부여했거나 지적했던 감점 요인을 점수 부여 과정에서 누락했을 가능성이 있으며, 후자의 경우 가점 요인에 작은 가중치를 부여했거나 지적했던 가점 요인을 점수 부여 과정에서 누락했을 가능성이 있다.

한편 5번, 7번, 15번, 17번, 20번 채점자는 채점 편향이 나타난 텍스트 모두에서 '채점 근거 제시하기(부정 판단)'의 점유율이 높게 나타나는 경향이 있었다. 이러한 점유율 분포는 채점자들이 텍스트를 채점할 때 감점 요인에 대한 가중치를 텍스트마다 매우 상이하게 부여했을 가능성이 있음을 시사한다. 그리고 4번, 15번 채점자는 관대한 편향이 나타난 텍스트에서, 17번, 20번 채점자는 엄격한 편향이 나타난 텍스트에서 '채점 근거 제시하기'의 긍정 판단과 부정 판단의 점유율이 모두 높게 나타났는데, 이 채점자들은 긍정 판단과 부정 판단에 부여하는 가중치에 차이가 있을 가능성이 있다.

종합하자면, 채점자들마다 감점 요인이나 가점 요인을 지적하는 경향과 각 요인에 부여하는 가중치에는 차이가 있다. 이뿐만 아니라 텍스트를 읽는 과정에서 지적했던 가점 요인이나 감점 요인을 점수 부여 과정에서 누락하는 실수를 범하기도 한다. 이러한 채점 방식은 특정 텍스트를 매우 엄격하거나 관대하게 채점하는 결과를 낳는다고 할 수 있다.

▌다른 텍스트와 비교하기

'다른 텍스트와 비교하기'의 정보 처리 행동은 채점하고 있는 텍스트의 수준을 다른 텍스트의 수준과 비교하는 것을 의미한다. 일관성 유지 방법에 대한 사후 설문에서 1번, 2번, 5번, 15번, 19번 채점자는 채점 과정에서 일관성을 유지하기 위해 이전 텍스트로 회귀해 텍스트의 수준을 비교하는 방법으로 점수를 부여한다고 응답하였다. 이는 '다른 텍스트와 비교하기'의 정보 처리 행동이 텍스트에 부여할 점수를 정당화하기 위한 정보 처리 행동일 뿐 아니라 채점의 일관성을 적절하게 유지하기 위한 전략임을 의미한다.

<표 4-22>는 전체 채점자의 프로토콜 중 '다른 텍스트와 비교하기'에 해당하는 프로토콜 산출 빈도를 정리한 것이다. '다른 텍스트와 비교하기'의 정보 처리 행동은 높은 수준, 낮은 수준, 비슷한 수준으로 판단하는 것을 포함한다.

〈표 4-22〉 '다른 텍스트와 비교하기'의 프로토콜 산출 빈도

정보 처리 행동		채점 기준									합계
		1 (맥락)	2 (주장)	3 (근거)	4 (통일)	5 (체계)	6 (응집)	7 (문장)	8 (어법)	9 (기타)	
다른 텍스트와 비교하기	긍	2	3	10	0	3	3	3	1	2	82 (0.5%)
	부	2	7	9	0	2	2	4	3	1	
	중	3	3	11	1	1	2	2	1	1	

<표 4-22>에 따르면, '다른 텍스트와 비교하기' 정보 처리 행동의 프로토콜 수는 총 82개(0.5%)이다. 이는 채점자 1인 당 채점 기준 1개에 평균 0.51개, 채점자 1인 당 텍스트 1편에 평균 0.14개 산출했음을

의미한다. 비교 수준별로 살펴보면, 다른 텍스트보다 '높은 수준'으로 판단한 프로토콜은 27개(32.9%), '낮은 수준'으로 판단한 프로토콜은 30개(36.6%), 다른 텍스트와 '비슷한 수준'으로 판단한 프로토콜은 25개(30.5%)로 유사하였다.

이러한 결과는 채점자들이 부여할 점수를 정당화할 때 상대적으로 다른 텍스트와 비교하는 전략을 많이 활용하지 않다는 것을 의미한다. 채점하고 있는 텍스트의 수준만 판단하면 되는 '채점 근거 제시하기'와 달리, '다른 텍스트와 비교하기'는 채점을 수행하고 있는 텍스트와 기준이 되는 다른 텍스트의 수준을 모두 고려해야 한다는 점에서 인지적 부담이 더 크기 때문이다. 특히 수준이 비슷하다면 두 텍스트의 수준을 구체적으로 비교하는 것은 매우 어려운 일이다. 이러한 맥락에서 '채점 근거 제시하기'에 비해 프로토콜이 적게 산출된 것으로 판단된다.

'다른 텍스트와 비교하기'가 가장 많이 나타난 채점 기준은 3번(30개, 36.6%)이다. 반대로 '채점 근거 제시하기'에서 많은 프로토콜이 산출되었던 채점 기준 8번은 '다른 텍스트와 비교하기'가 단 5개(6.1%)밖에 산출되지 않았다. 이 결과를 종합해 보면, 채점자들은 텍스트에서 명시적으로 파악할 수 없는 복잡하고 추상적인 특징에 대한 수준을 판단할 때 다른 텍스트 수준과 비교하는 전략을 활용한다고 볼 수 있다. 명시적으로 파악할 수 있는 텍스트 표면적 특징은 수량화해서 점수에 반영할 수 있고, 특히 채점자가 수량별로 절대적 기준을 설정해 놓는다면 굳이 다른 텍스트와 비교할 필요가 없기 때문이다. 그러므로 '다른 텍스트와 비교하기'는 텍스트의 수준에 대한 판단이 매우 어려울 경우 채점자들이 차선책으로 활용하는 전략으로 볼 수 있다. 이는 채점자가 어려움을 겪을 때 이전 텍스트의 내용과 채점 결과를 참고하는 경향이 있음을 보고한 김동수(2014)의 결과와도 유사하다. 이러한 맥락에서 '다른 텍스트와 비교하기' 정보 처리 행동은 어떤 점에서 더 긍정적인지 혹은 부정적인지를 구체적으로 제시하기보다 단순히 '더 낫다', '더 부족하다' 등과 같이 추상적으로 나타나는 경우가 많다.

'다른 텍스트와 비교하기'의 정보 처리 행동이 채점 편향에 미치는 영향을 살펴보기 위해 프로토콜의 점유율을 분석하였다. <표 4-23>은 채점 편향이 나타난 텍스트와 채점 편향이 나타나지 않은 텍스트에서 각 채점자들이 산출한 '다른 텍스트와 비교하기' 프로토콜의 점유율을 나타낸다.

〈표 4-23〉 채점 편향 산출 여부에 따른 '다른 텍스트와 비교하기' 프로토콜 점유율

채점자	극성	엄격	관대	미산출	전체	채점자	극성	엄격	관대	미산출	전체
1	긍	0.8	0.0	0.4	0.5	12	긍	0.0	0.0	0.0	0.0
	부	1.5	1.5	0.4	0.6		부	0.0	0.0	0.0	0.0
	중	0.8	0.0	0.3	0.3		중	0.0	0.0	0.0	0.0
3	긍	0.0	–	0.3	0.3	14	긍	0.0	0.0	0.0	0.0
	부	0.0	–	0.4	0.4		부	0.0	0.0	0.0	0.0
	중	3.7	–	0.9	1.0		중	0.0	2.1	0.9	1.0
4	긍	0.0	0.0	0.0	0.0	15	긍	0.0	0.0	0.0	0.0
	부	0.0	0.0	0.0	0.0		부	0.0	0.0	0.1	0.1
	중	0.0	0.0	0.0	0.0		중	0.0	0.0	0.0	0.0
5	긍	0.0	0.0	0.1	0.1	16	긍	0.0	0.0	0.0	0.0
	부	0.0	0.0	0.1	0.1		부	0.0	0.0	0.0	0.0
	중	0.0	0.0	0.0	0.0		중	0.0	0.0	0.0	0.0
6	긍	0.0	–	0.0	0.0	17	긍	0.0	0.0	0.0	0.0
	부	0.0	–	0.2	0.1		부	0.0	0.0	0.2	0.2
	중	0.0	–	0.0	0.0		중	0.0	0.0	0.0	0.0
7	긍	0.0	0.0	0.0	0.0	18	긍	0.0	2.7	1.3	1.3
	부	0.0	0.0	0.2	0.1		부	0.0	0.0	0.3	0.2
	중	0.0	0.0	0.0	0.0		중	0.0	0.7	0.0	0.2

채점자	극성	엄격	관대	미산출	전체	채점자	극성	엄격	관대	미산출	전체
8	긍	0.0	0.0	0.0	0.0	19	긍	0.0	–	0.1	0.1
	부	0.0	0.0	0.0	0.0		부	0.0	–	0.3	0.3
	중	0.0	0.0	0.0	0.0		중	0.0	–	0.3	0.3
9	긍	0.0	0.0	0.0	0.0	20	긍	0.0	0.0	0.6	0.5
	부	0.0	0.0	0.0	0.0		부	0.0	0.0	0.5	0.4
	중	0.0	0.0	0.0	0.0		중	0.0	0.0	0.3	0.3
10	긍	0.0	–	0.1	0.1	전체	긍	0.1	0.5	0.2	0.2
	부	0.0	–	0.1	0.1						
	중	0.0	–	0.0	0.0		부	0.1	0.1	0.2	0.2
11	긍	0.0	–	0.0	0.0						
	부	0.0	–	0.0	0.0		중	0.1	0.4	0.2	0.2
	중	0.0	–	0.0	0.0						

<표 4-23>에 따르면, '다른 텍스트와 비교하기'의 정보 처리 행동은 특정 채점자들에게서만 나타나는 경향이 있었다. 심지어 4번, 8번, 9번, 11번, 12번, 16번 채점자는 이 정보 처리 행동을 전혀 산출하지 않은 것으로 나타났다. 따라서 '다른 텍스트와 비교하기' 정보 처리 행동은 채점 편향에 큰 영향을 미치지 않는 것으로 판단된다.

이러한 결과가 나타난 이유는 전술했던 것처럼 '다른 텍스트와 비교하기'의 정보 처리 행동이 채점자들이 판단에 어려움을 겪을 때 차선책으로 선택하는 정보 처리 행동이기 때문이다. 채점자들이 텍스트의 수준을 판단할 때는 다른 텍스트와 비교하기보다 해당 텍스트의 구체적인 특징에 주목을 하면서 채점을 하는 경향이 있기 때문에 '다른 텍스트와 비교하기'의 정보 처리 행동이 채점 편향에 큰 영향을 미치지 않는 것으로 볼 수 있다.

▌ 개선 방안 제시하기

'개선 방안 제시하기'의 정보 처리 행동은 채점자가 텍스트의 특정 요소에 대해 부정적 판단을 내렸을 경우 그에 대한 개선 방안을 제시하는 것이다. 필자에게 유의미한 진단적 정보를 제공하는 것이 분석적 채점의 본질적 목적임을 고려하면, 텍스트의 개선 방안을 제시하는 것은 타당한 채점 방식이라고 할 수 있다.

<표 4-24>는 전체 채점자의 프로토콜 중 '개선 방안 제시하기'에 해당하는 프로토콜 산출 빈도를 정리한 것이다. 개선 방안을 제시하는 것은 기본적으로 텍스트 요소에 대한 부정적인 판단을 내포하고 있으므로 긍정 판단이 나타나지 않는다.

〈표 4-24〉 '개선 방안 제시하기'의 프로토콜 산출 빈도

정보 처리 행동	채점 기준									합계
	1 (맥락)	2 (주장)	3 (근거)	4 (통일)	5 (체계)	6 (응집)	7 (문장)	8 (어법)	9 (기타)	
개선 방안 제시하기	22	30	82	18	198	138	112	317	9	926 (6.2%)

<표 4-24>에 따르면, '개선 방안 제시하기'의 정보 처리 행동의 프로토콜 수는 총 926개(6.2%)이다. 이는 채점자 1인 당 채점 기준 1개에 평균 5.79개, 채점자 1인 당 텍스트 1편에 1.54개를 산출했음을 의미한다. 이는 '채점 근거 제시하기'보다는 현저히 적은 수치지만 '다른 텍스트와 비교하기'보다는 많은 수치이다.

하지만 산출된 프로토콜 수를 채점 기준별로 살펴보면, 대부분의 프로토콜이 채점 기준 8번(317개, 34.2%), 채점 기준 5번(198개, 21.4%)에

집중되어 있음을 알 수 있다. 이는 채점자들이 채점 기준 8번과 채점 기준 5번에 대한 개선 방안을 제시할 때 텍스트 표면에 명시적으로 드러나는 어법 오류나 문단 구분을 교정하는 데 주의를 기울였기 때문이다. 상대적으로 텍스트의 내용과 관련이 있는 채점 기준 1번(22개, 2.4%), 2번(30개, 3.2%), 3번(82개, 8.9%)에 대한 프로토콜이 적게 산출된 점을 고려하면, '개선 방안 제시하기' 프로토콜 수의 차이는 채점자들의 인지적 부담과 관련이 있는 것으로 볼 수 있다.

텍스트의 개선 방안을 제시하기 위해서는 채점자가 텍스트의 수준을 정확히 파악할 수 있어야 할 뿐 아니라 이상적 텍스트에 대한 심리적 표상을 명확하게 인식하고 있어야 하며, 이 두 표상의 차이를 정확하게 파악할 수 있는 능력을 지니고 있어야 한다(백유진 2020a). 이를 고려하면, 채점자들은 어법 오류나 문단 구분 수준과 같이 텍스트 표면에 명시적으로 드러나는 지표들을 고려할 때는 무엇이 잘못되었는지, 어떻게 수정하면 텍스트의 수준이 향상될 수 있는지 등에 대해 쉽게 파악할 수 있지만, 텍스트의 내용과 같이 복잡하고 추상적인 특징을 지닌 요소들을 평가할 때는 개선 방안을 제시하는 데 인지적 부담을 느낀다고 할 수 있다. 하지만 어법 오류나 문단 구분 수준과 같은 표면적 특징보다는 내용의 타당성이나 적절성, 구조의 체계성과 같은 요소가 쓰기 능력을 구성하는 본질적 요소들이므로, 채점자들이 표면적 특징에 대한 개선 방안을 제시하는 데 주의를 기울이는 것은 바람직한 채점 방식이라고 볼 수 없다.

'개선 방안 제시하기'의 정보 처리 행동이 채점 편향에 미치는 영향을 살펴보기 위해 프로토콜의 점유율을 분석하였다. <표 4-25>는 채점 편향이 나타난 텍스트와 채점 편향이 나타나지 않은 텍스트에서

각 채점자들이 산출한 '개선 방안 제시하기' 프로토콜의 점유율을 나
타낸다.

〈표 4-25〉 채점 편향 산출 여부에 따른 '개선 방안 제시하기' 프로토콜 점유율

채점자	엄격	관대	미산출	전체	채점자	엄격	관대	미산출	전체
1	3.1	7.6	5.6	5.5	12	7.3	4.2	4.7	5.0
3	0.0	-	0.6	0.6	14	7.1	4.1	2.0	3.0
4	0.0	11.8	2.6	2.7	15	6.7	3.0	5.3	5.4
5	10.0	19.4	12.3	12.3	16	14.3	18.2	8.2	9.4
6	2.7	-	3.3	3.3	17	1.7	0.0	5.6	5.0
7	8.0	2.7	2.1	2.6	18	7.0	8.2	6.6	7.1
8	19.1	22.0	15.3	16.6	19	15.2	-	9.8	9.9
9	4.9	0.0	2.7	2.7	20	4.0	7.6	7.7	7.6
10	0.9	-	1.2	1.2	전체	7.2	8.6	5.9	6.2
11	8.0	-	5.8	6.0					

〈표 4-25〉에 따르면, 채점 편향이 나타난 텍스트에서 '개선 방안
제시하기' 정보 처리 행동의 점유율이 높게 나타난 채점자는 1번, 4번,
5번, 7번, 8번, 9번, 11번, 12번, 14번, 15번, 16번, 18번, 19번 채점자였
다. 대부분의 채점자들이 채점 편향이 나타나지 않은 텍스트보다는 채
점 편향이 나타난 텍스트를 채점할 때 '개선 방안 제시하기'의 정보
처리 행동을 통해 점수를 부여하는 경향이 있다고 볼 수 있다.

관대한 편향이 나타난 텍스트에서는 5번, 8번, 16번 채점자의 점유
율이 높게 나타났다. 세 채점자도 텍스트의 표면적 특징에 대한 개선
방안을 제시하는 경향이 있었다. 특히 8번 채점자는 20명의 채점자 중
'개선 방안 제시하기'에 대한 프로토콜을 가장 많이 산출했는데(148개),
이 중 116개(78.4%)는 어법 오류나 문장의 표현 방식을 지적하는 것과
관련이 있었다. 5번 채점자와 16번 채점자가 산출한 '개선 방안 제시

하기'의 프로토콜은 각각 108개, 48개로, 이 중에서 78개(72.2%), 40개 (83.3%)가 문단 구분과 어법 오류에 관한 것이었다.

엄격한 편향이 나타난 텍스트에서 '개선 방안 제시하기'의 점유율이 높게 나타난 채점자 중 11번 채점자와 15번 채점자는 채점 기준 8번의 평가 요소를 과도하게 설정하는 경향이 있었다. 11번 채점자가 산출한 '개선 방안 제시하기'의 총 프로토콜 수는 32개였는데, 이 중 24개 (75.0%)가 어법 오류, 문단 구분에 관한 것이었고 15번 채점자가 산출한 '개선 방안 제시하기'의 프로토콜 수는 총 46개로, 이 중 42개 (91.3%)가 어법 오류와 문단 구분, 문단 들여쓰기에 관한 것이었다. 이 두 채점자는 다른 채점자들과 달리 '문단 구분 수준'까지 채점 기준 8번의 하위 평가 요소로 설정했고, 특히 15번 채점자는 문단 들여쓰기의 적절성까지 채점 기준 8번의 감점 요인으로 설정하는 경향이 있었다. 그 결과 11번 채점자($t=-5.03$, $p<.001$)와 15번 채점자($t=-3.57$, $p<.05$)는 모두 채점 기준 8번에 엄격한 편향을 보이는 것으로 나타났다. 즉, 텍스트의 본질적 요소와는 거리가 있는 표면적 요소에 주의를 기울이는 채점 방식뿐 아니라 과도한 평가 요소를 설정한 채점 방식이 채점 편향에 영향을 미친 것으로 볼 수 있다.

이러한 결과는 채점 일관성을 적합하게 유지하는 채점자들이 부적합·과적합 채점자들보다 '개선 방안 제시하기'의 정보 처리 행동을 더 많이 수행하는 경향이 있다고 보고한 백유진(2020a)의 결과와는 차이가 있다. 엄격한 편향이 나타난 텍스트와 관대한 편향이 나타난 텍스트 모두에서 '개선 방안 제시하기'의 점유율이 높게 나타난 채점자가 5명(25%)에 달했다는 점을 고려하면, 보상적 편향으로 인해 백유진(2020a)에서는 개별 텍스트에서의 문제가 구체적으로 드러나지 않은 것으로 판단된다. 결론적으로 텍스트의 표면적 특징은 상대적으로 수량화하기가 쉽기 때문에 이러한 요소에 주의를 기울이는 채점 방식은 전체 일관성 수준을 적합하게 유지하는 데는 용이할 수 있으나, 특정 텍스트에 대한 채점 편향의 문제를 유발할 수 있다고 할 수 있다.

종합하자면, 채점자의 정보 처리 행동 중 '개선 방안 제시하기'는 채점자가 문법적 오류, 문단 구분 수준 등 텍스트의 표면적 특징에 주의를 기울이며 점수를 부여하는 경향과 밀접한 관련이 있다. 이는 필자의 본질적인 쓰기 능력과는 다소 거리가 있는 요소들을 중심으로 채점을 수행한다는 점에서 채점 편향에 영향을 미칠 가능성이 있는 채점 방식이라고 할 수 있다.

▌ 판단하기

'판단하기'는 채점자가 텍스트를 읽으며 형성한 텍스트 이미지가 특정 채점 기준을 충족하는지 여부를 직접적으로 판단하는 과정이다. '채점 근거 제시하기'와의 차이점은 채점자가 설정한 하위 평가 요소나 텍스트의 특정 부분을 언급하지 않고 채점 기준의 용어를 이용해 직접적으로 판단을 내린다는 것이다. 그러므로 이 정보 처리 행동은 채점 기준에 대한 최종 판단을 내리는 것을 의미하며, 프로토콜은 '타당성이 있다, 체계성이 있다' 등으로 단순하게 나타난다.

이 정보 처리 행동은 채점 근거 제시하기, 다른 텍스트와 비교하기, 개선 방안 제시하기의 정보 처리 행동보다는 큰 인지적 부담이 들지 않는다. 텍스트의 구체적 특징을 지적할 필요 없이 인상만으로도 판단을 내릴 수 있기 때문이다. 만약 구체적인 정보 처리 행동 없이 단순히 판단하기 과정으로만 점수를 부여한다면 채점자가 텍스트를 읽으면서 형성한 텍스트 이미지에 기반해 인상적 채점을 했을 가능성이 있다. 채점 기준에 대한 '판단하기'는 긍정 판단, 부정 판단으로 나뉜다.

<표 4-26>은 전체 채점자의 프로토콜 중 '판단하기'에 해당하는 프로토콜 산출 빈도를 정리한 것이다.

〈표 4-26〉 '판단하기'의 프로토콜 산출 빈도

정보 처리 행동		채점 기준								합계
		1 (맥락)	2 (주장)	3 (근거)	4 (통일)	5 (체계)	6 (응집)	7 (문장)	8 (어법)	
판단하기	긍	205	213	199	174	81	144	238	168	2,210
	부	79	114	154	70	137	93	104	37	(14.7%)

<표 4-26>에 따르면, '판단하기' 정보 처리 행동의 프로토콜은 총 2,210개(14.7%)이다. 이는 채점자 1인 당 채점 기준 1개에 평균 13.81개, 채점자 1인 당 텍스트 1편에 3.68개를 산출했음을 의미한다. 이 수치는 단일 정보 처리 행동 중 '점수 부여하기', '채점 근거 제시하기'에 이어 세 번째로 높은 것으로, 채점자들이 채점 기준의 수준을 직접적으로 판단하는 정보 처리 행동을 빈번하게 활용한다는 것을 의미한다.

판단 유형별로 살펴보면 긍정 판단은 1,422개(64.3%), 부정 판단은 788개(35.7%)인 것으로 나타났다. 긍정 판단의 비율이 더 높게 나타난 것은 '채점 근거 제시하기'에서 부정 판단의 비율이 높게 나타난 것과는 대조되는 경향이다. 이는 채점자들이 채점 근거를 제시할 때는 주로 텍스트에서 각 채점 기준별 감점 요인을 찾는 경향이 있는 반면, 감점 요인을 찾지 못했을 때는 텍스트가 특정 채점 기준을 충족하는

것으로 판단하며 점수를 부여하는 경향이 있음을 의미한다.

가장 많은 프로토콜이 산출된 채점 기준은 3번(353개, 16.0%)이었다. 주목할 만 한 점은 가장 적은 프로토콜이 산출된 채점 기준이 8번(205개, 9.3%), 5번(218개, 9.9%)이라는 점이다. '채점 근거 제시하기'나 '개선 방안 제시하기'의 정보 처리 행동이 이들 채점 기준에서 높은 빈도로 산출되었음을 고려하면, '판단하기'는 '채점 근거 제시하기'나 '개선 방안 제시하기'보다 큰 인지적 노력이 필요하지 않음을 알 수 있다. 채점 기준 5번과 8번을 채점할 때는 텍스트 표면에 드러나 있는 지표들을 참고할 수 있으므로 구체적인 근거나 개선 방안을 보다 쉽게 제시할 수 있어 '판단하기'가 적게 나타난 것으로 판단된다.

종합하자면, 채점자들은 인지적 부담이 큰 채점 기준에 대한 점수를 부여할 때는 텍스트 이미지에 대한 인상만으로 수준을 판단하는 '판단하기'의 정보 처리 행동을, 텍스트 표면에 명시적으로 드러난 특징만으로 점수를 부여할 수 있는 채점 기준에 대한 점수를 부여할 때는 구체적인 근거를 제시하거나 텍스트의 개선 방안을 제시하는 정보 처리 행동을 보이는 경향이 있다. 하지만 단순히 판단하기 정보 처리 행동만으로 점수를 부여할 때 인상 평가가 될 가능성이 있고, 이는 채점 결과의 신뢰성에 부정적인 영향을 미칠 수 있으므로 실제 채점을 수행할 때는 이러한 채점 방식을 활용하지 않도록 유의할 필요가 있다.

'판단하기'의 정보 처리 행동이 채점 편향에 미치는 영향을 살펴보기 위해 프로토콜의 점유율을 분석하였다. <표 4-27>은 채점 편향이 나타난 텍스트와 채점 편향이 나타나지 않은 텍스트에서 각 채점자들이 산출한 '판단하기' 프로토콜의 점유율을 나타낸다.

〈표 4-27〉 채점 편향 산출 여부에 따른 '판단하기' 프로토콜 점유율

채점자	극성	엄격	관대	미산출	전체	채점자	극성	엄격	관대	미산출	전체
1	긍	8.4	3.0	7.9	7.7	12	긍	2.4	14.6	13.0	11.9
	부	4.6	7.6	3.6	3.9		부	1.2	8.3	2.8	3.0
3	긍	11.1	–	9.2	9.2	14	긍	10.7	14.4	11.7	12.0
	부	7.4	–	2.6	2.8		부	15.5	11.3	18.7	17.1
4	긍	5.0	5.9	17.5	16.4	15	긍	2.9	3.0	5.1	4.8
	부	2.5	5.9	6.8	6.5		부	0.0	0.0	1.1	0.9
5	긍	0.0	16.1	8.2	7.8	16	긍	0.0	9.1	7.0	6.5
	부	16.3	0.0	3.8	4.8		부	14.3	3.0	5.6	6.3
6	긍	11.0	–	13.9	13.6	17	긍	5.2	5.6	15.1	13.8
	부	8.2	–	8.2	8.2		부	17.2	5.6	8.1	8.9
7	긍	14.0	9.0	8.2	8.8	18	긍	0.5	7.5	4.0	3.8
	부	4.0	3.6	4.4	4.2		부	7.5	2.1	4.3	4.7
8	긍	6.4	5.0	5.9	5.8	19	긍	6.1	–	12.4	12.2
	부	5.0	3.0	5.6	5.2		부	18.2	–	6.6	7.0
9	긍	0.0	15.0	6.1	6.0	20	긍	8.0	9.5	9.1	9.1
	부	7.3	5.0	6.5	6.5		부	0.0	3.8	4.9	4.6
10	긍	5.5	–	9.4	8.9	전체	긍	5.1	8.8	10.0	9.5
	부	1.8	–	1.8	1.8						
11	긍	4.0	–	4.4	4.3		부	6.8	4.6	5.1	5.2
	부	0.0	–	0.6	0.6						

　〈표 4-27〉에 따르면, 채점 편향이 나타난 텍스트에서 '판단하기' 정보 처리 행동의 점유율이 높은 채점자는 1번, 3번, 5번, 7번, 8번, 9번, 12번, 14번, 16번, 17번, 18번, 19번, 20번인 것으로 나타났다. 대부분의 채점자들이 채점 편향이 나타난 텍스트에서 '판단하기'의 정보 처리 행동을 높은 비율로 수행한다고 볼 수 있다.

　이 중 엄격한 편향이 나타난 텍스트에서 '판단하기(부정 판단)'의 점유율이 높은 채점자는 1번, 3번, 5번, 9번, 16번, 17번, 18번, 19번 채점자였으며, 관대한 편향이 나타난 텍스트에서 '판단하기(긍정 판단)'의 점유율이 높은 채점자는 5번, 7번, 9번, 12번, 14번, 16번, 18번, 20번

채점자인 것으로 나타났다. 이는 각 채점 기준에 대한 평가 요소를 구체적으로 지적하지 않고 단순한 인상에 따라 부정적인 판단을 내릴 때 엄격한 편향이, 긍정적인 판단을 내릴 때 관대한 편향이 나타날 가능성이 높다는 점을 시사한다.

한편 엄격한 편향이 나타난 텍스트에서 '판단하기(긍정 판단)'의 점유율이 높은 채점자는 1번, 3번, 7번, 8번 채점자였으며, 관대한 편향이 나타난 텍스트에서 '판단하기(부정 판단)'의 점유율이 높은 채점자는 1번, 12번 채점자였다. 이들은 판단을 잘못 내렸거나 판단에 맞지 않는 척도를 활용해 점수를 부여하는 문제를 보일 가능성이 있다.

▌ 총평하기

'총평하기'는 텍스트의 전체적인 수준에 대해 판단하는 정보 처리 행동이다. 이 정보 처리 행동은 주로 텍스트를 읽으면서 형성한 텍스트 이미지의 전체적인 수준에 대해 판단하거나, 점수를 부여한 후 판단을 종합할 때 나타난다. 그러므로 '총평하기'는 '잘 썼어.', '이전 글보다 못 썼어.' 등으로 나타나는 경향이 있으며, 주로 텍스트의 수준이 매우 높거나 낮은 경우에 나타난다. '총평하기'의 정보 처리 행동은 채점하고 있는 텍스트의 전체적인 수준에 대해 직접적으로 판단하거나 다른 텍스트의 수준과 비교하는 방식으로 나타나며, 판단의 수준은 '긍정 판단, 부정 판단, 중립 판단'으로 나뉜다.

일부 채점자들은 텍스트에 대한 총평만 내린 후 점수를 한꺼번에 부여하기도 한다. 텍스트의 전체 수준이 명확하게 높거나 낮을 경우 이에 대한 인상을 강하게 형성해 각 채점 기준의 평가 요소를 변별하

지 않고 점수를 부여하게 되는 것이다. 이때는 텍스트의 전체적인 인
상만으로 점수를 부여하게 되므로 채점 결과가 왜곡되는 문제가 발생
하기도 한다. <표 4-28>은 전체 채점자의 프로토콜 중 '총평하기'에
해당하는 프로토콜 산출 빈도를 정리한 것이다.

<표 4-28> '총평하기'의 프로토콜 산출 빈도

정보 처리 행동		프로토콜 수	합계
총평하기	긍	82	144 (1.0%)
	부	52	
	중	10	

<표 4-28>에 따르면, '총평하기'의 정보 처리 행동의 프로토콜 수
는 총 144개(1.0%)로, 채점자 1인 당 텍스트 1편에 0.24개의 프로토콜
을 산출한 것으로 나타났다. 다른 정보 처리 행동에 비해 프로토콜 수
가 적게 산출된 것은 채점자들이 분석적 채점 방식으로 채점을 수행
했기 때문에 텍스트의 전체적인 수준보다는 각 채점 기준별로 수준을
판단하는 데 더 많은 인지적 노력을 쏟았기 때문인 것으로 볼 수 있
다. 판단 유형별로 살펴보면, '긍정 판단'은 82개(56.9%), '부정 판단'은
52개(36.1%), '중립 판단'은 10개(6.9%)인 것으로 나타났다.

특히 '총평하기(긍정 판단)'의 프로토콜 82개 중 최상 수준의 텍스트
10편에서 산출된 프로토콜이 70개(85.4%), '총평하기(부정 판단)'의 프로
토콜 52개 중 최하 수준의 텍스트 10편에서 산출된 프로토콜이 34개
(65.4%)에 달했음을 고려하면, 채점자들이 텍스트의 전체적 수준이 명
확히 낮거나 높을 때 총평을 내리는 경향이 있음을 알 수 있다. 전술
했듯이, 텍스트의 수준이 매우 명확하게 높거나 낮을 경우 채점자가

텍스트에 대한 강한 인상을 형성하게 되고, 이는 채점 기준의 평가 요소별로 텍스트의 수준을 판단하지 않고 인상만으로 점수를 부여하는 결과로 이어진다.

'총평하기'의 정보 처리 행동이 채점 편향에 미치는 영향을 살펴보기 위해 프로토콜의 점유율을 분석하였다. <표 4-29>는 채점 편향이 나타난 텍스트와 채점 편향이 나타나지 않은 텍스트에서 각 채점자들이 산출한 '총평하기' 프로토콜의 점유율을 나타낸다.

〈표 4-29〉 채점 편향 산출 여부에 따른 '총평하기' 프로토콜 점유율

채점자	극성	엄격	관대	미산출	전체	채점자	극성	엄격	관대	미산출	전체
1	긍	0.0	0.0	0.5	0.5	12	긍	0.0	0.0	0.0	0.0
	부	2.3	1.5	0.5	0.8		부	0.0	0.0	0.0	0.0
	중	0.0	0.0	0.0	0.0		중	0.0	0.0	0.0	0.0
3	긍	0.0	-	1.3	1.3	14	긍	0.0	2.1	0.5	0.6
	부	0.0	-	0.4	0.4		부	0.0	0.0	1.1	0.8
	중	0.0	-	0.0	0.0		중	0.0	0.0	0.0	0.0
4	긍	0.0	0.0	0.2	0.2	15	긍	0.0	0.0	0.6	0.5
	부	0.0	0.0	0.0	0.0		부	0.0	0.0	0.4	0.3
	중	0.0	0.0	0.0	0.0		중	0.0	0.0	0.3	0.2
5	긍	0.0	0.0	0.8	0.7	16	긍	0.0	0.0	1.4	1.2
	부	0.0	0.0	0.1	0.1		부	2.0	0.0	0.5	0.6
	중	0.0	0.0	0.0	0.0		중	0.0	0.0	0.0	0.0
6	긍	0.0	-	0.6	0.6	17	긍	0.0	0.0	1.0	0.9
	부	0.0	-	0.2	0.1		부	1.7	0.0	0.2	0.4
	중	0.0	-	0.2	0.1		중	0.0	0.0	0.0	0.0
7	긍	0.0	0.9	1.0	0.9	18	긍	0.0	0.7	1.3	0.8
	부	0.0	0.0	0.6	0.4		부	2.7	0.0	0.7	1.1
	중	0.0	0.9	0.4	0.4		중	0.0	0.7	0.0	0.2
8	긍	0.0	0.0	0.2	0.1	19	긍	0.0	-	0.8	0.8
	부	0.0	0.0	0.2	0.1		부	3.0	-	0.8	0.9
	중	0.0	0.0	0.0	0.0		중	0.0	-	0.1	0.1
9	긍	0.0	0.0	0.2	0.2	20	긍	0.0	0.0	0.8	0.6
	부	0.0	0.0	0.0	0.0		부	0.0	0.0	0.5	0.4
	중	0.0	0.0	0.0	0.0		중	0.0	0.0	0.3	0.3

채점자	극성	엄격	관대	미산출	전체	채점자	극성	엄격	관대	미산출	전체
10	긍	0.0	–	0.1	0.1	전체	긍	0.0	0.5	0.6	0.5
	부	0.0	–	0.0	0.0						
	중	0.0	–	0.0	0.0		부	0.8	0.1	0.3	0.3
11	긍	0.0	–	0.6	0.6						
	부	0.0	–	0.0	0.0		중	0.0	0.2	0.1	0.1
	중	0.0	–	0.0	0.0						

<표 4-29>에 따르면, 채점 편향이 나타난 텍스트에서 '총평하기' 정보 처리 행동의 점유율이 높은 채점자는 1번, 7번, 14번, 16번, 17번, 18번, 19번 채점자였다. 이 중 1번, 16번, 17번, 18번, 19번 채점자는 엄격한 편향이 나타난 텍스트에서 '총평하기(부정 판단)'의 점유율이 높았고, 7번, 14번, 18번 채점자는 관대한 편향이 나타난 텍스트에서 '총평하기(긍정, 중립 판단)'의 점유율이 높았다. 이는 텍스트의 전체적인 수준을 부정적으로 판단할 때 매우 엄격한 점수를 부여할 경향이, 반대로 긍정적으로 판단하거나 중간 수준으로 판단할 때 매우 관대한 점수를 부여할 경향이 높다는 점을 시사한다.

이러한 결과는 극단적 수준의 텍스트에서 채점 편향이 나타날 가능성이 높다고 보고한 Kondo-Brown(2002), Schaefer(2008), 백유진(2020b)의 결과와 유사하다. 텍스트에 대한 이미지는 텍스트의 수준이 매우 낮거나 매우 높을 때 더욱 명확하게 형성되는 특징이 있으므로, 텍스트의 수준이 극단적일 경우 채점자는 이에 대한 인상을 강하게 형성한다. 그 결과 채점 기준별로 텍스트의 구체적인 감점 요인이나 가점 요인을 지적하며 점수를 부여하는 방식이 아니라 자신이 형성한 텍스트 이미지나 인상에 따라 점수를 부여하게 되고, 이러한 채점 방식으로 인해 채점 편향이 나타나게 된다.

▌다른 채점 기준의 개입

'다른 채점 기준의 개입'은 채점자들이 특정 채점 기준에 대한 판단을 내릴 때, 다른 채점 기준의 평가 요소를 고려하는 정보 처리 행동이다. 이러한 채점 방식은 채점자들이 채점 기준의 평가 요소들을 명확하게 변별하지 못한다는 것을 의미한다. 분석적 채점에서는 쓰기 능력을 구성하는 요인들을 각 채점 기준으로 설정해 필자의 쓰기 능력을 판단하므로, 채점 기준을 명확하게 변별하는 채점자의 능력은 채점 결과에 영향을 미치게 된다. 하지만 텍스트의 특징을 텍스트 전체의 맥락으로부터 따로 떼어내 특정 채점 기준과 연결 짓는 것은 매우 어려운 일이다. 이로 인해 특정 채점 기준의 평가 요소가 개입되거나, 같은 평가 요소가 둘 이상의 채점 기준에 중복 반영되기도 한다(권태현 2014, Perkins 1983). 특히 채점자가 수준이 매우 뚜렷하게 드러나는 평가 요소에 강한 인상을 받는다면, 보다 덜 뚜렷하게 드러나는 평가 요소에 이를 반영하게 될 가능성이 있다(Eckes 2011).

분석적 채점에서 활용되는 채점 기준들은 전형적으로 쓰기 능력을 구성하는 특징으로 구성되어 있으므로, 한 채점 기준이 다른 채점 기준과 밀접한 관련을 가지는 것은 필연적인 일이다(Eckes 2011). 김라연 (2007)에서는 교사들이 각 채점 기준에 부여한 점수들의 상관관계를 분석하여 주장의 성격과 근거에 대한 채점 기준, 내용의 구성과 주장의 성격에 관한 채점 기준, 내용의 구성과 근거에 관한 채점 기준, 독자 고려와 내용의 구성에 관한 채점 기준, 표현 방식과 독자 고려에 관한 채점 기준 사이에 유의한 상관이 있음을 밝혀냈는데, 이러한 결과는 채점 기준의 평가 요소들이 뚜렷하게 변별되지 않음을 의미한다.

　분석적 채점에서 채점 기준 간 개입이 필연적으로 나타날 수밖에 없는 현상이라고 하더라도, 특정 채점 기준이 다른 채점 기준의 채점에 영향을 미치는 양상은 채점자들마다 상이하므로, 이러한 채점 방식은 채점 결과의 타당성과 신뢰성에 부정적인 영향을 미친다(곽혜윤 2017, 김동수 2014, 김라연 2007). 예를 들어 근거가 타당하지 않을 때 채점 기준 2번과 3번을 동시에 감점하는 채점자는 채점 기준 3번만 감점하는 채점자와 상이한 채점 결과를 산출할 것이다. 그리고 채점자가 의도하지 않은 개입이 일어날 때, 해당 채점 방식은 채점자가 명확하게 내면화하고 있지 않을 가능성이 높으므로 텍스트마다 다른 방식으로 채점을 수행하는 문제가 나타날 수 있다. 이는 채점자 일관성을 적절하게 유지하는 데 부정적인 영향을 미친다. 그러므로 채점자 간 신뢰도뿐 아니라 채점자 일관성을 확보하기 위해서는 채점자마다 채점 기준 간 개입이 어떠한 방식으로 나타나는지를 파악할 필요가 있다.

　<표 4-30>은 전체 채점자의 프로토콜 중 '다른 채점 기준의 개입'에 해당하는 프로토콜 산출 빈도를 정리한 것이다.

〈표 4-30〉 '다른 채점 기준의 개입' 프로토콜 산출 빈도

정보 처리 행동		채점 기준								합계
		1 (맥락)	2 (주장)	3 (근거)	4 (통일)	5 (체계)	6 (응집)	7 (문장)	8 (어법)	
다른 채점 기준의 개입	긍	6	23	0	3	22	5	1	1	281
	부	33	45	30	32	15	40	15	10	(1.9%)

　<표 4-30>에 따르면, '다른 채점 기준의 개입' 정보 처리 행동의 프로토콜 수는 총 281개(1.9%)이며, 채점자 1인 당 1개의 채점 기준에

1.76개, 채점자 1인 당 1편의 텍스트에 0.47개의 프로토콜을 산출한 것으로 나타났다. 이는 '채점 근거 제시하기'나 '판단하기'와 같은 채점 과정의 주요 정보 처리 행동들보다는 현저히 낮은 수치지만, '다른 텍스트와 비교하기'나 '총평하기'와 같은 정보 처리 행동들보다는 높은 수치이다. 판단 유형별로 살펴보면, 긍정 판단은 61개(21.7%), 부정 판단은 220개(78.3%)인 것으로 나타났다. 채점자 입장에서는 '다른 기준 개입'이 '채점 근거 제시하기'의 정보 처리 행동과 같은 역할을 하므로 '채점 근거 제시하기'에서 나타난 것과 같이 부정 판단이 더 많았던 것으로 판단된다.

다른 채점 기준의 개입 양상을 보다 구체적으로 살펴보기 위해 측정 대상 채점 기준과 개입된 채점 기준을 중심으로 프로토콜을 정리하였다. '측정'은 측정 대상 채점 기준, '개입'은 측정 대상인 채점 기준의 수준을 판단할 때 개입된 다른 채점 기준을 의미한다.

〈표 4-31〉 다른 채점 기준의 개입 양상

개입＼측정	1	2	3	4	5	6	7	8	합계
1	–	3	2	5	2	0	2	0	14
2	5	–	5	11	20	1	1	0	43
3	8	53	–	6	7	11	2	0	87
4	1	1	0	–	4	3	0	0	9
5	1	8	12	7	–	25	1	5	59
6	0	1	6	5	4	–	3	1	20
7	4	2	5	1	0	5	–	5	22
8	0	0	0	0	0	0	7	–	7
2, 3, 4	20	0	0	0	0	0	0	0	20
합계	39	68	30	35	37	45	16	11	281

　〈표 4-31〉에 따르면, 다른 채점 기준의 개입을 가장 많이 받은 채점 기준은 2번이었다(68개, 24.2%). 이는 채점자들이 주장의 명료성이나 타당성을 판단할 때 다른 평가 요소의 수준을 많이 고려한다는 것을 의미한다. 특히 채점 기준 2번은 채점 기준 3번의 개입(53개)을 많이 받는 것으로 나타났는데, 이는 채점자들이 주장의 명료성과 타당성을 근거의 풍부성, 타당성과 관련지어 채점하는 경향이 있음을 의미한다. 이러한 결과가 나타난 이유는 타당한 근거를 많이 제시할수록 필자가 주장하고자 하는 바가 명료해지고 타당해지기 때문인 것으로 판단된다.

　반면, 다른 채점 기준에 가장 많이 개입한 채점 기준은 3번(87개, 31.0%)이었다. 이는 근거의 풍부성과 명료성이 다른 채점 기준의 평가에 큰 영향을 미친다는 것을 의미한다. 근거와 직접적으로 관련이 있는 내용 생성 요소, 주장의 명료성, 타당성, 텍스트의 통일성 외에도 체계성, 응집성 등의 조직적 측면, 문장의 명료성과 같은 표현적 측면의 채점에까지 근거 요소가 개입하는 양상이 나타났으므로, 이러한 정보 처리 행동이 나타나는 채점 과정은 유의해서 살펴볼 필요가 있다.

　주목할 만한 점은 채점 기준 8번이 개입한 채점 기준이 7번밖에 없다는 것과, 반대로 채점 기준 8번에 개입한 채점 기준이 5, 6, 7번 밖에 없다는 것이다. 이는 채점자들이 어법과 관련된 평가 요소를 다른 평가 요소들과 명확하게 변별한다는 것을 나타낸다. 또한 채점자들이 다른 채점 기준의 수준을 판단할 때 어법 요소를 크게 고려하지 않는다는 것을 의미한다. 사후 설문 분석 결과 채점자 20명 중 가장 중요하지 않은 채점 기준으로 8번을 꼽은 채점자는 17명에 달했는데, 이는 채점자들이 필자의 어법 능력을 다른 평가 요소들보다 중요하게 생각하지 않는다는 것을 의미한다. 즉, 쓰기 능력의 여러 구성 요소 중 어법 능력은 다른 능력들과 관련성이 떨어지고, 다른 쓰기 능력 수준을 판단하는 데 상대적으로 영향을 덜 미치므로 채점자들이 채점 기준 8번의 중요도를 낮게 인식했다고 볼 수 있다.

'다른 채점 기준의 개입' 정보 처리 행농이 채점 편향에 미치는 영향을 살펴보기 위해 프로토콜의 점유율을 분석하였다. <표 4-32>는 채점 편향이 나타난 텍스트와 채점 편향이 나타나지 않은 텍스트에서 각 채점자들이 산출한 '다른 채점 기준의 개입' 프로토콜의 점유율을 나타낸다.

〈표 4-32〉 채점 편향 산출 여부에 따른 '다른 채점 기준의 개입' 프로토콜 점유율

채점자	극성	엄격	관대	미산출	전체	채점자	극성	엄격	관대	미산출	전체
1	긍	0.0	0.0	0.0	0.0	12	긍	0.0	0.0	0.2	0.1
	부	0.8	4.5	2.1	2.1		부	1.2	2.1	0.7	0.9
3	긍	0.0	–	0.0	0.0	14	긍	0.0	0.0	0.0	0.0
	부	0.0	–	0.6	0.6		부	0.0	0.0	0.2	0.2
4	긍	2.5	0.0	0.2	0.3	15	긍	1.0	3.0	1.5	1.5
	부	5.0	0.0	3.2	3.2		부	4.8	3.0	1.9	2.3
5	긍	0.0	0.0	0.3	0.2	16	긍	0.0	0.0	0.0	0.0
	부	1.3	3.2	1.7	1.7		부	0.0	0.0	0.9	0.8
6	긍	0.0	–	0.0	0.0	17	긍	0.0	0.0	0.0	0.0
	부	0.0	–	1.6	1.4		부	1.7	0.0	0.8	0.9
7	긍	0.0	0.0	0.4	0.3	18	긍	0.0	0.7	2.0	1.1
	부	4.0	2.7	3.8	3.7		부	3.7	2.1	1.0	2.1
8	긍	0.0	0.0	0.2	0.1	19	긍	0.0	–	0.2	0.2
	부	2.1	0.0	0.9	1.0		부	0.0	–	1.2	1.2
9	긍	0.0	0.0	1.4	1.3	20	긍	0.0	1.0	0.2	0.3
	부	0.0	0.0	1.1	1.0		부	0.0	2.9	1.2	1.4
10	긍	2.7	–	1.7	1.8	전체	긍	0.4	0.4	0.4	0.4
	부	0.9	–	0.9	0.9						
11	긍	0.0		0.2	0.2		부	1.8	1.8	1.4	1.5
	부	0.0		0.6	0.6						

  <표 4-32>에 따르면, 채점 편향이 나타난 텍스트에서 '다른 채점 기준의 개입' 정보 처리 행동의 점유율이 높은 채점자는 총 11명(55%)이었다. 이 중에서 점유율이 가장 높게 산출된 15번 채점자는 채점 기준 1번의 점수를 부여할 때 채점 기준 2번, 3번, 4번의 점수를 고려하여 채점하는 매우 독특한 경향이 있었는데, 이는 15번 채점자가 채점 기준 1번의 평가 요소를 명확히 설정하지 못했음을 의미한다.

  4번 채점자와 18번 채점자는 채점 기준 8번을 제외한 모든 채점 기준에서 다른 채점 기준의 평가 요소를 반영하는 프로토콜이 산출되었는데, 이는 4번과 18번 채점자가 채점 기준들을 명확히 변별하지 못하고 있음을 의미한다. 이외에도 1번과 12번 채점자는 채점 기준 6번을, 8번 채점자는 채점 기준 4번을, 10번 채점자는 채점 기준 2번을, 20번 채점자는 채점 기준 1번, 2번, 3번, 4번을 채점하는 과정에서 다른 채점 기준의 평가 요소를 많이 고려하는 것으로 나타났다.

  '부정 판단'의 점유율을 살펴보면, 4번, 7번, 8번, 12번, 15번, 17번, 18번 채점자는 엄격한 편향이 나타난 텍스트에서 점유율이 높았고, 반대로 1번, 5번, 12번, 15번, 18번, 20번 채점자는 관대한 편향이 나타난 텍스트에서 점유율이 높은 것을 확인할 수 있다. 이는 다른 채점 기준의 감점 요인을 고려해 점수를 부여할 때, 채점자들마다 해당 감점 요인에 부여하는 가중치가 상이할 수 있음을 시사한다. 전자의 경우 다른 채점 기준의 감점 요인에 매우 큰 가중치를 부여해 엄격한 점수를 부여했을 가능성이, 후자의 경우 매우 작은 가중치를 부여해 관대한 점수를 부여했을 가능성이 있다. 이 중에서 12번, 15번, 18번 채점자는 엄격한 편향과 관대한 편향이 나타난 텍스트 모두에서 '다른 채점 기준의 개입'의 점유율이 높았는데, 이는 해당 감점 요인에 일관적으로 가중치를 부여하고 있지 않을 가능성이 있음을 시사한다.

다른 채점 기준의 평가 요소를 고려하며 채점할 때 가점 요인이나 감점 요인을 두 채점 기준에 중복 반영하는 문제가 발생하기도 한다. 이 경우 채점자는 자신의 일반적인 엄격성 수준보다 관대하거나 엄격한 점수를 부여하게 될 가능성이 높아진다. 그리고 특정 평가 요소에 대한 인상이 너무 강해서 다른 채점 기준에도 이를 반영한다면, 해당 채점 기준의 가점 요인이나 감점 요인을 지적하지 못하는 문제가 발생하기도 한다. 이러한 방식으로 다른 채점 기준의 평가 요소를 고려하여 점수를 부여하는 정보 처리 행동은 채점 편향에 영향을 미친다.

▌ 외적 요소 고려하기

'외적 요소 고려하기'는 채점자들이 채점 기준 외적 요소를 고려하는 정보 처리 행동이다. 채점자들마다 쓰기 능력을 구성하는 요소에 대한 생각이 다르고, 심지어 각 요소를 중요하게 여기는 정도도 다르기 때문에, 채점 기준에 대한 해석을 일치시키는 것은 매우 어려운 일이다(Eckes 2012, White 1984). 이러한 맥락에서 채점자들은 종종 채점 기준에 명시되어 있지 않은 평가 요소들, 즉 '텍스트의 양'이나 '텍스트의 전체 수준'을 채점에 반영하기도 한다.

이 중에서도 채점자들이 가장 빈번하게 채점에 반영하는 채점 기준 외적 요소는 '텍스트의 양'이다. 텍스트의 양은 주로 텍스트의 초기 인상을 형성하는 데 영향을 미치며, 특히 양이 적을 경우 특정 채점 기준의 점수를 감점하는 데 영향을 미친다(Crisp 2007, Sakyi 2000, Nold & Freedman 1977). 중요한 것은 채점 기준 외적 요소가 채점 기준에 명시되어 있지 않아서 채점자들마다 이를 채점에 반영하는 양상이 각기 다르다는 점이다(Milanovic et al. 1996). 예를 들어, 어떤 채점자는 텍스트의 양을 매우 중요하게 여겨 모든 채점 기준의 점수에 반영할 수 있지만 어떤 채점자는 이를 무시하고 점수를 부여할 수 있다. 특히 텍스트의 양이 적지만 실제 텍스트의 수준이 적절할 때, 채점자들은 점수를 부여하는 데 어려움을 겪기도 한다(Lumley 2002). 이러한 어려움은 타당하지 않은 방식으로 점수를 부여하는 문제를 유발해 채점 편향이 나타나는 데 영향을 미칠 수 있다.

채점 기준 외적 요소를 고려하는 방식은 채점자가 명확하게 내면화하고 있지 않을 가능성이 높으므로, 이를 채점에 적용한다면 채점 일관성이나 채점 편향에 영향을 미칠 수 있다(이창수 2014). 채점자의 사고구술 프로토콜을 분석한 백유진(2020a)에서는 적합 일관성으로 분류된 채점자들에 비해 과적합·부적합 일관성으로 분류된 채점자들이 채점을 할 때 텍스트의 양을 더 많이 고려하는 것으로 나타났는데, 이는 텍스트의 양을 고려하는 양상의 차이가 채점의 일관성에 영향을 미칠 수 있음을 시사한다.

<표 4-33>은 전체 채점자의 프로토콜 중 '외적 요소 고려하기'에 해당하는 프로토콜 산출 빈도를 정리한 것이다.

<표 4-33> '외적 요소 고려하기'의 프로토콜 산출 빈도

정보 처리 행동			채점 기준									합계
			1 (맥락)	2 (주장)	3 (근거)	4 (통일)	5 (체계)	6 (응집)	7 (문장)	8 (어법)	9 (기타)	
외적요소 고려하기	양	긍	9	1	0	1	9	1	2	1	24	165 (1.1%)
		부	33	6	10	4	24	0	2	8	22	
	텍스트 수준	긍	0	0	0	0	0	0	1	0	-	
		부	1	0	0	2	2	1	0	1	-	

<표 4-33>에 따르면, '외적 요소 고려하기'의 정보 처리 행동의 프로토콜 수는 총 165개(1.1%)로, 채점자 1인 당 텍스트 1편에 0.28개, 채점자 1인 당 채점 기준 1개에 1.03개의 프로토콜을 산출한 것으로 나타났다. 다른 정보 처리 행동에 비해 프로토콜 수가 적게 산출된 것은 채점자들이 스스로 채점 기준 외적 요인을 채점에 반영하지 않으려고 통제하려는 경향이 있기 때문이다(Crisp 2007). 20번 채점자는 '얘는 분량이 짧네. 그래도 잘 쓸 수는 있지.'라고 발언했는데, 이는 그가 분량으로 인한 채점 편향을 통제하려고 노력하고 있음을 보여준다. 즉, 텍스트의 양이 필자의 손글씨 수준과 같이 텍스트의 수준에 대한 채점 편향을 일으킬 수 있어서 채점자들이 스스로 이러한 요소를 채점에 배제하려고 노력했을 가능성이 있다.

이 중에서 '텍스트의 양 고려하기'는 157개(95.1%), '텍스트 수준 고려하기'는 8개(4.9%)의 프로토콜이 산출되었다. 개별적으로 살펴보면, '텍스트의 전체 양에 대한 총평하기'(46개)의 프로토콜이 가장 많이 산출되었다. 이는 채점자들이 텍스트의 양을 각 채점 기준에 구체적으로 반영하기보다 텍스트 수준에 대한 전체적인 인상을 형성하는 방식으로 채점에 반영한다는 것을 의미한다. 하지만 텍스트의 전체 양에 대한 긍정적 혹은 부정적 판단이 채점 일관성을 적합하게 유지하는 데 부정적인 영향을 미칠 수 있으므로, 채점 상황에서는 텍스트의 양을 고려하는 정보 처리 행동을 적절히 통제할 필요가 있다(신동일 2001, 백유진 2020b, 2020a).

판단 유형별로 살펴보면, 긍정 판단은 49개(29.7%), 부정 판단은 116개(70.3%)인 것으로 나타났다. 이는 채점자들이 텍스트의 양이 매우 적거나 텍스트의 수준이 매우 낮을 때 더 많은 프로토콜을 산출했다는 것을 의미한다. 특히 '텍스트의 양 고려하기(부정 판단)'의 프로토콜이 109개(66%)에 달했는데, 이는 선행 연구에 나타난 결과와 유사하게 채점자들이 텍스트의 양이 많을 때보다 적을 때 '텍스트의 양'을 채점에 반영한다는 것을 의미한다.

'외적 요소 고려하기'의 정보 처리 행동이 채점 편향에 미치는 영향을 살펴보기 위해 프로토콜의 점유율을 분석하였다. <표 4-34>는 채점 편향이 나타난 텍스트와 채점 편향이 나타나지 않은 텍스트에서 채점자들이 산출한 '외적 요소 고려하기'의 점유율을 나타낸다.

〈표 4-34〉 채점 편향 산출 여부에 따른 '외적 요소 고려하기' 프로토콜 점유율

채점자	극성	엄격	관대	미산출	전체	채점자	극성	엄격	관대	미산출	전체
1	긍	0.0	3.0	0.3	0.4	12	긍	0.0	0.0	0.2	0.1
	부	3.8	0.0	1.0	1.2		부	0.0	0.0	0.0	0.0
3	긍	0.0	-	1.0	1.0	14	긍	0.0	0.0	0.0	0.0
	부	0.0	-	1.6	1.5		부	0.0	0.0	0.0	0.0
4	긍	2.5	0.0	0.2	0.3	15	긍	1.0	0.0	1.1	1.0
	부	5.0	5.9	2.5	2.7		부	2.9	0.0	1.7	1.7
5	긍	0.0	0.0	0.0	0.0	16	긍	0.0	0.0	0.0	0.0
	부	0.0	0.0	1.3	1.1		부	0.0	0.0	0.0	0.0
6	긍	0.0	-	0.2	0.1	17	긍	0.0	0.0	0.4	0.4
	부	4.1	-	0.0	0.4		부	0.0	0.0	0.2	0.2
7	긍	0.0	0.0	0.0	0.0	18	긍	0.0	0.0	0.3	0.2
	부	0.0	0.0	0.0	0.0		부	0.0	0.0	0.7	0.3
8	긍	0.0	0.0	0.0	0.0	19	긍	0.0	-	0.9	0.9
	부	0.0	0.0	0.3	0.2		부	0.0	-	0.6	0.5
9	긍	0.0	0.0	0.0	0.0	20	긍	0.0	0.0	0.0	0.0
	부	0.0	0.0	0.0	0.0		부	0.0	1.0	0.5	0.5
10	긍	2.7	-	0.9	1.2	전체	긍	0.4	0.2	0.3	0.3
	부	2.7	-	2.1	2.2		부	1.2	0.2	0.7	0.7
11	긍	0.0	-	0.0	0.0						
	부	0.0	-	0.4	0.4						

<표 4-34>에 따르면, 채점 편향이 나타난 텍스트에서 '외적 요소 고려하기' 정보 처리 행동의 점유율이 높은 채점자는 1번, 4번, 6번, 10번, 15번, 20번이었다. 대부분의 채점자들은 '채점 기준 외적 요소'라는 평가 요소를 채점에 크게 반영하지 않는 것으로 나타났다. 이는 전술했듯이 채점자들이 의식적으로 채점 기준 외적 요소를 채점 과정에 반영하지 않으려는 노력을 했기 때문인 것으로 판단된다.

4번 채점자는 '외적 요소 고려하기(부정 판단)'의 점유율이 엄격한 편향이 나타난 텍스트와 관대한 편향이 나타난 텍스트에서 모두 매우 높게 나타났는데, 이는 4번 채점자가 채점 과정에서 채점 기준 외적 요소를 매우 중요하게 고려한다는 점을 시사한다. 하지만 채점 편향이 나타난 두 텍스트에서 부정 판단이 모두 높았다는 점을 고려하면, 이를 점수에 반영하는 가중치는 텍스트마다 상이한 것으로 볼 수 있다.

외적 요소 중 '텍스트의 양'을 반영하는 채점 기준에는 채점자들마다 차이가 있었다. 특히 10번 채점자와 15번 채점자는 '텍스트의 양'이라는 평가 요소를 처음부터 채점 기준의 하위 평가 요소로 설정해 채점하는 경향이 있었는데, 이 요소를 반영하는 채점 기준과 반영 방식에는 차이가 있었다. 10번 채점자는 채점 기준 5번에 '텍스트의 양'을 반영했고 10줄 미만일 때 1점을 부여했지만, 15번 채점자는 채점 기준 5번에 반영하되 30줄 미만일 때는 일괄적으로 2점을 감점했다. 한편, 1번 채점자는 텍스트의 양이 매우 적을 때 모든 채점 기준의 만점을 3점으로 조정한 후 채점하는 독특한 모습을 보였다.

종합하자면, 채점자들은 채점 기준 외적 요소를 채점에 반영하지 않으려고 노력하는 경향이 있다. 하지만 일부 채점자들은 채점 기준 외적 요소 중에서도 '텍스트의 양'이라는 평가 요소를 강하게 인식해, 이를 채점에 반영하는 경향이 있다. 이때, 채점자들마다 '텍스트의 양'을 점수에 반영하는 방식은 상이하다. 그리고 채점 기준 외적 요소는 채점자 스스로도 내면화하기가 어렵기 때문에 텍스트마다 다르게 해당 평가 요소를 반영하게 되는 문제가 발생할 수 있다.

▌실수

'실수'[8]는 채점 과정에서 나타나는 잘못된 판단과 관련된 정보 처리 행동이다. 채점자들은 텍스트를 읽는 과정에서 텍스트의 내용이나 주제, 혹은 필자의 주장을 잘못 파악하기도 하며, 자신이 판단한 내용을 착각하는 등의 실수를 범하기도 한다. 또한 평가 요소를 수량화해 점수에 반영할 때 텍스트를 읽으면서 찾아냈던 감점 요인의 수를 잘못 합산해 점수를 부여하기도 하며, 채점 시 유의 사항을 숙지하지 못해 잘못 채점하기도 한다. 이러한 채점 행위들은 명백히 잘못된 판단이므로 채점 결과의 신뢰성을 떨어뜨리는 데 큰 영향을 미친다.

<표 4-35>는 전체 채점자의 프로토콜 중 '실수'에 해당하는 프로토콜 산출 빈도를 정리한 것이다.

〈표 4-35〉 '실수'의 프로토콜 산출 빈도

정보 처리 행동	채점 기준								합계
	1 (맥락)	2 (주장)	3 (근거)	4 (통일)	5 (체계)	6 (응집)	7 (문장)	8 (어법)	
실수	1	14	5	3	2	3	4	41	73 (0.5%)

---

8) '실수'를 '평가적 읽기' 과정에 포함한 것은 채점자들이 실수를 인식하지 못한 채 채점을 하기 때문이다. 채점 근거를 잘못 파악했거나, 텍스트의 내용을 잘못 이해했거나, 자신이 판단한 내용을 착각했을 때에도 이를 그대로 점수에 반영하는 경우가 있는데, 이러한 실수들도 채점자의 입장에서는 평가적 읽기 과정에 해당한다.

<표 4-35>에 따르면, '실수'의 프로토콜 수는 총 73개(0.5%)개로, 채점자 1인 당 채점 기준 1개에 0.46개, 채점자 1인 당 텍스트 1편에 0.12개의 프로토콜을 산출한 것으로 나타났다. 단일 정보 처리 행동 중 가장 적은 프로토콜이 산출되었으며, 이는 채점자들이 실수를 많이 범하는 것은 아님을 의미한다. 이러한 결과가 나타난 이유는 연구에 참여한 채점자들이 교원 양성 과정을 이수한 후 학교에 재직 중인 현직 국어 교사들이었기 때문인 것으로 판단된다. 사후 설문에서 이 연구에 참여한 채점자들은 매년 2~8회의 쓰기 채점을 시행하고 있으며, 주로 수행 평가 상황에서 쓰기 채점을 시행한다고 응답하였다. 학생의 성적과 밀접한 관련이 있는 수행 평가는 고도의 채점 전문성을 요한다. 이러한 쓰기 채점 경험이 '실수'의 정보 처리 행동이 적게 산출되는 데 영향을 미친 것으로 보인다.

이 중에서 많은 실수가 나타난 채점 기준은 채점 기준 8번(41개, 56.2%)과 채점 기준 2번(14개, 19.2%)이었다. 채점 기준 8번에 관한 실수는 주로 텍스트를 읽으면서 지적한 어법 오류의 수를 잘못 합산해 점수에 반영하는 것, 채점 지침에 제시되어 있지 않은 띄어쓰기의 수준을 반영하는 것이었다. 특히 어법 오류의 개수대로 점수의 급간을 나눠 채점 기준 8번에 점수를 부여하는 채점자들에게서 이러한 실수가 많이 나타났다. 한편, 채점 기준 2번의 실수는 주로 필자의 주장을 잘못 파악하는 것이었다. 필자의 주장을 잘못 파악한다면 근거의 타당성, 텍스트의 통일성 등에 대한 판단도 달라질 수 있으므로 채점 기준 2번의 실수는 채점 기준 3번과 4번의 점수에도 영향을 미칠 수 있다.

채점자가 텍스트의 내용이나 채점 지침을 정확하게 이해하지 못한 채 채점을 수행하면, 같은 수준의 텍스트에 매우 상이한 점수를 부여

하게 된다. 이는 채점자 간 차이뿐 아니라 채점자 일관성에도 부정적
인 영향을 미칠 수 있다. 이러한 맥락에서 '실수'가 채점 편향에 미치
는 영향을 살펴보기 위해 프로토콜의 점유율을 분석하였다. <표 4
-36>은 채점 편향이 나타난 텍스트와 채점 편향이 나타나지 않은 텍
스트에서 각 채점자들이 산출한 '실수' 프로토콜의 점유율을 나타낸다.

〈표 4-36〉 채점 편향 산출 여부에 따른 '실수' 프로토콜 점유율

채점자	엄격	관대	미산출	전체	채점자	엄격	관대	미산출	전체
1	0.0	3.0	0.9	0.9	12	0.0	0.0	0.0	0.0
3	0.0	-	0.1	0.1	14	0.0	1.0	0.5	0.5
4	0.0	0.0	0.4	0.3	15	1.9	0.0	1.0	1.0
5	1.3	0.0	0.4	0.5	16	2.0	0.0	0.0	0.2
6	1.4	-	0.2	0.3	17	0.0	0.0	0.0	0.0
7	0.0	0.9	0.0	0.1	18	2.7	0.0	0.7	1.1
8	0.7	0.0	1.9	1.5	19	0.0	-	0.7	0.6
9	2.4	0.0	0.0	0.2	20	0.0	0.0	0.2	0.1
10	0.0	-	0.1	0.1	전체	0.9	0.5	0.4	0.5
11	0.0	-	0.0	0.0					

<표 4-36>에 따르면, 채점 편향이 나타난 텍스트에서 '실수'의 점
유율이 높은 채점자는 1번, 5번, 6번, 7번, 9번, 14번, 15번, 16번, 18번
이었다. 이 중 채점 편향이 나타난 텍스트에서 실수의 점유율이 가장
높게 나타난 채점자는 18번이었다. 그는 2번 텍스트를 채점할 때 필자
의 입장을 잘못 파악했는데, 이러한 실수가 근거의 타당성, 통일성의
수준까지 잘못 판단하는 결과로 이어지게 되었다. 한편 1번, 5번, 15번
채점자는 채점 기준 8번에 관한 점수를 부여할 때 어법 오류의 개수대
로 채점하는 경향이 있었는데, 이때 텍스트를 읽으면서 지적한 어법
오류의 수를 잘못 합산해 점수에 반영하는 실수를 모습을 보였다. 6번

채점자와 9번 채점자는 띄어쓰기를 채점 기준 8번에 반영하는 실수를 범하는 경향이 있었다.

종합하자면 필자의 주장을 잘못 파악하거나 자신이 지적한 감점 요인을 점수 부여 과정에서 누락하는 경우, 채점 지침을 제대로 지키지 않는 등의 실수를 범할 경우 텍스트의 수준을 잘못 판단하는 결과가 나타날 수 있다. 이러한 실수는 채점 편향이 나타나는 요인으로 작용하며, 채점자가 자신의 엄격성 수준을 일관성 있게 유지하는 데 부정적인 영향을 미친다고 할 수 있다.

(2) 평가적 읽기 과정에서 나타나는 채점 방식의 문제

▌ 인상 평가의 문제

각 채점 기준의 하위 평가 요소를 설정하는 것은 매우 어려운 일이다. 특히 이러한 평가 요소가 텍스트 표면에 명시적으로 드러나지 않는다면, 텍스트에서 평가 요소를 추출하고 각 척도에 따라 수준별로 변별하는 것은 인지적으로 큰 부담이 따르는 일이다. 이로 인해 채점자들은 각 채점 기준의 전반적 수준이나 텍스트 전체에 대한 인상에 따라 점수를 부여하기도 한다. Lumley(2002)와 Grainger, Purnell, & Kipf(2008)에서는 채점자들이 먼저 전체 텍스트를 직관적으로 채점한 후, 직관적 인상을 채점 기준에 맞추는 경향이 있음을 지적하기도 했다. 이는 결국 초기에 형성한 채점자의 인상이 채점에 큰 영향을 미친다는 것을 의미한다.

하지만 구체적인 하위 평가 요소를 설정하지 않고 인상에 따라 점수를 부여한다면 텍스트 수준에 대한 채점자의 내적 기준이 흔들릴 수 있다. 이는 수준이 유사한 텍스트에 상이한 점수를 부여하거나, 수준이 다른 텍스트에 유사한 점수를 부여하는 등 텍스트를 수준별로 적절하게 변별하지 못하는 문제를 유발한다.

채점자가 전체 텍스트에 대한 인상만으로 점수를 부여할 경우, 각 채점 기준에 유사한 점수를 부여하는 후광효과가 나타나기도 한다(신동일·장소영 2002, Eckes 2011). 후광 효과가 나타나면 세밀한 수준 변별이 필요한 상황에서는 문제가 될 수 있다. 이러한 후광 효과는 텍스트를 수준별로 변별하지 못하는 '범위의 제한[restriction of range]' 문제를 낳는 원인으로 작용하기도 한다.

인상 평가로 점수를 부여한다면 학생 텍스트를 구체적으로 진단하지 못하는 문제도 발생한다. 쓰기 평가의 본질적 목적은 쓰기 능력 신장을 위해 필자의 쓰기 능력 수준을 진단하고 그 개선 방안을 제시하는 것이다. 하지만 텍스트에서 구체적인 감점 요인이나 가점 요인 등에 대한 정보를 추출해 내지 못할 경우 학생에게 적절한 피드백을 제공하기 힘들기 때문에 이러한 채점 방식은 타당하다고 할 수 없다.

이 연구에서는 '채점 근거 제시하기, 다른 텍스트와 비교하기, 개선 방안 제시하기, 다른 채점 기준의 개입, 외적 요소 고려하기, 실수'와 관련된 정보 처리 행동 없이 '판단하기'만으로 각 채점 기준에 점수를 부여하거나, '총평하기'만으로 점수를 부여한 경우 '인상 평가'가 나타난 것으로 보았다. 구체적으로, 전체 텍스트 수준에 대한 인상에 따라 모든 채점 기준의 점수를 일괄적으로 부여하는 방식으로 인상 평가가 이루어진 상황과 개별 채점 기준에 대해 인상 평가가 이루어진 상황을 분류하여 채점 결과와 채점 과정을 분석하였다.

우선 전체 텍스트 수준에 대한 인상 평가 방식이 채점 편향에 미치는 영향에 대해 살펴보기 위해 관대한 편향이 나타난 텍스트에서 '총평하기(긍정 판단)'의 프로토콜 점유율이 높게 나타난 14번 채점자의 채점 과정을 분석하였다.

〈표 4-37〉 14번 채점자의 쌍대 비교 분석 결과

R	채점 편향 산출 텍스트			채점 편향 미산출 텍스트			t	p
	T	Measr	SE	T	Measr	SE		
14	13	-1.31	0.53	25	0.52	0.29	3.01	0.0108

14번 채점자의 전체 엄격성 수준은 0.03 logit(SE=0.06)으로, 13번 텍스트와의 편향 크기는 1.34 logit(SE=0.53), 25번 텍스트와의 편향 크기는 -0.49 logit(SE=0.29)이었다. 13번 텍스트의 수준은 0.76 logit(SE=0.09), 25번 텍스트의 수준은 0.74 logit(SE=0.09)으로 비슷하였으며, 20명의 채점자들이 13번 텍스트에 부여한 점수의 평균은 41.95점(SD=4.9), 25번 텍스트에 부여한 점수의 평균은 41.85점(SD=6.0)으로 두 텍스트 간 평균 차이는 유의하지 않았다(p>.05). 하지만 14번 채점자는 13번 텍스트의 경우 -1.31 logit의 엄격성으로, 25번 텍스트의 경우 0.52 logit의 엄격성으로 매우 다르게 채점하였다. 13번 텍스트와 25번 텍스트를 채점할 때 14번 채점자의 엄격성 간 차이는 t=3.01(p<.05)로 유의하였다. 다음 <표 4-38>은 14번 채점자가 13번 텍스트와 25번 텍스트를 채점하면서 산출한 프로토콜을 비교한 것이다.

〈표 4-38〉 14번 채점자의 13번, 25번 텍스트 채점 과정

번호	코드	프로토콜	번호	코드	프로토콜
					T25

T13			T25		
번호	코드	프로토콜	번호	코드	프로토콜
1	C2-	(1~4줄)(4줄에 밑줄) 반대하는 입장입니다. 그렇지 명료해.	1	C2-	(1~5줄) 지구 온난화와 해양 쓰레기. 자연을 존중해야 하는데, 인간의 존엄성과 동물의 존엄성을 동등하게 할 수 없고 그래서 동물을 학대하는 것은 아니지만 동물 실험을 할 수 있다고 생각한다. 무슨 말이야 이게? 이도저도 아닌데. 찬성인지 반대인지 알 수 없잖아. 찬성인 것 같긴 한데
2	C3+	(5~10줄)(7줄의 '균질한 질'에 표시)생명이 균질할 수 있느냐 좋은 지적인 것 같아.			
3	D30	(11~14줄)(14줄의 '탈리도마이드'에 표시)탈리도마이드 또 나왔네.			
5	G+	(18~34줄)좋네. <(15~17줄) 어 이건 교과서 같네. 이 친구는>	2	B3	(6~25줄)(14줄의 '신약개발'에 표시)신약 개발의 예를 쭉 들고 있네.
			3	C3+	(26~30줄) (26~30줄 묶으며) 좋은 근거인 것 같아.
6	Ka1	(채점 기준 1을 보며) (5점이라고 씀)	4	C5+	(31~36줄)(31~36줄 묶으며) 애는 정리를 좀 했네. 결론에 정리한 건 좋은 것 같아.
7	Ka2	(채점 기준 2를 보며) (6점이라고 씀)			
8	Ka3	(채점 기준 3을 보며) (5점이라고 씀)	5	Ka1	(채점 기준 1을 보며) (4점이라고 씀)
9	Ka4	(채점 기준 4를 보며) (6점이라고 씀)	6	F2-	(채점 기준 2를 보며)주장의 명료성 타당성 떨어지지 솔직히
10	Ka5	(채점 기준 5를 보며) (5점이라고 씀)	7	F2-	(채점 기준 2를 보며)주장의 명료성 타당성 떨어지지 솔직히
			8	Ka2	(3점이라고 씀)
11	E5	이건 6점 주기가 좀 아쉬운데, 근거 안에 세부 근거들이 조금만 더 있었으면 좋겠다. 그럼 진짜 완벽했을 것 같은 느낌	9	C3-	(채점 기준 3을 보며)(11줄의 '최상위 포식자'를 가리키며) 최상위 포식자. 이건 동물실험하고 관련이 있나? 타당 안한 것 같은데
			10	Ka3	(3점이라고 씀)
12	F6+	(채점 기준 6을 보며) 응집성은 갖추고 있지.	11	F4-	(채점 기준 4를 보며) 통일성은 떨어지고
13	Ka6	(6점이라고 씀)	12	Ka4	(3점이라고 씀)
14	F7+	(채점 기준 7을 보며) 정말 명료했고	13	F5+	(채점 기준 5를 보며) 체계적으로 구성된 것 같아.

T13			T25		
번호	코드	프로토콜	번호	코드	프로토콜
15	Ka7	(6점이라고 씀)	14	Ka5	(5점이라고 씀)
16	F8+	(채점 기준 8을 보며) 틀린 어법을 본 적이 없고	15	Ka6	(채점 기준 6을 보며) (4점이라고 씀)
			16	Ka7	(채점 기준 7을 보며) (3점이라고 씀)
17	Ka8	(6점이라고 씀)	17	Ka8	(채점 기준 8을 보며) (4점이라고 씀)

<표 4-38>은 13번과 25번 텍스트의 전체 채점 과정을 보여주는 프로토콜이다. 20명의 채점자들이 13번 텍스트와 25번 텍스트의 각 채점 기준에 대해 부여한 점수의 평균은 Wilcoxon rank sum test 결과 모두 유의한 차이가 없었는데($p > .05$), 14번 채점자는 두 텍스트에 상이한 점수를 부여하고 있다. 주목할 만 한 점은 14번 채점자가 13번 텍스트의 5개의 채점 기준에 6점을 부여하고 있다는 점이다. 14번 채점자는 30편의 텍스트를 채점하는 동안 6점 척도를 21번(9%)밖에 활용하지 않았는데, 이는 그가 6점에 해당하는 텍스트의 수준을 매우 높게 설정하고 있다는 것을 의미한다. 14번 채점자는 25번 텍스트처럼 대부분의 채점자들이 6점을 부여하는 텍스트에도 4점이나 5점을 부여하는 경향이 있었는데, 13번 텍스트의 5개의 채점 기준에 6점을 부여했다는 것은 그가 13번 텍스트의 수준을 매우 높게 판단했다는 것을 의미한다.

14번 채점자의 13번 텍스트 채점 과정을 살펴보면, 텍스트를 모두 읽은 후 '(18~34줄)좋네.'라고 총평을 내리며 거의 한 번에 점수를 부여하는 모습이 나타난다. 이는 14번 채점자가 13번 텍스트의 수준이 매우 높다고 판단했고, 그에 따른 인상을 중심으로 대부분의 채점 기준에 6점을 일괄적으로 부여한 것으로 볼 수 있다. 이렇듯 전체적인

인상에 따라 점수를 부여하는 채점 방식은 세부 평가 요소들을 변별
적으로 판단하지 못해 특정 감점 요인들을 파악해내지 못하는 결과를
낳을 수 있다.

예컨대, 20명의 채점자들이 13번 텍스트의 채점 기준 7번에 부여한
점수의 평균은 5.05점(SD=1.1)이었고, 만점을 부여하지 않은 채점자가
11명이었는데, 이는 13번 텍스트의 채점 기준 7번에 감점 요인들이 있
다는 것을 의미한다.

〈표 4-39〉 13번 텍스트의 채점 기준 7번에 대한 채점자들의 판단 내용

프로토콜 번호	프로토콜	점수	코드
R1-T13-N11	(19~22줄)(20줄의 '이 실험방법', 22의 '이 방법'에 표시)이 실험방법, 이 방법을 두 번 반복하고 있어서 문장이 어색하고(채점 기준 7에 표시 1개)	4점	C7-
R1-T13-N45	아까 문장 어색했지 마지막에(32~34줄 부분 가리키며)		C7-
R2-T13-N29	(19~22줄)문장이 너무 길다. 이건 어색한 게 아니라 명료한 것과 관련 있는 것 같아. 어색한 문장은 아니지만 문장이 너무 길어.	5점	C7-
R5-T13-N4	(8~9줄에 밑줄)'우리의 편리성을 위해 유전적으로 규제하여 생산하는 것이 과연 옳은 일인가 생각해 볼 필요가 있습니다.' 이렇게 써야지. 좀 어색	5점	C7-
R6-T13-N18	(채점 기준 7을 보며)문장력이 별로야 이 친구가	4점	F7-
R7-T13-N2	(2~4줄)(2줄의 '계시나요?', 3줄의 '하시나요?', '있는데요')에 표시하며)구어적 표현이 많이 드러나는 학생이라고 할 수 있습니다.		C7-
R7-T13-N13	(채점 기준 7을 보며)'감사합니다' 까지 나오는 것이 마치 토론문이나 연설문인 것 같은 느낌을 주는데요 잉여적 표현이라는 생각이 듭니다. 명료한 문장. 이 부분에서 감점을 좀 하고요.	3점	C7-
R8-T13-N6	(11~26줄)(26줄의 '저는 결코 아니라고 생각됩니다.'에 x표시) 이런 표현	5점	C7-
R8-T13-N16	표현이 애매한…. 설득력이 떨어지는 표현들이 있었으니까		C7-

프로토콜 번호	프로토콜	점수	코드
R9-T13-N24	(25줄의 '것이죠'에 표시하며)문체가 문어체가 아닌 구어체를 써서 문제가 될 수 있습니다.	5점	C7-
R13-T13-N4	(11~17줄)(13~14줄 묶으며)조금 기네. 긴 것만 좀 고치고	5점	C7-
R16-T13-N15	(채점 기준 7을 보며)문장이 조금 고등학교 수준에서 쓸 수 있는 문장이 아닌 것 같아.	4점	C7-

하위 평가 요소의 유형, 그리고 이를 점수에 반영하는 양상의 차이는 있지만 대부분의 채점자들은 공통적으로 13번 텍스트의 문장 수준을 최상위 수준으로 판단하지 않은 것으로 나타났다. 하지만 14번 채점자는 13번 텍스트의 전체 수준을 매우 높은 것으로 인식했고, 이러한 인상이 매우 명확하게 표상되어서 각 채점 기준별 평가 요소를 변별적으로 판단하지 못한 것으로 판단된다. 이로 인해 13번 텍스트의 감점 요인을 지적하지 못했고, 대부분의 채점 기준에 6점을 부여해 관대한 편향이 나타난 것으로 볼 수 있다.

다음으로 엄격한 편향이 나타난 텍스트에서 '총평하기(부정 판단)'의 프로토콜 점유율이 높게 나타난 16번 채점자의 채점 과정을 살펴보았다.

〈표 4-40〉 16번 채점자의 쌍대 비교 분석 결과

R	채점 편향 산출 텍스트			채점 편향 미산출 텍스트			t	p
	T	Measr	SE	T	Measr	SE		
16	18	0.55	0.41	23	-0.77	0.29	2.63	0.0207

16번 채점자의 전체 엄격성 수준은 -0.69 logit(SE=0.06)으로, 18번 텍스트와의 편향 크기는 -1.24 logit(SE=0.41), 23번 텍스트와의 편향 크기는 0.08 logit(SE=0.29)이었다. 18번 텍스트의 수준은 -0.65 logit(SE=

0.07), 23번 텍스트의 수준은 -0.30 logit(SE=0.07)으로 비슷하였으며, 20명의 채점자들이 18번 텍스트에 부여한 점수의 평균은 28.50점(SD=7.7), 23번 텍스트에 부여한 점수의 평균은 32.35점(SD=8.1)으로 두 텍스트 간 평균 차이는 유의하지 않았다(p>.05). 하지만 16번 채점자는 18번 텍스트의 경우 0.55 logit의 엄격성으로, 23번 텍스트의 경우 -0.77 logit의 엄격성으로 매우 다르게 채점하였다. 18번 텍스트와 23번 텍스트를 채점할 때 16번 채점자의 엄격성 간 차이는 t=2.63(p<.05)로 유의하였다. 다음은 16번 채점자가 18번 텍스트와 23번 텍스트를 채점하면서 산출한 프로토콜을 비교한 것이다.

〈표 4-41〉 16번 채점자의 18번, 23번 텍스트 채점 과정

T18			T23		
번호	코드	프로토콜	번호	코드	프로토콜
1	B3	(1~6줄)(4줄에 밑줄)개선할 점을 이야기한다는 거야?	1	C3-	(1~10줄)예시가 없어. 근거만 나열하고 있네.
2	E6	(7~11줄)(5줄의 '첫째' 앞에 문단 구분 표시)	2	F6-	(11~14줄)응집성도 떨어지고
3	E6	(9줄의 '둘째' 앞에 문단 구분 표시)	3	B3	(14~16줄) (16줄의 '사망한 참사'에 표시)예시
4	E6	(11줄의 '마지막으로' 앞에 문단 구분 표시)문단 구분 좀 했으면 얼마나 좋겠냐.(12~19줄)	4	B3	(17~23줄)(23줄의 '문제점'에 표시하고, 22줄에 밑줄)문제점. 도움을 주지만.
5	G-	이거 뭘 이야기 하려고 하는 거야? 뭘 얘기하려고 하는지 모르겠네.	5	E3	(23~26줄)(25줄의 '동물의 수를 줄이는 법을 제정'에 표시)이것도 얘기를 해 줘야지. 내용 제시
6	Ka1	(채점 기준 1을 보며)(2점이라고 씀)	6	C3-	(5줄의 '문제점을 보완하는 사례'에 표시하며)문제점을 보완하는 사례 어디? 없지.
7	Ka2	(채점 기준 2를 보며)(2점이라고 씀)			
8	Ka3	(채점 기준 3을 보며)(2점이라고 씀)	7	Ka1	(채점 기준 1을 보며)(4점이라고 씀)
9	Ka4	(채점 기준 4를 보며)(2점이라고 씀)	8	F2+	(채점 기준 2를 보며)주장은 명료해.
			9	Ka2	(6점이라고 씀)

번호	코드	T18 프로토콜	번호	코드	T23 프로토콜
10	Ka5	(채점 기준 5를 보며) (2점이라고 씀)	10	F3-	(채점 기준 3을 보며)근거도 부족하지.
11	Ka6	(채점 기준 6을 보며) (2점이라고 씀)	11	Ka3	(4점이라고 씀)
			12	F4-	(채점 기준 4를 보며) 통일성도 떨어지는데
			13	Ka4	(4점이라고 씀)
12	Ka7	(채점 기준 7을 보며) (2점이라고 씀)	14	Ka5	(채점 기준 5를 보며)(2점이라고 씀)
			15	Ka6	(채점 기준 6을 보며)(2점이라고 씀)
13	Ka8	(채점 기준 8을 보며) (2점이라고 씀)	16	Ka7	(채점 기준 7을 보며)(6점이라고 씀)
			17	Ka8	(채점 기준 8을 보며)(6점이라고 씀)

<표 4-41>은 16번 채점자의 18번, 23번 텍스트의 전체 채점 과정을 보여주는 프로토콜이다. 18번 텍스트의 채점 과정을 살펴보면, 16번 채점자는 근거를 파악한 후 문단 구분이 잘못된 세 군데의 개선 방안을 제시한 다음, 텍스트의 수준이 매우 낮다는 총평을 내리며 8개의 채점 기준에 일괄적으로 2점을 부여한다. 16번 채점자는 전체 텍스트를 채점하는 동안 1점 척도를 한 번도 활용하지 않았으므로, 8개의 채점 기준에 모두 2점을 부여한 것은 그가 18번 텍스트의 수준을 최하 수준으로 인식했다는 것을 의미한다. 즉, 16번 채점자는 18번 텍스트를 읽으면서 텍스트의 수준이 매우 낮다고 인식하였고, 각 채점 기준의 평가 요소를 변별적으로 채점하지 않은 채 텍스트의 전체적인 인상에 따라 점수를 부여한 것으로 볼 수 있다.

반면, 23번 텍스트의 채점 과정에서는 근거, 응집성 수준에 대한 감점 요인을 제시한 후, 자신의 판단을 종합하여 각 채점 기준에 대한 점수를 부여하는 과정이 18번 텍스트를 채점할 때에 비해 많이 나타나며, 활용하는 척도도 다양하다. 그러므로 23번 텍스트는 상대적으로 각 채점 기준의 수준을 독립적으로 변별한 것으로 볼 수 있다. 반면,

18번 텍스트는 각 채점 기준의 수준을 변별적으로 채점하지 않고 전반적인 인상에 따라 전체 채점 기준에 점수를 동일하게 부여했고, 이로 인해 엄격한 편향이 나타났다고 볼 수 있다.

16번 채점자가 산출한 프로토콜 수는 전체 15,019개 중 508개(3.4%)로 20명의 채점자 중 가장 빈도가 낮다. 이는 16번 채점자가 각 채점 기준에 점수를 부여할 때 구체적인 근거를 제시하지 않고 거의 인상에 따라 채점했다는 것을 의미한다. 이러한 채점 방식은 분석적 채점으로 볼 수 없으며, 점수의 신뢰성을 확보하는 데 부정적인 영향을 비친다. 그리고 채점을 통해 텍스트의 수준에 대한 구체적인 진단 정보를 얻을 수 없다는 점에서 지양해야 할 채점 방식이라고 할 수 있다.

종합하자면, '총평하기'의 정보 처리 행동을 통해 채점할수록 채점 편향이 나타날 가능성이 높아진다. 특히, 텍스트의 수준이 매우 높거나 낮을 때 매우 관대하거나 엄격한 점수를 부여하게 될 수 있다. 이는 텍스트의 수준이 극단적일 경우 채점 편향이 나타날 가능성이 크다는 결과를 보고한 선행 연구에서도 나타난 현상이다(백유진 2020b, Schaefer 2008, Kondo-Brown 2002). 수준이 극단적일 경우 전체 텍스트 수준에 대한 표상이 명확하게 인식되므로 각 채점 기준별 평가 요소들을 파악하지 않고 전체 수준에 대한 인상을 통해 점수를 부여하는 경향이 있기 때문이다. 그러므로 채점자들이 텍스트의 수준에 대한 인상에 따라 채점하지 않도록 채점자 교육을 제공할 필요가 있다.

다음으로 개별 채점 기준에 대한 인상 평가 방식이 채점 편향에 미치는 영향에 대해 살펴보기 위해 관대한 편향이 나타난 텍스트에서 '판단하기(긍정 판단)'의 프로토콜 점유율이 높게 나타난 5번 채점자의 채점 과정을 분석하였다.

〈표 4-42〉 5번 채점자의 쌍대 비교 분석 결과

R	채점 편향 산출 텍스트			채점 편향 미산출 텍스트			t	p
	T	Measr	SE	T	Measr	SE		
5	30	-1.98	0.38	21	-0.83	0.29	2.40	0.0320

5번 채점자의 전체 엄격성 수준은 -0.92 logit(SE=0.06)으로, 30번 텍스트와의 편향 크기는 1.06 logit(SE=0.38), 21번 텍스트와의 편향 크기는 -0.09 logit(SE=0.29)이다. 30번 텍스트의 수준은 -0.51 logit(SE=0.07), 21번 텍스트의 수준은 -0.61 logit(SE=0.07)으로 비슷한 수준이었으며, 20명의 채점자들이 30번 텍스트에 부여한 점수의 평균은 30.05점(SD=8.2), 21번 텍스트에 부여한 점수의 평균은 29.00점(SD=7.0)으로 두 텍스트 간 평균 차이는 유의하지 않았다(p>.05). 하지만 5번 채점자는 30번 텍스트의 경우 -1.98 logit의 엄격성으로, 21번 텍스트의 경우 -0.83 logit으로 매우 다르게 채점하였다. 30번 텍스트와 21번 텍스트를 채점할 때 5번 채점자의 엄격성 간 차이는 t=2.40(p<.05)으로 유의하였다. 다음은 5번 채점자가 30번 텍스트와 21번 텍스트를 채점하면서 산출한 프로토콜을 비교한 것이다.

〈표 4-43〉 5번 채점자의 30번, 21번 텍스트 채점 과정

채점 기준	T30			T21		
	번호	코드	프로토콜	번호	코드	프로토콜
2	15	F2+	(채점 기준 2를 읽으며) 주장은 명료하고	11	F2+	(채점 기준 2를 보며) 명료하고
	16	F2+	타당해	12	F2+	타당해
				15	Ka2	4점
	17	Ka2	(6점이라고 씀)	16	C2-	(채점 기준 2를 보며) (13줄을 가리키며)좋게 못주겠다.

채점 기준	T30			T21		
	번 호	코 드	프로토콜	번 호	코 드	프로토콜
3	18	F3+	(채점 기준 3을 읽으며) 근거 풍부해	1	C3-	(1~11줄)사실은 다른 예지 만 같은 예라고 볼 수도 있지.
	19	Ka3	(6점이라고 씀)	17	Ka3	(채점 기준 3을 보며) (4점이라고 씀)

<표 4-43>의 첫 번째 항목은 채점 기준 2번에 대한 채점 과정이다. 20명의 채점자들이 30번 텍스트와 21번 텍스트의 채점 기준 2번에 부여한 점수의 평균은 각각 4.15점(SD=1.3), 3.70점(SD=1.6)으로, Wilcoxon rank sum test 결과 두 텍스트에서 제시하는 주장의 명료성과 타당성 수준은 차이가 없는 것으로 확인되었다(p>.05). 하지만 5번 채점자는 30번 텍스트를 채점할 때는 구체적인 가점 요인을 제시하지 않고 '주장'의 수준에 대한 인상만으로 6점을 부여하고 있으며, 21번 텍스트를 채점할 때는 특정 감점 요인을 제시하며 점수를 감점하고 있다.

이러한 경향은 채점 기준 3번에 대한 점수 부여 과정에서도 나타난다. 20명의 채점자들이 30번 텍스트와 21번 텍스트의 채점 기준 3번에 부여한 점수의 평균은 각각 3.25점(SD=1.4), 2.75점(SD=0.9)으로, Wilcoxon rank sum test 결과 두 텍스트에서 제시한 근거의 수준은 차이가 없는 것으로 확인되었다(p>.05). 하지만 5번 채점자는 21번 텍스트의 경우 근거의 질이 떨어지는 부분을 지적하면서 4점을 부여하고 있는 반면, 30번 텍스트의 경우 어떠한 근거도 제시하지 않은 채 만점을 부여하고 있다.

이렇듯 구체적인 채점 근거를 제시하지 않고 채점 기준의 수준에 대한 인상만으로 점수를 부여하는 채점 방식은 채점 편향에 영향을 미친다고 할 수 있다. 그리고 30번 텍스트의 채점 기준 2번과 채점 기준 3번의 평균 점수를 고려하면 5번 채점자가 부여한 점수는 매우 관대한 점수인데, 이는 5번 채점자가 30번 텍스트의 감점 요인을 지적하지 못하거나 텍스트의 수준을 잘못 판단했을 가능성이 있음을 시사한다. 따라서 인상을 중심으로 점수를 부여하는 채점 방식은 텍스트 수준에 대해 내면화된 기준을 텍스트별로 일관적으로 적용하지 못하는 문제를 낳거나 텍스트의 구체적인 감점 요인을 지적해 내지 못하는 문제를 유발해 비슷한 수준의 텍스트에도 매우 상이한 점수를 부여하게 되는 결과를 초래한다.

다음으로 엄격한 편향이 나타난 텍스트에서 '판단하기(부정 판단)'의 프로토콜 점유율이 높게 나타난 17번 채점자의 채점 과정을 살펴보았다.

〈표 4-44〉 17번 채점자의 쌍대 비교 분석 결과

R	채점 편향 산출 텍스트			채점 편향 미산출 텍스트			t	p
	T	Measr	SE	T	Measr	SE		
17	2	0.35	0.36	23	−2.12	0.46	4.22	0.0010

17번 채점자의 전체 엄격성 수준은 -1.25 logit(SE=0.07)으로, 2번 텍스트와의 편향 크기는 -1.60 logit(SE=0.36), 23번 텍스트와의 편향 크기는 0.88 logit(SE=0.46)이었다. 2번 텍스트의 수준은 -0.41 logit(SE=0.07), 23번 텍스트의 수준은 -0.30 logit(SE=0.07)으로 비슷하였으며, 20명의 채점자들이 2번 텍스트에 부여한 점수의 평균은 31.15점(SD=7.4), 23번 텍스트에 부여한 점수의 평균은 32.35점(SD=8.1)으로 두 텍스트 간 평균 차이는 유의하지 않았다(p>.05). 하지만 17번 채점자는 2번 텍스트의 경우 0.35 logit의 엄격성으로, 23번 텍스트의 경우 -2.12 logit의 엄격성으로 매우 다르게 채점하였다. 2번 텍스트와 23번 텍스트를 채점

할 때 17번 채점자의 엄격성 간 차이는 t=4.22(p<.01)로 유의하였다. 다음은 17번 채점자가 2번 텍스트와 23번 텍스트를 채점하면서 산출한 프로토콜을 비교한 것이다.

〈표 4-45〉 17번 채점자의 2번, 2 3번 텍스트 채점 과정

채점 기준	T2			T23		
	번호	코드	프로토콜	번호	코드	프로토콜
2	19	F2-	(채점 기준 2를 읽으며) 전혀 명료하고 타당하지 않네.	7	C2-	(채점 기준 2를 보며)주장이 뒤에서(23줄의 '문제점'에 ?표시)갑자기 흔들렸지.
	20	F2-	전혀 명료하고 타당하지 않네.	8	Ka2	(4점이라고 씀)
	21	Ka2	(2점이라고 씀)			

<표 4-45>는 채점 기준 2번에 대한 채점 과정을 보여주는 프로토콜이다. 20명의 채점자들이 2번 텍스트와 23번 텍스트의 채점 기준 2번에 부여한 점수의 평균은 각각 4.05점(SD=0.10), 3.45점(SD=1.2)으로, Wilcoxon rank sum test 결과 두 텍스트의 주장의 명료성과 타당성 수준은 유의한 차이가 없는 것으로 나타났다(p>.05). 채점 과정을 살펴보면, 17번 채점자는 2번 텍스트를 채점할 때는 특정 감점 요인을 지적하지 않고 단순 판단만으로 점수를 부여하고 있으며, 23번 텍스트를 채점할 때는 텍스트에 나타난 감점 요인을 지적하며 점수를 부여하고 있다. 즉, 17번 채점자는 2번 텍스트의 주장의 수준을 인상에 따라 채점해 상대적으로 매우 엄격한 점수를 부여하게 된 것으로 볼 수 있다. 전술했듯이 이러한 채점 방식은 엄격성 수준을 일관성 있게 유지하는 데 부정적인 영향을 미친다.

특히 17번 채점자의 전체 채점 방식을 살펴보면, 특정 감점 요인이나 가점 요인을 지적한 후 판단하기를 거쳐 점수를 부여한 경우는 38번, 특정 감점 요인이나 가점 요인을 지적한 후 점수를 부여한 경우는 51번, 판단하기만으로 점수를 부여한 경우는 77번, 특정 정보 처리 행동 없이 점수를 부여한 경우는 74번으로, '인상 평가'에 의해 점수를 부여한 텍스트가(151번) 그렇지 않은 텍스트보다(89번) 더 많았다. 채점 기준에 대한 하위 평가 요소를 구체적으로 내면화하지 않고 인상에 따라 채점한다면 텍스트 수준에 대한 이미지를 채점 회기 동안 동일하게 유지하기 힘들다. 17번 채점자는 일관성 수준이 '부적합'으로 분류된 채점자였는데, 이러한 채점 방식이 엄격성을 일관성 있게 유지하는 데 부정적인 영향을 미친 것으로 판단된다.

종합하자면, '판단하기'를 통해 채점할 경우 채점 편향이 나타날 가능성이 높아진다. 텍스트에서 구체적인 채점 근거를 제시하지 않고 채점 기준에 대한 단순 판단만으로 점수를 부여한다면 텍스트에 나타난 감점 요인이나 가점 요인을 지적하지 못하거나 텍스트의 수준을 잘못 판단하거나 자신이 내면화한 하위 평가 요소를 일관적으로 적용하지 못하는 등의 문제가 나타날 수 있다. 그러므로 채점자들이 각 채점 기준의 수준을 하위 평가 요소별로 명확하게 파악하고 텍스트의 내용을 판단의 근거로 제시할 수 있도록 채점자 교육을 제공할 필요가 있다.

▌ 다른 채점 기준의 개입 문제

분석적 채점 방식은 채점의 신뢰성을 확보하기 위해 쓰기 능력을 구성하는 기능들을 중심으로 채점 기준을 설정한 후 채점 기준별로 점수를 부여한다. 따라서 분석적 채점에서 각 채점 기준별로 명확한 하위 평가 요소들을 설정하는 것은 매우 중요한 문제이다. 하지만 텍스트는 여러 평가 요소가 복합적으로 얽혀있는 총체적 특성을 지니고 있어서, 각 채점 기준의 평가 요소에 해당하는 구체적인 텍스트의 특징들을 변별해 내는 것은 매우 어려운 일이다(Lumley 2002).

이로 인해 일부 채점자들은 특정 채점 기준에 점수를 부여할 때 다른 채점 기준의 평가 요소를 고려하기도 한다. 예를 들어 '주장의 타당성'을 채점하는 과정에서 '근거의 타당성'을 고려하기도 하며, '문장의 명료성'이라는 평가 요소를 채점할 때 '어법 오류'를 반영하기도 한다. 이는 채점자가 특정 채점 기준의 하위 평가 요소를 명확히 내면화하지 못해 각 채점 기준의 수준을 독립적으로 채점하지 못한다는 것을 의미하며 채점 편향에 영향을 미친다(이창수 2014).

'다른 채점 기준의 개입' 정보 처리 행동이 채점 편향에 어떠한 방식으로 영향을 미치는지 상세하게 알아보기 위해 쌍대 비교 분석을 실시한 후 채점 과정을 살펴보았다. 우선 엄격한 편향이 나타난 텍스트에서 '다른 채점 기준 개입'의 프로토콜 점유율이 가장 높았던 4번 채점자의 채점 과정을 살펴보았다.

〈표 4-46〉 4번 채점자의 쌍대 비교 분석 결과

R	채점 편향 산출 텍스트			채점 편향 미산출 텍스트			t	p
	T	Measr	SE	T	Measr	SE		
4	29	-0.04	0.30	26	-1.04	0.31	2.35	0.0351

4번 채점자의 전체 엄격성 수준은 -0.84 logit(SE=0.06)으로, 29번 텍스트와의 편향 크기는 -0.81 logit(SE=0.30), 26번 텍스트와의 편향 크기

는 0.20 logit(SE=0.31)이었다. 29번 텍스트의 수준은 -0.06 logit(SE=0.07) 이었고, 26번 텍스트의 수준은 -0.14 logit(SE=0.07)이었으며, 20명의 채점자들이 29번 텍스트에 부여한 점수의 평균은 34.85점(SD=6.3), 26번 텍스트에 부여한 점수의 평균은 34.10점(SD=6.9)으로 두 텍스트 간 평균 차이는 유의하지 않았다(p>.05). 하지만 4번 채점자는 29번 텍스트의 경우 -0.04 logit의 엄격성으로, 26번 텍스트의 경우 -1.04 logit의 엄격성으로 매우 다르게 채점하였다. 29번 텍스트와 26번 텍스트를 채점할 때 4번 채점자의 엄격성 간 차이는 t=2.35(p<.05)로 유의하였다. 다음은 4번 채점자가 29번 텍스트와 26번 텍스트를 채점하면서 산출한 프로토콜을 비교한 것이다.

〈표 4-47〉 4번 채점자의 29번, 26번 텍스트 채점 과정

채점기준	T29			T26		
	번호	코드	프로토콜	번호	코드	프로토콜
4	10	H42-	(채점 기준 4를 읽으며)(8줄을 가리키며)윤리성에 대한 논란이 일어나고 있다. 그런데(14줄을 가리키며)반드시 필요하다. 그런데(16줄을 가리키며)완전히? 대처 방법들이 있기는 하다. 명확히 자기주장이 드러나지 않아서	11	C4+	(채점 기준 4를 보며) 주제를 향해서 이야기를 하고 있어.
	11	Ka4	3점	12	Ka4	(5점이라고 씀)

<표 4-47>은 채점 기준 4번에 대한 채점 과정을 보여주는 프로토콜이다. 20명의 채점자들이 29번 텍스트와 26번 텍스트의 채점 기준 4번에 부여한 점수의 평균은 각각 4.65점(SD=1.3), 4.25점(SD=1.1)으로, Wilcoxon rank sum test 결과 두 텍스트의 통일성 수준은 차이가 없는

것으로 확인되었다(p>.05). 하지만 4번 채점자는 29번 텍스트의 채점 기준 4번에 더 낮은 점수를 부여했는데, 이는 '주장의 명료성'에 대한 인식이 영향을 미쳤기 때문이다. 4번 채점자는 주장이 명확하게 핵심 문장으로 제시되어 있지 않다는 이유로 통일성의 수준을 낮게 판단하는데, 이는 그가 채점 기준 4번을 독립적으로 채점하지 못했다는 것을 의미한다. 이러한 채점 양상은 4번 채점자의 전체 채점 과정에서 단 2번(18번 텍스트, 29번 텍스트) 나타나므로, 일반적인 채점 경향에서 벗어났다고 볼 수 있다. 채점자가 모든 텍스트를 채점할 때 채점 기준 간 개입을 적용한다면 채점자 간 신뢰도는 떨어질 수 있어도 채점자 내 신뢰도는 양호하게 유지될 수 있다. 하지만 이러한 채점 방식은 채점자가 명확하게 내면화하기 어렵기 때문에, 일반적으로 채점 기준 간 개입이 나타날 경우 채점 일관성에 부정적인 영향을 미치게 된다. 특히 4번 채점자처럼 채점 기준 간 개입이 특정 텍스트에서만 나타날 경우, 채점 편향이 산출될 가능성이 높아진다.

다음으로, 다른 채점 기준의 평가 요소를 독특한 방식으로 고려하는 경향이 있었던 15번 채점자의 채점 과정을 살펴보았다.

〈표 4-48〉 15번 채점자의 쌍대 비교 분석 결과

R	채점 편향 산출 텍스트			채점 편향 미산출 텍스트			t	p
	T	Measr	SE	T	Measr	SE		
15	18	-1.04	0.29	24	-2.25	0.38	2.53	0.0253

15번 채점자의 전체 엄격성 수준은 -1.66 logit(SE=0.07)으로, 18번 텍스트와의 편향 크기는 -0.62 logit(SE=0.29), 24번 텍스트와의 편향 크기는 0.59 logit(SE=0.38)이었다. 18번 텍스트의 수준은 -0.65 logit(SE

=0.07), 24번 텍스트의 수준은 −0.78 logit(SE=0.07)으로 비슷하였으며, 20명의 채점자들이 18번 텍스트에 부여한 점수의 평균은 28.50점(SD= 7.7), 24번 텍스트에 부여한 점수의 평균은 27.15점(SD=8.8)으로 t−test 결과 두 텍스트 간 평균 차이는 유의하지 않았다(p>.05). 하지만 15번 채점자는 18번 텍스트의 경우 −1.04 logit의 엄격성으로, 24번 텍스트의 경우 −2.25 logit의 엄격성으로 매우 다르게 채점하였다. 18번 텍스트와 24번 텍스트를 채점할 때 15번 채점자의 엄격성 간 차이는 t=2.53(p<.05)로 유의하였다. 다음은 15번 채점자가 18번 텍스트와 24번 텍스트를 채점하면서 산출한 프로토콜을 비교한 것이다.

〈표 4-49〉 15번 채점자의 18번, 24번 텍스트 채점 과정

채점 기준	T18			T24		
	번호	코드	프로토콜	번호	코드	프로토콜
1	13	H1234-	(채점 기준 1을 보며) 8점	13	H1234-	(채점 기준 1을 보며) 2점 깎였으니까 5점인데
	14	Ia1-	분량 -2	14	Ia1-	분량 -2점
	15	Ka1	1점	15	Ka1	3점

<표 4-49>는 채점 기준 1번에 대한 채점 과정을 보여주는 프로토콜이다. 20명의 채점자들이 18번 텍스트와 24번 텍스트의 채점 기준 1번에 부여한 점수의 평균은 각각 3.75점(SD=1.5), 3.40점(SD=1.4)으로, Wilcoxon rank sum test 결과 두 텍스트의 내용 생성 수준은 유의한 차이가 없는 것으로 나타났다(p>.05). 하지만 15번 채점자는 18번 텍스트에 상대적으로 엄격한 점수를 부여하고 있는데, 이러한 결과가 나타난

이유는 15번 채점자의 독특한 채점 방식 때문이다. 15번 채점자는 채점 기준 2번, 3번, 4번의 감점의 합이 2점이면 채점 기준 1번에 5점, 3점이면 4점, 4점이면 3점, 5점이면 2점, 6점 이상이면 1점을 부여하며, 추가로 텍스트의 양이 30줄 미만이면 2점을 감점한다. 즉, 텍스트의 내용 생성 수준을 판단할 때 주장의 명료성, 타당성, 근거의 풍부성, 타당성, 텍스트의 통일성 수준을 모두 고려할 뿐 아니라, 텍스트의 양을 추가로 반영하여 점수를 부여한다. 이에 따라 18번 텍스트의 채점 기준 1번에 점수를 부여할 때도 채점 기준 2번, 3번, 4번의 감점의 합이 8점이라는 점, 분량이 부족하다는 점을 고려하는 모습을 보이고 있다. 이러한 채점 방식은 15번 채점자가 채점 기준 1번의 하위 평가 요소를 명확하게 설정하지 못했다는 것을 의미한다.

특정 채점 기준에 대한 점수를 부여할 때 다른 채점 기준의 점수를 반영한다면, 같은 감점 요인을 두 채점 기준에 중복 반영하게 되어 엄격한 점수를 부여할 가능성이 높아진다. 그러므로 이 결과는 특정 채점 기준에 대한 수준을 판단할 때 다른 채점 기준의 수준을 고려하는 정보 처리 행동이 채점 편향에 영향을 미칠 수 있다는 것을 시사한다.

채점자와 채점 기준 간 채점 편향 분석 결과, 총 160개의 상호작용(채점자 20명×채점 기준 8개) 중 15번 채점자와 채점 기준 1번 간 편향 크기($t=-7.39$, $p<.001$)가 가장 큰 것으로 나타났다. 이는 채점 기준 1번의 하위 평가 요소를 독립적으로 설정하지 못하고 채점 기준 2번, 3번, 4번의 평가 요소를 통해 점수를 부여하는 채점 방식이 특정 채점 기준에 매우 엄격한 점수를 부여하는 결과를 낳을 수 있다는 것을 의미한다.

종합하자면, 특정 채점 기준의 점수를 부여할 때 다른 채점 기준의 평가 요소를 고려하는 정보 처리 행동은 채점 편향이 나타나는 데 영향을 미친다고 할 수 있다. 이러한 정보 처리 행동은 채점자가 명확하게 내면화하기 힘들고, 감점 요인이나 가점 요인을 중복 반영하는 결과를 유발하므로, 같은 채점 기준을 평가하더라도 텍스트마다 다른 방시으로 점수를 부여하게 될 가능성이 높아진다. 이는 채점자와 텍스트 간 편향뿐 아니라 채점자와 채점 기준 간 편향이 발생하는 데도 부정적인 영향을 미치는 요인으로 작용한다. 그러므로 채점자 교육 시 채점 기준 간 평가 요소들을 명확하게 변별할 수 있도록 채점 연습을 제공할 필요가 있다.

▌ 텍스트의 양을 채점에 반영하는 방식의 문제

채점자는 채점자에게 주어지는 채점 기준에 따라 텍스트의 수준을 판단하고 점수를 부여해야 한다. 하지만 일부 채점자들은 채점 기준에 명시되지 않은 평가 요소들에 주의를 기울이며 점수를 부여하기도 하는데, 그중에서 가장 자주 고려되는 것은 '텍스트의 양'이다.

일반적으로 텍스트의 양과 텍스트의 수준은 밀접한 상관을 지닌다(백유진 2020b, Nold & Freedman 1977). 텍스트의 양이 많을수록 텍스트의 수준이 높은 경향이, 텍스트의 양이 적을수록 텍스트의 수준이 낮은 경향이 있다. 따라서 채점자들은 텍스트의 양이 많으면 텍스트의 수준이 높을 것이라는 기대를 가지고 있으며, 이러한 기대는 채점자의 채점 과정에 영향을 미치게 된다. Diederich(1974)에서는 채점자들이 텍스트의 필자가 우등생임을 들었을 때 더 높은 점수를 부여하는 경향이 있음을 지적했는데, 이는 텍스트에 대한 채점자의 기대가 채점 편향에 영향을 미칠 수 있음을 시사한다.

채점자들이 텍스트의 양에 초점을 맞추는 또 다른 이유는 이 평가 요소가 텍스트 표면에 명시적으로 드러나는 평가 요소이기 때문이다. 텍스트의 내용과 조직 수준을 판단하는 일은 인지적으로 매우 부담이 크기 때문에, 텍스트의 표면적 특징을 통해 점수를 부여함으로써 인지적 부담을 덜고자 하는 것이다. 이러한 맥락에서 여러 선행 연구에서는 많은 채점자들이 텍스트의 양을 고려하여 채점하는 경향이 있음을 밝혀내기도 하였다(Crisp 2007, Lumley 2002, Sakyi 2000, Milanovic et al. 1996, Charney 1984, Stewart & Grobe 1979).

하지만 채점 기준에 텍스트의 양에 관한 평가 요소가 포함되어 있지 않다면 텍스트의 양을 고려하여 채점을 하는 경향은 일관성을 적절하게 유지하는 데 부정적인 영향을 미칠 수 있다. 채점 기준은 텍스트에 대한 채점자의 반응을 제한하는 역할을 하므로, 채점 기준에 명시되어 있지 않은 텍스트의 양을 고려하여 채점할 경우 상대적으로 일반적인 엄격성 수준에서 벗어나는 점수를 부여할 가능성이 높아진다. 또한 채점 기준 외적 요소들은 채점 기준에 포함되어 있는 평가 요소들보다 채점자 스스로 명확하게 내면화하지 못할 가능성이 있어서 채점 편향이 나타날 가능성도 높아진다(백유진 2020b, 2020a, Milanovic et al. 1996). 특히 Sakyi(2000), Crisp(2008)에 따르면, 텍스트의 양이 적을 때 채점 결과의 차이가 나타나는 경향이 있다.

'텍스트의 양'을 채점에 반영하는 방식이 채점 편향에 미치는 영향에 대해 살펴보기 위해 '외적 요소 고려하기'의 점유율이 높게 나타난 6번 채점자와 텍스트의 양에 따라 모든 채점 기준의 만점 척도를 재조정하는 경향이 있었던 1번 채점자의 실제 채점 과정을 살펴보았다.

〈표 4-50〉 6번 채점자의 쌍대 비교 분석 결과

R	채점 편향 산출 텍스트			채점 편향 미산출 텍스트			t	p
	T	Measr	SE	T	Measr	SE		
6	6	0.04	0.41	27	-1.17	0.29	2.40	0.0322

　6번 채점자의 전체 엄격성 수준은 -0.79 logit(SE=0.06)으로, 6번 텍스트와의 편향 크기는 -0.83 logit(SE=0.41), 27번 텍스트와의 편향 크기는 0.38 logit(SE=0.29)이었다. 6번 텍스트의 수준은 -1.16(SE=0.07), 27번 텍스트의 수준은 -1.11 logit(SE=0.07)으로 비슷하였으며, 20명의 채점자들이 6번 텍스트에 부여한 점수의 평균은 23.30점(SD=8.1), 27번 텍스트에 부여한 점수의 평균은 23.75점(SD=8.3)으로 두 텍스트 간 평균 차이는 유의하지 않았다(p>.05). 하지만 6번 채점자는 6번 텍스트의 경우 0.04 logit의 엄격성으로, 27번 텍스트의 경우 -1.17 logit의 엄격성으로 매우 다르게 채점하였다. 6번 텍스트와 27번 텍스트를 채점할 때 6번 채점자의 엄격성 간 차이는 t=2.40(p<.05)으로 유의하였다.

　다음은 6번 채점자가 6번 텍스트와 27번 텍스트를 채점하면서 산출한 프로토콜을 비교한 것이다.

〈표 4-51〉 6번 채점자의 6번, 27번 텍스트 채점 과정

채점 기준	T6			T27		
	번호	코드	프로토콜	번호	코드	프로토콜
1	27	F6+	(채점 기준 1을 보며) 맞게 생성하긴 했지.	10	Ka1	(평가 기준 1을 보며) (3점이라고 씀)
	28	Ia1-	근데 너무 짧지.			
	29	Ka1	(2점이라고 씀)			

채점기준	T6			T27		
	번호	코드	프로토콜	번호	코드	프로토콜
2	24	C2+	'반대하는 의견을 가지고 있습니다.'라고는 했는데	8	C2+	(채점 기준 2를 보며)일단 주장은 찬성한다고 했으니까.
	25	Ia2-	너무 짧고			
	26	Ka2	(채점 기준 2를 보며)(2점이라고 씀)	9	Ka2	(4점이라고 씀)
4	20	F4+	(채점 기준 4를 보며)통일성도 있지.	15	G4-	(채점 기준 4를 보며)(9~12줄을 가리키며)여기가 통일성이 안 맞지. 문제점이 있다고 해 놓고서는
	21	Ka4	(2점이라고 씀)	16	Ka4	(3점이라고 씀)
5	5	E5	(6~8줄)('두 번째' 앞부분에 문단 구분 표시)	1	C5-	(전체 훑어 읽기)문단 구성 안 되어 있고.
	15	C5+	나름 체계도 있어.(전체 훑어 읽기)첫째, 둘째(전체 훑어 읽기) 서론, 본론, 결론	17	F5-	(채점 기준 5를 보며)체계적이지 않지.
	16	Ka5	(채점 기준 5를 보며)(3점이라고 씀)			
	17	M	짧은 글인데 너무 많이 주고 있어.	18	Ka5	(2점이라고 씀)
	19	L5-	(채점 기준 5의 3점을 2점으로 수정)			
6	13	F6+	(채점 기준 6을 보며)응집성? 응집성은 어떤 지점은 맞는데	4	C6-	(9~15줄)(9~15줄 묶으며)여기 응집성 너무 떨어져.(여백에 '응집↓'라고 씀)<(채점 기준 6을 보며)(9~15줄 가리키며)여기>
	14	Ka6	3점			
	18	L6-	(채점 기준 6의 3점을 2점으로 수정)	20	Ka6	3점

<표 4-51>은 6번 텍스트와 27번 텍스트의 채점 기준 1번, 2번, 4번, 5번, 6번에 대한 6번 채점자의 채점 과정을 보여주는 프로토콜이다. 6번 채점자는 6번 텍스트와 27번 텍스트의 수준이 유사했음에도 불구하고, 6번 텍스트에 현저히 낮은 점수를 부여하고 있다. 이는 그가 6번 텍스트의 양이 적다는 점을 매우 중요한 감점 요인으로 생각했기 때문이다. 6번 채점자는 6번 텍스트를 처음 훑어보고는 '(전체 훑어 읽

기) 짧군.'이라고 발언한 후 채점을 시작했으며, 채점 기준 1번, 2번, 5번에 점수를 부여할 때도 텍스트의 양이 적다는 점을 언급했다. 즉, 텍스트의 양으로 인해 형성된 부정적 인상이 6번 채점자의 채점 과정 내내 영향을 미친 것으로 볼 수 있다.

두 번째, 네 번째, 다섯 번째 항목은 각각 채점 기준 2번, 5번, 6번에 대한 채점 과정을 보여주는 프로토콜이다. 20명의 채점자들이 6번 텍스트와 27번 텍스트의 채점 기준 2번에 부여한 점수의 평균은 각각 3.55점(SD=1.6), 3.15점(SD=1.5)으로, t-test 결과 두 텍스트의 주장의 명료성과 타당성 수준은 유의한 차이가 없는 것으로 확인되었다(p>.05). 마찬가지로 채점 기준 5번에 부여한 점수의 평균의 평균은 2.20점(SD=1.0), 2.45점(SD=1.1)이었고, 채점 기준 6번에 부여한 점수의 평균은 각각 3.05점(SD=1.5), 2.55점(SD=1.1)로 두 경우 모두 Wilcoxon rank sum test 결과 유의한 차이가 없는 것으로 나타났다(p>.05). 하지만 6번 채점자는 6번 텍스트와 27번 텍스트의 필자가 자신의 주장을 명료하게 제시하고 있다는 점을 긍정적으로 제시하면서도, 6번 텍스트를 채점할 때는 텍스트의 양을 고려하여 매우 낮은 점수를 부여하고 있다. 심지어 그는 6번 텍스트의 체계성과 응집성 수준은 높게 평가하는 반면, 27번 텍스트를 채점할 때는 체계성과 응집성이 떨어지는 명확한 근거들을 제시하면서도 6번 텍스트가 양이 적다는 이유로 27번 텍스트보다 더 낮거나 같은 점수를 부여하고 있다. 이러한 채점 방식이 엄격한 편향이 나타나는 데 영향을 미친 것으로 볼 수 있다.

세 번째 항목은 채점 기준 4번에 대한 채점 과정을 보여주는 프로토콜이다. 20명의 채점자들이 6번 텍스트와 27번 텍스트의 채점 기준 4번에 부여한 점수의 평균은 각각 3.80점(SD=1.8)과 2.60점(SD=1.4)으로,

Wilcoxon rank sum test 결과 두 텍스트의 통일성 수준은 유의한 차이가 있는 것으로 확인되었다(p<.05). 6번 채점자도 6번 텍스트는 통일성을 갖추고 있는 것으로, 27번 텍스트는 통일성이 떨어지는 부분이 있는 것으로 판단하고 있다. 하지만 최종적으로는 6번 텍스트에 더 낮은 점수를 부여하고 있는데, 이는 전술했듯이 6번 채점자가 6번 텍스트의 양이 적다는 점을 점수에 반영하고 있기 때문인 것으로 판단된다. 즉, 6번 채점자는 텍스트의 양을 점수에 과도하게 반영해 자신의 엄격성을 일관적으로 유지하는 데 실패한 것으로 볼 수 있다.

다음으로 텍스트의 양이 적을 때 모든 채점 기준의 만점을 3점으로 조정하는 특이한 방식으로 채점을 수행했던 1번 채점자의 채점 과정을 살펴보았다.

〈표 4-52〉 1번 채점자의 쌍대 비교 분석 결과

R	채점 편향 산출 텍스트			채점 편향 미산출 텍스트			t	p
	T	Measr	SE	T	Measr	SE		
1	6	0.43	0.47	15	−1.15	0.29	2.87	0.0132

1번 채점자의 전체 엄격성 수준은 −0.62 logit(SE=0.06)으로, 6번 텍스트와의 편향 크기는 −1.04 logit(SE=0.47), 15번 텍스트와의 편향 크기는 0.54 logit(SE=0.29)이었다. 6번 텍스트의 수준은 −1.16 logit(SE= 0.07)이었고 15번 텍스트의 수준은 −1.09 logit(SE=0.07)로 비슷한 수준이었으며, 20명의 채점자들이 6번 텍스트에 부여한 점수의 평균은 23.30점(SD=8.1), 15번 텍스트에 부여한 점수의 평균은 23.90점(SD=9.0)으로 두 텍스트 간 평균 차이는 유의하지 않았다(p>.05). 하지만 1번 채점자는 6번 텍스트의 경우 약 0.43 logit의 엄격성으로, 15번 텍스트의 경우 약

-1.15 logit의 엄격성 수준으로 매우 다르게 채점하였다. 6번 텍스트와
15번 텍스트를 채점할 때 1번 채점자의 엄격성 간 차이는 t=2.87
(p<.05)로 유의한 것으로 나타났다. 다음은 1번 채점자가 6번 텍스트와
15번 텍스트를 재섬하면서 산출한 프로토콜을 비교한 것이다.

〈표 4-53〉 1번 채점자의 6번, 15번 텍스트 채점 과정

채점기준	\multicolumn{3}{c}{T6}			\multicolumn{3}{c}{T15}		
	번호	코드	프로토콜	번호	코드	프로토콜
총평	1	Ia9-	오 양이 이건 정말 양이 적다. 우선 3점에서 시작하자. <6번 글은 정말 다 깎고 시작해야해. 양이 너무 적어.>	27	G-	이 글은 정말 못쓴 글이야. <(10~13줄)정말 이상하게 쓴 글이구나.>
2	3	C2+	(1~2줄)(2줄의 '반대'에 표시하며)반대 하네.('저는~있습니다.'에 표시하며)주장이 명료하긴 한 것 같아.	2	C2+	(2줄)(2줄을 가리키며)(2줄의 '반대를 할 것입니다'를 가리키며) 반대이네. 명료하긴 하네.
				22	C2-	(19~22줄)(21~22줄 묶으며)너무 주관적이야. 감정이 너무 많이 드러나. 그런데 논리적이진 않아.
	44	Ia2-	(채점 기준 2를 읽으며)양이 없는데 어떻게 명료하고 타당해.	23	C2-	(23줄) (23줄의 '때가 아니다'에 표시하며) 이거는 말이 안 되는데? 지금 중요한 거 아니야?
	45	Ia2-	(채점 기준 2를 읽으며)양이 없는데 어떻게 명료하고 타당해.	26	C2-	(25~26줄)(25줄의 '어떤 의견인지 생각해 보는'에 표시하며)주장 아니잖아. 마치 주장이 당신도 생각해 보시오 하는 것 같잖아.
	47	D20	(채점 기준 2를 읽으며) (3번 텍스트를 가리키며)얘는 완전 단점을 애기했기 때문에	31	F2+	(채점 기준 2를 보며) 주장은 명료한데
				32	F2-	이상해 타당하지 않은 내용이 있고
				34	Ka2	2점
	48	Ka2	(2점이라고 쓰며)얘도 2점을 주고	35	D2+	2점 맞았던 글이(6번 텍스트를 보며)6번 글이 양이 적어서. 그래도 얘보다는

채점 기준	T6			T15		
	번호	코드	프로토콜	번호	코드	프로토콜
						잘 쓴 글 아닌가? 얘보다는 명료하지. 하지 말자고 했으니까.
				36	L2+	(채점 기준 2의 2점을 3점으로 수정)
3	10	C3-	첫 번째는(3줄의 ‘동물실험’에 ‘1’표시를 하며)동물 실험은 동물에게 해가. 동물에게 해가 되는 것? 동물에게 해가 되는 예는 왜 없지?	37	C3-	(채점 기준 3을 보며)근거가 우선 풍부하지 않아. 세 번째 근거는 근거가 아니고, 두 개의 근거인데 그러면 4점을 줘야 하는데
	17	C3-	(7줄의 ‘두 번째, 동물의 생명도 소중하다’를 가리키며)근거가, 소중하다는 것을 뒷받침하는 근거가 부족한 것 같아.	39	C3-	1번은 연결이 안 되어 있고 말도 안 되고 타당성도 떨어지고 설명문 같고 그래서 근거가 타당하지도 않고
	50	F3-	(채점 기준 3을 보며)근거가 풍부하지 않지.	40	F3-	풍부하지도 않아.
				45	F3-	근데 못 썼으니까 타당성이 떨어지니까
	51	Ka3	(1점이라고 씀)	46	Ka3	3점
7	62	F7+	(채점 기준 7을 읽으며)나쁘지는 않아.	3	C7-	(3줄) (2줄의 ‘것입니다’, 3줄의 ‘늘어나고 있다’에 표시하며) 말투가 바뀌었어. (채점 기준 7에 표시 1개)
				5	C7-	(3~4줄)(4줄의 ‘반대하는 내용을 쓰도록 하겠다.’에 표시하며) 문장이 명료하지 않고 (채점 기준 7에 표시 1개) 문장이 이해하기가 어렵네?
	63	Ka7	(3점이라고 씀)	13	C7-	(10줄의 ‘인간 중심적 사회’ ~13줄의 ‘고통을 주고’에 표시하며) 이게 무슨 말이지? 이해하기가 정말 어렵네. 문장
				14	C7-	(11~12줄)과학자들은 과학을 발명하고? 문장이 정말 말도 안 되게 이상하네. (채점 기준 7에 표시 1개)
				15	C7-	진화해야 가야 좋겠지만? (채점 기준 7에 표시 1개)
	71	L7-	(채점 기준 7을 읽으며)(채점 기준 7의 점수를 3점에서 2점으로 수정하며)얘도 2점을 주자.	18	C7-	(14~16줄)(16줄의 ‘때문이다’에 표시하며)호응이 맞지 않네 (채점 기준 7에 표시 1개)

채점 기준	T6			T15		
	번 호	코 드	프로토콜	번 호	코 드	프로토콜
				24	C7-	(24줄)(24줄 가리키며) 문장 어색하고 (채점 기준 7에 표시 1개)
				25	C7-	(24~25줄) 속담 잘못 인용했고. (채점 기준 7에 표시 1개)
				56	F7-	(채점 기준 7을 보며)정말 문장 이해하기가 쉽지 않 았어. 얘는 정말 많이 깎아 야 할 것 같아.
				57	Ka7	(2점이라고 씀)

<표 4-53>의 첫 번째 항목은 텍스트에 대한 총평을 나타내는 프로
토콜이다. 1번 채점자는 6번 텍스트를 채점하기 전에 텍스트의 양을
지적하며 모든 채점 기준의 만점을 3점으로 줄여 점수를 부여할 계획
을 세우고 있다. 이 프로토콜은 6번 텍스트를 채점하는 동안 무려 3번
이나 중복 산출되는데, 이는 1번 채점자가 6번 텍스트의 양이 부족한
것을 매우 중요하게 여기고 있다는 것을 의미한다. 반면, 15번 텍스트
에 대해서는 텍스트의 수준이 매우 낮음을 지적하면서도 채점 척도를
조정하지 않는다. 이는 1번 채점자가 텍스트의 양이 적을 경우에만 채
점 척도를 조정하기 때문이다.

두 번째 항목은 채점 기준 2번에 대한 채점 과정의 차이를 보여준
다. 1번 채점자는 6번 텍스트의 주장이 명료하다는 점을 인식하면서도
텍스트의 양이 적다는 이유로 점수를 2점만 부여한다. 반면, 15번 텍
스트에 대해서는 주장이 명료하다고 판단하면서도 필자의 감정이 너
무 드러난다는 점, 타당하지 않은 내용이 있다는 점 등을 지적하면서
3점을 부여한다. 즉, 15번 텍스트의 감점 요인을 더 많이 지적하면서

도 6번 텍스트보다 높은 점수를 부여한 것이다.

네 번째 항목의 프로토콜도 비슷한 채점 경향을 보여준다. 이 항목은 채점 기준 7번에 대한 채점 과정을 보여주는데, 15번 텍스트에 대해서는 말투, 명료성, 문장 수준의 어법, 문장의 호응, 속담 인용 등 여러 감점 요인을 지적하면서 2점을 부여하는 반면, 6번 텍스트에 대해서는 문장의 명료성 수준이 나쁘지 않다고 판단하면서도 똑같이 2점을 부여한다. 즉, 6번 텍스트는 각 채점 기준의 수준이 보통 이상이라고 판단했고, 15번 텍스트는 여러 감점 요인을 지적했음에도 불구하고 두 텍스트에 유사한 점수를 부여한 것이다.

반대로 세 번째 항목은 각 텍스트의 수준을 유사하게 판단하면서도 매우 상이한 점수를 부여하는 모습을 보여준다. 이 항목은 채점 기준 3번에 대한 채점 과정을 나타내는데, 1번 채점자는 6번 텍스트와 15번 텍스트 모두 각각 2개의 근거를 제시하고 있지만 이들 근거가 타당성이 떨어진다고 판단하고 있다. 유사한 판단을 하고 있음에도 불구하고 1번 채점자가 6번 텍스트에 1점, 15번 텍스트에는 3점을 부여하는 것은 6번 텍스트를 채점할 때 텍스트의 양을 고려하여 척도의 만점을 3점으로 조정했기 때문이다.

종합하자면, 1번 채점자와 6번 텍스트 사이에 채점 편향이 나타난 것은 6번 텍스트를 채점할 때 텍스트의 양을 고려하여 척도의 만점을 3점으로 재조정했기 때문이다. '텍스트의 양'은 채점 기준에 명시되어 있지 않은 평가 요소이므로, 이를 고려하는 양상은 채점자 간에 매우 상이할 수 있다. 그리고 이를 어떤 방식으로 반영하느냐에 따라 특정 텍스트를 매우 엄격하거나 매우 관대하게 채점하는 경향이 나타날 수 있다. 이러한 맥락에서 텍스트의 양을 채점 과정에서 고려할 것인지의 여부, 만약 고려한다면 어떤 채점 기준에 반영할 것인지의 여부, 텍스트의 양을 점수에 반영하는 정도의 차이 등은 채점 차이를 유발한다고 볼 수 있다. 그러므로 채점 결과의 신뢰성을 확보하기 위해서는 '텍스트의 양' 요인을 배제하고 채점을 수행하도록 안내하거나, 이를 채점에 반영할 때는 사전 협의를 통해 반영의 범위와 정도를 명확하게 제시할 필요가 있다(백유진 2020a).

▎ 텍스트의 표면적 특징에 주의를 기울이는 문제

채점의 본질은 텍스트에 나타난 학생의 실제 쓰기 수행 능력을 측정하는 것이다(Crisp 2012, Lumley 2002, Vaughan 1991, Charney 1984, Stewart & Grobe 1979). 하지만 일부 채점자들은 텍스트 표면에 명시적으로 드러나 있는 요소들에 주의를 기울이며 점수를 부여하기도 한다(Charney 1984, Godshalk et al. 1966). 텍스트의 내용을 깊게 이해하지 않더라도 파악할 수 있는 문법적 오류, 문단 구분이나 응집 기제의 수준, 손글씨 상태 등을 중심으로 점수를 부여하는 것이다. McNamara(1996)는 텍스트의 문법적 정확성이 텍스트의 질을 판단하는 데 지배적인 역할을 한다는 사실을 밝혀내기도 했다.

채점자들이 이러한 방식으로 채점을 수행하는 이유는 추상적 특징을 지니고 있는 쓰기 능력의 구인들을 구체적인 텍스트의 특징과 연결하는 것이 매우 어려운 일이기 때문이다. 반면, 텍스트 표면에 명시적으로 나타나는 특징들은 채점자들에게 강한 인상을 남기는 경향이 있고, 복잡한 텍스트의 질을 쉽게 수량화할 수 있어 채점에 따르는 인지적 부담을 줄일 수 있다(Huot 1993, Vaughan 1991).

한편, 저경력 교사들은 학생들이 자신만큼 지식이 있을 것이라 생각하는 지식 효과로 인해 문법 요소에 주의를 기울이며 채점을 수행하기도 한다. 이로 인해 저경력 교사들은 문법적 정확성이나 맞춤법 등의 형식적 요인에 엄격한 점수를 부여하기도 한다(박영민 2012, 박영민·최숙기 2010a).

몇몇 연구에서는 객관적 검사를 통해 산출된 쓰기 점수와 수행 검사를 통해 산출된 쓰기 점수를 비교한 결과 두 점수 사이에 강한 상관이 있음을 보고했다(Culpepper & Ramsdell 1982, Stiggins 1982). 이에 대해 Godshalk et al.(1966)은 채점자들이 텍스트를 채점하더라도 객관적 검사에서처럼 텍스트의 기계적이고 표면적인 측면에 의존하는 경향이 있기 때문이라고 주장하였다. 이는 채점자들이 직접 평가로 텍스트를 채점하면서도 결국 간접 평가로 측정하는 것과 같이 채점한다는 것을 의미한다. 이러한 맥락에서 텍스트의 표면적 특징에 주의를 기울이는 채점 방식은 고등 사고 기능을 측정하고자 하는 쓰기 채점의 목적을 고려할 때 타당한 방식이라고 할 수 없다(채선희 1996, Crisp 2012).

Cumming(1990)은 초보 채점자들은 눈에 띄는 오류들을 수정하는 경향이 있는 반면 전문 채점자들은 다양한 텍스트의 특징을 고려하며 채점을 수행하는 경향이 있음을 보고했다. 이러한 결과는 텍스트의 표면적 요소에 주의를 기울이며 채점하는 방식이 채점 결과의 신뢰성에 부정적인 영향을 미칠 수 있음을 시사한다. 그리고 문법적 오류, 응집 기제의 수준, 문단 구분 수준 등과 같이 텍스트의 표면적 특징을 중심으로 채점을 하는 방식은 타당하고 풍부한 근거를 효과적으로 조직하여 예상 독자에게 주장의 타당성을 입증하는 논설문의 쓰기 능력을 측정하는 것과는 괴리가 있다는 점에서 타당한 방식이라고 할 수 없다.

하지만 이러한 채점 방식은 채점자의 인지적 부담으로 인해 쉽게 바뀌지 않는 특성이 있다. 심지어 채점을 할 때 피험자의 의사소통 능력에 주의를 기울이라는 구체적인 채점자 교육을 실시했음에도 불구하고, 텍스트의 표면적 특징에 주의를 기울이는 채점 방식은 쉽게 개선되지 않는 것으로 나타났다(McNamara 1996).

따라서 이 연구에서는 텍스트 표면적 특징에 주의를 기울이며 채점을 수행하는 채점자의 행동이 채점 편향에 미치는 영향에 대해 살펴보기 위해 '개선 방안 제시하기'의 점유율이 높았던 채점자의 채점 편향이 나타난 텍스트와 채점 편향이 나타나지 않은 텍스트의 프로토콜을 비교하였다.9)

다음은 관대한 편향이 나타난 텍스트에서 '개선 방안 제시하기'의 점유율이 높게 나타났던 16번 채점자의 채점 과정을 분석한 것이다.

〈표 4-54〉 16번 채점자의 쌍대 비교 분석 결과

R	채점 편향 산출 텍스트			채점 편향 미산출 텍스트			t	p
	T	Measr	SE	T	Measr	SE		
16	30	-1.72	0.34	5	-0.29	0.29	3.21	0.0069

16번 채점자의 전체 엄격성 수준은 -0.69 logit(SE=0.06)으로, 30번 텍스트와의 편향 크기는 1.03 logit(SE=0.34), 5번 텍스트와의 편향 크기는 -0.40 logit(SE=0.29)이었다. 30번 텍스트의 수준은 -0.51 logit(SE= 0.07), 5번 텍스트의 수준은 -0.15 logit(SE=0.07)으로 비슷하였으며, 20명의 채점자들이 30번 텍스트에 부여한 점수의 평균은 30.05점(SD=8.4), 5번

---

9) 전술했듯이, '개선 방안 제시하기'는 텍스트의 표면적 특징에 주의를 기울이며 채점하는 방식과 밀접한 관련이 있는 정보 처리 행동이다.

텍스트에 부여한 점수의 평균은 34.00점(SD=6.5)으로 두 텍스트 간 평균 차이는 유의하지 않았다(p>.05). 하지만 16번 채점자는 30번 텍스트는 −1.72 logit의 엄격성으로, 5번 텍스트는 −0.29 logit의 엄격성으로 다르게 채점하였다. 30번과 5번 텍스트를 채점할 때 16번 채점자의 엄격성 간 차이는 t=3.21(p<.01)로 유의하였다. 다음은 16번 채점자가 30번 텍스트와 5번 텍스트를 채점하면서 산출한 프로토콜을 비교한 것이다.

〈표 4-55〉 16번 채점자의 30번, 5번 텍스트 채점 과정

번호	코드	프로토콜 (T30)	번호	코드	프로토콜 (T5)
1	E6	(1~11줄)(6줄의 '첫 번째' 앞부분에 문단 구분 표시) 내용 좀 나눠주자.	1	C2-	(1~5줄)(5줄의 '필요성'에 표시)'동물 실험이 필요하다.' 필요하다는 거겠지? 근데 이렇게 물어보니까 글쓴이의 주장이 무엇인지
2	E6	(11줄의 '다음으로' 앞에 문단구분 표시)	2	B3	(6줄)(6줄의 '설파닐아미드'에 표시) 예시
			4	B3	(13~15줄)(15줄에 표시하며)질병들을 고치고, 예방을 할 수 있었다. 예를 들어주고 있네.
3	C6-	(12~15줄)(15줄의 '두 번째', 11줄의 '다음으로'에 표시) 두 번째?	5	B3	(16줄)(16줄의 '파스퇴르'에 표시) 예시.
			6	E6	(16줄의 '예를 들어' 앞에 문단 구분 표시)여기 문단을 나눴으면 좋았겠다.
5	Ka5	(채점 기준 5를 보며) (4점이라고 씀)	7	C7-	(17~20줄)(20줄의 '좀 아니라고~'에 표시)이런 표현은 글쓰기에 적합하지 않지.
			8	C2-	(20~22줄)(22줄에 표시)(여백에 '공감 호소x'라고 씀)공감을 호소하는 것 같은데.
6	Ka6	(채점 기준 6을 보며) (4점이라고 씀)	9	F1+	(채점 기준1을 보며)주제에는 맞아
			10	Ka1	(6점이라고 씀)
			11	F2+	(채점 기준 2를 보며)주장은 명료해.
			12	Ka2	(6점이라고 씀)
7	Ka3	(채점 기준 3을 보며)	13	G3+	(채점 기준 3을 보며)근거가 지금(6

번호	코드	T30 프로토콜	번호	코드	T5 프로토콜
		(6점이라고 씀)			~12줄 묶음 가리키며)첫 번째는 구체적으로 되어 있지만
			14	C3-	두 번째, 세 번째는(16~17줄 묶으며, x라고 씀)구체적이지가 않아.
8	Ka2	(채점 기준 2를 보며)(6점이라고 씀)	15	C3-	두 번째, 세 번째는(16~17줄 묶으며, x라고 씀)구체적이지가 않아.
			16	C3-	그래서 하나에 대한 점수만 주고.
			17	Ka3	(2점이라고 씀)
9	Ka1	(채점 기준 1을 보며)(6점이라고 씀)	18	C4+	(채점 기준 4를 보며)글이 다른 얘기를 하지 않고 하나의 주제에 대해서 얘기를 하고는 있어.
10	Ka4	(채점 기준 4를 보며)(6점이라고 씀)	19	F4-	근데 애매하네.
			20	Ka4	(4점이라고 씀)
			21	F5-	(채점 기준 5를 보며)체계적이지 않지.
11	E7	(채점 기준 7을 보며)(20~21줄에 삭제 표시) 이런 건 좀 빼면 좋지.	22	Ka5	(2점이라고 씀)
			23	F6-	(채점 기준 6을 보며) 응집성도 떨어지고
			24	Ka6	(2점이라고 씀)
12	Ka7	(4점이라고 씀)	25	F7+	(채점 기준 7을 보며) 문장 자체는 어렵진 않지만
			26	F7-	그렇다고 명료하지도 않지.
13	Ka8	(채점 기준 8을 보며)(4점이라고 씀)	27	Ka7	(4점이라고 씀)
			28	C8-	(채점 기준 8을 보며)지금 말하기를 하고 있잖아. 글쓰기인데 (1줄의 '계신가요'에 표시)
			29	Ka8	(2점이라고 씀)

<표 4-55>는 관대한 편향이 나타난 30번 텍스트와 채점 편향이 나타나지 않은 5번 텍스트의 전체 채점 과정을 비교한 표이다. 두 텍스트의 수준이 유사함에도 불구하고 16번 채점자는 30번 텍스트에 40점, 5번 텍스트에 28점을 부여했다. 30번 텍스트의 채점 과정을 살펴보면, 16번 채점자는 문단 구분과 잘못된 문장의 개선 방안을 제시하고, 응집 기제의 오류를 지적한 후, 거의 일괄적으로 점수를 부여한다. 이는

16번 채점자가 30번 텍스트의 근거의 질이나 주장의 타당성 등 논설문의 본질적인 요소들을 채점하기보다 표면적으로 드러나는 특징을 중심으로 점수를 부여했음을 의미한다.

반면, 5번 텍스트는 주장이 명료하지 않은 점, 논설문에 적합하지 않은 표현을 사용한 점, 감정적으로 자신의 주장을 내세우고 있는 점, 근거가 구체적이지 않은 점, 통일성을 갖추고 있는 점 등 논설문의 중요 요소인 주장과 근거의 질에 대해 다양하게 판단하며 점수를 부여하는 모습이 나타난다. 그러므로 30번 텍스트와 달리 5번 텍스트는 각 요소의 수준을 타당한 방식으로 채점하고 있다고 볼 수 있다. 30번 텍스트의 채점 과정과 같이 텍스트의 표면적 특징에만 주의를 기울이며 점수를 부여한다면, 텍스트에 드러난 중요 요소들을 채점에 반영하지 못하는 문제가 발생하기도 한다.

〈표 4-56〉 30번 텍스트의 '15~19줄'에 대한 채점자들의 판단 내용

프로토콜 번호	프로토콜	점수	코드
R1-T30-N41	거의 2번(국민 세금)과 3번(동물실험 대체방안)은 없어도 된다고 보면 되고	2점	C3-
R2-T30-N5	(15줄 가리키며)구체적인 설명이 없어. 이건 근거 부분에서 점수를 깎아야 해.	3점	C3-
R3-T30-N10	(15~21줄)무슨 말이야 갑자기 국민 세금? 갑자기 맥락에 맞지 않는 얘는 뭐지?(15~19줄 묶음)	4점	C4-
R4-T30-N16	통일성은 긍정적인 면 셋을 살펴보기는 했지만 그게 긍정적인 면이라고 하면서 어떤 효과가 있는지에 대한 내용이 두 번째(국민세금), 세 번째에는 없는 것 같아서 그런 내용이	3점	C4-
R9-T30-N5	(15~19줄)(15~19줄 묶으며)국민세금은 왜 나왔냐(20~30줄)	3점	C3-
R11-T30-N7	(채점 기준 3을 보며)(15줄을 가리키며) '두 번째로, 대처하는 연구는 옳지 않다' (6줄의 '첫 번째'에 표시)제대로 된 근거는 중요한 역할을 한다. 밖에 없는 것 같고.	2점	C3-
R12-T30-N5	(16~19줄)동물 실험을 대처하는 연구는 옳지 않다.(15~19줄을 묶으며)이거는 그거에 대한 근거가 아닌데. (여백에 '왜 옳지 않은지? 근거 x'라고 씀)	1점	C3-

프로토콜 번호	프로토콜	점수	코드
R13-T30-N28	(채점 기준 3을 보며)근거 (15줄, 17줄 가리키며)이거랑 이게 어떻게 근거가 되는지 모르겠고. 근거가 많이 부족한 것 같고	2점	C3-
R14-T30-N2	(15~21줄)(15줄의 '국민 세금'에 표시)국민 세금을 왜? 근거도 이상한데. 국민 세금이 왜 나와? 화장품이든 약이든 이런 것들을 개발하는 데 동물 실험이 동원되었다는 사례를 구체적으로 들어야지. 구체적인 게 하나도 없지. 그냥 이렇게만 적으면 안 되지.(20줄의 '막연하게'를 가리키며)자기가 지금 막연하게 하고 있는데	3점	E3
R15-T30-N8	(16~19줄)'국민 세금으로 동물 실험을 대체하는 연구는 옳지 않다.' 이게 무슨 말이야? 국민 85%가 동의했다며? 근데 왜 옳지 않지?(15~19줄 묶으며)이거는 근거로 인정해 줄 수 없어. 내용이 맞지 않으니까. 통일성 저해하고	2점	C3-
R17-T30-N2	(6~15줄)(15줄에 밑줄)뭔 말이야?(16~21줄)(15~21줄 여백에 '이상'이라고 씀)이상하네.	4점	C3-
R18-T30-N4	(15~21줄)(15줄에 밑줄)이 주장 자체가 이상한 얘기가 되었죠. 세금으로 동물 실험을 대처하는 연구는 옳지 않다? 줄이자고 동의했는데 다 혜택을 얻고 있다.	3점	C3-
R19-T30-N8	(11~16줄)아니.(15줄을 가리키며)아니 이건 어떻게 해야 하는 거야? 갑자기 국민 세금으로 동물실험을 대처하는 연구는 옳지 않다니. 좋은 글인 줄 알았더니.(16줄의 '85%'에 표시하며)앞에서는 (6줄에 표시)동물 실험의 긍정적인 면을 알아보자고 했으니까 동물 실험을 하자고 명시하지는 않았지만 동의하는 걸로 알고 있는데, 갑자기(15줄을 가리키며)갑자기 뜬금없이 국민 세금으로 대처하는 연구는 옳지 않다고 하고, 국민들이 동물 실험에 85%가 동의했다고 하면 이건 동물 실험을 줄이자에 힘을 실어주는 거지.	2점	C4-
R20-T30-N10	(15~21줄 묶으며)이거는 왜있는지 모르겠어. 이 문단은 없는 게 나아.	2점	E3

채점자들마다 감점 요인을 반영하는 채점 기준이나 감점 요인에 부여하는 가중치에는 차이가 있었지만, 대부분의 채점자들이 30번 텍스트의 '15~21줄(국민 세금과 관련된 내용)'과 관련된 근거의 질(혹은 통일성 수준)을 감점 요인으로 지적하고 있음을 알 수 있다. 하지만 16번 채점자는 텍스트의 표면적 특징에만 주의를 기울이며 채점을 수행했기 때문에, 논설문의 질을 크게 좌우하는 중요 감점 요인을 채점에 반영하지 못했고, 결국 관대한 점수를 부여하게 된 것으로 볼 수 있다.

▌특정 감점 요인이나 가점 요인을 중복 반영하는 문제

분석적 채점 방식에서는 각 채점 기준별로 점수를 부여하므로, 채점자는 텍스트의 여러 평가 요소들을 명확히 변별하여 그에 해당하는 채점 기준과 연결해야 한다. 하지만 분석적 채점에서 의도하는 것과는 달리, 텍스트는 여러 쓰기 요소들이 복합적으로 얽혀있는 총체성을 지니고 있어서 이를 몇 개의 층위로 분류하는 것은 매우 어려운 일이다(White 1984). 이로 인해 채점자들이 설정하는 하위 평가 요소의 종류와 수는 매우 상이하며, 채점자 스스로도 자신이 설정한 하위 평가 요소들을 명확히 변별하지 못하는 문제가 발생하기도 한다.

이러한 맥락에서 채점자가 특정 감점 요인이나 가점 요인에 대해 매우 강한 인상을 받을 경우, 각 채점 기준을 독립적으로 채점하지 않고 해당 요인을 여러 채점 기준에 동시에 반영하여 점수를 부여하는 경향이 나타나기도 한다. 이러한 방식으로 채점한다면 특정 채점 기준에 상대적으로 매우 높은 점수나 매우 낮은 점수를 부여하게 되어 채점 편향이 나타날 수 있다. 이 연구에서는 채점 편향이 나타난 텍스트를 채점할 때, 채점자들이 산출한 사고구술 프로토콜의 내용을 파악하여 특정 텍스트의 내용을 여러 개의 채점 기준에 중복 반영하는 경향을 보인 채점자의 채점 과정을 분석하였다.

〈표 4-57〉 15번 채점자의 쌍대 비교 분석 결과

R	채점 편향 산출 텍스트			채점 편향 미산출 텍스트			t	p
	T	Measr	SE	T	Measr	SE		
15	30	−1.07	0.29	24	−2.25	0.38	2.47	0.0279

15번 채점자의 전체 엄격성 수준은 −1.66 logit(SE=0.07)으로, 30번 텍스트와의 편향 크기는 −0.60 logit(SE=0.29), 24번 텍스트와의 편향 크기는 0.59 logit(SE=0.38)이었다. 30번 텍스트의 수준은 −0.51 logit(SE=0.07), 24번 텍스트의 수준은 −0.78 logit(SE=0.07)으로 비슷하였으며, 20명의 채점자들이 30번 텍스트에 부여한 점수의 평균은 27.15점(SD=8.8), 24번 텍스트에 부여한 점수의 평균은 23.75점(SD=8.3)으로 두 텍스트 간 평균 차이는 유의하지 않았다(p>.05). 하지만 15번 채점자는 30번 텍스트의 경우 −1.07 logit의 엄격성으로, 24번 텍스트의 경우 −2.25 logit의 엄격성으로 매우 다르게 채점하였다. 30번 텍스트와 24번 텍스트를 채점할 때 15번 채점자의 엄격성 간 차이는 t=2.47(p<.05)로 유의하였다. 다음은 15번 채점자가 30번 텍스트와 24번 텍스트를 채점하면서 산출한 프로토콜을 비교한 것이다.

〈표 4-58〉 15번 채점자의 30번, 24번 텍스트 채점 과정

채점 기준	T30			T24		
	번호	코드	프로토콜	번호	코드	프로토콜
3	8	C3−	(16~19줄)'국민 세금으로 동물 실험을 대체하는 연구는 옳지 않다.' 이게 무슨 말이야? 국민85%가 동의했다며? 근데 왜 옳지 않지? (15~19줄 묶으며)이거는 근거로 인정해 줄 수 없어. 내용이 맞지 않으니까. 통일성 저해하고	7	C3+	3개 이상인데
	11	C3−	(20~27줄)(21~27줄 가리키며) 이건 동물 실험의 중요성이 아니야. 이것도 통일성 해치고 근거 인정 안 된다.			
	16	C3−	(채점 기준 3을 보며)근거는 1개만 정확하니까	8	Kb3	(채점 기준 3을 보며) 5점
	17	Ka3	2점이고요			

채점 기준	T30				T24		
	번호	코드	프로토콜		번호	코드	프로토콜
4	9	C4-	(16~19줄)'국민 세금으로 동물 실험을 대체하는 연구는 옳지 않다.' 이게 무슨 말이야? 국민85%가 동의했다며? 근데 왜 옳지 않지? (15~19줄 묶으며)이거는 근거로 인정해 줄 수 없어. 내용이 맞지 않으니까. 통일성 저해하고		12	Ka4	(채점 기준 4를 보며) 6점이라고 씀)
	10	C4-	(20~27줄)(21~27줄 가리키며) 이건 동물 실험의 중요성이 아니야. 이것도 통일성 해치고 근거 인정 안 된다.				
	18	Ka4	(채점 기준 4를 보며) 4점				

<표 4-58>은 채점 기준 3번과 4번에 대한 채점 과정을 보여주는 프로토콜이다. 20명의 채점자들이 30번 텍스트와 24번 텍스트의 채점 기준 3번에 부여한 점수의 평균은 각각 3.25점(SD=1.4), 2.75점(SD=1.0)으로 Wilcoxon rank sum test 결과 두 텍스트에서 제시한 근거의 풍부성과 타당성 수준은 유의한 차이가 없는 것으로 나타났다(p>.05). 채점 기준 4번에 부여한 점수의 평균은 각각 3.60점(SD=1.4), 3.65점(SD=1.5)으로 t-test 결과 두 텍스트의 통일성 수준도 유의한 차이가 없는 것으로 나타났다(p>.05). 하지만 15번 채점자는 30번 텍스트에 상대적으로 엄격한 점수를 부여하고 있다. 주목할 만한 점은 30번 텍스트의 채점 기준 3번과 4번에 점수를 부여할 때 같은 감점 요인을 채점 근거로 제시하고 있다는 점이다. 이는 15번 채점자가 30번 텍스트의 15~19줄(국민 세금과 관련된 내용), 21~27줄(키메라 장기와 관련된 내용)을 두 채점 기준에 중복 반영했음을 의미한다.

〈표 4-59〉 30번 텍스트의 '15~19줄', '21~27줄'에 대한 채점 방식 비교

R	15~19줄		21~27줄	
	C3	C4	C3	C4
1	√	√	√	
2	√			√
3	√	√		
4		√		√
6				√
8				√
9	√			
11	√			
12	√		√	√
13	√			√
14	√			√
15	√	√	√	√
17	√			
18	√		√	
19		√		√
20	√		√	

채점자들마다 30번 텍스트의 15~19줄(국민 세금), 21~27줄(키메라 장기)과 관련된 내용을 반영하는 채점 기준에는 조금씩 차이가 있다. 일반적으로 주제에서 벗어나는 내용과 관련이 있는 근거를 제시한다면 '근거의 타당성' 측면에 대해서도 높은 점수를 받을 수 없다. 따라서 몇몇 채점자들은 두 감점 요인 중 하나를 두 채점 기준에 중복 반영하는 경향이 있기도 했다. 하지만 이 두 감점 요인을 채점 기준 3번과 4번에 모두 중복 반영한 채점자는 15번 채점자뿐이었다. 즉, 15번 채점자는 두 감점 요인을 채점 기준 3번과 4번에 중복 반영해 상대적으로 엄격한 점수를 부여하게 되었다.

▌ 텍스트 수준에 대한 잘못된 판단의 문제

텍스트를 통해 필자의 쓰기 능력 수준을 진단하고 필자에게 구체적인 개선 방안을 제공하고자 하는 직접 평가는 쓰기 능력의 신장이라는 쓰기 교육의 본질적 목적을 고려할 때 간접 평가보다 타당하다고 할 수 있다. 하지만 직접 평가에서 필자의 쓰기 능력 추정을 위해 활용되는 쓰기 채점은 채점자의 주관적 판단에 의존하므로 끊임없이 신뢰성에 대한 우려를 낳아왔다. 따라서 실제로 많은 연구에서는 채점자의 주관적 판단에 의해 유발되는 채점 결과의 차이에 논의하고, 이를 최소화하기 위한 방안에 대해 탐색해 왔다. 즉, 쓰기 평가 결과의 질은 채점자의 주관적 판단의 질과 밀접한 관련이 있다고 할 수 있다.

채점자는 텍스트를 읽으면서 채점 기준에 대한 수준을 머릿속에 내면화하므로, 채점자의 판단은 기본적으로 채점 기준에 따라 이루어진다. 하지만 다수의 채점 기준들을 한꺼번에 고려하면서 정확한 판단을 내리는 것은 매우 어려운 일이다. 이로 인해 채점자는 일부 채점 기준에 대해 잘못된 판단을 내리기도 한다. 최종적으로 산출되는 점수는 채점자의 판단에 기초하므로, 점수 부여의 기초가 되는 판단 자체가 잘못되면 상대적으로 엄격하거나 관대한 점수를 부여하게 되며, 이러한 점수는 신뢰성이 있다고 할 수 없다. 예를 들어, 대부분의 채점자들이 '통일성을 갖췄다'고 판단한 텍스트에 대해 '통일성을 갖추지 않았다.'고 판단한다면 낮은 점수를 부여해 엄격한 편향이 나타날 수 있다.

따라서 이 연구에서는 채점자의 잘못된 판단이 채점 편향에 어떤 영향을 미치는지에 대해 살펴보기 위해 채점 편향이 나타난 텍스트와 채점 편향이 나타나지 않은 텍스트의 프로토콜을 비교하였다. 채점자의 주관적 판단이 타당한지 아닌지를 결정하는 것은 매우 어려운 문제이므로, 이 연구에서는 주로 대부분의 채점자들과는 상이한 판단을 한 경우를 '잘못된 판단'으로 간주하여 채점 결과를 분석하였다.

우선, 텍스트의 수준을 매우 낮은 것으로 잘못 판단해 엄격한 편향이 나타난 9번 채점자의 채점 과정을 살펴보았다.

〈표 4-60〉 9번 채점자의 쌍대 비교 분석 결과

R	채점 편향 산출 텍스트			채점 편향 미산출 텍스트			t	p
	T	Measr	SE	T	Measr	SE		
9	5	0.37	0.33	26	-0.69	0.29	2.41	0.0313

9번 채점자의 전체 엄격성 수준은 -0.37 logit(SE=0.06)으로, 5번 텍스트와의 편향 크기는 -0.75 logit(SE=0.33), 26번 텍스트와의 편향 크기는 0.32 logit(SE=0.29)이었다. 5번 텍스트의 수준은 -0.15 logit (SE=0.07), 26번 텍스트의 수준 -0.14 logit(SE=0.07)로 비슷하였으며, 20명의 채점자들이 5번 텍스트에 부여한 점수의 평균은 34.00점(SD=6.5), 26번 텍스트에 부여한 점수는 34.10점(SD=7.1)으로 두 텍스트 간 평균 차이는 유의하지 않았다(p>.05). 하지만 9번 채점자는 5번 텍스트는 0.37 logit의 엄격성으로, 26번 텍스트는 -0.69 logit의 엄격성으로 매우 다르게 채점하였다. 5번과 26번 텍스트를 채점할 때 9번 채점자의 엄격성 간 차이는 t=2.41(p<.05)로 유의하였다. 다음은 9번 채점자가 5번 텍스트와 26번 텍스트를 채점하면서 산출한 프로토콜을 비교한 것이다.

〈표 4-61〉 9번 채점자의 5번, 26번 텍스트 채점 과정

채점 기준	T5			T26		
	번호	코드	프로토콜	번호	코드	프로토콜
4	13	F4-	(채점 기준 4를 보며) 통일성도 결여됐고	10	Ka4	(채점 기준 4를 읽으며) (5점이라고 씀)
	14	Ka4	(2점이라고 씀)			

　　〈표 4-61〉은 채점 기준 4번에 대한 채점 과정을 보여주는 프로토콜이다. 20명의 채점자들이 5번 텍스트와 26번 텍스트의 채점 기준 4번에 부여한 점수의 평균은 각각 4.95점(SD=1.2), 4.25점(SD=1.1)으로, Wilcoxon rank sum test 결과 두 텍스트의 통일성 수준은 유의한 차이가 없는 것으로 나타났다(p>.05). 하지만 9번 채점자는 5번 텍스트의 통일성이 결여되었다고 판단하며 평균 점수보다 매우 엄격한 점수를 부여했다. 하지만 20명의 채점자 중 5번 텍스트의 채점 기준 4번에 6점을 부여한 채점자가 9명, 5점과 4점을 부여한 채점자가 각각 4명이었으며, 9번 채점자만이 2점을 부여했다는 점을 고려할 때 9번 채점자는 5번 텍스트의 통일성 수준을 잘못 판단했을 가능성이 있다.

〈표 4-62〉 5번 텍스트의 채점 기준 4번에 대한 채점자들의 판단 내용

프로토콜 번호	프로토콜	점수	코드
R1-T5-N32	(채점 기준 4를 읽으며)음. 뭐 다른 얘기 하는 것은 아니니까. 통일성은 뭐 괜찮은 것 같아.	6점	C4+
R3-T5-N16	(채점 기준 4를 읽으며)통일성을 갖추고 있지.	6점	F4+
R4-T5-N17	(채점 기준 4을 보며)그 다음에 통일성은 갖추었다고 보는데. 통일성은 갖추었다고 보는데.	4점	F4+
R5-T5-N24	(채점 기준 4를 읽으며)통일성은 갖추었는데(전체 훑어 읽기) 통일성은 갖추었지만.(전체 훑어 읽기)	5점	F4+

프로토콜 번호	프로토콜	점수	코드
R6-T5-N14	통일성은 잘 갖춰져 있는 것 같아.	4점	F4+
R7-T5-N20	(채점 기준 4를 보며)통일성은 갖추었으므로. 논제에 어긋나거나 불필요한 언급을 한 것은 아니므로	4점	F4+
R8-T5-N34	(채점 기준 4를 보며)글이 통일성을 갖추었는가. 다 동물실험 찬성에 관한 이야기기는 했지.	5점	C4+
R10-T5-N18	(채점 기준 4를 읽으며)전체적으로 맞는 얘기를 했으니까	6점	C4+
R11-T5-N12	(채점 기준 4를 읽으며)그렇다.	6점	F4+
R12-T5-N17	(채점 기준 4를 읽으며)전체적으로 통일성은 갖추고 있어.	6점	F4+
R13-T5-N10	(채점 기준 4를 읽으며)통일성은 갖추었고	6점	F4+
R15-T5-N28	(채점 기준 4를 읽으며) 네.	6점	F4+
R16-T5-N18	(채점 기준 4를 보며)글이 다른 얘기를 하지 않고 하나의 주제에 대해서 얘기를 하고는 있어.	4점	C4+
R18-T5-N20	(채점 기준 4를 읽으며)하고 싶은 얘기 계속 일관되게 하고 있죠	5점	C4+
R19-T5-N16	(채점 기준 4를 읽으며)통일성은 갖췄다고 봐야겠죠.	5점	F4+
R20-T5-N16	(채점 기준 4를 보며)통일성은 있긴 있지.	4점	F4+

　채점자들마다 지적하는 감점 요인의 범위나 그 감점 요인을 점수에 반영하는 양상에는 차이가 있지만, 대부분의 채점자들은 5번 텍스트가 통일성을 갖추고 있는 것으로 판단하고 있다. 그러므로 9번 채점자가 '통일성이 결여되어 있다.'고 한 것은 5번 텍스트의 통일성 수준을 잘못 판단한 것으로 볼 수 있다. 9번 채점자가 5번 텍스트의 채점 기준 4번에 매우 엄격한 점수를 부여한 것은 이러한 판단의 문제 때문이라고 할 수 있다.

　다음으로 텍스트의 수준을 매우 높은 것으로 잘못 판단해 관대한 편향을 보인 8번 채점자의 채점 과정을 살펴보았다.

〈표 4-63〉 8번 채점자의 쌍대 비교 분석 결과

R	채점 편향 산출 텍스트			채점 편향 미산출 텍스트			t	p
	T	Measr	SE	T	Measr	SE		
8	23	-1.77	0.38	2	-0.38	0.30	2.87	0.0131

8번 채점자의 전체 엄격성 수준은 -0.48 logit(SE=0.06)으로, 23번 텍
스트와의 편향 크기는 1.30 logit(SE=0.38), 2번 텍스트와의 편향 크기는
-0.09 logit(SE=0.30)이었다. 23번 텍스트의 수준은 -0.30 logit(SE=0.07), 2
번 텍스트의 수준은 -0.41 logit(SE=0.07)이었으며, 20명의 채점자들이
23번 텍스트에 부여한 점수의 평균은 32.35점(SD=8.1), 2번 텍스트에
부여한 점수의 평균은 31.15점(SD=7.4)으로 두 텍스트 간 평균 차이는
유의하지 않았다(p>.05). 하지만 8번 채점자는 23번 텍스트는 -1.77 logit
의 엄격성으로, 2번 텍스트는 -0.38 logit의 엄격성으로 매우 다르게 채
점하였다. 23번 텍스트와 2번 텍스트를 채점할 때 8번 채점자의 엄격
성 간 차이는 t=2.87(p<.05)로 유의하였다. 다음은 8번 채점자가 23번
텍스트와 2번 텍스트를 채점하면서 산출한 프로토콜을 비교한 것이다.

〈표 4-64〉 8번 채점자의 23번, 2번 텍스트 채점 과정

채점 기준	T23			T2		
	번호	코드	프로토콜	번호	코드	프로토콜
4	21	Ka4	(채점 기준 4를 보며)통일성 (6점이라고 씀)	63	C4-	(채점 기준 4를 보며)통일성. 감기에 걸리면 이 부분이 약간 애매하긴 하지. 굳이 감기를…. 의학의 발전과(1~2줄 다시 읽기)큰 관련이 있지는 않은데
				69	Ka4	5점
6	13	Ka6	(채점 기준 6을 보며)글이 응집성(6점이라고 씀)	8	C6-	(8줄) '일단?' 연결 별로고
				51	F6-	(채점 기준 6을 보며)응집성 하야.
				52	Ka6	(2점이라고 씀)
				55	C6+	연결어가 있긴 하지만

<표 4-64>는 채점 기준 4번, 6번에 대한 채점 과정을 보여주는 프로토콜이다. 20명의 채점자들이 23번 텍스트와 2번 텍스트의 채점 기준 4번에 부여한 점수의 평균은 각각 3.30점(SD=1.6), 4.25점(SD=1.3)점으로, Wilcoxon rank sum test 결과 두 텍스트의 통일성 수준은 유의한 차이가 있는 것으로 확인되었다(p<.05). 이는 2번 텍스트의 통일성 수준이 24번 텍스트보다 높다는 것을 의미한다. 한편 채점 기준 6번에 부여한 점수의 평균은 각각 3.90점(SD=1.5), 3.65점(SD=1.3)으로 Wilcoxon rank sum test 결과 두 텍스트의 응집성 수준은 유의한 차이가 없는 것으로 나타났다(p>.05).

하지만 8번 채점자는 23번 텍스트의 채점 기준 4번과 6번에 만점을 부여했는데, 이는 23번 텍스트의 통일성과 응집성 수준을 완벽한 것으로 판단했음을 의미한다. 각 채점 기준의 평균 점수를 고려하면, 23번 텍스트의 채점 기준 4번의 점수는 2번 텍스트의 점수보다 낮아야 하며, 채점 기준 6번의 점수는 2번 텍스트의 점수와 유사해야 한다. 따라서 8번 채점자가 23번 텍스트에 부여한 점수는 상대적으로 관대한 점수라고 볼 수 있다.

채점 기준 4번의 경우, 20명의 채점자 중 17명의 채점자는 8번 채점자와 다른 판단을 내리는 경향이 있었다. 이 텍스트에서 7명의 채점자는 2점, 5명의 채점자는 3점을 부여했으며 2명은 4점, 2명은 5점, 1명은 1점을 부여했다. 따라서 대부분의 채점자들이 23번 텍스트의 통일성 수준을 완벽하지 않은 것으로 판단했다고 볼 수 있다. 특히 많은 채점자들은 23번 텍스트의 22~24줄 부분을 지적하며 통일성의 점수를 떨어뜨리는 경향이 있었는데, 8번 채점자는 이러한 요소를 지적해 내지 못해 상대적으로 관대한 점수를 부여하게 되었다.

〈표 4-65〉 23번 텍스트의 채점 기준 4번에 대한 채점자들의 판단 내용

프로토콜 번호	프로토콜	점수	코드
R1-T23-N26	(채점 기준 4를 보며)통일성은 떨어지지 마지막에(23줄을 가리키며)문제점을 얘기하고 있으니까	4점	C4-
R2-T23-N11	(채점 기준 4를 보며)통일성(23~26줄을 묶으며)떨어져.	5점	C4-
R3-T23-N16	(채점 기준 4를 보며)통일성도 안 갖췄지. 막판에.	4점	C4-
R4-T23-N12	(채점 기준 4를 보며)찬성하는 쪽으로 잘 얘기를 하다가(22줄을 가리키며)하지만 이런 문제점들을 얘기하면서 동물의 수를 줄이자. 그러면 처음부터 제한적으로 찬성한다고 하면 조금 이해가 될 텐데 이랬다저랬다 하는 느낌이라서	3점	C4-
R5-T23-N32	(채점 기준 4를 보며)통일성도 점수를 줄 수 없어	2점	F4-
R6-T23-N21	(채점 기준 4를 보며)(22~24줄을 가리키며)여기가 통일성이 이어지지 않는 것 같아서	5점	C4-
R9-T23-N7	(채점 기준 4를 읽으며)갖추지 못했습니다.	2점	F4-
R10-T23-N11	(전체 훑어 읽기)그런데 (24~26줄 표시)약간	3점	C4-
R11-T23-N14	(채점 기준 4를 보며)통일성은 떨어지지 찬반을 같이 넣었으니까	3점	C4-
R13-T23-N16	(채점 기준 4를 보며)통일성은 많이 떨어지고	3점	F4-
R14-T23-N4	(23~26줄)(22~22줄 묶으며) 갑자기 왜 이런 말을 해? 동물실험에 찬성하면서 너무 많이 죽인다. 그럼 찬성하는 이유가 없지. 주장이 흔들리고 있네. 통일성도 떨어지고	1점	C4-
R16-T23-N12	(채점 기준 4를 보며)통일성도 떨어지는데	4점	F4-
R18-T23-N16	(채점 기준 4를 보며)통일성이 떨어지게 되었다. 마지막 때문에	2점	C4-
R19-T23-N9	(22~23줄)아니 왜 자꾸 문제점을 말하는 거야? 찬성하는 거 아니야? 필요하다며 동물 실험은. 이익도 준다며. 근데 왜 자꾸 문제점을 말해. 그럼 상대방이 반박을 할 수 있잖아.	2점	C4-

다른 채점자들의 프로토콜을 참고하면, 대부분의 채점자들은 23번 텍스트의 통일성 수준을 낮게 판단하는 경향이 있음을 알 수 있다. 그러므로 8번 채점자는 23번 텍스트의 통일성 수준을 잘못 판단해 상대적으로 관대한 점수를 부여하게 되었다고 볼 수 있다.

채점 기준 6번의 경우에도 20명의 채점자 중 16명의 채점자는 8번 채점자와 다른 판단을 내리는 경향이 있었다. 이 텍스트에서 5명의 채점자는 2점, 4명의 채점자는 3점, 4명의 채점자는 5점, 3명의 채점자는 4점을 부여했다. 대부분의 채점자들이 23번 텍스트의 응집성 수준을 완벽하지 않은 것으로 판단했다고 볼 수 있다.

〈표 4-66〉 23번 텍스트의 채점 기준 6번에 대한 채점자들의 판단 내용

프로토콜 번호	프로토콜	점수	코드
R1-T23-N32	(채점 기준 6을 읽으며)연결이 잘 안된 부분이 두 군데(1~2줄, 6~12줄)있었어.	4점	C6-
R4-T23-N16	(채점 기준 6을 보며)응집성도 그래서 부족하고	3점	H65-
R5-T23-N38	(채점 기준 6을 보며)응집성 없어	2점	F6-
R4-T23-N1	(1~3줄)(2줄의 '~것이다'와 '그렇다면~'을 묶고)(여백에 '응집↓'라고 씀)	4점	C6-
R13-T23-N11	(22줄의 '있다'와 '이렇듯' 연결하고 ?표시) '이렇듯'은 내용 앞뒤가 연결이 안 맞네.	4점	C6-
R15-T23-N13	(18줄의 '그러나'에 표시)여기 응집성 하나 떨어지고	5점	C6-
R16-T23-N2	(11~14줄)응집성도 떨어지고	2점	C6-
R17-T23-N16	(채점 기준 6을 보며)얘는 문단 구분이 안 되어 있기 때문에	5점	H65-
R18-T23-N18	(채점 기준 6을 보며)응집성도 마찬가지라고 생각합니다.	2점	F6-
R20-T23-N12	(22줄의 '하지만'에 표시)이런 연결어 같은 거 좀 잘못 쓰고 있고	2점	C6-

채점자들마다 지적하는 감점 요인은 다르지만, 6점을 부여한 채점자들이 4명에 불과했다는 것과 <표 4-66>의 판단 내용을 고려하면, 23번 텍스트의 응집성 수준이 완벽한 것은 아님을 알 수 있다. 하지만 8번 채점자는 이러한 감점 요인들을 찾아내지 못함으로써 23번 텍스트의 응집성 수준을 완벽한 것으로 잘못 판단했다고 볼 수 있다. 즉,

판단 오류로 인해 응집성 수준이 유사한 2번 텍스트보다 24번 텍스트에 상대적으로 관대한 점수를 부여했다고 볼 수 있다.

종합하자면, 텍스트의 수준을 매우 높거나 매우 낮은 것으로 잘못 판단한다면 채점 편향이 나타날 가능성이 높아진다. 이는 채점 결과의 타당성이 채점자 일관성에 영향을 미칠 수 있음을 시사한다. 그러므로 채점자가 각 채점 기준별로 텍스트의 수준을 정확하게 판단할 수 있도록 실제 텍스트를 채점해보는 연습을 제공할 필요가 있다.

▌ 감점 요인 판단의 문제

채점자는 채점 기준에 따라 각 평가 요소의 수준을 판단하며 텍스트를 읽는다. 이 과정에서 텍스트의 특징이나 특정 내용에 대해 부정적인 판단을 하기도 하는데, 이를 감점 요인이라고 한다. 채점자는 텍스트를 읽으며 파악한 감점 요인들을 채점 근거로 제시하며 점수를 감한다. 하지만 일부 채점자들은 텍스트의 감점 요인들을 파악하지 못하는 모습을 보이기도 하며, 심지어 감점 요인을 잘못 파악하기도 한다. 이러한 문제가 발생하는 이유는 채점 기준과 텍스트의 특징을 연결하는 것이 인지적으로 부담이 따르는 일이기 때문이다. 하지만 이러한 문제가 나타난다면 채점자는 타당한 방식으로 채점을 수행했다고 할 수 없으며, 채점 결과의 신뢰성도 떨어진다(Weigle 1999, Vaughan 1991).

이러한 맥락에서 채점자가 지적해내는 감점 요인은 채점 편향이 나타나는 데 영향을 미친다. 감점 요인을 찾지 못하면 상대적으로 높은 점수를 부여하게 되며, 감점 요인을 잘못 지적하면 상대적으로 낮은 점수를 부여하게 되기 때문이다. 전자의 경우 관대한 편향이, 후자의 경우 엄격한 편향이 나타날 확률이 높아진다. 따라서 이 연구에서는 감점 요인과 관련된 채점자의 판단이 채점 편향에 어떤 영향을 미치는지에 대해 분석하기 위해 채점 편향이 나타난 텍스트와 채점 편향이 나타나지 않은 텍스트의 프로토콜을 비교하였다.

우선, 감점 요인을 지적하지 못해 관대한 채점 편향을 보인 17번 채점자의 15번 텍스트 채점 과정을 살펴보았다.

〈표 4-67〉 17번 채점자의 쌍대 비교 분석 결과

R	채점 편향 산출 텍스트			채점 편향 미산출 텍스트			t	p
	T	Measr	SE	T	Measr	SE		
17	15	-2.20	0.33	6	-1.13	0.30	2.42	0.0307

17번 채점자의 전체 엄격성 수준은 -1.25 logit(SE=0.07)으로, 15번 텍스트와의 편향 크기는 0.95 logit(SE=0.33), 6번 텍스트와의 편향 크기는 -0.12 logit(SE=0.30)이었다. 15번 텍스트의 수준은 -1.09 logit(SE= 0.07), 6번 텍스트의 수준은 -1.16 logit(SE=0.07)으로 비슷하였으며, 20명의 채점자들이 15번 텍스트에 부여한 점수의 평균은 23.90점(SD=9.0), 6번 텍스트에 부여한 점수의 평균은 23.30점(SD=8.1)으로 두 텍스트 간 평균 차이는 유의하지 않았다(p>.05). 하지만 17번 채점자는 15번 텍스트의 경우 -2.20 logit의 엄격성으로, 6번 텍스트의 경우 -1.13 logit의 엄격성으로 매우 다르게 채점하였다. 15번 텍스트와 6번 텍스트를 채점할 때 17번 채점자의 엄격성 간 차이는 t=2.42(p<.05)로 유의하였다.

다음은 17번 채점자가 15번 텍스트와 6번 텍스트를 채점하면서 산출한 프로토콜을 비교한 것이다.

〈표 4-68〉 17번 채점자의 15번, 6번 텍스트 채점 과정

채점 기준	T15			T6		
	번호	코드	프로토콜	번호	코드	프로토콜
8	9	Ka8	(채점 기준 8을 보며) 어법은 그대로 가고 (6점이라고 씀)	1	C8-	(1~3줄)(1줄의 '사람들을'에 ?표시)
				19	F8-	(채점 기준 8을 보며)(전체 훑어 읽기)몇 개를 잘못 쓴 거야.
				20	Ka8	(2점이라고 씀)

〈표 4-68〉은 채점 기준 8번에 대한 채점 과정을 보여주는 프로토콜이다. 20명의 채점자들이 15번과 6번 텍스트의 채점 기준 8번에 부여한 점수의 평균은 각각 3.60점(SD=1.6), 2.15점(SD=1.0)으로, Wilcoxon rank sum test 결과 두 텍스트의 어법 수준은 유의한 차이가 있는 것으로 나타났다(p<.05). 이를 고려하면, 17번 채점자는 15번 텍스트와 9번 텍스트의 어법 수준의 높고 낮음은 잘 변별했다고 볼 수 있다.

하지만 17번 채점자는 어법 오류들을 지적했던 6번 텍스트와는 달리, 15번 텍스트를 채점할 때는 어법 오류를 단 1개도 지적하지 않으며 6점을 부여하고 있다. 15번 텍스트의 평균 점수와 15번 텍스트의 채점 기준 8번에 20명의 채점자 중 16명의 채점자들이 5점 이하의 점수를 부여했다는 것을 고려하면, 17번 채점자는 15번 텍스트의 감점 요인을 지적하지 못했을 가능성이 있다.

〈표 4-69〉 15번 텍스트의 채점 기준 8번에 대한 채점자들의 판단 내용

프로토콜 번호	프로토콜	점수	코드
R1-T15-N43	(24줄의 '동물 실험'을 가리키며) 여기에 왜 ' ' 표시가 나왔지?	4점	C8-
R3-T15-N5	(5~6줄)(6줄의 '조색해보자'에 표시하며)조색해 보자? 틀린 것 같은데	5점	C8-

프로토콜 번호	프로토콜	점수	코드
R3-T15-N24	(12줄의 '되야하고'에 표시)		C8-
R5-T15-N6	(6줄의 '조색'에 표시)		C8-
R5-T15-N8	(7~9줄)(9줄의 '308마리'에 표시)'308만 마리'지.	2점	E8-
R5-T15-N16	(12~13줄)(12줄의 '되야하고'에 표시)'되어야 하고'		E8
R5-T15-N17	(12줄의 '과학을 발명하고'에 표시)과학을 발명하는 건가?		C8-
R6-T15-N2	(2~4줄)(4줄의 '하였다'에 표시)시제 틀렸네(여백에 '시제↓'라고 씀)		C8-
R6-T15-N4	(7~9줄)(9줄의 '2013년', '약' 사이에 '주어×'이라고 쓰며)주어 없어.	3점	C8-
R6-T15-N5	(9~12줄)(12줄의 '되야하고'에 표시)되야하고		C8-
R7-T15-N1	(1줄)(1줄의 '당신은'에 삭제 표시)불필요한 거.		E8
R7-T15-N4	(3줄의 '비인간적'을 가리키며)'비인간적인'이라고 하면 좋지만.		E8
R7-T15-N6	(4줄)(4줄의 '하였다'를 '하겠다'로 수정)'하겠다'겠지.		E8
R7-T15-N8	(5~6줄)(6줄의 '조색해보자'에 표시)'모색해보자' 이걸 하고 싶었나?	3점	E8
R7-T15-N10	(12줄)(12줄의 '되야'를 '되어야'로 수정)'되어야' 하고		E8
R7-T15-N11	(12줄의 '진화해야 가야'에서 '야' 삭제)'진화해 가야'		E8
R7-T15-N12	(13~15줄)(15줄의 '질병'를 '질병 중에'로 수정)		E8
R10-T15-N1	(전체 훑어 읽기)(6줄의 '조색해 보자'에 표시)(채점 기준 8에 표시 1개)조색해 보자.	3점	C8-
R10-T15-N22	(전체 훑어 읽기)(12줄 가리키며) '진화해야 가야 좋겠지만'(채점 기준 8에 표시 1개)		C8-
R12-T15-N2	(3~4줄)(4줄의 '하였다' 표시) 하겠다.	4점	E8
R12-T15-N3	(5~6줄)(6줄의 '조색'에 표시)'조색'이 뭐야?		C8-
R13-T15-N1	(1~2줄)(2줄의 '수의학자'에 삭제 표시)수의학자라는 말이 필요가 없을 것 같은데.	3점	E8
R13-T15-N3	(4~6줄)(6줄의 '조색'에 표시)조색이 뭐야?		C8-
R14-T15-N20	(채점 기준 8을 읽으며)(6줄의 '조색' 가리킴)이게 문제가 있지. 좋은 점수를 줄 수가 없다.	2점	C8-
R16-T15-N2	(2~4줄)(4줄에 밑줄)'반대하는 내용을 쓰도록 하였다'? 무슨 말이야. 내용을 쓰겠다는 거지.	2점	
R16-T15-N7	얘가 쓴 글이라고 하기에는 너무….(8~20줄 묶고)얘랑 (21~22줄 묶으며)이런 말투들이 다르잖아.(여백에 '다른 느낌의 글'이라고 씀)		E8
R18-T15-N1	(1~3줄)(3줄의 '비인간적 과학'에 표시하며)표현이 조금(-표시)	1점	C8-
R19-T15-N4	(6줄)(6줄의 '조색'에 표시)오타가 아닌 것 같은데 이거는		C8-
R19-T15-N6	(9줄)(9줄의 '308마리'에 표시하며)단위 안 썼잖아.		C8-
R19-T15-N7	(10~12줄)(12줄의 '진화해야 가야 좋겠지만'에 표시)문맥 이상하고요	3점	C8-
R19-T15-N8	(13~17줄)(17줄의 '절대 되지 않아야 된다고 생각한다.'에 표시)어색해요		C8-
N20-T15-N4	(7~13줄)(11줄의 '비인간적'에 표시)인간도 아닌데 비인간적이 아니지. '비윤리적'이라고 써야지.(여백에 '단어 정확성↓'이라고 씀)	2점	E8
N20-T15-N5	(12줄의 '되야하고'에 표시)		C8-
N20-T15-N19	(6줄의 '조색'에 표시)조색이 뭐야		C8-

다른 채점자들의 채점 과정을 살펴보면, 채점자들마다 어법의 감점 요인으로 설정하는 하위 평가 요소, 감점 요인을 점수에 반영하는 정도에는 차이가 있지만, 대부분의 채점자들은 15번 텍스트의 어법 수준을 최상 수준으로 판단하지 않는 경향이 있었다. 따라서 17번 채점자가 15번 텍스트에 6점을 부여한 것은 채점하는 과정에서 감점 요인들을 지적하지 않았기 때문인 것으로 볼 수 있으며, 이러한 채점 방식이 관대한 편향이 나타나는 데 영향을 미친 것으로 판단된다.

다음으로 감점 요인을 잘못 지적해 엄격한 편향을 보인 11번 채점자의 28번 텍스트 채점 과정을 살펴보았다.

〈표 4-70〉 11번 채점자의 쌍대 비교 분석 결과

R	채점 편향 산출 텍스트			채점 편향 미산출 텍스트			t	p
	T	Measr	SE	T	Measr	SE		
11	28	0.38	0.38	1	−1.34	0.66	2.25	0.0422

11번 채점자의 전체 엄격성 수준은 −1.48 logit(SE=0.07)으로, 28번 텍스트와의 편향 크기는 −1.86 logit(SE=0.38), 1번 텍스트와의 편향 크기는 −0.14 logit(SE=0.66)이었다. 28번 텍스트의 수준은 1.85 logit(SE=0.16), 1번 텍스트의 수준은 1.08 logit(SE=0.10)으로 비슷하였으며, 20명의 채점자들이 28번 텍스트에 부여한 점수의 평균은 46.25점(SD=1.9), 1번 텍스트에 부여한 점수의 평균은 43.75점(SD=5.8)으로 두 텍스트 간 평균 차이는 유의하지 않았다(p>.05). 하지만 11번 채점자는 28번 텍스트의 경우 0.38 logit의 엄격성으로, 1번 텍스트의 경우 −1.34 logit의 엄격성으로 매우 다르게 채점하였다. 28번과 1번 텍스트를 채점할 때 11번 채점자의 엄격성 간 차이는 t=2.25(p<.05)로 유의하였다.

다음은 11번 채점자가 28번 텍스트와 1번 텍스트를 채점하면서 산출한 프로토콜을 비교한 것이다.

〈표 4-71〉 11번 채점자의 28번, 1번 텍스트 채점 과정

채점 기준	T28			T1		
	번호	코드	프로토콜	번호	코드	프로토콜
4	9	C4-	(채점 기준 4를 보며)통일성이 떨어지죠.(30~36줄 묶음 가리키며) 왜 이런 내용이 있는지 모르겠다. 조절을 잘 하면 좋을 텐데.	14	C4+	(채점 기준 4를 읽으며) 빗나가는 내용 없고
	10	E4	(21줄을 가리키며)여기도 '과학의 발전'이 아니라 '시간을 줄여준다'이런 말을 하면 좋을 것 같고			
	11	Ka4	(4점이라고 씀)	15	Ka4	(6점이라고 씀)

<표 4-71>은 채점 기준 4번에 대한 채점 과정을 보여주는 프로토콜이다. 20명의 채점자들이 28번 텍스트와 1번 텍스트의 채점 기준 4번에 부여한 점수의 평균은 각각 5.85점(SD=0.5), 5.60점(SD=0.9)으로, Wilcoxon rank sum test 결과 두 텍스트의 통일성 수준은 유의한 차이가 없는 것으로 나타났다(p>.05). 특히 20명의 채점자 중 18명의 채점자가 28번의 채점 기준 4번에 6점을 부여한 점을 고려하면, 11번 채점자가 4점을 부여하며 제시한 감점 요인들 즉, 28번 텍스트의 30~36줄, 21줄에 관한 내용이 통일성을 저해하는 내용이 아니었을 가능성이 있다.

〈표 4-72〉 28번 텍스트의 채점 기준 4번에 대한 채점자들의 판단 내용

프로토콜 번호	프로토콜	점수	코드
R1-T28-N30	(채점 기준 4를 읽으며)잘못된 부분은 없으니까.	6점	F4+
R2-T28-N10	(채점 기준 4를 보며)통일성도 있고	6점	F4+
R4-T28-N9	(채점 기준 4를 보며)통일성도 갖췄어	6점	F4+
R10-T28-N16	(채점 기준 4를 보며)엉뚱한 얘기 안 나왔어.	6점	C4+
R12-T28-N13	(채점 기준 4를 보며)통일성도 갖추고 있고	6점	F4+
R13-T28-N18	(채점 기준 4를 보며)통일성도 잘했고	6점	F4+
R13-T28-N16	(채점 기준 4를 보며)통일성을 갖추었고	6점	F4+

〈표 4-72〉에 나타난 채점자들 외에, 평가적 논평을 산출하지는 않았지만 3번, 5번, 6번, 8번, 9번, 15번, 16번, 17번, 18번, 19번 채점자들도 6점을 부여했는데, 이는 대부분의 채점자들이 28번 텍스트의 통일성 수준을 '최상' 수준으로 인식한 것으로 볼 수 있다. 이를 고려하면 4번 채점자가 제시한 28번 텍스트의 감점 요인은 다소 타당성이 떨어진다. 즉, 11번 채점자는 감점 요인을 잘못 지적해 유사한 수준의 1번 텍스트에 비해 다소 엄격한 점수를 부여한 것으로 볼 수 있다.

종합하자면, 감점 요인 판단의 문제는 '감점 요인을 지적하지 못하는 문제'와 '감점 요인을 잘못 판단하는 문제'로 분류할 수 있으며 전자는 관대한 편향, 후자는 엄격한 편향이 나타나는 데 영향을 미친다. 그러므로 채점자는 텍스트의 수준을 판단하는 데 큰 영향을 미치는 감점 요인을 정확하게 찾아내고, 타당성이 떨어지는 감점 요인을 지적하지 않도록 유의하며 채점을 수행해야 한다.

▌ 가점 요인 판단의 문제

채점자들은 텍스트에 점수를 부여하는 과정에서 텍스트의 특정 내용이나 특징에 대해 긍정적인 판단을 내리기도 하는데 이를 가점 요인이라고 한다. 채점자는 텍스트의 수준을 판단하는 과정에서 파악해 낸 가점 요인들을 채점 근거로 제시하며 점수를 높게 부여한다. 하지만 몇몇 채점자들은 텍스트의 가점 요인들을 파악하지 못하거나 타당하지 않은 가점 요인들을 제시하기도 한다. 감점 요인 판단의 문제와 같이 이러한 경우의 채점 결과도 신뢰성이 있다고 할 수 없다.

채점자가 텍스트에 두드러지게 나타나는 가점 요인들을 파악하지 못하거나 가점 요인들을 잘못 파악한다면 자신의 일반적인 엄격성 수준과는 상이한 점수를 부여하게 될 수 있다. 전자의 경우 상대적으로 엄격한 편향이, 후자의 경우 관대한 편향이 나타날 가능성이 높아진다. 따라서 이 연구에서는 채점 편향이 나타난 텍스트와 채점 편향이 나타나지 않은 텍스트에서 산출된 프로토콜을 비교하여, 가점 요인과 관련된 채점자의 판단이 채점 편향에 어떠한 방식으로 영향을 미치는지 분석하였다. 우선, 가점 요인을 지적하지 못해 엄격한 편향이 나타난 17번 채점자의 3번 텍스트 채점 과정을 살펴보았다.

〈표 4-73〉 17번 채점자의 쌍대 비교 분석 결과

R	채점 편향 산출 텍스트			채점 편향 미산출 텍스트			t	p
	T	Measr	SE	T	Measr	SE		
17	3	0.88	0.55	9	-1.52	0.29	3.87	0.0022

17번 채점자의 전체 엄격성 수준은 -1.25 logit(SE=0.07)으로, 3번 텍스트와의 편향 크기는 -2.13 logit(SE=0.55), 9번 텍스트와의 편향 크기는 0.28 logit(SE=0.29)이었다. 3번 텍스트의 수준은 -1.21 logit(SE=0.07), 9번 텍스트의 수준은 -1.21 logit(SE=0.07)으로 동일하였으며, 20명의 채점자들이 3번 텍스트에 부여한 점수의 평균은 22.80점(SD=8.3), 9번 텍스트에 부여한 점수의 평균은 22.75점(SD=6.1)으로 두 텍스트 간 평균 차이는 유의하지 않았다(p>.05). 하지만 17번 채점자는 3번 텍스트의 경우 0.88 logit의 엄격성으로, 9번 텍스트의 경우 -1.52 logit의 엄격성으로 매우 다르게 채점하였으며, 3번 텍스트와 9번 텍스트를 채점할 때 17번 채점자의 엄격성 간 차이는 t=3.87(p<.01)로 유의하였다. 다음은 17번 채점자가 3번 텍스트와 9번 텍스트를 채점하면서 산출한 프로토콜을 비교한 것이다.

〈표 4-74〉 17번 채점자의 3번, 9번 텍스트 채점 과정

채점 기준	T3			T9		
	번호	코드	프로토콜	번호	코드	프로토콜
2	6	C2-	(8~10줄)갑자기?(채점 기준 2를 보며)주장이 전혀 명료하고 타당하지 않고	3	C2+	(2~3줄)(3줄에 밑줄) 찬성하는 입장. 명료
				24	C2-	(19~20줄을 가리키며) <(17~20줄)(19~20줄에 밑줄)문제에 어긋나.>
	7	C2-	(8~10줄)갑자기?(채점 기준 2를 보며)주장이 전혀 명료하고 타당하지 않고	25	ka2	(5점이라고 씀)
	8	Kb2	1점			

<표 4-74>는 채점 기준 2번에 대한 채점 과정을 보여주는 프로토콜이다. 20명의 채점자들이 3번 텍스트와 9번 텍스트의 채점 기준 2번

에 부여한 점수의 평균은 각각 2.90점(SD=1.4), 2.65점(SD=1.2)으로, Wilcoxon rank sum test 결과 두 텍스트에서 제시한 주장의 명료성과 타당성 수준은 유의한 차이가 없는 것으로 나타났다(p>.05). 하지만 17번 채점자는 3번 텍스트에는 1점을 부여하고, 9번 텍스트에는 5점을 부여하는 등 매우 상이한 점수를 부여하고 있다.

채점 과정을 살펴보면, 17번 채점자는 3번 텍스트의 8~10줄과 9번 텍스트의 19~20줄의 내용을 감점 요인으로 지적한다. 3번 필자와 9번 필자는 모두 동물 실험에 찬성하는 입장임에도 불구하고 동물 실험의 단점을 제시하거나 동물 실험에 따른 동물들의 희생을 잘 인지하고 있자는 논지를 펼치고 있는데 17번 채점자는 이러한 내용이 주장의 명료성을 저해한다고 판단한 것이다. 이러한 점에서 3번 텍스트와 9번 텍스의 채점 과정은 매우 유사하다고 할 수 있다.

유사한 감점 요인을 지적하면서도 9번 텍스트에 더 높은 점수를 부여한 것은 9번 텍스트의 3줄('저는 동물 실험에 찬성하는 입장입니다.')에 필자의 입장이 명료하게 드러난다고 판단했기 때문이다. 하지만 3번 텍스트의 5줄과 16줄에도 핵심 주장문('저는 이 동물 실험을 해야 한다고 생각합니다.')이 제시되어 있다는 점을 고려하면, 17번 채점자는 3번 텍스트의 가점 요인을 누락한 것으로 볼 수 있다.

〈표 4-75〉 3번 텍스트의 '5줄', '16줄'에 대한 채점자들의 판단 내용

프로토콜 번호	프로토콜	점수	코드
R1-T3-N5	(5줄)('저는 이 동물 실험을 해야 한다고 생각합니다.'에 표시)('명료'라고 쓰며)주장이 명료하네.	2점	C2+
R3-T3-N2	(1~5줄 훑어 읽기)(5줄의 '동물~생각합니다.'에 표시하고 '주장'이라고 쓰며)주장.	3점	B2
R6-T3-N10	아니야(16줄을 가리키며)해야 한다고 생각하긴 했어.	3점	C2+

프로토콜 번호	프로토콜	점수	코드
R7-T3-N18	(채점 기준 2를 보며)(5줄 가리키며)주장 명료하게 찬성이라고 밝히고 있기 때문에	5점	C2+
R11-T3-N8	(채점 기준 2를 읽으며)(5줄을 가리키며)해야 한다. 주장.	6점	B2
R12-T3-N3	(5줄)(5줄에 밑줄) 주장	2점	B2
R13-T3-N2	(3~5줄)(5줄에 표시) 해야 한다. 두괄식으로 명료한 게 좀 있네.	4점	C2+
R15-T3-N40	하긴(16줄 가리키며)주장이 두 개인 건 아니야. 하자, 하지말자 한 게 아니라, 동물 실험해야 한다고 하니까.	6점	C2+
R15-T3-N3	(5줄)(5줄의 '해야 한다'에 표시)찬성이네.	2점	B2
R19-T3-N18	하지만 중간에 살짝(15~16줄을 가리키며)이걸 해 줬기 때문에	2점	C2+
R20-T3-N14	얘는(5줄에 표시)주장은 있어.	3점	C2+

대부분의 채점자들이 3번 텍스트에 낮은 점수를 부여했지만 최하 점수인 1점을 부여하지 않은 이유는 3번 필자가 핵심 주장문을 서술한 것을 긍정적으로 판단했기 때문이다. 비록 3번 텍스트에서 제시하고 있는 주장의 명료성이나 타당성의 수준은 낮지만, 17번 채점자는 중요 가점 요인을 파악해내지 못함으로써 상대적으로 엄격한 점수를 부여하게 되었다고 볼 수 있다.

다음으로 가점 요인을 잘못 판단해 관대한 편향이 나타난 18번 채점자의 8번 텍스트 채점 과정을 살펴보았다.

〈표 4-76〉 18번 채점자의 쌍대 비교 분석 결과

R	채점 편향 산출 텍스트			채점 편향 미산출 텍스트			t	p
	T	Measr	SE	T	Measr	SE		
18	8	-1.50	0.36	23	0.22	0.33	3.50	0.0039

18번 채점자의 전체 엄격성 수준은 -0.21 logit(SE=0.06)으로, 8번 텍스트와의 편향 크기는 1.29 logit(SE=0.36), 23번 텍스트와의 편향 크기는 -0.43 logit(SE=0.33)이었다. 8번 텍스트의 수준은 -0.16 logit(SE=0.07), 23번 텍스트의 수준은 -0.30 logit(SE=0.07)으로 비슷하였으며, 20명의 채점자들이 8번 텍스트에 부여한 점수의 평균은 33.85점(SD=5.6), 23번 텍스트에 부여한 점수의 평균은 32.35점(SD=8.1)으로 두 텍스트 간 평균 차이는 유의하지 않았다(p>.05). 하지만 18번 채점자는 8번 텍스트의 경우 -1.50 logit의 엄격성으로, 23번 텍스트의 경우 0.22 logit의 엄격성으로 매우 다르게 채점하였다. 8번 텍스트와 23번 텍스트를 채점할 때 18번 채점자의 엄격성 간 차이는 t=3.50(p<.01)로 유의하였다.

다음은 18번 채점자가 8번 텍스트와 23번 텍스트를 채점하면서 산출한 프로토콜을 비교한 것이다.

〈표 4-77〉 18번 채점자의 8번, 23번 텍스트 채점 과정

채점 기준	T8			T23		
	번호	코드	프로토콜	번호	코드	프로토콜
8	9	C8+	(20~25줄)(24줄의 '대의멸친'에 표시)이러한 사자성어를 쓴 점은 이해가 갑니다. 잘 썼다는 생각이 들어요	11	Kb8	(채점 기준 8을 보며)(3점이라고 씀)
	23	Ka8	(채점 기준 8을 보며)(5점이라고 씀)			

<표 4-77>은 채점 기준 8번에 대한 채점 과정을 보여주는 프로토콜이다. 20명의 채점자들이 8번 텍스트와 23번 텍스트의 채점 기준 8번에 부여한 점수의 평균은 각각 5.00점(SD=0.9), 5.10점(SD=1.2)으로,

Wilcoxon rank sum test 결과 두 텍스트의 어법 수준은 유의한 차이가 없는 것으로 나타났다(p>.05). 채점 과정을 살펴보면, 18번 채점자는 8번 텍스트의 24줄에 쓰인 '대의멸친'이라는 사자성어를 긍정적으로 판단하며 5점을 부여하고 있음을 알 수 있다. 하지만 대부분의 채점자들이 이 사자성어의 활용을 감점 요인으로 지적하는 경향이 있었다는 점을 고려하면, 이러한 판단은 타당하지 않은 것으로 볼 수 있다.

〈표 4-78〉 8번 텍스트의 사자성어에 대한 채점자들의 판단 내용

프로토콜 번호	프로토콜	점수	코드
R2-T8-N28	'대의멸친'이라는 말이 뭔지 얘기했으면 좋았을 것이고. 맥락상 뭔지는 알겠어. 그런데 이걸 소개했으면 좋았을 텐데.	5점	C7-
R3-T8-N18	(24줄을 가리키며)대의멸친. 맞지도 않는 부분들. 너무 수준 떨어지는 표현 같아.	4점	C7-
R4-T8-N2	(7~25줄)(24~25줄에 밑줄)이 문장은 논설문에 맞지 않고(26~28줄)	5점	C1-
R8-T8-N37	(채점 기준 2를 보며)주장이 명료하고 타당한가.(24~28줄 묶으며)이 부분이 좀 떨어진단 말이지. 대의멸친	4점	C2-
R9-T8-N17	(5줄 가리키며)(24줄의 '대의멸친' 가리키며)이런 부분들이 문제가 되는 것 같아.	4점	C4-
R11-T8-N16	(전체 훑어 읽기)(24줄의 '대의멸친'을 가리키며)굳이 이런 말을 써야 하는가?	5점	C7-
R13-T8-N8	(24줄의 '대의멸친'에 표시)대의멸친이 뭐야	4점	C8-
R17-T8-N22	(채점 기준 7을 보며)(24줄 '대의멸친' 가리키며)이것 때문에 좀 깎자	5점	C7-
R20-T8-N13	(24줄을 가리키며)대의멸친이 이런 뜻이야? 이게 여기에 적절한 표현인가? 적절한 표현 같지 않은데.	3점	C7-

이 감점 요인을 반영하는 채점 기준이나 점수에 반영하는 가중치에는 차이가 있지만, 18번 채점자를 제외한 나머지 채점자들은 사자성어 '대의멸친'을 감점 요인으로 지적하는 경향이 있었다. 이를 고려하면,

18번 채점자는 가점 요인을 잘못 판단해 관대한 점수를 부여하게 되었다고 볼 수 있다.

종합하자면, 가점 요인 판단의 문제는 '가점 요인을 지적하지 못하는 문제'와 '가점 요인을 잘못 판단하는 문제'로 분류할 수 있으며, 전자는 엄격한 편향, 후자는 관대한 편향이 나타나는 데 영향을 미친다. 그러므로 채점자는 텍스트의 수준을 판단하는 데 영향을 미치는 가점 요인을 찾아내지 못하거나 가점 요인을 잘못 지적하지 않도록 유의하며 채점을 수행해야 한다.

4. 점수 확정하기 과정에서 나타나는 채점 편향의 특성과 원인

(1) 채점 편향 산출 텍스트에 나타난 점수 확정하기 과정의 특징

▌점수 부여하기

'점수 부여하기'는 채점자가 자신의 판단을 수(數)로 변환하는 정보처리 행동을 의미한다. Vaughan(1991)에서는 채점자들이 비슷한 수준으로 평가적 논평을 내리더라도 최종적으로 부여하는 점수에는 차이가 있음을 지적하였는데, 이는 채점자들마다 각 척도에 해당하는 텍스트의 수준을 다르게 인식하고 있다는 것을 의미한다. 예를 들어 같은 수준을 지닌 텍스트에 대해 어떤 채점자는 5점을 부여하는 반면, 다른 채점자는 3점을 부여할 수 있다. 이렇듯 채점자들은 각 채점 척도에 대응하는 텍스트의 수준에 대해 상이한 인식을 지니고 있으며, 이는 채점자가 최종적으로 부여하는 점수에 영향을 미친다.

　채점 척도 활용 양상이 채점 결과에 영향을 미치는 이유는 추상적인 텍스트의 수준을 몇 개의 범주로 이루어진 척도로 변환하는 것이 인지적으로 매우 어려운 작업이기 때문이다. 채점 척도 변별의 어려움에 대한 사후 설문 분석 결과, 20명의 채점자들 중 19명이 인접 척도의 변별을 어려워하는 것으로 나타났다. 이는 채점자들이 특히 1점 차이를 변별하기 어려워한다는 것을 의미한다.

　따라서 이 연구에 참여한 채점자들의 채점 척도 활용 양상을 보다 상세히 살펴보기 위해 각 채점 기준별로 채점 척도 활용 양상을 분석하였다. 다음은 부분 점수 모형에 의해 산출된 각 채점자별, 채점 기준별 채점 척도 활용 양상 중에서 문제가 있는 지점을 제시한 표이다. N은 채점자가 해당 척도를 활용한 빈도, A는 측정값의 평균(logit), R1∼R20은 채점자 번호, C1∼C8은 채점 기준, S1∼S6은 채점 척도를 의미한다. 이 연구에서는 20명의 채점자가 30편의 텍스트에 채점했으므로, 채점 기준 1개 당 N의 총 합은 30개가 된다.

〈표 4-79〉 부분 점수 모형에 따른 채점 척도 단면 출력 정보

R\C		S1 N	S1 A	S2 N	S2 A	S3 N	S3 A	S4 N	S4 A	S5 N	S5 A	S6 N	S6 A
R1	C1	1	-2.02	3	-0.80	3	-0.60	5	0.42	7	0.41^*	11	1.93
	C6	2	-1.43	7	-0.47	0	-	7	0.54	10	1.71	4	0.90^*
	C7	3	-0.84	3	-0.67	5	-0.11	9	1.55	6	0.85^*	4	2.55
	C8	1	-0.54	2	0.17	4	-0.66^*	2	0.30	4	1.84	17	1.37^*
R2	C1	0	-	4	-0.46	1	-0.42	8	0.60	9	1.54	8	2.16
	C2	1	-1.60	0	-	6	-0.08	6	0.68	6	0.81	12	2.34
	C3	0	-	4	-0.81	5	-0.47	2	1.12	7	0.64^*	12	1.83
	C4	1	-1.44	1	-0.14	2	-0.29^*	0	-	10	0.84	16	1.94
	C5	0	-	3	-0.83	8	0.22	7	0.46	6	1.47	6	2.15
	C6	0	-	1	-1.62	4	-0.23	2	0.78	1	0.99	22	1.46
	C7	0	-	2	-0.16	2	0.62	1	-0.28^*	9	1.42	17	1.43
	C8	0	-	0	-	0	-	6	0.08	5	2.10	19	1.64^*

R\C		S1 N	S1 A	S2 N	S2 A	S3 N	S3 A	S4 N	S4 A	S5 N	S5 A	S6 N	S6 A
R3	C1	0	–	3	-0.44	4	0.85	5	0.41*	4	2.04	14	2.22
	C2	0	–	1	-1.27	3	-0.08	3	0.89	7	0.92	16	2.17
	C4	0	–	1	-1.12	3	0.07	5	1.51	4	1.09*	17	2.12
	C5	0	–	2	-0.95	10	0.38	3	1.09	0	–	15	1.92
	C6	0	–	1	-1.30	0	–	0	–	1	0.00	28	1.54
	C7	0	–	0	–	1	-1.10	4	0.62	0	–	25	1.85
	C8	0	–	0	–	0	–	2	0.70	9	1.38	19	2.00
R4	C1	0	–	1	-2.19	6	-0.55	8	-0.02	10	0.96	5	2.21
	C2	0	–	2	-1.65	7	-0.47	9	0.09	8	1.37	4	2.20
	C3	0	–	4	-1.49	8	-0.75	7	0.21	7	1.22	4	1.59
	C5	0	–	5	-1.15	8	-0.57	6	-0.08	7	1.07	4	2.20
	C6	0	–	3	-1.19	11	-0.33	2	0.78	12	1.30	2	1.70
	C7	0	–	1	-2.05	1	-0.88	9	-0.17	11	0.61	8	2.11
	C8	0	–	0	–	1	-1.91	1	-0.70	13	0.15	15	1.61
R5	C1	0	–	3	-0.96	3	-0.04	7	0.15	5	1.05	12	2.01
	C2	1	-0.54	2	-1.22*	3	-0.23	8	0.26	5	1.14	11	2.03
	C3	0	–	3	-1.27	5	-0.30	6	-0.15	3	0.68	13	1.62
	C4	1	-0.39	3	-0.50*	4	-0.27	6	0.71	5	0.74	11	2.37
	C8	1	-0.29	1	-0.23	5	-0.39*	5	0.84	11	1.79	7	2.07
R6	C1	0	–	3	-1.07	6	-0.69	6	0.52	7	1.26	8	1.64
	C2	0	–	2	-1.53	6	-0.45	12	0.35	4	1.17	6	2.26
	C3	2	-0.91	4	-1.41*	5	-0.67	6	0.64	6	0.65	7	1.45
	C4	0	–	3	-1.18	4	-0.58	3	0.48	7	0.18*	13	1.88
	C6	0	–	4	-1.07	3	-0.95	7	0.15	9	0.73	7	2.22
	C7	0	–	4	-0.89	8	0.05	11	0.91	2	1.24	5	2.51
	C8	0	–	3	-0.46	3	-0.30	2	1.30	8	0.80*	14	1.38
R7	C1	0	–	0	–	4	-0.98	10	-0.21	10	0.24	6	2.03
	C2	0	–	4	-0.59	4	-0.73*	8	-0.33	10	0.81	4	1.87
	C3	1	-1.55	5	-1.28	14	-0.51	3	1.52	5	0.85*	2	2.18
	C5	1	-2.72	14	-0.68	7	0.24	3	0.72	5	1.51	0	–
	C6	1	-2.46	14	-0.42	8	0.43	3	1.15	4	2.10	0	–
	C7	1	-2.26	5	-0.63	12	-0.02	5	0.73	7	2.11	0	–
	C8	0	–	6	-0.53	12	0.00	5	0.87	7	2.25	0	–
R8	C1	1	-1.23	6	-0.84	6	0.31	5	-0.08*	7	1.08	5	1.17
	C2	3	-1.40	9	-0.33	3	-0.43*	7	0.56	7	1.35	1	2.78
	C3	0	–	8	-1.27	3	-0.57	3	-0.23	12	0.49	4	1.21
	C4	0	–	2	-1.06	5	-0.65	3	-0.08	14	0.79	6	1.14
	C5	5	-1.36	6	-0.74	6	-0.25	3	0.10	8	1.38	2	0.32*
	C7	1	-1.09	2	-1.20*	2	-0.29	11	-0.07	10	1.30	4	1.18*
	C8	6	-0.45	1	1.91	1	-0.85*	1	0.49	5	1.02	16	0.82*
R9	C2	2	-0.94	10	-0.62	6	-0.34	7	1.30	2	0.72*	3	2.21

R	C	S1 N	S1 A	S2 N	S2 A	S3 N	S3 A	S4 N	S4 A	S5 N	S5 A	S6 N	S6 A
	C3	3	-1.94	10	-0.92	9	0.40	2	0.40*	4	0.92	2	2.16
	C6	0	-	1	-1.21	2	-1.23*	10	-0.46	10	0.52	7	1.35
	C8	0	-	2	-0.95	0	-	3	-0.87	8	0.13	17	1.17
R10	C1	0	-	0	-	5	-0.22	0	-	13	1.59	12	1.78
	C2	0	-	1	-1.35	1	1.26	6	0.47*	15	1.45	7	2.22
	C3	2	-1.02	0	-	10	0.24	0	-	0	-	18	1.67
	C4	4	-0.30	0	-	8	0.91	0	-	0	-	18	2.14
	C5	1	-0.43	1	-0.49*	5	-0.39	3	0.48	9	1.24	11	1.99
	C6	0	-	0	-	8	0.82	0	-	0	-	22	1.49
	C7	0	-	0	-	3	0.88	0	-	0	-	27	1.58
	C8	0	-	0	-	10	1.24	0	-	0	-	20	1.85
R11	C1	0	-	0	-	2	-1.06	0	-	0	-	28	1.19
	C2	0	-	0	-	1	-1.68	4	0.32	3	0.16*	22	1.37
	C3	0	-	4	-0.29	5	-0.51*	9	0.40	4	0.91	8	2.15
	C4	1	-1.52	0	-	1	0.76	9	0.80	7	1.05	12	1.76
	C5	0	-	0	-	6	-0.10	7	0.95	11	0.66*	6	1.42
	C6	0	-	1	-1.70	4	-0.12	8	0.79	14	1.30	3	2.42
	C7	0	-	0	-	0	-	2	1.47	3	0.59*	25	1.23
	C8	0	-	1	-0.16	3	0.01	14	0.99	5	1.54	7	2.61
R12	C1	1	-0.20	8	-0.74*	5	0.53	4	-0.28*	1	0.33	11	1.81
	C2	3	-0.82	5	-0.73	5	0.22	6	0.72	3	-0.33*	8	2.04
	C3	6	-0.75	7	-0.82*	4	-0.11	3	0.30	2	0.38	8	1.76
	C4	5	-0.79	3	-0.47	2	0.46	3	0.13*	5	0.33	12	1.80
	C5	2	-1.34	10	-0.73	7	0.19	3	1.55	3	0.56*	5	1.71
	C6	2	-1.57	8	-0.34	3	0.30	5	0.01*	3	0.45	9	1.95
	C7	2	-1.04	5	-0.57	4	0.12	4	0.06*	6	0.79	9	2.14
	C8	0	-	3	-0.02	2	-0.26*	2	-0.67*	14	0.86	9	1.55
R13	C1	0	-	3	-1.17	2	-0.39	7	-0.07	6	0.85	12	1.76
	C2	0	-	3	-1.20	3	-0.34	6	0.09	7	0.41	11	1.97
	C3	0	-	6	-1.19	4	-0.46	7	0.01	6	1.26	7	1.75
	C4	0	-	2	-0.61	7	-0.06	5	0.63	6	0.55*	10	2.03
	C7	0	-	3	-0.41	7	-0.27	7	0.39	7	2.02	6	1.98*
	C8	0	-	1	-0.49	7	-0.23	8	0.38	6	1.48	8	2.50
R14	C1	0	-	8	-1.58	9	-0.62	4	0.17	6	0.70	3	1.76
	C6	3	-1.61	9	-1.37	8	-0.19	5	1.02	3	0.36*	2	1.44
	C7	0	-	7	-1.26	11	-0.38	7	0.54	2	0.19*	3	1.71
	C8	2	-1.21	3	-1.82*	1	-0.18	17	-0.12	6	1.59	1	1.01*
R15	C1	6	-0.16	1	1.09	5	0.12*	5	0.61	2	1.29	11	2.39
	C2	0	-	0	-	2	-0.70	2	-0.43	5	0.35	21	1.53
	C3	0	-	2	0.24	4	-0.88*	5	0.43	5	-0.17*	14	1.70

R	C	S1 N	S1 A	S2 N	S2 A	S3 N	S3 A	S4 N	S4 A	S5 N	S5 A	S6 N	S6 A
	C4	0	–	0	–	0	–	6	-0.24	2	2.20	22	1.52*
	C5	0	–	0	–	0	–	2	-0.09	10	0.25	6	1.17
	C6	0	–	0	–	0	–	8	0.83	8	0.29*	14	1.58
	C7	0	–	0	–	1	-1.46	3	0.15	5	0.38	21	1.71
	C8	0	–	2	1.00	2	-0.13*	5	1.14	10	1.27	11	1.91
R16	C1	0	–	9	-1.09	0	–	4	0.33	0	–	17	0.96
	C2	0	–	10	-1.00	0	–	1	0.03	0	–	19	0.89
	C3	0	–	13	-1.03	0	–	5	-0.13	0	–	12	0.94
	C4	0	–	11	-0.76	0	–	3	0.18	0	–	16	1.21
	C5	0	–	13	-1.10	0	–	8	-0.06	0	–	9	1.46
	C6	0	–	14	-0.78	0	–	7	0.23	0	–	9	1.72
	C7	0	–	9	-0.94	0	–	9	0.40	0	–	12	1.41
	C8	0	–	10	-0.69	0	–	4	0.71	0	–	16	1.27
R17	C2	3	0.07	4	0.22	3	0.37	7	1.38	3	0.78*	10	2.01
	C3	2	-1.28	5	-0.08	3	-0.07	7	0.48	1	2.82	12	1.81*
	C4	2	-0.80	2	0.32	2	0.17*	2	0.78	3	1.84	19	1.71*
	C5	2	-1.24	6	-0.04	2	0.34	4	0.97	5	1.63	11	1.44*
	C6	2	-0.98	4	0.51	0	–	3	0.81	2	1.59	19	1.47*
	C7	0	–	0	–	1	-0.20	4	0.11	6	1.39	19	1.63
	C8	0	–	3	0.26	1	-0.09*	2	-0.37*	0	–	24	1.82
R18	C3	5	-1.73	3	-0.87	5	-0.31	5	-0.34*	3	0.82	9	0.97
	C4	6	-1.23	2	-0.13	6	0.15	2	-0.09*	3	0.35	11	1.52
	C5	8	-1.48	3	-0.64	6	-0.17	5	0.18	2	1.67	6	1.38*
	C7	6	-1.29	7	0.00	6	0.41	0	–	4	1.27	7	1.66
	C8	4	-1.22	9	-0.12	6	0.55	0	–	3	1.04	8	1.89
R19	C1	1	-0.89	2	-1.42*	4	-0.23	4	-0.40*	4	0.40	15	1.58
	C2	3	-1.27	2	-0.57	5	0.05	6	-0.02*	5	0.87	9	2.06
	C3	0	–	6	-1.28	6	-0.43	7	0.21	5	1.35	6	1.75
	C4	4	-0.89	6	-0.28	2	0.18	2	1.29	6	0.58*	10	2.15
	C6	1	-0.96	3	-1.28*	5	-0.40	6	0.16	7	0.99	8	2.04
	C8	0	–	5	0.00	3	-0.31*	5	0.08	7	1.34	10	1.86
R20	C1	0	–	4	-1.55	8	-0.61	9	0.19	1	0.82	8	1.80
	C2	0	–	5	-1.32	7	-0.59	10	0.15	0	–	8	1.77
	C3	0	–	5	-1.70	11	-0.72	6	0.02	2	1.22	6	1.52
	C4	0	–	5	-1.16	7	-0.01	10	0.00	4	2.06	4	1.78*
	C6	3	-1.69	4	-0.56	11	-0.36	5	0.55	5	1.91	2	1.61*
	C7	2	-1.12	3	-1.26*	8	0.04	7	-0.28*	6	1.55	4	2.10
	C8	0	–	3	-.73	5	-0.70	11	0.11	3	0.70	8	2.08

*은 하위 척도보다 낮거나 같은 logit이 산출된 경우를 의미한다.

<표 4-79>에 따르면, 채점자들이 보인 척도 활용 양상의 문제는 크게 3가지로 나뉜다. 첫째는 6개의 척도를 등간으로 유지하지 못하는 문제이다. 각 척도 간 평균값의 차이는 채점자들마다 다를 뿐 아니라, 같은 채점자 내의 채점 기준별로도 차이가 있다. 이는 채점자들마다 각 채점 기준의 난도를 다르게 인식하고 있다는 것을 의미한다. 예를 들어 18번 채점자의 결과를 살펴보면, C3의 5점과 6점의 평균값 차이는 0.15 logit이지만 C7의 5점과 6점의 평균값 차이는 0.39 logit인데 이는 18번 채점자에게 C3의 6점을 받는 것보다 C7의 6점을 받는 일이 더 어려운 일임을 의미한다. 실제로 채점자와 채점 기준 간 채점 편향 분석에서 18번 채점자는 채점 기준 7번에는 엄격한 편향(t=-2.48, p<.05)을, 채점 기준 3번에는 관대한 편향(t=2.80, p<.01)을 보이는 것으로 나타났다. 분석적 채점 방식에서는 각 채점 기준의 점수를 합산해서 전체 텍스트의 수준을 측정하므로 채점 기준별 척도 활용 양상이 다를 경우 채점 결과가 달라질 수 있다. 그러므로 채점자들이 각 채점 기준의 척도를 유사한 간격으로 활용할 수 있도록 채점자 교육에서 이와 관련된 내용을 다룰 필요가 있다.

두 번째는 6가지 척도를 모두 활용하지 않는 문제이다. 특히 16번 채점자는 2점, 4점, 6점 척도만 활용하는 모습이 나타났다. 각 채점 기준의 평균값이 척도에 따라 상승하고 있고, 16번 채점자의 전체 일관성 수준(infit MnSq=1.18)이 적합했음을 고려하면, 16번 채점자는 높은 수준의 텍스트와 낮은 수준의 텍스트를 정확하게 변별할 수는 있지만 텍스트의 수준을 세밀하게 변별하는 데는 문제가 있다고 볼 수 있다. 그리고 연구에 참여한 많은 채점자들이 1점 척도를 활용하지 않는 경향이 나타났는데, 이는 채점자들이 텍스트의 수준이 낮더라도 최하점을 거의 부여하지 않는 경향이 있음을 의미한다. 이 경우 최하 수준의 텍스트와 하 수준의 텍스트를 변별하는 데 문제가 발생한다. 그러므로 이러한 문제들을 보인 채점자들에게는 6가지 척도를 모두 활용하여 텍스트의 수준을 변별할 수 있도록 채점 연습을 제공할 필요가 있다.

세 번째는 채점 척도를 수준에 맞게 활용하지 않는 문제이다. 정확한 채점을 위해서는 수준이 높은 텍스트에 상위 척도를 활용해서 점수를 부여해야 한다. 하지만 <표 4-79>에 따르면, 채점자들은 종종 수준이 낮은 텍스트에 높은 점수를 부여하는 문제를 보인다. 특히 전체 일관성 수준이 '부적합'으로 나타난 15번 채점자(infit MnSq=1.67)는 C3의 2점과 3점, 4점과 5점 척도를 텍스트의 수준에 맞게 활용하지 못하는 것으로 나타났다. 이는 15번 채점자가 근거의 수준을 정확하게 변별하지 못한다는 것을 의미한다. 그러므로 이러한 문제가 나타난 채점자들은 텍스트의 해당 채점 기준의 수준을 정확하게 변별할 수 있도록 재교육을 실시한 후 재채점할 기회를 제공할 필요가 있다.

채점 척도의 등간을 유지하지 못하거나 특정 척도를 중점적으로 사용하는 등의 문제가 발생하는 것은 채점자들이 비연속적으로 나타나는 텍스트의 특징과 수준을 특정 점수로 분류하는 것에 매우 큰 인지적 부담을 느끼기 때문이다(박종임 2013a, 박영민 2012, McNamara 채선희 외 역 2003, Hamp-Lyons & Henning 1991). 하지만 텍스트의 수준에 맞는 척도를 활용하여 점수를 부여하지 않는다면 채점자가 필자의 능력을 수준별로 변별해내지 못하는 '범위의 제한'의 문제가 나타날 수 있으며, 이는 점수의 타당성에 부정적인 영향을 미친다(Engelhard 1994). 특히 분석적 채점 상황에서는 각 채점 기준별 척도 활용 양상에 문제가 있을 경우 전체 채점 결과의 신뢰성에 부정적인 영향을 미치게 된다.

이 연구에 나타난 것처럼 채점자들이 척도의 등간을 유지하지 못하거나, 특정 척도를 활용하지 않거나, 채점 척도를 텍스트의 수준에 따라 변별하지 못하는 문제를 보인다면 해당 채점자의 채점 결과는 신뢰할 수 없다. 따라서 채점자들이 채점 기준별로 채점 척도를 적절하게 활용할 수 있도록 채점자 교육 프로그램을 마련할 필요가 있다.

다음 <표 4-80>은 전체 채점자의 프로토콜 중 '점수 부여하기'에 해당하는 프로토콜 산출 빈도를 정리한 것이다.

〈표 4-80〉 '점수 부여하기'의 프로토콜 산출 빈도

정보 처리 행동		채점 기준								합계
		1 (맥락)	2 (주장)	3 (근거)	4 (통일)	5 (체계)	6 (응집)	7 (문장)	8 (어법)	
점수 부여하기	읽기 후	553	549	543	551	540	538	535	550	4,800
	이른 결정	47	51	57	49	60	62	65	50	(32.0%)

'점수 부여하기'의 정보 처리 행동은 텍스트를 모두 읽은 후 점수를 부여하는 것과 텍스트를 모두 읽기 전에 점수를 부여하는 양상으로 나눌 수 있다. 총 4,800개의 프로토콜 중 텍스트를 모두 읽은 후 점수를 부여한 것은 4,359개(90.8%)였으며, 텍스트를 읽기 전에 점수를 부여한 '이른 결정'은 441개(9.2%)였다. 이는 대부분의 채점자들이 텍스트를 모두 읽은 후에 각 채점 기준에 대한 점수를 부여한다는 것을 의미한다. '이른 결정'은 채점자 1인 당 채점 기준 1에 2.76번, 채점자 1인 당 텍스트 1편에 0.74번 내리는 것으로 나타났다. 채점 기준별로 살펴보면, 채점 기준 7번에 대한 이른 결정이 가장 많았으며(65개, 14.7%) 채점 기준 1번에 대한 이른 결정은 가장 적었으나(47개, 10.7%) 그 차이는 크지 않았다.

채점자의 정보 처리 행동을 분석한 Wolfe(2005, 1997)에서는 능숙한 필자들보다 미숙한 필자들이 이른 결정을 더 많이 내리는 것으로 나타났다. 그에 따르면, 미숙한 필자들은 텍스트를 피상적으로 훑어보거나 텍스트의 일부분만을 읽고 해당 텍스트가 받을 점수를 미리 예측하는 경향이 있는데, 이는 채점자가 미리 예측한 점수를 뒷받침할 근거들을 찾고 이를 갱신하는 데 집중하게 함으로써 읽기 과정을 방해한다. 반면, 능숙한 필자들은 텍스트를 모두 읽고 점수 부여를 위한 모든 근거들을 검토할 때까지 점수 결정을 보류하는 경향이 있다.

이 연구에서는 '이른 결정하기'의 정보 처리 행동이 채점 편향에 미치는 영향을 살펴보기 위해 프로토콜의 점유율을 분석하였다. '점수 부여하기' 프로토콜 수는 채점자, 채점 기준, 텍스트 수에 따라 고정적으로 산출되므로, 채점 편향에 영향을 미칠 수 있는 요소는 '이른 결정하기'의 비율일 것이라고 판단했기 때문이다. <표 4-81>은 채점 편향이 나타난 텍스트와 채점 편향이 나타나지 않은 텍스트에서 각 채점자들이 산출한 '이른 결정하기' 프로토콜의 점유율을 나타낸다.

〈표 4-81〉 채점 편향 산출 여부에 따른 '이른 결정하기' 프로토콜 점유율

채점자	엄격	관대	미산출	전체	채점자	엄격	관대	미산출	전체
1	0.0	0.0	0.0	0.0	12	0.0	0.0	0.0	0.0
3	0.0	–	14.1	13.6	14	0.0	0.0	0.0	0.0
4	0.0	0.0	0.0	0.0	15	0.0	0.0	0.7	0.6
5	0.0	0.0	0.0	0.0	16	0.0	0.0	1.9	1.6
6	0.0	–	0.0	0.0	17	1.7	0.0	0.6	0.7
7	4.0	1.8	1.9	2.0	18	0.0	0.0	2.7	1.3
8	0.0	0.0	0.2	0.1	19	0.0	–	0.0	0.0
9	9.8	0.0	5.2	5.3	20	0.0	0.0	0.0	0.0
10	29.1	–	19.6	20.8	전체	2.9	0.2	3.1	2.9
11	0.0	–	0.0	0.0					

<표 4-81>에 따르면, 대부분의 채점자들은 이른 결정을 내리지 않는 경향이 있었다. 이는 채점자들이 텍스트의 내용을 모두 읽은 후 점수를 부여한다는 것을 의미한다. 하지만 이른 결정을 내리는 경향이 있었던 채점자들 중에서는 대부분 채점 편향이 나타난 텍스트에서의 점유율이 높게 산출되었다. 특히 10번 채점자는 대부분의 텍스트를 읽지 않은 채 점수를 부여하는 경향이 있었는데, 점유율 분포를 참고하면 이러한 경향은 특히 엄격한 편향에 영향을 미친 것으로 나타났다.

텍스트를 충분히 읽지 않고 점수를 부여한다면 감점 요인이나 가점 요인을 누락할 가능성이 있고, 이는 텍스트의 수준을 잘못 판단하는 문제로 이어지게 된다. 텍스트의 일부분만 읽은 채 미리 점수를 결정하는 정보 처리 행동은 Wolfe(2005, 1997)에서 지적했던 것처럼 자연스러운 읽기 과정을 방해하는 요인으로 작용할 수도 있다. 그러므로 채점자 교육을 통해 채점자들이 텍스트의 내용을 충분히 숙지한 후 점수를 부여할 수 있도록 안내할 필요가 있다.

▌ 점수 수정하기

'점수 수정하기'는 이미 부여한 점수를 수정하는 정보 처리 행동을 의미한다. 채점자들이 점수를 부여한 후 점수를 높이거나 낮추는 행동을 하는 것은 채점자의 인지 과정을 연구한 여러 선행 연구에서도 나타났던 현상이다(백유진 2020a, Lumley 2005, Milanovic et al. 1996). '점수 수정하기'의 정보 처리 행동은 채점 과정이 단선적 과정이 아니라 회귀적 과정임을 의미한다.

〈표 4-82〉 '점수 수정하기'의 프로토콜 산출 빈도

정보 처리 행동		채점 기준								합계
		1 (맥락)	2 (주장)	3 (근거)	4 (통일)	5 (체계)	6 (응집)	7 (문장)	8 (어법)	
점수 수정하기	가	12	19	9	1	10	6	11	12	280
	감	29	29	16	27	32	22	23	19	(1.9%)

<표 4-82>는 전체 채점자의 프로토콜 중 '점수 수정하기'에 해당하는 프로토콜 산출 빈도를 정리한 것이다. 이에 따르면, '점수 수정하기' 정보 처리 행동의 프로토콜 수는 총 280개(1.9%)이다. 이는 채점자 1인 당 채점 기준 1개의 점수를 1.75번, 채점자 1인 당 텍스트 1편의 점수를 0.47번 수정한다는 것을 의미한다. 이 중 점수를 높이는 경우는 83 번(29.6%)이었으며, 점수를 낮추는 경우는 197번(70.4%)이었다. 채점 기준별로 살펴보면, 채점 기준 2번의 점수를 수정한 경우가 가장 많았고(48개, 17.1%) 채점 기준 6번에 대한 점수를 수정한 경우가 가장 적었으나(28개, 10.0%) 그 차이는 크지 않았다.

'점수 수정하기'의 정보 처리 행동이 채점 편향에 미치는 영향을 살펴보기 위해 프로토콜의 점유율을 분석하였다. <표 4-83>은 채점 편향이 나타난 텍스트와 채점 편향이 나타나지 않은 텍스트에서 각 채점자들이 산출한 '점수 수정하기' 프로토콜의 점유율을 나타낸다.

〈표 4-83〉 채점 편향 산출 여부에 따른 '점수 수정하기' 프로토콜 점유율

채점자	방향	엄격	관대	미산출	전체	채점자	방향	엄격	관대	미산출	전체
1	가	0.0	0.0	0.7	0.6	12	가	1.2	2.1	0.5	0.7
	감	3.1	3.0	1.2	1.4		감	4.9	2.1	1.4	1.9
3	가	0.0	-	0.3	0.3	14	가	0.0	0.0	0.0	0.0
	감	0.0	-	2.8	2.7		감	1.2	3.1	1.8	1.9

채점자	방향	엄격	관대	미산출	전체	채점자	방향	엄격	관대	미산출	전체
4	가	0.0	0.0	0.5	0.5	15	가	0.0	0.0	0.1	0.1
	감	0.0	0.0	0.2	0.2		감	1.0	0.0	0.4	0.5
5	가	0.0	0.0	0.4	0.3	16	가	0.0	0.0	0.0	0.0
	감	3.8	0.0	0.5	0.8		감	0.0	0.0	0.0	0.0
6	가	1.4	-	0.6	0.7	17	가	0.0	0.0	0.0	0.0
	감	6.8	-	0.6	1.3		감	0.0	5.6	1.4	1.4
7	가	0.0	0.0	0.8	0.6	18	가	0.5	0.7	1.7	1.1
	감	0.0	1.8	0.8	0.9		감	0.0	1.4	0.3	0.5
8	가	2.1	0.0	0.6	0.8	19	가	3.0	-	0.2	0.3
	감	0.7	2.0	1.9	1.7		감	3.0	-	0.6	0.6
9	가	0.0	0.0	0.4	0.3	20	가	0.0	1.0	0.3	0.4
	감	2.4	0.0	2.9	2.7		감	0.0	0.0	1.5	1.3
10	가	1.8	-	1.7	1.7	전체	가	0.7	0.4	0.6	0.6
	감	2.7	-	1.7	1.8		감	1.8	1.6	1.2	1.3
11	가	0.0	-	0.0	0.0						
	감	0.0	-	1.7	1.5						

<표 4-83>에 따르면, '점수 수정하기'의 프로토콜 점유율은 채점 편향이 나타나지 않은 텍스트보다 채점 편향이 나타난 텍스트에서 높게 나타나는 경향이 있다. 이는 처음에 부여했던 점수를 수정하는 정보 처리 행동이 채점 편향에 영향을 미칠 수 있음을 시사한다.

McColly(1970), Myers(1980), Charney(1984)는 채점자들의 즉각적인 판단이 신뢰성 있는 반응을 이끌어낼 수 있으며, 텍스트의 수준을 판단하기 위해 깊게 생각할수록 필자의 쓰기 능력과는 관계가 없는 요소들에 주의를 기울이게 될 가능성이 높아진다고 지적하였다. 즉, 텍스트의 수준을 판단하는 데 어려움을 겪거나 자신이 부여한 점수에 대해 고민한다면 텍스트의 부수적인 요소에 근거해 점수를 부여할 가능성이 높아진다. 따라서 채점자는 타당한 채점 결과를 산출하기 위해 텍스트를 읽은 후 채점 근거를 중심으로 빠르게 점수를 부여해야 한다.

이러한 맥락에서 점수를 수정하는 정보 처리 행동의 점유율이 채점 편향이 나타난 텍스트에서 높았던 것으로 판단된다.

종합하자면, '점수 수정하기'는 '판단의 어려움'이나 '지나친 점검', 텍스트의 부수적인 요소인 '텍스트의 표면적 특징에 주의를 기울이는 채점 방식' 등과 밀접한 관련이 있으며, 채점 편향에 직접적으로 영향을 미치기보다 간접적으로 영향을 미치는 것으로 볼 수 있다. 특히 '점수 수정하기'가 빈번하게 나타난다면 채점자가 텍스트의 수준을 알맞은 척도로 변환하는 데 어려움을 겪고 있을 가능성이 있으므로, 해당 정보 처리 행동이 높은 점유율로 나타날 경우 해당 텍스트의 채점 과정과 채점 결과를 유의해서 살펴볼 필요가 있다.

(2) 점수 확정하기 과정에서 나타나는 채점 방식의 문제

▮ 감점 요인이나 가점 요인에 부여하는 가중치 변화의 문제

채점자는 가점 요인과 감점 요인들을 지적하면서 텍스트를 읽으며, 이에 대한 판단을 종합하여 최종 점수를 산출한다. 하지만 모든 텍스트는 서로 다른 내용을 담고 있어서 채점자들이 지적하는 가점 요인이나 감점 요인도 텍스트마다 다를 수밖에 없다. 따라서 채점자들은 채점 기준을 세부적인 하위 기준으로 재설정해 반응의 범위를 제한함으로써 각 텍스트들이 포함하고 있는 공통적인 가점 요인이나 감점 요인을 중심으로 점수를 부여하고, 이를 통해 다른 채점자들과 유사한 방식으로 채점을 수행하려고 노력한다. 그럼에도 불구하고 채점자들마다 각 가점 요인이나 감점 요인에 부여하는 가중치에는 차이가 있으며, 심지어 텍스트마다 같은 평가 요소에 다른 가중치를 부여해 채점하기도 한다(Lumley 2002, Milanovic et al. 1996).

채점자가 두 텍스트의 같은 평가 요소에 대해 같은 판단을 내리면서도 서로 다른 점수를 부여할 경우 해당 평가 요소에 채점자가 부여하는 가중치가 변화했다고 할 수 있으며, 이는 채점 편향에 직접적인 영향을 미친다. 따라서 이 연구에서는 유사한 채점 과정을 거치고, 유사한 판단을 내리면서도 서로 상이한 점수를 부여한 채점자의 프로토콜을 분석하여 채점자가 부여하는 가중치의 변화가 채점 편향에 어떠한 방식으로 영향을 미치는지에 대해 살펴보았다.

다음은 엄격한 편향이 나타난 텍스트와 관대한 편향이 나타난 텍스트에서의 '채점 근거 제시하기(부정 판단)'의 점유율이 모두 높게 나타났던 20번 채점자의 채점 과정을 분석한 것이다.

〈표 4-84〉 20번 채점자의 쌍대 비교 분석 결과

R	채점 편향 산출 텍스트			채점 편향 미산출 텍스트			t	p
	T	Measr	SE	T	Measr	SE		
20	13	0.28	0.29	10	−1.04	0.53	2.19	0.0490

20번 채점자의 전체 엄격성 수준은 −0.41 logit(SE=0.06)으로, 13번 텍스트와의 편향 크기는 −0.70 logit(SE=0.29), 10번 텍스트와의 편향 크기는 0.63 logit(SE=0.53)이었다. 13번 텍스트의 수준은 0.76 logit(SE=0.09), 10번 텍스트의 수준은 1.03 logit(SE=0.10)으로 비슷하였으며, 20명의 채점자들이 13번 텍스트에 부여한 점수의 평균은 41.95점(SD=4.9), 10번 텍스트에 부여한 점수의 평균은 43.50점(SD=3.6)으로 두 텍스트 간 평균 차이는 유의하지 않았다(p>.05). 하지만 20번 채점자는 13번 텍스트의 경우 0.28 logit의 엄격성으로, 10번 텍스트의 경우 −1.04 logit의 엄

격성으로 매우 다르게 채점하였다. 13번 텍스트와 10번 텍스트를 채점할 때 20번 채점자의 엄격성 간 차이는 t=2.19(p<.05)로 유의하였다.

다음은 20번 채점자가 13번 텍스트와 10번 텍스트를 채점하면서 산출한 프로토콜을 비교한 것이다.

〈표 4-85〉 20번 채점자의 13번, 10번 텍스트 채점 과정

채점 기준	T13			T10		
	번호	코드	프로토콜	번호	코드	프로토콜
8	2	C8-	(11~14줄)(14줄의 '임닷'에 표시)	7	E8	(31~32줄) (31줄의 '유호성'에 표시) 유효성
	7	F8+	(전체 훑어 읽기)(채점 기준 8을 보며)문장부호 잘 쓰고 있어.			
	8	F8+	맞춤법도 나쁘지 않아.	14	C8-	(채점 기준 8을 보며) (17줄의 '원해' 가리킴)
	9	Ka8	그렇지만 (4점이라고 씀)	17	F8+	나쁘지 않고
				18	Ka8	(6점이라고 씀)

〈표 4-85〉는 채점 기준 8번에 대한 채점 과정을 보여주는 프로토콜이다. 20명의 채점자들이 13번 텍스트와 10번 텍스트에 부여한 점수의 평균은 각각 5.25점(SD=1.0), 5.45점(SD=.10)으로, Wilcoxon rank sum test 결과 두 텍스트의 어법 수준은 유의한 차이가 없는 것으로 나타났다(p>.05). 채점 과정을 살펴보면, 20번 채점자는 13번 텍스트 채점 과정에서는 어법 오류 1개를, 10번 텍스트 채점 과정에서는 어법 오류 2개를 지적했는데 13번 텍스트에는 4점을, 20번 텍스트에는 더 높은 6점을 부여한다. 심지어 두 텍스트 모두 어법 수준이 '나쁘지 않다'는 판단을 내리면서도 상이한 점수를 부여한다. 이러한 현상이 나타난 이유는 맞춤법 오류에 부여하는 가중치가 변했기 때문이다. 13번 텍스트

를 채점할 때는 어법 오류에 가중치를 크게 부여했고, 10번 텍스트를 채점할 때는 상대적으로 작게 부여한 것으로 볼 수 있다. 이 결과는 유사한 감점 요인에 부여하는 가중치의 변화가 채점 편향이 나타나는 데 영향을 미칠 수 있음을 시사한다.

▌매우 크거나 작은 가중치를 부여하는 문제

같은 평가 요소에 대해 같은 판단을 내리면서도 상이한 점수를 부여하는 경우뿐 아니라, 특정 감점 요인이나 가점 요인에 매우 크거나 작은 가중치를 부여하는 경우에도 채점 편향이 나타날 수 있다. 예를 들어 텍스트의 수준이 유사함에도 불구하고 특정 가점 요인에 대해 매우 큰 가중치를 부여한다면 관대한 편향이, 감점 요인에 매우 큰 가중치를 부여한다면 엄격한 편향이 나타날 수 있다. 반대로 가점 요인에 매우 작은 가중치를 부여한다면 엄격한 편향이, 감점 요인에 매우 작은 가중치를 부여한다면 관대한 편향이 나타날 수 있다. 이는 특정 평가 요소에 적절한 수준의 가중치를 부여하지 않을 때 채점 편향이 나타날 수 있음을 의미한다. 따라서 이 연구에서는 특정 평가 요소에 적절하지 않은 가중치를 부여하는 채점 과정이 채점 편향에 어떠한 영향을 미치는지 알아보기 위해 채점 편향이 나타난 텍스트에서의 채점 과정을 세부적으로 살펴보았다.

우선 특정 감점 요인에 과도한 가중치를 부여해 엄격한 편향이 나타난 12번 채점자의 채점 과정을 분석하였다.

〈표 4-86〉 12번 채점자의 쌍대 비교 분석 결과

R	채점 편향 산출 텍스트			채점 편향 미산출 텍스트			t	p
	T	Measr	SE	T	Measr	SE		
12	25	0.19	0.29	16	−1.73	0.66	2.67	0.0203

　12번 채점자의 전체 엄격성 수준은 −0.49 logit(SE=0.06)으로, 25번 텍스트와의 편향 크기는 −0.67 logit(SE=0.29), 16번 텍스트와의 편향 크기는 1.25 logit(SE=0.66)이었다. 25번 텍스트의 수준은 0.74 logit(SE=0.09), 16번 텍스트의 수준은 0.68 logit(SE=0.09)으로 비슷하였으며, 20명의 채점자들이 25번 텍스트에 부여한 점수의 평균은 41.85점(SD=5.9), 16번 텍스트에 부여한 점수의 평균은 41.45점(SD=6.0)으로 두 텍스트 간 평균 차이는 유의하지 않았다(p>.05). 하지만 12번 채점자는 25번 텍스트의 경우 0.19 logit의 엄격성으로, 16번 텍스트의 경우 −1.73 logit의 엄격성으로 매우 다르게 채점하였다. 25번 텍스트와 16번 텍스트를 채점할 때 12번 채점자의 엄격성 간 차이는 t=2.67(p<.05)로 유의하였다. 다음은 12번 채점자가 25번 텍스트와 16번 텍스트를 채점하면서 산출한 프로토콜을 비교한 것이다.

〈표 4-87〉 12번 채점자의 25번, 16번 텍스트 채점 과정

채점 기준	T25			T16		
	번호	코드	프로토콜	번호	코드	프로토콜
3	2	C3−	(8~13줄)생태계의 질서? 이게 뭐야?(8~13줄 묶으며) 에이 근거 잘못됐네.	11	F3+	(채점 기준 3을 보며) 근거도 타당하고
	6	Ka3	(채점 기준 3을 읽으며)근거 2점	15	F3+	풍부하고
	13	L3−	(채점 기준 3의 2점을 1점으로 수정)	16	Ka3	(6점이라고 씀)

<표 4-87>은 채점 기준 3번에 대한 채점 과정을 보여주는 프로토
콜이다. 20명의 채점자들이 25번 텍스트와 16번 텍스트의 채점 기준 3
번에 부여한 점수의 평균은 각각 4.55점(SD=1.5), 4.90점(SD=1.3)으로,
Wilcoxon rank sum test 결과 두 텍스트에서 제시한 근거의 풍부성과 타
당성 수준은 유의한 차이가 없는 것으로 나타났다(p>.05). 하지만 12번
채점자는 25번 텍스트의 근거 중 '8~13줄(약육강식)'의 타당성을 지적
하며 최하점을 부여하고 있다. 다른 채점자들도 대부분 이 근거의 타
당성을 지적하기는 했지만, 25번 텍스트의 채점 기준 3번에 1점을 부
여한 것은 12번 채점자뿐이었다. 심지어 12번 채점자는 이미 부여한
점수를 더 낮게 수정하는데, 이는 그가 25번 텍스트의 근거의 수준을
판단하는 데 어려움을 겪고 있다는 것을 의미한다.

12번 채점자가 25번 텍스트의 감점 요인에 부여한 가중치가 높은
수준인지 확인하기 위해 다른 채점자들이 부여한 점수를 확인하였다.

<표 4-88> 25번 텍스트의 '8~13줄'에 대한 채점자들의 판단 내용

프로토콜 번호	프로토콜	점수	코드
R1-T25-N6	(8~13줄)(여백에 '1. 인간 최상'이라고 쓰며)첫 번째 근 거는 인간이 최상위 포식자이기 때문에 동물 실험을 해 도 된다는 건데 (여백에 '과격한 논리, 타당성↓'이라고 쓰며)너무 과격한 논지야. 그래서 타당성이 조금 떨어져.	5점	C3-
R2-T25-N4	(채점 기준 3을 보며)근데(8~13줄을 가리키며)이게 너무 깎아먹었다.	5점	C3-
R3-T25-N20	근거가 타당(두 번째 문단에 표시하며)얘도 타당성이 부족하고	4점	C3-
R4-T25-N9	아 이거는 교사의 가치판단이 들어가서인지 모르지만(33 줄에 밑줄)이게 약육강식이기 때문에, 동물의 존엄성보다 인간의 존엄성이 더 중요하고, 최상위 포식자이기 때문 에 동물 실험이 타당할 수 있다는 게 타당한 내용인지는	4점	C3-
R7-T25-N2	(8~13줄)(12줄의 '약육강식'에 표시하며)약육강식에 의 해 동물을 실험에 사용할 수 있다고 하는데 약육강식의 논리로 동물 실험을 이야기 할 수 있을까? 가능하겠지만 타당성은 좀 떨어져 보이고요	5점	C3-

프로토콜 번호	프로토콜	점수	코드
R9-T25-N3	(6~13줄)(여백에 '근거 약육강식'이라고 쓰며)근거가 약육강식이다.	3점	B3
R14-T25-N9	(채점 기준 3을 보며)(11줄의 '최상위 포식자'를 가리키며)최상위 포식자. 이건 동물실험하고 관련이 있나? 타당 안 한 것 같은데	3점	C3-
R15-T25-N4	(8~13줄)(9~13에 X표시)약육강식에 대해 썼어. 잡아 먹는 거랑 같나? 근거 하나 제외하고.(14~36줄)(9~13줄을 가리키며) 이것만 깎을게.	4점	C3-
R16-T25-N2	(8~13줄)(8줄에 밑줄)너무 위험한 내용이야. 근거가 타당하다고 볼 수 없을 것 같은데	2점	C3-
R18-T25-N3	(8~13줄)(8~13줄 묶고, 여백에 '약육강식?'이라고 씀)약육강식이라니	4점	C1-

채점자들마다 부여한 점수의 차이는 있지만, 이 감점 요인 때문에 최하점을 부여한 채점자는 단 한 명도 없었다. 이는 25번 텍스트에서 제시하고 있는 근거 3가지 중에서 '약육강식'에 관한 내용을 제외한 나머지 두 가지 근거(신약 개발의 안전성 검증, 대체 방안의 한계)가 상대적으로 타당했기 때문이다. 12번 채점자는 다른 근거들을 점수에 반영하지 않을 만큼 이 감점 요인에 큰 가중치를 부여했고, 이러한 채점 방식이 엄격한 편향이 나타나는데 영향을 미쳤다고 볼 수 있다.

다음으로는 감점 요인에 매우 작은 가중치를 부여해 관대한 편향이 나타난 4번 채점자의 채점 과정을 분석하였다.

〈표 4-89〉 4번 채점자의 쌍대 비교 분석 결과

R	채점 편향 산출 텍스트			채점 편향 미산출 텍스트			t	p
	T	Measr	SE	T	Measr	SE		
4	15	-1.82	0.29	24	-0.75	0.30	2.56	0.0239

4번 채점자의 전체 엄격성 수준은 −0.85 logit(SE=0.06)으로, 15번 텍스트와의 편향 크기는 0.98 logit(SE=0.29), 24번 텍스트와의 편향 크기는 −0.09 logit(SE=0.30)이었다. 15번 텍스트의 수준은 −1.09 logit(SE=0.07), 24번 텍스트의 수준은 −0.78 logit(SE=0.07)으로 비슷했으며, 20명의 채점자들이 15번 텍스트에 부여한 점수의 평균은 23.90점(SD=9.0), 24번 텍스트에 부여한 점수의 평균은 27.15점(SD=8.8)으로 두 텍스트 간 평균 차이는 유의하지 않았다(p>.05). 4번 채점자는 15번 텍스트의 경우 −1.82 logit의 엄격성으로, 24번 텍스트의 경우 −0.75 logit의 엄격성으로 매우 다르게 채점하였다. 15번 텍스트와 24번 텍스트를 채점할 때 4번 채점자의 엄격성 간 차이는 t=2.56(p<.05)로 유의하였다. 다음은 4번 채점자가 15번 텍스트와 24번 텍스트를 채점하면서 산출한 프로토콜을 비교한 것이다.

〈표 4-90〉 4번 채점자의 15번, 24번 텍스트 채점 과정

채점 기준	T15			T24		
	번호	코드	프로토콜	번호	코드	프로토콜
5	13	C5-	(채점 기준 5를 보며)체계성은 많이. 문단 구분이 안 되어 있고. 한 문장씩. 문단이 명확하게 구분된 느낌이 아니어서	12	C5-	(채점 기준 5를 보며)체계적인 구성 능력은 많이 떨어지는 느낌.(1~9줄 가리키며)너무 서론이 길고
	14	Ka5	4점	13	Ka5	(2점이라고 씀)

<표 4-90>은 채점 기준 5번에 대한 채점 과정을 보여주는 프로토콜이다. 20명의 채점자들이 15번 텍스트와 24번 텍스트의 채점 기준 5번에 부여한 점수의 평균은 각각 2.95점(SD=1.5), 3.15점(SD=1.3)으로

t-test 결과 두 텍스트의 체계성 수준은 차이가 없는 것으로 확인되었
다(p>.05). 하지만 4번 채점자는 15번 텍스트에는 문단 구분의 수준을
지적하며 4점을 부여한 반면 24번 텍스트에는 서론이 너무 길다는 점
을 지적하면서 2점을 부여하고 있다. 두 텍스트 모두 한 가지 감점 요
인만 지적하면서도 상이한 점수를 부여한 것은 4번 채점자가 '문단 구
분 수준'과 '서론의 양'이라는 평가 요소에 부여하는 가중치가 다르다
는 것을 의미한다. 즉, 4번 채점자는 24번 텍스트의 '서론의 양'보다
15번 텍스트의 '문단 구분 수준'에 가중치를 매우 작게 부여했고, 이러
한 채점 방식이 관대한 편향에 영향을 미친 것으로 볼 수 있다.

4번 채점자가 15번 텍스트의 '문단 구분 수준'의 감점 요인에 부여
한 가중치가 낮은 수준인지 확인하기 위해 해당 감점 요인에 대해 다
른 채점자들이 부여한 점수를 확인하였다.

〈표 4-91〉 15번 텍스트의 문단 구분 수준에 대한 채점자들의 판단 내용

프로토콜 번호	프로토콜	점수	코드
R2-T15-N7	(채점 기준 5를 보며)아 체계성은 서론, 본론, 결론은 있지만	2점	C5+
R2-T15-N8	문단 구분 안 되어 있고. 아니 문단 구분 되어 있긴 한데 문단 구분이 되어 있는지도 애매하고		C5-
R3-T15-N17	(채점 기준 5를 보며)처음, 중간, 끝도 애매하고	3점	C5-
R7-T15-N4	(전체 훑어 읽기)문단의 구성은 역시 흩어져 있습니다.	2점	C5-
R8-T15-N31	(채점 기준 5를 보며)문단을 끊어서 해야 한다는 점에 대해서는 알고 있는 것 같지만	3점	C5+
R-T15-N32	체계적이진 않지.		F5-
R11-T15-N21	(채점 기준 8을 보며)문단도 좀 이상하게 나눠놨고(21줄을 20줄 위로 연결시키며)이거는 여기로 가야지.	3점	E8
R20-T15-N21	뒤에 띈 건가?	3점	C6-

채점자들마다 '문단 구분 수준'을 반영하는 채점 기준, 해당 감점
요인에 부여하는 가중치에는 차이가 있지만, 20명의 채점자 중 14명이

15번 텍스트의 채점 기준 5번에 3점 이하의 점수를 부여한 것으로 나타났다. 따라서 4번 채점자는 15번 텍스트에 나타난 감점 요인에 작은 가중치를 부여한 것으로 볼 수 있으며, 이러한 채점 방식이 관대한 편향이 나타나는 데 영향을 미친 것으로 판단된다.

종합하자면, 채점자가 감점 요인이나 가점 요인에 매우 크거나 작은 가중치를 부여할 경우 채점 편향이 나타날 가능성이 높아진다. 구체적으로, 감점 요인에 매우 큰 가중치를 부여하거나 가점 요인에 매우 작은 가중치를 부여한다면 엄격한 편향이, 가점 요인에 매우 큰 가중치를 부여하거나 감점 요인에 매우 작은 가중치를 부여한다면 관대한 편향이 나타날 가능성이 높아진다. 하지만 특정 감점 요인이나 가점 요인에 부여하는 가중치를 일관적으로 적용하는 것은 인지적으로 매우 힘든 일이다. 그러므로 채점자는 자신이 특정 감점 요인이나 가점 요인에 부여한 가중치가 적정 수준인지를 지속적으로 점검하며 채점을 수행할 필요가 있다.

▌점수를 부여하는 과정에서 감점 요인이나 가점 요인을 누락하는 문제

쓰기 채점의 과정은 크게 세 가지로 나뉜다. 첫째는 채점 기준을 내면화하는 과정, 둘째는 텍스트를 읽으면서 텍스트에 대한 이미지를 형성하고 구체적인 감점 요인이나 가점 요인을 찾아내는 과정, 셋째는 텍스트 이미지와 각 평가 요소들에 대한 판단을 종합하여 점수를 부여하는 과정이다(Crisp 2012, Wolfe 2005, 1997, Freedman & Calfee 1983). 하지만 텍스트를 읽는 과정과 점수를 부여하는 과정 사이에 시간적 격차가 존재하므로, 채점자는 자신이 지적했던 감점 요인이나 가점 요인을 점수에 반영하지 않고 누락하는 실수를 범하기도 한다. 예를 들어 텍스트를 읽으면서 어법 오류들을 지적했지만 최종 점수를 부여하는 과정에서 이를 잊었을 때는 상대적으로 관대한 점수를 부여하게 된다. 반대로 주장이 명료하게 제시된 부분을 파악했지만 점수를 부여하는 과정에서 이를 누락했을 때는 상대적으로 엄격한 점수를 부여하게 된다. 따라서 점수를 부여하는 과정에서 자신이 지적했던 가점 요인을 누락할 경우 관대한 편향이, 감점 요인을 누락할 경우 엄격한 편향이 나타날 가능성이 높아진다.

우선, 가점 요인을 누락해 엄격한 편향이 나타난 14번 채점자의 채점 과정을 살펴보았다.

〈표 4-92〉 14번 채점자의 쌍대 비교 분석 결과

R	채점 편향 산출 텍스트			채점 편향 미산출 텍스트			t	p
	T	Measr	SE	T	Measr	SE		
14	24	1.66	0.63	15	0.46	0.35	2.97	0.0118

14번 채점자의 전체 엄격성 수준은 0.03 logit(SE=0.06)으로, 24번 텍스트와의 편향 크기는 −1.63 logit(SE=0.63), 15번 텍스트와의 편향 크기는 0.49 logit(SE=0.35)이었다. 24번 텍스트의 수준은 −0.78 logit(SE=0.07), 15번 텍스트의 수준은 −1.09 logit(SE=0.07)로 비슷했으며, 20명의 채점자들이 24번 텍스트에 부여한 점수의 평균은 27.15점(SD=8.8), 15번 텍스트에 부여한 점수의 평균은 23.90점(SD=9.0)으로 두 텍스트 간 평균 차이는 유의하지 않았다(p>.05). 하지만 14번 채점자는 24번 텍스트의 경우 1.66 logit의 엄격성으로, 15번 텍스트의 경우 0.46 logit의 엄

격성으로 매우 다르게 채점하였다. 24번 텍스트와 15번 텍스트를 채점할 때 14번 채점자의 엄격성 간 차이는 $t=2.97(p<.05)$로 유의하였다. 다음은 14번 채점자가 24번 텍스트와 15번 텍스트를 채점하면서 산출한 프로토콜을 비교한 것이다.

〈표 4-93〉 14번 채점자의 24번, 15번 텍스트 채점 과정

채점 기준	T24			T15		
	번호	코드	프로토콜	번호	코드	프로토콜
2	3	B2	(9줄에 표시)찬성하네.	1	C2+	(1~2줄)(2줄에 밑줄) 명료하게 주장 제시했고
	12	F2-	(채점 기준 2를 보며) 주장은 안 타당한데	9	F2+	(채점 기준 2를 보며) 주장은 명료한 편이지. 이건 좀 줄 수 있겠다.
	13	Ka2	(1점이라고 씀)	10	Ka2	(4점이라고 씀)

〈표 4-93〉은 채점 기준 2번에 대한 채점 과정을 보여주는 프로토콜이다. 20명의 채점자들이 24번과 15번 텍스트의 채점 기준 2번에 부여한 점수의 평균은 각각 3.50점(SD=1.4), 2.95점으로, t-test 결과 두 텍스트에서 제시한 주장의 명료성과 타당성 수준은 유의한 차이가 없는 것으로 나타났다(p>.05). 하지만 채점 과정을 살펴보면 14번 채점자는 24번 텍스트의 주장이 타당하지 않다는 이유로 1점을 부여하는 반면, 15번 텍스트에는 주장이 명료하게 제시되어 있다는 이유로 4점을 부여하고 있다. 채점 기준 2번의 해석 방식에 대한 사후 설문에서 14번 채점자는 '찬/반 중에 명확하게 자신의 주장을 선택했는가'를 채점 기준 2번의 하위 평가 요소로 설정했다고 응답했는데, 이를 고려하면 14번 채점자가 15번 텍스트에서 제시하고 있는 주장의 질을 상대적으로

높게 판단한 것은 2줄('저는 만약 수의학자가 된다면 적극적으로 반대를 할 것입니다.')의 내용을 통해 필자의 반대 입장을 명시적으로 판단할 수 있었기 때문인 것으로 볼 수 있다. 하지만 24번 텍스트의 채점 과정을 살펴보면 14번 채점자는 24번 텍스트의 9줄('그리고 지금은 현재까지 많은 논란이 있는 동물실험에 대한 찬성을 하는 저의 의견을 주장하겠습니다.')에서 필자의 입장을 확인했음에도 불구하고 최종 점수를 부여하는 과정에서는 최하점을 부여하는 모습이 나타난다. 결국 14번 채점자가 24번 텍스트의 채점 기준 2번에 낮은 점수를 부여한 것은 이 가점 요인을 점수를 부여하는 과정에서 누락했기 때문이라고 할 수 있다.

다음으로, 감점 요인을 누락해 관대한 편향이 나타난 18번 채점자의 채점 과정을 살펴보았다.

〈표 4-94〉 18번 채점자의 쌍대 비교 분석 결과

R	채점 편향 산출 텍스트			채점 편향 미산출 텍스트			t	p
	T	Measr	SE	T	Measr	SE		
18	8	-1.50	0.36	23	0.22	0.33	3.50	0.0039

18번 채점자의 전체 엄격성 수준은 -0.21 logit(SE=0.06)으로, 8번 텍스트와의 편향 크기는 1.29 logit(SE=0.36), 23번 텍스트와의 편향 크기는 -0.43 logit(SE=0.33)이었다. 8번 텍스트의 수준은 -0.16 logit(SE=0.07), 23번 텍스트의 수준은 -0.30 logit(SE=0.07)으로 비슷하였으며, 20명의 채점자들이 8번 텍스트에 부여한 점수의 평균은 33.85점(SD=5.6), 23번 텍스트에 부여한 점수의 평균은 32.35점(SD=8.1)으로 두 텍스트 간 평균 차이는 유의하지 않았다(p>.05). 하지만 18번 채점자는 8번 텍스트

의 경우 −1.50 logit의 엄격성으로, 23번 텍스트의 경우 0.22 logit의 엄격성으로 매우 다르게 채점하였다. 8번 텍스트와 23번 텍스트를 채점할 때 18번 채점자의 엄격성 간 차이는 t=3.50(p<.01)로 유의하였다. 다음은 18번 채점자가 8번 텍스트와 23번 텍스트를 채점하면서 산출한 프로토콜을 비교한 것이다.

〈표 4-95〉 18번 채점자의 8번, 23번 텍스트 채점 과정

채점 기준	T8			T23		
	번 호	코 드	프로토콜	번 호	코 드	프로토콜
2	1	E2	(1~4줄)(1~4줄 묶으며)지금 찬, 반을 이야기해야 하는데 이거를 애기하는 건 좀.	7	C2-	(19~26줄)(23~26줄을 묶으며)찬성인지 반대인지를 명확하게 하지 않는다.
	5	C2-	(8~9줄)(6줄에 밑줄)찬성한다는 애기를 명확하게 해줬으면 좋았을 텐데. 이걸 읽어야 알 수 있으니까. 의문의 형태로 해서…. 찬성인지 반대인지 알 수 없다고 생각했기 때문에 명확하지 않아.(9줄을 가리키며)여기까지 읽어야 돼서.			
	14	Ka2	(채점 기준 2를 보며)여기는 6점을 주겠습니다.	13	Kb2	(채점 기준 2를 보며) (2점이라고 씀)

〈표 4-95〉는 채점 기준 2번에 대한 채점 과정을 보여주는 프로토콜이다. 20명의 채점자들이 8번 텍스트와 23번 텍스트의 채점 기준 2번에 부여한 점수의 평균은 각각 4.25점(SD=1.2), 3.45점(SD=1.2)으로, Wilcoxon rank sum test 결과 두 텍스트에서 제시한 주장의 명료성과 타당성 수준은 유의한 차이가 없는 것으로 나타났다(p>.05). 채점 과정을 살펴보면, 18번 채점자는 두 텍스트 모두 주장의 명료성을 지적하고 있다는 것을 알 수 있다. 18번 채점자는 주장을 명료하게 드러내는 핵

심 주장문 여부를 채점 기준 2번의 하위 평가 요소로 설정했고, 이러한 문장이 드러나지 않을 경우 감점하는 경향이 있다. 두 텍스트의 채점 과정에서도 이를 감점 요인으로 지적하지만, 최종적으로는 8번 텍스트에 6점, 23번 텍스트에 4점을 부여한다. 유사한 판단 과정을 거치면서도 상이한 점수를 부여한 것은 18번 채점자가 8번 텍스트를 읽으면서 지적한 감점 요인을 점수에 반영하지 않았기 때문이다. 이로 인해 8번 텍스트에 상대적으로 관대한 점수를 부여하게 되었다.

종합하자면, 점수를 부여하는 과정에서 이전에 지적했던 감점 요인을 누락할 경우 관대한 편향이, 가점 요인을 누락할 경우 엄격한 편향이 나타날 가능성이 높아진다. 이러한 문제가 나타나는 이유는 텍스트를 읽으며 판단을 내리는 과정과 점수를 부여하는 과정 사이에 시간차가 있기 때문이다. 그러므로 채점자는 점수를 부여할 때 자신이 누락한 감점 요인이나 가점 요인이 있는지 점검할 필요가 있다.

▌텍스트에 대한 판단과 상이한 점수를 부여하는 문제

쓰기 채점의 결과는 최종적으로 특정 점수로 산출된다. 따라서 채점자는 채점 기준에서 요구하는 특정 평가 요소에 대한 수준을 적확한 수로 표현해야 한다. 특히 채점에 활용되는 척도는 몇 개의 범주로 이루어져 있으므로 채점자는 각 범주에 해당하는 텍스트의 수준을 명확하게 인식하고 이를 채점 회기 내내 동일하게 유지할 수 있어야 한다.

하지만 비연속적인 특징을 지니고 있는 텍스트의 수준을 등간으로 나누어 분류하는 일은 인지적으로 힘든 일이다. 또한 각 범주에 해당하는 텍스트의 수준은 추상적인 형태로 내면화되므로, 이를 채점 회기 내내 동일하게 유지하는 것도 매우 어려운 일이다. 이로 인해 일부 채점자들은 자신이 내린 판단과는 상이한 척도를 활용하여 점수를 부여하는 모습을 보이기도 한다(Vaughan 1991).

아무리 타당한 방식으로 채점을 수행하고, 텍스트 수준을 올바르게 판단했더라도, 최종적으로 자신의 판단과 상이한 척도를 활용하여 점수를 부여한다면 그 채점 결과는 신뢰성이 있다고 할 수 없다. 예를 들어, 텍스트의 체계성 수준이 우수하다고 판단하면서도 중간 척도나 하위 척도를 활용한다면 판단에 적합한 척도를 활용했다고 할 수 없다. 이때는 채점자의 일반적인 엄격성 수준보다 엄격한 점수를 부여하게 되므로 채점 편향이 나타날 가능성이 높아진다. 그러므로 텍스트에 대한 판단과 일치하는 척도를 활용하는 것은 매우 중요한 일이라고 할 수 있다. 이 연구에서는 채점자들이 자신의 판단과는 상이한 척도를 활용하여 점수를 부여하는 행동이 채점 편향에 어떠한 영향을 미치는지에 대해 살펴보기 위해 채점 편향이 나타난 텍스트와 나타나지 않은 텍스트의 프로토콜을 비교하여 분석하였다. 우선 엄격한 편향이 나타난 7번 채점자의 20번 텍스트의 채점 과정을 살펴보았다.

〈표 4-96〉 7번 채점자의 쌍대 비교 분석 결과

R	채점 편향 산출 텍스트			채점 편향 미산출 텍스트			t	p
	T	Measr	SE	T	Measr	SE		
7	20	0.82	0.32	25	−0.73	0.38	3.12	0.0082

7번 채점자의 전체 엄격성 수준은 −0.15 logit(SE=0.06)으로, 20번 텍스트와의 편향 크기는 −0.97 logit(SE=0.32), 25번 텍스트와의 편향 크기

는 0.58 logit(SE=0.38)이었다. 20번 텍스트의 수준은 0.51 logit(SE=0.08), 25번 텍스트의 수준은 0.74 logit(SE=0.09)으로 비슷한 수준이었으며, 20 명의 채점자들이 20번 텍스트에 부여한 점수의 평균은 40.15점(SD= 6.2), 25번 텍스트에 부여한 점수의 평균은 41.85점(SD=6.0)으로 두 텍스트 간 평균 차이는 유의하지 않았다(p>.05). 하지만 7번 채점자는 20번 텍스트는 0.82 logit의 엄격성으로, 25번 텍스트는 −0.73 logit의 엄격성으로 매우 다르게 채점하였다. 20번 텍스트와 25번 텍스트를 채점할 때 7번 채점자의 엄격성 간 차이는 t=3.12(p<.01)로 유의하였다.

다음은 7번 채점자가 20번 텍스트와 25번 텍스트를 채점하면서 산출한 프로토콜을 비교한 것이다.

〈표 4-97〉 7번 채점자의 20번, 25번 텍스트 채점 과정

채점 기준	T20			T25		
	번호	코드	프로토콜	번호	코드	프로토콜
1	12	F1+	(채점 기준 1을 보며) 상황 맥락 안에 있고요	22	F1+	(채점 기준 1을 보며) 맥락에 안에 있는 글
	13	Ka1	4점	23	Ka1	6점

<표 4-97>은 채점 기준 1번에 대한 채점 과정을 보여주는 프로토콜이다. 20명의 채점자들이 20번 텍스트와 25번 텍스트의 채점 기준 1번에 부여한 점수의 평균은 각각 5.25점(SD=1.0), 5.10점(SD=1.1)으로, Wilcoxon rank sum test 결과 두 텍스트의 내용 생성 수준은 유의한 차이가 없는 것으로 확인되었다(p>.05). 특히 20번 텍스트에 5점 이상을 부여한 채점자가 18명에 달한다는 점을 고려하면, 20번 텍스트의 내용 생성 수준은 매우 우수하다고 할 수 있다.

하지만 7번 채점자는 20번과 25번 텍스트의 내용 생성 수준에 대해 같은 판단을 내리면서도 상이한 점수를 부여한다. 7번 채점자가 다른 채점자들과 같이 두 텍스트 모두 내용 생성 수준이 우수하다고 판단했음을 고려하면, 20번 텍스트에 부여한 4점은 다소 타당하지 않은 점수로 볼 수 있다. 즉, 7번 채점자는 판단에 맞지 않는 척도를 활용함으로써 결과적으로 엄격한 점수를 부여하게 된 것으로 볼 수 있다.

텍스트의 내용이 상황 맥락에 맞는다고 판단하면서도 만점을 부여하지 않는 채점 방식은 7번 채점자의 전체 채점 과정에서 빈번하게 나타난다. 특히 2번, 3번, 15번, 17번, 18번, 20번, 21번, 22번, 23번, 26번, 27번 텍스트의 채점 과정에서는 감점 요인을 지적하지 않고 단순히 '상황 맥락에 맞다.'는 판단만으로 3~5점을 부여하는 모습이 나타난다. 이는 7번 채점자가 채점 기준 1번에 대한 점수를 부여할 때 텍스트의 전체 수준이나 다른 채점 기준의 수준에 영향을 받았을 가능성이 있음을 시사한다. 채점 기준의 중요도 인식에 대한 사후 설문에서 7번 채점자는 '상황 맥락에 대한 평가 요소를 수업 상황이 아닌 채점 상황에서 파악하기가 힘들다'는 이유로 채점 기준 1번을 필요 없는 채점 기준으로 꼽았는데, 이는 7번 채점자가 채점 기준 1번에 대한 점수를 부여하는 데 어려움을 겪고 있음을 의미한다.

종합하자면 7번 채점자는 채점 기준 1번에 대한 평가 요소를 명확히 해석하고 적용하는 데 어려움을 겪었고, 이로 인해 채점 기준 1번의 점수를 부여하는 과정에서 다른 외적 요소의 영향을 받은 것으로 판단된다. 즉, 특정 채점 기준의 수준을 최상 수준으로 판단했음에도 불구하고 6점이 아닌 하위 점수를 부여하는 방식으로 인해 엄격한 편향이 나타난 것으로 볼 수 있다.

다음으로 관대한 편향이 나타난 8번 채점자의 9번 텍스트 채점 과정을 살펴보았다.

〈표 4-98〉 8번 채점자의 쌍대 비교 분석 결과

R	채점 편향 산출 텍스트			채점 편향 미산출 텍스트			t	p
	T	Measr	SE	T	Measr	SE		
8	9	-1.27	0.29	6	-0.12	0.39	2.36	0.0344

8번 채점자의 전체 엄격성 수준은 -0.48 logit(SE=0.06)으로, 9번 텍스트와의 편향 크기는 0.80 logit(SE=0.29), 6번 텍스트와의 편향 크기는 -0.36 logit(SE=0.39)이었다. 9번 텍스트의 수준은 -1.21 logit(SE=0.07), 6번 텍스트의 수준은 -1.16 logit(SE=0.07)으로 비슷하였으며, 20명의 채점자들이 9번 텍스트에 부여한 점수의 평균은 22.75점(SD=6.1), 6번 텍스트에 부여한 점수는 23.30점(SD=8.1)으로 두 텍스트 간 평균 차이는 유의하지 않았다(p>.05). 하지만 8번 채점자는 9번 텍스트는 -1.27 logit의 엄격성으로, 6번 텍스트는 -0.12 logit의 엄격성으로 매우 다르게 채점하였다. 9번 텍스트와 6번 텍스트를 채점할 때 8번 채점자의 엄격성 간 차이는 t=2.36(p<.05)로 유의하였다. 다음은 8번 채점자가 9번 텍스트와 6번 텍스트를 채점하면서 산출한 프로토콜을 비교한 것이다.

〈표 4-99〉 8번 채점자의 9번, 6번 텍스트 채점 과정

채점 기준	T9			T6		
	번호	코드	프로토콜	번호	코드	프로토콜
5	25	F5-	(채점 기준 5를 보며) 체계적이지 않지.	33	F5-	(채점 기준 5를 보며) 내용이 체계적이지도 않고
	26	Ka5	2점	34	Ka1	1점

채점 기준	T9			T6		
	번호	코드	프로토콜	번호	코드	프로토콜
6	23	F6-	(채점 기준 6을 보며)글의 응집성. 응집성이 떨어지지.	35	F6-	(채점 기준 6을 보며) 글의 응집성 없어.
	24	Ka6	2점	36	Ka1	1점

<표 4-99>는 채점 기준 5번과 6번에 대한 채점 과정을 보여주는 프로토콜이다. 20명의 채점자들이 9번 텍스트와 6번 텍스트의 채점 기준 5번에 부여한 점수의 평균은 2.40점(SD=0.7), 2.20점(SD=1.0)이었고, 채점 기준 6번에 부여한 점수의 평균은 3.25점(SD=1.7), 3.05점(SD=1.5)이었으며, Wilcoxon rank sum test 결과 두 텍스트의 체계성과 응집성 수준은 유의한 차이가 없는 것으로 나타났다(p>.05). 두 텍스트의 채점 과정을 살펴보면, 8번 채점자는 9번 텍스트와 6번 텍스트 모두 어떠한 가점 요인도 지적하지 않으면서 단순 판단에 의해 체계성과 응집성 수준을 최하로 판단하고 있다. 채점 편향이 나타나지 않은 6번 텍스트의 채점 과정과 비교하면, 9번 텍스트에도 1점을 부여했어야 타당하다. 결국 자신의 판단과 맞지 않는 점수를 부여하는 채점 방식이 관대한 편향이 나타나는 데 영향을 미친 것으로 볼 수 있다.

종합하자면, 아무리 텍스트의 수준에 대해 타당한 판단을 내리더라도 최종적으로 척도를 잘못 활용하여 점수를 부여한다면 채점 편향이 나타날 가능성이 높아진다. 이는 채점자의 엄격성과 채점의 타당성, 신뢰성이 결국 채점자가 부여하는 점수에 의해 결정되기 때문이다. 그러므로 채점자는 자신의 판단에 알맞은 척도를 활용하여 점수를 부여했는지 여부를 지속적으로 점검할 필요가 있다.

▌이른 점수 결정의 문제

 텍스트의 수준을 판단하기 위해서는 채점자가 텍스트를 정독하는 작업이 선행되어야 한다. 그러나 일부 채점자는 텍스트를 읽는 도중에 점수를 부여하기도 한다. 이는 텍스트의 일부 특징만을 고려해 점수를 부여한다는 점에서 타당한 채점 방식이라고 할 수 없다. 따라서 이 연구에서는 채점자들이 텍스트를 읽는 중에 점수를 부여하는 행동이 채점 편향에 어떠한 영향을 미치는지에 대해 살펴보기 위해 채점 편향이 나타난 텍스트와 채점 편향이 나타나지 않은 텍스트의 채점 과정을 비교하여 분석하였다. 다음은 엄격한 편향이 나타난 텍스트에서 '이른 결정' 정보 처리 행동의 점유율이 높았던 10번 채점자의 29번 텍스트의 채점 과정을 분석한 것이다.

〈표 4-100〉 10번 채점자의 쌍대 비교 분석 결과

R	채점 편향 산출 텍스트			채점 편향 미산출 텍스트			t	p
	T	Measr	SE	T	Measr	SE		
10	29	-0.88	0.30	2	-2.04	0.42	2.27	0.0407

 10번 채점자의 전체 엄격성 수준은 -1.48 logit(SE=0.07)으로, 29번 텍스트와의 편향 크기는 -0.60 logit(SE=0.30), 2번 텍스트와의 편향 크기는 0.56 logit(SE=0.42)이었다. 29번 텍스트의 수준은 -0.06 logit(SE=0.07), 2번 텍스트의 수준은 -0.41 logit(SE=0.07)로 비슷했으며, 20명의 채점자들이 29번 텍스트에 부여한 점수의 평균은 34.85점(SD=6.5), 2번 텍스트에 부여한 점수의 평균은 31.15점(SD=7.4)으로 두 텍스트 간 평균 차이는 유의하지 않았다(p>.05). 하지만 10번 채점자는 29번 텍스트는

-0.88 logit의 엄격성으로, 2번 텍스트는 -2.04 logit의 엄격성으로 다르게 채점하였다. 29번과 2번 텍스트를 채점할 때 10번 채점자의 엄격성 간 차이는 t=2.27(p<.05)로 유의하였다. 다음은 10번 채점자가 29번 텍스트와 2번 텍스트를 채점하면서 산출한 프로토콜을 비교한 것이다.

〈표 4-101〉 10번 채점자의 29번, 2번 텍스트 채점 과정

채점 기준	T29			T2		
	번호	코드	프로토콜	번호	코드	프로토콜
3	11	C3-	(채점 기준 3을 보며) 근거…. 구체적으로 없어.	15	C3-	반드시 필요한 이유가(24~28줄을 가리키며)이만큼?
				16	C3-	비난 받는 이유는 엄청나게 나왔는데
				19	C3-	해야 되는 동물 실험이 필요한 이유에 대해서는 잘 안 나오는 것 같아.
	12	Kb3	(3점이라고 씀)	22	D3-	다른 애들처럼 나와야 되는데 차라리.
				23	F3+	(채점 기준 3을 읽으며) 근거는 타당해. 말이 안 되지만 타당해.
				24	Ka3	(6점이라고 씀)
				50	C3+	세 개.(채점 기준 3의 6점을 유지)

〈표 4-101〉은 채점 기준 3번에 대한 채점 과정을 보여주는 프로토콜이다. 20명의 채점자들이 29번과 2번 텍스트의 채점 기준 3번에 부여한 점수의 평균은 3.75점(SD=0.9), 3.85점(SD=1.2)이었으며, Wilcoxon rank sum test 결과 두 텍스트의 근거의 수준은 유의한 차이가 없는 것으로 나타났다(p>.05). 29번 텍스트의 채점 과정을 살펴보면, 10번 채점자는 텍스트를 제대로 읽지 않고 한 번 훑어 본 채 근거가 구체적으로 제시되어 있지 않다며 3점을 부여한다. 반면, 채점 편향이 나타나지 않은 2번 텍스트를 채점할 때는 텍스트를 모두 읽은 후 자신의 판단을 종합해 점수를 부여한다. 따라서 10번 채점자는 29번 텍스트를 채점할 때

'이른 결정'을 내린 것으로 볼 수 있다. 이러한 채점 방식은 텍스트에
포함되어 있는 감점 요인이나 가점 요인을 놓치는 문제를 유발한다.

〈표 4-102〉 29번 텍스트의 근거에 대한 채점자들의 판단 내용

프로토콜 번호	프로토콜	점수	코드
R1-T29-N30	그래도 많이 썼으니까	3점	F3+
R2-T29-N4	풍부하긴 한데	5점	F3+
R3-T29-N7	(7~10줄)(9~10줄에 밑줄)근거. 몇 배나 많은 사람들의 목숨을 건질 수 있다. 첫 번째(9줄에 '1'표시)	5점	B3
R3-T29-N8	(10~16줄)(14줄에 밑줄)두 번째(14줄에 '2'표시)		B3
R3-T29-N9	(17~20줄)(19줄에 밑줄)세 번째		B3
R5-T29-N20	(채점 기준 3을 보며)전체적으로 근거가 두 개가 있는데	3점	C3-
R6-T29-N6	(채점 기준 3을 읽으며)(3문단 가리키며)옛날부터 했다.		B3
R6-T29-N7	(9줄 가리키며)사람들을 많이 구할 수 있다.	5점	B3
R6-T29-N8	(14줄 가리키며)필요한 경우에만 한다.		B3
R7-T29-N5	(8~16줄)하지만 실효성 논란이 있다는 얘기를 하고 있고요	3점	B3
R8-T29-N18	(채점 기준 3을 보며)(12줄의 '질병', 13줄의 '안전성 검증', 17줄의 '줄기세포' 가리키며)풍부.	5점	C3+
R11-T29-N4	(10줄에 밑줄, 여백에 '근거 1'이라고 씀)사람들의 목숨과, 동물의 질병을 치료할 수 있다가 근거이고	4점	B3
R13-T29-N10	근거가(8, 10, 12줄 가리키며)이건데	3점	B3
R14-T29-N3	(8~17줄)(17줄에 밑줄)대체 실험에는 한계가 있다.	4점	B3
R15-T29-N29	(채점 기준 3을 보며)근거가 4개 이상이지만	5점	C3+
R19-T29-N17	풍부하다고도 볼 수 있지만	4점	F3+

〈표 4-102〉를 참고하면, 채점자들의 판단 내용이나 그들이 최종적
으로 부여한 점수에는 차이가 있지만 29번 텍스트에는 가점 요인이
될 만한 다양한 근거들이 제시되어 있음을 알 수 있다. 하지만 10번
채점자는 텍스트를 모두 읽지 않아 가점 요인을 파악해 내지 못했고,
이러한 채점 방식이 엄격한 편향이 나타나는 데 영향을 미친 것으로
볼 수 있다.

5. 점검 및 조정하기 과정에서 나타나는 채점 편향의 특성과 원인

(1) 채점 편향 산출 텍스트에 나타난 점검 및 조정하기 과정의 특징

채점 과정에서 나타나는 '점검 및 조정하기'는 채점자가 자신의 채점 과정과 결과를 점검한 후 조정하는 정보 처리 행동으로, 상위 인지 기제와 관련이 있다. 일반적으로 상위 인지 능력은 자기 성찰 과정에 기반하기 때문에 능력 수준의 지표로 간주되어 왔다(박영민 외 2016). 그러므로 채점 과정에서 나타나는 '점검 및 조정하기'도 채점자의 전문성을 보여주는 정보 처리 행동으로 볼 수 있다. <표 4-103>은 '점검 및 조정하기'의 프로토콜 산출 빈도를 정리한 것이다.

〈표 4-103〉 '점검 및 조정하기'의 프로토콜 산출 빈도

정보 처리 행동	프로토콜 산출 수	합계
점검 및 조정하기	126	126(0.8%)

<표 4-103>에 따르면 '점검 및 조정하기'의 정보 처리 행동을 나타내는 프로토콜은 총 126개(0.8%)이다. 이는 채점자 1인 당 텍스트 1편에 0.21개의 프로토콜을 산출한 것을 의미하며, 전체 정보 처리 행동 중 3번째로 낮은 수치이다. 채점자들의 '점검 및 조정하기' 정보 처리 행동은 무의식 차원에서 이루어지는 경향이 있어서 채점자들이 많은 프로토콜을 산출하지 않은 것으로 판단된다.

박종임(2013a)에 따르면, 과적합, 부적합 채점자들은 점검적 표현과 관련된 프로토콜을 더 많이 산출하는 경향이 있는데, 이는 채점자가 자기 점검을 통해 발견한 문제를 적극적으로 해결하지 않는다면 자기 점검의 행위가 긍정적 피드백으로서 작용하는 것이 아니라 오히려 채점 과정을 지나치게 고민하게 되는 부정적 결과를 낳을 수 있음을 의미한다. 또한 이러한 채점 방식은 채점자의 주의가 텍스트에 대한 분석력과 판단력에 초점화되지 않고 채점에 대한 자신감을 떨어뜨리는 문제를 야기하게 된다. 즉, 채점자가 자신의 채점 과정과 채점 결과에 대한 문제를 인식했음에도 불구하고 이를 조정하거나 통제하는 후속 조치를 취하지 않는다면 채점에 부정적 영향을 미칠 수 있다.

이러한 맥락에서 채점자의 상위 인지와 관련된 정보 처리 행동인 '점검 및 조정하기'가 채점 편향에 미치는 영향을 살펴보기 위해 프로토콜의 점유율을 분석하였다. <표 4-104>는 채점 편향이 나타난 텍스트와 채점 편향이 나타나지 않은 텍스트에서 채점자들이 산출한 '점검 및 조정하기' 프로토콜의 점유율을 나타낸다.

〈표 4-104〉 채점 편향 산출 여부에 따른 '점검 및 조정하기' 프로토콜 점유율

채점자	엄격	관대	미산출	전체	채점자	엄격	관대	미산출	전체
1	0.0	0.0	0.4	0.3	12	0.0	0.0	0.2	0.1
3	0.0	-	0.3	0.3	14	0.0	0.0	0.9	0.6
4	0.0	-	2.8	2.7	15	1.9	3.0	1.2	1.4
5	0.0	0.0	0.7	0.6	16	0.0	0.0	0.0	0.0
6	1.4	-	0.8	0.8	17	0.0	0.0	0.6	0.5
7	0.0	0.9	1.3	1.2	18	3.2	1.4	2.0	2.2
8	1.4	0.0	0.8	0.8	19	0.0	-	1.6	1.5
9	0.0	0.0	0.0	0.0	20	4.0	0.0	1.4	1.3
10	0.9	-	0.9	0.9	전체	1.1	0.5	0.8	0.8
11	0.0	-	0.2	0.2					

<표 4-104>에 따르면, 대부분의 채점자들은 채점 편향이 나타나지 않은 텍스트에서 채점 과정과 채점 결과를 점검, 조정하는 경향이 있는 것으로 나타났다. 따라서 자신의 채점 과정과 결과를 성찰하는 정보 처리 행동이 채점 편향을 최소화하는 데 긍정적인 영향을 미치는 것으로 볼 수 있다. 이는 전문 채점자가 초보 채점자들보다 채점 과정을 조절하는 것과 관련된 반성적 행동들을 더 빈번하게 보이는 경향이 있음을 밝혀낸 Cumming(1990)의 결과와 일치한다. Cumming(1990)은 전문 채점자는 자기 통제 전략을 통해 채점 과정에서 부딪히는 심리적 문제들에 대한 표상을 더욱 명확하게 형성하는 경향이 있다고 보고했는데, 이는 전문 채점자들이 상위 인지를 통해 주어진 문제를 더 효과적으로 해결한다는 것을 의미한다. 그러므로 '점검 및 조정하기'의 프로토콜 점유율이 채점 편향이 나타나지 않은 텍스트에서 더 높게 나타난 것은 채점 과정과 결과를 점검, 조정하는 정보 처리 행동이 타당한 점수를 산출하는 데 긍정적인 영향을 미쳤기 때문인 것으로 볼 수 있다.

하지만 <표 4-104>에 따르면, 일부 채점자들은 채점 편향이 나타난 텍스트에서 점검 및 조정하기의 점유율이 더 높게 나타났다. 이들 채점자들은 점검 후 조정을 하지 않거나, 타당하지 않은 방식으로 점검 과정을 거치는 경향이 있었다. 이는 점검을 하더라도 자신의 채점 과정과 결과를 잘못 성찰하거나 잘못된 점을 제대로 조정하지 않는다면 아무리 상위 인지 기제가 작동했더라도 채점 결과에 부정적인 영향을 미칠 수 있음을 시사한다.

(2) 점검 및 조정하기 과정에서 나타나는 채점 방식의 문제

채점은 인간 채점자에 의해 이루어지므로, 그 과정에서 수많은 문제가 나타난다(박영민·최숙기 2011, Eckes 2012, Lumley & McNamara 1995). 이를 보완하기 위해 채점 결과를 산출할 때 채점자들의 평균 점수나 MFRM으로 산출되는 logit을 활용하기도 한다. 또한 채점자 교육을 통해 개별 채점자들의 채점 방식을 일치시키거나 개별 피드백을 제공함으로써 채점 결과와 과정을 조정하게 하기도 한다. 하지만 채점의 타당성과 신뢰성을 확보하기 위해서는 무엇보다 채점자 스스로 자신의 채점 결과와 채점 과정을 점검하고 조정할 수 있어야 한다.

하지만 일부 채점자들은 타당하지 않은 방식으로 자신의 채점 결과와 채점 과정을 점검하기도 한다. 심지어 점검을 한 후 이를 채점에 반영하지 않는 모습을 보이기도 한다. 이는 오히려 채점 결과의 신뢰성을 떨어뜨리며, 채점 편향에 영향을 미칠 수 있다. 이러한 채점 방식이 채점 편향에 미치는 영향에 대해 살펴보기 위해 타당하지 않은 방식으로 채점 과정을 점검한 8번 채점자의 20번 텍스트의 채점 과정을 살펴보았다.

〈표 4-105〉 8번 채점자의 쌍대 비교 분석 결과

R	채점 편향 산출 텍스트			채점 편향 미산출 텍스트			t	p
	T	Measr	SE	T	Measr	SE		
8	20	0.36	0.29	25	-0.89	0.42	2.47	0.0280

8번 채점자의 전체 엄격성 수준은 -0.48 logit(SE=0.06)으로, 20번 텍스트와의 편향 크기는 -0.84 logit(SE=0.29), 25번 텍스트와의 편향 크기

는 0.41 logit(SE=0.42)이었다. 20번 텍스트의 수준은 0.51 logit(SE= 0.08), 25번 텍스트의 수준은 0.74 logit(SE=0.09)으로 비슷하였으며, 20명의 채점자들이 20번 텍스트에 부여한 점수의 평균은 40.15점(SD=6.2), 25번 텍스트에 부여한 점수는 41.85점(SD=5.9)으로 두 텍스트 간 평균 차이는 유의하지 않았다(p>.05). 하지만 8번 채점자는 20번 텍스트의 경우 0.36 logit의 엄격성으로, 25번 텍스트의 경우 -0.89 logit의 엄격성으로 매우 다르게 채점하였다. 20번 텍스트와 25번 텍스트를 채점할 때 8번 채점자의 엄격성 간 차이는 t=2.47(p<.05)로 유의하였다.

다음은 8번 채점자가 20번 텍스트와 25번 텍스트를 채점하면서 산출한 프로토콜을 비교한 것이다.

〈표 4-106〉 8번 채점자의 20번, 25번 텍스트 채점 과정

채점 기준	T20			T25		
	번호	코드	프로토콜	번호	코드	프로토콜
6	20	Ka6	(채점 기준 6을 보며) 응집성은 3점	15	Ka6	(채점 기준 6을 보며) 글이 응집성을 갖추었는가? 6점
	21	M	아니다. 응집성은 3점 주기는 좀 그렇다.			
	22	L6-	(채점 기준 6의 3점을 2점으로 수정)			
	23	L6+	(채점 기준 6의 2점을 다시 3점으로 수정)			

〈표 4-106〉은 채점 기준 6번에 대한 채점 과정을 보여주는 프로토콜이다. 20명의 채점자들이 20번 텍스트와 25번 텍스트의 채점 기준 6번에 부여한 점수의 평균은 각각 4.75점(SD=1.2), 5.45점(SD=0.8)으로, Wilcoxon rank sum test 결과 두 텍스트의 응집성 수준은 유의한 차이가 없는 것으로 확인되었다(p>.05). 하지만 8번 채점자는 20번 텍스트에는

3점을 부여한 반면, 25번 텍스트에는 6점을 부여했다. 채점 편향이 나타난 20번 텍스트의 채점 과정을 살펴보면, 8번 채점자는 점수를 부여한 후 자신이 부여한 점수가 관대하다고 판단해 이미 부여한 점수를 2차례 수정한다. 하지만 20명의 채점자 중 17명의 채점자가 채점 기준 6번에 4점 이상의 점수를 부여했음을 고려하면, 채점자의 점검 내용은 다소 타당성이 떨어진다고 할 수 있다.

특히 8번 채점자는 채점 기준 6번의 수준을 판단할 때 어떤 채점 근거도 제시하지 않은 채 3점을 부여했다가 두 번이나 점수를 수정하는 모습을 보이는데, 이는 그가 채점 기준 6번의 채점 기준을 명확하게 내면화하지 못해 텍스트의 응집성 수준을 정확하게 판단하지 못하고 있다는 것을 의미한다. 8번 채점자의 '평가적 읽기' 과정의 프로토콜 산출 수를 살펴보면,[10] 총 586개의 프로토콜 중 채점 기준 6번과 관련된 것은 31개(5.3%)에 불과했다. 이는 8번 채점자가 채점 기준 6번의 평가 요소를 변별하는 데 어려움을 겪고 있음을 의미한다. 즉, 8번 채점자는 평가 요소를 명확하게 변별하지 못하는 문제로 인해 채점 결과를 타당하지 않은 방식으로 점검했고, 이러한 문제가 채점 편향에 영향을 미친 것으로 볼 수 있다.

---

10) 8번 채점자가 산출한 '평가적 읽기' 과정의 총 프로토콜 수는 총 597개인데, 채점 기준과 상호작용하지 않는 '총평하기'(2개), '전체 텍스트 양을 고려하기'(1개)의 프로토콜과 '기타' 요소에 대한 프로토콜(8개)은 제외하였다.

제5장

채점 편향을
최소화하기 위한 방안

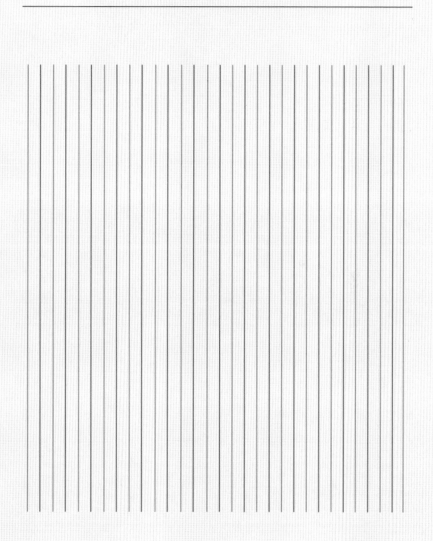

채점 편향을
최소화하기 위한 방안

1. 채점자 교육

채점자 교육의 목적은 채점자들에게 채점 맥락을 안내하고, 채점자들의 채점 기준 해석 및 적용 방식을 일치시킴으로써 채점 결과의 신뢰도를 확보하는 것이다(채선희 1996). 이영식(2000)에 따르면, 채점자 교육의 목표는 자기 일관성과 상호 일치성을 확보하는 것이다. 채점 결과의 신뢰성을 확보하기 위해서는 채점자들이 채점 회기 동안 동일한 방식으로 채점 기준을 적용하여 점수를 부여할 수 있도록 채점자 교육을 제공함으로써 채점자 간 차이를 최소화해야 한다. 채선희(1996)는 채점 기준을 상세화하더라도 그것이 결국 언어라는 추상적 매체를 통해 전달되는 한계가 있으므로 채점의 신뢰성을 확보하기 위해서는 반드시 채점자 교육을 실시해야 한다고 강조하였다. 또한 채점자 교육이 채점자가 문항의 목적이나 내용 등에 대해 심도 깊게 이해하고 채점 지침을 동일하게 적용할 수 있도록 설계되어야 한다고 언급하면서, 채점자 교육에는 '문항에 대한 교육, 채점 지침에 대한 설명, 채점 예시문을 통한 실제 채점 연습' 과정이 포함되어야 한다고 주장하였다.

선행 연구에 따르면 채점자 교육은 두 가지 방식으로 채점에 영향을 미친다. 첫째, 채점자 교육은 채점자의 엄격성 수준을 조정하는 데 영향을 미친다. Freedman & Calfee(1983)에서는 채점자 교육에서 채점자가 생각하는 좋은 텍스트의 구성 요인에 대해 논의하게 하고, 쓰기 과제 완료 시간이 제한되어 있었다는 정보를 알려주었을 때, 채점자들의 기대가 낮아져 높은 점수를 부여하는 결과가 나타났다. 또한 채점자들에게 1점은 가장 수준이 낮은 텍스트에 부여하도록 안내했을 때와 낮은 수준의 2점 텍스트에도 1점을 줄 수 있다고 안내했을 때 채점 결과가 달라지는 것으로 나타났다. 이는 채점자 교육을 통해 채점자의 기대 수준을 낮추거나 높임으로써 엄격성을 조정할 수 있음을 의미한다.

둘째, 채점자 교육은 채점 과정에서 나타나는 문제나 어려움을 해소하는 데 기여한다. Weigle(1999)에 따르면, 경험이 부족한 채점자들은 '채점 기준의 용어와 텍스트의 특징을 연결하는 방식, 채점 기준의 용어를 해석하는 방식, 텍스트에 대한 난도 인식'에 있어 경험이 풍부한 채점자들과 차이를 보인다. 채점자 교육은 초보 채점자들이 다른 채점자들과 유사한 방식으로 문제를 해결할 수 있도록 돕는 역할을 하며, 이는 일관성 수준을 개선하는 데 기여한다(Weigle 1994).

하지만 구체적인 채점자 교육을 실시하더라도 채점자 간 차이를 완전히 없애는 데는 한계가 있음을 지적하는 연구도 존재한다. 이러한 연구들은 공통적으로 개별 채점자의 독특한 채점 방식이 채점자 교육 후에도 사라지지 않는 특성이 있음을 보고한다. Huot(1993, 1988), Pula

& Huot(1993)은 채점자 교육을 받은 전문 채점자와 그렇지 않은 초보 채점자들이 모두 유사한 채점 기준에 기초하여 텍스트에 판단을 내리는 경향이 있음을 보고하였다. 채점자 교육 후 채점 편향의 변화 양상을 분석한 Kondo-Brown(2002)도 채점자 교육이 채점 편향을 줄이고 채점자 간 신뢰도를 높일 수는 있지만 채점자의 독특한 개별적 특성을 사라지게 할 수는 없다고 주장하였다. 이러한 결과는 채점자 교육이 채점자의 판단에 큰 영향을 미치지 않을 수 있다는 것을 의미한다.

  일부 연구에서는 채점자 교육의 효과가 오래 지속되지 않음을 통해 채점자 교육의 비효율성에 대해 지적하기도 한다. Lumley & McNamara(1995)는 채점자 교육 후와 1달 후의 채점 결과를 비교했을 때, 채점자의 엄격성이 크게 변했음을 보고했다. 이는 채점자 교육의 결과가 채점 후 오래 지속되지 못하며, 채점자의 엄격성 차이가 채점자 교육으로도 완전히 제거될 수 없음을 의미한다. 이러한 연구들은 채점자들이 내면화된 채점 기준을 재설정하고 조정하는 과정을 거치게 해야 한다고 주장한다(DeRemer 1998, Lumley & McNamara 1995).

  종합하자면, 비록 채점자 교육을 통해 채점자가 지니고 있는 독특한 채점 방식이나 고유의 엄격성 등을 완전히 제거하는 것은 어렵지만 (McNamara 1996, Lumley & McNamara 1995, Lunz & Stahl 1990) 몇몇 연구에서는 채점자 교육이 채점자의 엄격성 간 차이와 채점 편향을 줄이고, 채점자의 일관성 수준을 개선하는 데 효과가 있음을 입증하고 있다 (Weigle 1994, 1998). 이러한 결과는 채점 결과의 타당성이나 신뢰성을 확보하는 데 채점자 교육이 긍정적인 영향을 미칠 수 있음을 시사한다.

  이 연구에서는 채점 기준 내면화하기 과정, 평가적 읽기 과정, 점수 확정하기 과정, 점검 및 조정하기 과정에서 채점자들이 자신의 엄격성

수준을 적절하게 유지하지 못하는 문제를 보인다는 사실을 확인하였
다. 분석 결과에 기초하여, 채점 편향을 최소화하기 위한 채점자 교육
절차 모형을 제시하면 다음과 같다.

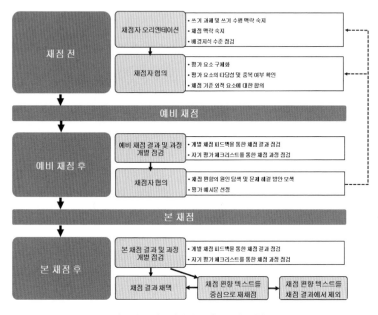

〈그림 5-1〉 채점자 교육 절차 모형

〈그림 5-1〉에 따르면, 채점 편향을 최소화하기 위한 채점자 교육
절차는 총 3단계로 이루어져 있다. 첫 번째 단계는 채점을 시작하기
전에 이루어지는 채점자 오리엔테이션과 평가 요소 구체화를 위한 채
점자 협의 단계이다. 두 번째 단계는 예비 채점 후에 실시되는 채점
결과 및 과정 개별 점검과 채점 편향의 문제 해결을 위한 채점자 협의
단계이다. 마지막 단계는 본 채점 후에 실시되는 채점 결과 및 과정
개별 점검과 재채점 단계이다.

 첫 번째 단계 중 채점자 오리엔테이션을 진행할 때는 채점자가 쓰기 과제 및 쓰기 수행 맥락, 채점 맥락 등을 숙지하고, 화제 및 담화지식에 관한 배경지식 수준을 점검할 수 있도록 <표 5-1>과 같이 채점 안내문을 구성해 채점자에게 배부할 필요가 있다.

<표 5-1> 채점 안내문 예시

채점 안내문		
쓰기 과제	지시문	'과학 연구를 위해 동물실험을 해야 하는지'에 대한 자신의 의견을 제시하여 다른 사람을 설득할 수 있도록 글을 쓰시오
	유형	논설문
쓰기 수행 맥락	필자	일반계 고등학교 1학년
	시간	50분
	분량	30줄 이내(A4 용지 1매 분)
	기타	성취 기준 '주제, 독자에 대한 분석을 바탕으로 타당한 근거를 들어 설득하는 글을 쓴다.'에 대한 학습 이후에 작성
채점 맥락	채점 기준	1. 글쓰기 상황(목적, 주제)에 맞게 내용을 생성하였는가? 2. 주장이 명료하고 타당한가? 3. 근거가 타당하고 풍부한가? 4. 글이 통일성을 갖추었는가? 5. 내용이 체계적으로 구성되었는가? 6. 글이 응집성을 갖추었는가? 7. 이해하기 쉽고, 명료한 문장을 사용하였는가? 8. 어법(맞춤법, 단어, 문장부호 등)에 맞게 표현되었는가?
	채점 척도	6점 척도 매우 그렇다(6점), 그렇다(5점), 조금 그렇다(4점), 별로 그렇지 않다(3점), 그렇지 않다(2점), 전혀 그렇지 않다(1점)
	채점 지침	• '띄어쓰기의 정확성' 요소를 채점하지 말 것. • '예상 독자 고려' 요소를 채점하지 말 것.
보조 자료	[용어] 1. 반수치사량: 실험 대상인 동물 집단의 절반이 죽는 데 필요한 시험 물질의 1회 투여량. 쥐에게 시험 물질을 먹여 도출되는 값을 표준으로 사용하는 경우가 많다.　　　　　　(출처: 우리말샘 국어사전) 2. 동물실험법 23조와 3R(대체, 감소, 개선) 　제23조(동물실험의 원칙) 　② 동물실험을 하려는 경우에는 이를 대체할 수 있는 방법을 우선적으로 고려하여야 한다.		

채점 안내문
③ 동물실험은 실험에 사용하는 동물(이하 "실험동물"이라 한다)의 윤리적 취급과 과학적 사용에 관한 지식과 경험을 보유한 자가 시행하여야 하며 필요한 최소한의 동물을 사용하여야 한다. ④ 실험동물의 고통이 수반되는 실험은 감각능력이 낮은 동물을 사용하고 진통·진정·마취제의 사용 등 수의학적 방법에 따라 고통을 덜어주기 위한 적절한 조치를 하여야 한다. <div align="right">(출처: 동물보호법, 법률 제16977호)</div> **[주요 사건]** 탈리도마이드 사건: 탈리도마이드는 메스꺼움을 치료하기 위해 개발된 약으로, 1950년대 독일에서 동물 실험을 한 후 시판되었다. 하지만 이 약을 복용한 산모들이 1만 여명의 기형아를 낳는 비극적인 결과가 나타났다. 선천성 기형 사례들이 보고되자, 과학자들은 다른 동물들에게도 이러한 결과가 나타나는지 실험하였다. 그 결과 인간에게 투여된 것보다 10배를 투여했을 때 원숭이도 기형 새끼를 출산하는 결과가 나타났다. <div align="right">(출처: 최훈(2013))</div>

채점자 오리엔테이션에서는 채점자들이 채점을 수행하기 전에 학생 논설문의 쓰기 과제와 쓰기 수행 맥락에 대해 숙지할 수 있도록 해야 한다. 이러한 요소가 텍스트에 대한 채점자의 기대 수준을 형성하는 데 영향을 미치기 때문이다. 그러므로 채점 관리자는 쓰기 과제의 지시문과 글의 유형, 필자의 특성과 쓰기 수행에 주어진 시간 및 분량 제한 등에 대한 정보를 구체적으로 제공해야 한다.

그리고 이 단계에서는 채점자들이 채점 맥락을 숙지할 수 있도록 교육할 필요가 있다. 이 연구에서도 채점자들이 띄어쓰기 수준을 점수에 반영하는 등 채점 지침을 지키지 않는 실수를 범할 때 채점 편향이 나타나는 경향이 있었다. 따라서 채점자들이 채점 지침을 비롯한 채점 맥락을 숙지한 상태로 채점을 수행할 수 있도록 채점 안내문을 통해 교육할 필요가 있다.

채점자 오리엔테이션에서 고려해야 할 중요한 요소는 쓰기 과제에 대한 채점자의 배경지식 수준이다. Freedman & Calfee(1983)는 텍스트 구조와 같은 담화 지식뿐 아니라 필자, 화제, 쓰기 맥락 등에 대한 배경지식이 텍스트 이미지 형성에 중요한 역할을 하므로 능숙한 채점자는 적절한 배경지식을 갖춘 능숙한 독자여야만 한다는 점을 강조하였다. 이는 화제에 대한 배경지식이 텍스트를 이해하는 데 중대한 영향을 미칠 뿐 아니라 판단의 근거로 작용하는 텍스트 이미지 형성에도 중요한 역할을 한다는 것을 의미한다(Crisp 2012, Wolfe 1997). 따라서 채점자가 이러한 배경지식을 갖추고 있지 않다면 타당한 방식으로 채점을 수행하지 못할 가능성이 있다.[1]

이 연구에서도 채점자가 텍스트의 내용을 잘못 이해할 때 채점 편향을 보이는 경향이 있었다. 채점자가 쓰기 과제와 관련이 있는 전문 용어나 주요 사건에 대한 배경지식이 부족하다면 필자의 입장을 잘못 이해해 타당하지 않은 점수를 부여하게 되는 결과가 나타날 수 있다. 그리고 배경지식이 부족하다면 채점자가 텍스트의 수준을 판단하기보다 텍스트의 내용을 이해하는 데 주의를 기울이게 될 가능성이 있다. 그러므로 <표 5-1>과 같이 채점자가 어려워할 만한 전문 용어나 주요 사건에 대한 보조 자료를 제공해 채점자들이 쓰기 과제에 대한 배경지식을 숙지한 채 채점을 수행할 수 있도록 해야 한다.

---

1) 채점이 끝난 후 실시한 설문 조사에서 20명의 채점자 중 13명(65%)은 '동물 실험에 대한 일반적인 지식을 지니고 있어서 전문적인 내용은 잘 몰랐지만, 평가를 하는 데 큰 지장은 없었다.'에 응답했다. 또한 6명(30%)은 '동물 실험에 대해 매체나 문헌을 통해 접해본 적은 있으나, 잘 알고 있지는 않아 학생 논설문의 내용 중 이해되지 않는 부분들이 가끔 있었다.'에 응답했고, '동물 실험에 대한 전문적인 지식을 지니고 있어서 학생 논설문의 내용을 이해하는 데 전혀 문제가 없었다.'고 답한 채점자는 1명(5%)이었다. 이 결과는 채점자들이 쓰기 과제에 대한 배경지식이 부족할 경우 채점에 어려움을 겪을 수 있음을 시사한다.

채점자 오리엔테이션을 실시한 후에는 채점자 협의를 통해 채점 기준의 하위 평가 요소를 설정하고, 설정한 하위 평가 요소의 타당성을 검증할 필요가 있다. 그리고 평가 요소의 중복 여부와 채점 기준 외적 요소의 반영 방식에 대해 합의할 필요가 있다. 채점자 협의를 할 때 <표 5-2>와 같은 협의 자료를 제공한다면 채점자들이 협의 내용을 정리하고 내면화할 수 있도록 도울 수 있다.

〈표 5-2〉 평가 요소 구체화를 위한 채점자 협의 자료 예시

평가 요소 구체화를 위한 채점자 협의 자료			
채점 기준	평가 요소	타당성 및 중복 여부 판단	최종 선정
1 (맥락)	1) 글의 목적인 '설득'에 맞는 내용인지 여부	1-2)가 좀 더 구체적임.	
	2) 강연, 연설문, 발표문 등처럼 썼을 경우 감점	'쓰기 목적'과 관련이 있음.	√
2 (주장)	1) 핵심 주장문이 드러나는지 여부	핵심 주장문이 드러날 경우 기본 2점 부여함.	√
	2) 상대 측 내용 제시할 경우 감점	4번과 중복됨.	
3 (근거)	1) 근거가 3개 미만일 경우 감점	3개일 경우에도 타당성을 고려하여 판단함.	√
	2) 비슷한 근거를 반복해서 쓰는 경우 감점	비슷한 근거는 1개로 판단하고, 이 요소는 3-1)에 포함시켜 평가함.	
4 (통일)	1) 상대 측 내용 제시할 경우 감점	4-2)와 중복되는 내용임.	
	2) 일관된 입장을 유지하고 있는지 여부	타당한 평가 요소임.	√
5 (체계)	1) 서론, 본론, 결론이 잘 갖추어져 있는지 여부	타당함. 단, 서론, 본론, 결론에 맞는 내용인지 여부도 함께 판단함.	√
	2) 문단이 잘 구분되어있는지 여부	타당한 평가 요소임.	√
6 (응집)	1) 담화 표지의 적절성 여부	타당한 평가 요소임. 담화 표지의 범위는 지시어와 접속어로 제한함.	√
	2) 문장 제시 순서의 적절성 여부	타당한 평가 요소임.	√

평가 요소 구체화를 위한 채점자 협의 자료			
채점 기준	평가 요소	타당성 및 중복 여부 판단	최종 선정
7 (문장)	1) 문장 길이의 적절성 여부	가독성을 해칠 정도의 문장 길이만 평가함.	√
	2) 문장의 호응이 맞지 않을 경우 감점	문법적 측면이므로 8에서 다루어야 함.	
8 (어법)	1) 어법(맞춤법, 단어, 문장부호) 오류 감점	개수별로 감점하기.	√
	2) 말투가 변하는 경우 감점	문장 단위에서 실현되므로 7에서 다루어야 함.	
외적 요소	• 글의 양은 채점 기준 1번의 점수에만 반영하기로 함 ⇒ 10줄 미만이면 3점 감점, 20줄 미만이면 2점 감점, 30줄 미만이면 1점 감점 • 글의 전체 수준을 각 채점 기준에 반영하지 않기로 합의함.		

<표 5-2>는 채점 기준의 하위 평가 요소 설정을 위한 채점자 협의 내용의 예를 제시한 표이다. 이 연구에서는 채점자들이 자신만의 방식으로 채점 기준을 해석하는 경향이 있는 것으로 나타났다. 특히 일부 채점자들은 특정 채점 기준의 하위 평가 요소를 설정하지 않은 채 인상에 따라 점수를 부여하거나, 특정 채점 기준의 점수를 다른 채점 기준에 그대로 반영하는 등의 문제를 보이기도 했다. 심지어 타당하지 않은 평가 요소를 설정하기도 했다. 이러한 문제는 채점 편향이 나타나는 데 영향을 미치므로, 채점자 간 협의를 통해 채점 기준의 하위 평가 요소를 구체적으로 설정함으로써 채점자들이 동일한 방식으로 채점을 수행하도록 할 필요가 있다. 그리고 <표 5-2>와 같은 채점자 협의 자료는 채점자가 채점을 하는 과정에서 내면화한 채점 기준이 흔들릴 때 참고할 수 있는 자료로도 활용될 수 있다.

채점 편향을 최소화하기 위해서는 다른 채점 기준의 평가 요소와

명확하게 변별되도록 채점 기준의 하위 평가 요소를 설정해야 한다. 이 연구에서는 각 채점 기준의 평가 요소를 변별적으로 설정하지 않을 경우 다른 채점 기준의 평가 요소가 개입되는 문제, 특정 감점 요인이나 가점 요인을 두 채점 기준에 중복 반영하게 되는 문제가 발생하고, 이러한 채점 방식이 채점 편향에 영향을 미치는 것으로 나타났다. 그러므로 <표 5-2>에서 제시한 것처럼, 여러 채점 기준에 중복 반영될 수 있는 평가 요소에 대해 채점자들이 합의할 필요가 있다.

채점 기준 외적 요소를 채점에 어떤 방식으로 반영할 것인지에 대해서도 협의할 필요가 있다. 특히 '텍스트의 양'에 대한 평가 요소가 채점 기준에 명시되어 있지 않다면 이를 채점에 반영할 것인지, 반영한다면 어떠한 방식으로, 어느 정도의 비중으로 반영할 것인지에 대한 합의가 필요하다. 이 연구에서도 텍스트의 양을 채점에 반영하는 방식의 차이가 채점 편향에 영향을 미치는 것으로 나타났다. 따라서 실제 채점을 수행하기 전에 이러한 채점 기준 외적 요소에 대한 합의를 할 필요가 있다.

두 번째는 예비 채점을 시행한 후 이루어지는 예비 채점 결과 및 과정 개별 점검, 채점자 협의 단계이다. 이 단계에서는 이전 단계에서 설정한 평가 요소들을 채점에 적용해봄으로써 채점 방식의 타당성을 검토한다. 채점 후에는 개별 채점 피드백과 자기 평가 체크리스트를 제공해 채점자들이 자신의 채점 과정과 채점 결과를 점검하도록 한다. 자신의 채점 과정 및 채점 결과에서 나타난 문제점들을 확인한 후에는 채점자 협의를 통해 이를 개선할 방안에 대해 논의하도록 한다. Kondo-Brown(2002)에서는 이전 채점 회기의 점수에 대해 논의하는 채점자 교육 후에 채점 편향이 사라지는 경향이 나타났는데, 이는 예비 채점 결과에 대한 채점자 협의가 본 채점 결과의 신뢰성을 확보하는 데 긍정적인 영향을 미칠 수 있음을 의미한다. 만약 특정 텍스트에서 채점 편향이 많이 나타났다면 해당 텍스트가 지니고 있는 문제점을 파악한 후 해결 방안을 논의하도록 하고, 특성 재점 기준에서 채점 편향이 많이 나타났다면 해당 채점 기준의 평가 요소를 재설정하는 과정을 거칠 필요가 있다. 그리고 채점 편향의 문제가 쓰기 과제 및 수행 맥락이나 채점 맥락을 잘 이해하지 못한 데서 비롯되었거나 채점 기준의 평가 요소 설정의 문제에서 비롯되었다면 '채점자 오리엔테이션 및 채점자 협의' 과정을 다시 수행할 필요가 있다. 다음 <그림 5-2>는 채점 편향의 문제를 해결하기 위한 채점자 협의 진행 절차를 제시한 것이다.

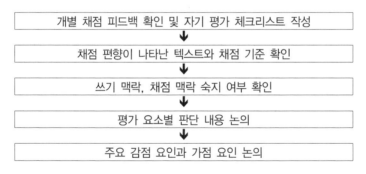

〈그림 5-2〉 채점 편향의 문제 해결을 위한 채점자 협의 절차

채점 편향의 원인을 탐색하고 이를 해결하기 위한 방안을 모색하기 위해, 우선 개별 채점 피드백 결과를 확인하고 자기 평가 체크리스트를 작성하면서 자신의 채점 과정을 점검한다. 이후 채점자들이 공통으로 많은 채점 편향을 보인 텍스트와 채점 기준을 확인해 해당 텍스트와 채점 기준의 특징에 대해서 논의한다. 다음으로, 채점자가 쓰기 맥

락 및 채점 맥락을 잘 숙지했는지 여부를 확인한다. 특히 채점 지침을 지키지 않았을 때 채점 편향이 나타날 수 있으므로, 채점자 오리엔테이션에서 제공된 채점 안내문을 살펴보며 채점 지침 준수 여부를 확인해 보게 한다. 이후에는 채점 편향이 나타난 텍스트를 중심으로 평가 요소별 판단 내용에 대해 논의한다. 많은 채점자들이 긍정 판단을 내린 평가 요소에 대해 부정 판단을 내렸을 경우에는 타당하지 않은 방식으로 채점했을 가능성이 있다. 이러한 채점 방식은 채점 편향이 나타나는 데 영향을 미치므로 채점자 간 협의를 통해 특정 평가 요소에 대한 자신의 판단이 타당한지 확인한다. 마지막으로, 텍스트의 주요 감점 요인과 가점 요인에 대해 논의하고 해당 요인에 부여한 가중치를 서로 비교해 보게 한다. 감점 요인과 가점 요인을 잘못 지적하거나 놓쳤을 경우, 감점 요인이나 가점 요인에 매우 작은 가중치를 부여하거나 매우 큰 가중치를 부여했을 경우에 채점 편향이 나타날 가능성이 높아진다. 다른 채점자들의 채점 방식과 자신의 채점 방식을 비교하면 채점 편향이 나타나는 데 영향을 미친 요인이 무엇인지, 이를 어떠한 방식으로 개선해야하는지 등에 대해 파악할 수 있게 된다.

채점 편향의 문제 해결을 위한 채점자 협의가 끝난 후에는 예비 채점 결과를 토대로 각 수준을 대표하는 평가 예시문을 선정해 본 채점에서 활용할 수 있도록 한다. 이처럼 채점 텍스트 중에서 선정한 예시문을 대응 평가 예시문이라고 하는데, 이는 실제 채점 맥락을 반영하고 있다는 장점이 있다(박종임·박영민 2012, 박영민·최숙기 2010c). 평가 예시문을 활용하면 추상적으로 진술되어 있는 채점 기준의 수준을 구체적으로 파악할 수 있으며, 채점 과정에서 계속 참고할 수 있어 텍스트의 전체적인 수준이나 평가 요소별 수준에 대한 인식을 동일하게 유지하는 데 도움이 된다(박영민 2011, 2009). 이뿐만 아니라 신속하게 의사 결정을 할 수 있어 채점에 따르는 인지적 부담과 피로를 크게 줄일 수 있다(박영민 2011). 따라서 채점 과정에서 평가 예시문을 활용한다면 채점 편향을 최소화하는 데 긍정적인 영향을 미칠 것이다.

세 번째는 본 채점 이후에 이루어지는 본 채점 결과 및 과정 개별 점검 단계이다. 이 단계에서도 예비 채점 단계와 동일하게 채점이 끝난 후 자기 평가 체크리스트와 개별 채점 피드백을 제공해 채점자가 자신의 채점 과정과 채점 결과를 검토하게 한다. 만약 채점자의 채점 방식에 문제가 있다면 채점 편향이 나타난 텍스트를 재채점할 기회를 제공한다. 그럼에도 불구하고 채점 편향이 제거되지 않거나 채점자의 결과가 전체 채점 결과의 신뢰성에 부정적인 영향을 미친다면 채점을 주관하는 관리자가 해당 채점자의 채점 결과를 제외해야 한다.

2. 개별 채점 피드백을 통한 채점 결과 점검

채점자 교육은 주로 집체 교육의 형태로 이루어지고, 단순히 점수를 일치시키는 방식으로 진행되는 경우가 많아 개별 채점자의 채점 과정을 개선하는 데는 한계가 있다(강민석·심재경 2015). 따라서 많은 연구에서는 채점자에게 채점 결과에 대한 개별 채점 피드백을 제공해 채점자 일관성을 향상하는 데 초점을 맞추고 있다(곽혜윤 2017, 이창수 2014, Elder et al. 2005, Wigglesworth 1993). 신동일(2001)에서는 채점자가 자신의 채점 경향에 대해 제대로 이해하지 못할 때 채점 편향이 나타날 가능성이 있음을 밝혔는데, 이는 채점자에게 채점자 교육과 더불어 채점자의 채점 경향에 대한 정보를 제공할 필요가 있음을 시사한다. 따라서 이 연구에서는 채점 편향을 최소화하기 위해 채점자들이 자신의 채점 결과를 점검해 볼 수 있도록 개별 채점 피드백을 제공하는 방안을 제안하고자 한다.

개별 채점 피드백이란 예비 채점이나 본 채점이 끝난 후 채점자에게 채점 결과에 대한 정보를 제공하는 것이다. 개별 채점 피드백의 목적은 채점자들이 자신의 채점 특성을 파악하고 문제가 나타난 부분을 스스로 조정할 수 있도록 유도하는 것이다(강민석·심재경 2015).

선행 연구에서는 채점 과정과 채점 결과에 대해 구체적인 피드백을 제공했을 때, 엄격성 수준과 일관성 수준이 개선되고 채점 편향이 줄어드는 효과가 나타났음을 보고했다. 특히 Wigglesworth(1993)에서는 채점 편향 분석 결과에 대한 피드백을 제공한 후 채점 편향이 사라지거나 채점 일관성다는 것을 의미 수준이 개선되는 결과가 나타났다. Elder et al.(2005)에서도 엄격성, 일관성, 채점 편향에 대한 정보를 제공했을 때 채점자들의 엄격성 차이가 줄어들고, 일관성 수준이 개선되었으며, 채점 편향이 줄어드는 효과가 나타났다. 이는 개별 채점 피드백이 채점의 질을 개선하는 데 유용하한다.

선행 연구의 논의에 따르면, 개별 채점 피드백은 두 가지 방식으로 채점 과정에 영향을 미친다. 첫째, 개별 채점 피드백은 채점자가 채점 과정에서 나타난 문제를 인식하고 개선하도록 돕는다(Elder et al. 2005). 이창수(2014)에서는 3회기의 채점 결과를 분석하였는데, 채점자들이 이전 채점 결과에 대한 피드백을 받았을 때 채점 편향이 사라지는 경향이 있음을 확인하였다. 사고구술 프로토콜을 분석한 결과, 채점자 대상 개별 피드백이 채점자가 채점 편향의 원인을 인식하고 이를 개선하는 데 주의를 기울이게 하고 채점 기준표나 텍스트에서 간과한 부분을 인식하도록 돕는 데 영향을 미친 것으로 나타났다. 즉, 채점자들은 자신의 채점 결과에 대한 피드백을 받음으로써 자신의 채점 과정을 점검할 수 있고 학생 글의 수준을 명확하게 인식할 수 있다(Elder et al. 2005).

둘째, 개별 채점 피드백은 채점자가 채점에 대한 자신감을 가질 수 있도록 돕는다. 곽혜윤(2017)은 채점자가 본인의 채점 특성에 문제가 없다는 점을 확인하거나 문제점이 있더라도 본인의 채점 수행이 개선되는 것을 직접 확인하게 함으로써 쓰기 채점 효능감을 향상하고 채점에 대한 동기를 강화할 수 있다고 주장하였다. 또한 개별 채점 피드백은 채점자들에게 다른 채점자들과 동일한 방식으로 점수를 부여해야 한다는 압박에서 벗어날 수 있도록 함으로써 자신의 전문 지식을 채점에 적용하는 데 주의를 기울일 수 있도록 한다(Eckes 2011, Stahl & Lunz 1996). 이를 통해 채점자들은 채점에 대한 자신감을 얻고 채점 효능감을 향상시킬 수 있게 된다(이창수 2014, Elder et al. 2005). 이는 개별 채점 피드백이 채점자의 정의적 요인인 효능감, 동기 등에 긍정적인 영향을 미친다는 것을 의미한다.

이 연구에서는 장은주(2015), 백유진(2018)에서 제시한 개별 채점 피드백을 수정하여, <표 5-3>과 같이 채점 편향을 최소화하는 데 초점을 맞춘 개별 채점 피드백 표를 구성하였다.

〈표 5-3〉 개별 채점 피드백 예시

채점 결과 피드백	
이름	OOO (18)
용어 설명	[채점 편향] 채점자가 부여한 점수와 다국면 Rasch 모형이 예측한 점수의 차이를 표준화한 t 통계량이 +2 이상일 경우 관대한 편향이, −2 이하일 경우 엄격한 편향이 나타난 것으로 해석합니다. 그래프 내부의 두 점선은 t 통계량이 ±2인 선을 나타내며, 이 점선 밖에 위치한 값들은 채점 편향이 나타났음을 의미합니다. 이는 해당 텍스트들을 채점할 때 본인의 엄격성을 적절하게 유지하지 못했음을 의미합니다. [평균 측정치] 해당 척도에 해당하는 텍스트 수준으로, 상위 척도일수록 평균 측정치가 커야 바람직합니다. 만약 상위 척도임에도 불구하고 하위 척도보다 평균 측정치가 낮다면 '*'로 표시됩니다.

요인	채점 결과	결과 해석
채 점 편 향	○ 채점자와 텍스트 간 채점 편향 개수: 15개(50%) | 텍스트	관찰 점수	예측 점수	점수 차이	편향 유형
---	---	---	---	---
1	26	40.62	−14.62	엄격
2	16	24.11	−8.11	엄격
3	9	17.26	−8.26	엄격
5	38	27.05	10.95	관대
8	41	26.89	14.11	관대
9	10	17.22	−7.22	엄격
13	47	37.67	9.33	관대
14	37	29.12	7.88	관대
15	11	18.05	−7.05	엄격
16	47	36.88	10.12	관대
20	45	34.92	10.08	관대
24	10	20.57	−10.57	엄격
25	30	37.51	−7.51	엄격
26	20	27.16	−7.16	엄격
27	8	17.95	−9.95	엄격 | 텍스트 (t값 그래프)	○ 채점자와 텍스트 간 채점 편향은 총 15개(50%)가 나타났습니다. 1, 2, 3, 9, 15, 24, 25, 26, 27번 텍스트는 엄격하게, 5, 8, 13, 14, 16, 20는 관대하게 채점한 것으로 나타났습니다. 엄격한 편향이 나타난 텍스트들은 주로 수준이 낮은 텍스트였고, 관대한 편향이 나타난 텍스트들은 주로 수준이 높은 텍스트였습니다. 따라서 극단적 수준의 텍스트를 채점할 때는 유의할 필요가 있습니다. ○ 채점 편향이 나타난 원인을 찾기 위해 관찰 점수와 예측 점수의 차이를 참고하여 자기 평가 체크리스트를 작성해 보십시오

채점 결과 피드백		

	· 채점자와 채점 기준 간 채점 편향 개수: 3개(37.5%)	· 채점자와 채점 기준 간 채점 편향은 총 3개(37. 5%)가 나타났습니다. 채점 기준 3번(근거의 풍부성과 타당성)은 관대하게, 채점 기준 7번(문장의 명료성)과 8번(어법의 정확성)은 엄격하게 채점한 것으로 나타났습니다. 엄격한 편향이 나타난 채점 기준들은 주로 텍스트의 표현과 관련되어 있습니다. 따라서 텍스트의 문장 수준이나 어법 수준 등을 판단할 때는 유의할 필요가 있습니다.

채점 편향

채점 기준	관찰 점수	예측 점수	점수 차이	편향 유형
3	115	98.71	16.29	관대
7	100	114.6	-14.6	엄격
8	103	121.43	-18.43	엄격

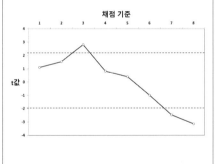

· 채점 기준에 대한 채점 편향은 텍스트의 편향이 나타나는 데 영향을 미칩니다. 따라서 채점 기준 간 편향의 원인을 탐색하기 위해 자기 평가 체크리스트 중 '평가 요소'와 관련된 내용에 초점을 맞춰 채점 과정을 점검해 보십시오

척도 활용

· 채점 기준별 채점 척도 활용 양상

채점 기준	채점 척도	사용 빈도	평균 측정치	채점 기준	채점 척도	사용 빈도	평균 측정치
1	1	4(13%)	-1.40	5	1	8(27%)	-1.48
	2	2(7%)	-.82		2	3(10%)	-.64
	3	5(17%)	-.37		3	6(20%)	-.17
	4	7(23%)	.12		4	5(17%)	.18
	5	4(13%)	.47		5	2(7%)	1.67
	6	8(27%)	1.69		6	6(20%)	1.38*
2	1	6(20%)	-1.38	6	1	6(20%)	-1.40
	2	2(7%)	-.29		2	4(17%)	-.61
	3	2(7%)	-.25		3	7(23%)	.07
	4	8(27%)	.07		4	4(13%)	.32
	5	2(7%)	.55		5	4(13%)	1.57
	6	10(33%)	1.39		6	5(17%)	1.66

· 아래 내용을 참고하여 자기 평가 체크리스트 중 '점수 확정하기' 과정에 초점을 맞춰 채점 과정을 점검해 보십시오
· 척도가 등간을 유지하지 못하는 문제가 나타났습니다. 특히 채점 기준 5번의 4점 척도와 5점 척도의 간격이 1.49 logit으로 매우 큽니다. 이는 5점 척도에 해당하는 텍스트의 수준을 매우 높게 인식하고 있다는 것을 의미합니다. 따라서 채점 편향이 나타난 텍스트 중에서 채점 기준 5번에 4점이나 5점을 부여한 경우를 찾아 채점 과정을 점검해

채점 결과 피드백								
채점기준	채점척도	사용빈도	평균측정치	채점기준	채점척도	사용빈도	평균측정치	보십시오
3	1	5(17%)	-1.73	7	1	6(20%)	-1.29	◦ 채점 기준 7번과 8번의 점수를 부여할 때 4점 척도를 활용하지 않는 문제가 나타났습니다. 이는 중간 수준의 텍스트를 제대로 변별하지 못했음을 의미합니다. 따라서 채점 편향이 나타난 텍스트 중에서 채점 기준 7번과 8번에 3~5점 사이의 점수를 부여한 경우를 찾아 채점 과정을 점검해 보십시오
	2	3(10%)	-.87		2	7(23%)	.00	
	3	5(17%)	-.31		3	6(20%)	.41	
	4	5(17%)	-.34*		4	0(0%)	–	
	5	3(10%)	.82		5	4(17%)	1.27	
	6	9(30%)	.97		6	7(23%)	1.66	
4	1	6(20%)	-1.23	8	1	4(17%)	-1.22	◦ 채점 척도를 수준에 맞지 않게 활용하는 문제가 나타났습니다. 채점 기준 3번의 3점과 4점, 채점 기준 4번의 3점과 4점, 채점 기준 5번의 5점과 6점을 제대로 변별하지 못하는 문제가 나타났습니다. 따라서 채점 편향이 나타난 텍스트 중에서 이러한 점수를 부여한 경우를 찾아 채점 과정을 점검해 보십시오
	2	2(7%)	-.13		2	9(30%)	-.12	
	3	6(20%)	.15		3	6(20%)	.55	
	4	2(7%)	-.09*		4	0(0%)	–	
	5	3(10%)	.35		5	3(10%)	1.04	
	6	11(37%)	1.52		6	8(27%)	1.89	

<표 5-3>은 채점자의 채점 결과를 MFRM으로 분석해 구성한 개별 채점 피드백 표이다. 예비 채점과 본 채점이 끝난 후 채점 결과를 분석해 개별 채점 피드백을 제공하면 채점자들은 보다 손쉽게 자신의 채점 결과에서 나타난 문제점들을 점검할 수 있게 된다(김지영 2018). 특히 채점 편향에 대한 정보를 통해 엄격성을 일관성 있게 유지하지 못한 텍스트를 구체적으로 파악할 수 있어서, 재채점 과정에서 전체 텍스트를 다룰 필요 없이 특정 텍스트나 특정 채점 기준을 점검하는 것만으로도 일관성을 개선할 수 있다.

개별 채점 피드백을 구성할 때는 다음과 같은 사항을 고려할 필요가 있다. 첫째, 예비 채점이나 본 채점이 끝난 후, FACETS을 실행할 수 있고 그 결과를 해석할 수 있는 평가 전문가가 채점 결과를 수합하여 채점 결과 피드백을 작성한다. MFRM과 FACETS에 대한 전문적 지식 없이는 채점 편향과 관련된 여러 통계치를 다루기가 어렵기 때문이다. 결과 분석의 편의성과 효율성을 위해 채점 편향과 척도 활용 양상을 중심으로 MFRM 분석을 실시함으로써 채점자가 자신의 엄격성을 적절하게 유지하지 못한 텍스트와 평가 기준을 확인할 수 있도록 한다. 그리고 MFRM 결과를 입력하면 자동으로 피드백 내용을 구성하도록 Python 등을 이용해 프로그램을 미리 만들어 두면, 채점 결과 피드백을 만드는 데 걸리는 시간과 비용을 절약할 수 있다.

둘째, 채점자가 채점 결과를 쉽게 이해할 수 있도록 피드백 내용을 구성한다. MFRM에서 사용하는 infit MnSq, logit, t 통계량 등과 같은 용어는 해당 분야에 대한 전문적인 지식이 없다면 그 의미를 파악하기가 어렵다. 특히 일관성 수준을 판별하는 infit MnSq의 범위나 채점 편향을 판별하는 t 통계량의 범위 등은 연구자들마다 다른 방식으로 제시하므로, 채점 관리자가 채점의 목적에 맞는 범위를 미리 정한 뒤 안내할 필요가 있다. 그러므로 개별 채점 피드백을 제공할 때는 분석표에서 사용되는 용어의 해석이나 해당 채점 맥락에서 채점자 특성을 분류하는 데 활용한 기준 등에 대한 설명을 함께 제시할 필요가 있다.

셋째, 채점자들에게 친숙한 척도를 활용하여 채점 결과를 제시한다. MFRM에서는 주로 logit 단위를 활용하는데, 이는 채점자들에게 친숙한 척도가 아니다. 따라서 채점자의 엄격성 수준이나 채점 편향에 대해 설명할 때는 '매우 엄격함, 엄격함, 관대함, 매우 관대함' 등의 질적 척도를 활용할 필요가 있다(Eckes 2011). 그리고 채점자들이 부여한 점수와 MFRM의 예측 점수의 차이를 제시할 때는 원점수를 활용하고 그래프를 함께 제시해 채점자들이 자신의 엄격성 정도를 직관적으로 파악할 수 있게 한다.

넷째, 개별 채점 피드백은 채점자들의 노력을 지원하는 형태로 제공되어야 한다(Eckes 2011). 채점자들의 채점 과정에서 나타나는 문제점들을 지적하고 비판하기보다 점검과 조정이 필요한 텍스트에 대한 정보로 피드백 내용을 구성함으로써 채점자들에게 동기를 부여하는 방식으로 제공되어야 한다. 이창수(2014)에 따르면, 개별 채점자들에게 피드백을 제공할 경우 채점자들이 채점 결과에 대해 지나치게 우려할 수 있으므로 채점자의 내적 반응을 고려해 피드백을 제공해야 한다. 또한 채점자의 수행을 격려하고 지원하는 방식으로 개별 채점 피드백을 구성해야 한다.

이러한 방식으로 채점자들에게 채점 결과에 대한 피드백을 제공한다면, 채점자는 채점 편향이 나타난 텍스트와 채점 기준, 채점 척도 활용 양상 등 자신의 전반적인 채점 과정에 대해 점검할 수 있다. 특히 자신의 엄격성 수준보다 엄격하거나 관대하게 채점한 텍스트에 대한 구체적인 정보를 통해, 채점자는 채점 일관성을 떨어뜨리는 문제점들에 대해 점검하고 이를 해결하기 위한 방안에 대해 생각해 볼 수 있다. 이러한 과정을 거친 후, 자기 평가 체크리스트를 통해 채점 과정에서 나타나는 문제점들을 점검하거나 다른 채점자들과의 협의를 통해 문제 해결 방안을 논의한다면 본 채점이나 재채점을 할 때에는 더욱 타당한 방식으로 채점을 수행하게 될 것이다.

3. 자기 평가 체크리스트를 통한 채점 과정 점검

채점자의 인지 과정을 탐색하기 위해서는 채점자에게 채점과 사고 구술을 병행하도록 한 후 프로토콜을 분석해야 한다. 하지만 모든 쓰기 채점 상황에서 이러한 방법으로 채점자의 채점 과정을 분석하는 일은 현실적으로 불가능하다. 기술의 발달로 눈동자 추적이나 fMRI를 통해 인간의 인지 과정을 살펴보는 방법도 활용되고 있지만(박찬흥 2016, 박영민 2013), 이러한 방법 역시 실제 쓰기 채점에 적용하는 데는 한계가 있다. 따라서 이 연구에서는 채점자가 자신의 채점 과정의 문제점을 파악하고 조정해 볼 수 있도록 채점 편향을 유발하는 채점자의 정보 처리 행동을 중심으로 자기 평가 체크리스트를 구성해 채점자들에게 제공하는 방안을 제안하고자 한다.

자기 평가란 수행의 주체가 자신의 사고 과정에 대해 점검하고 판단하는 것으로, 적극적인 조정 활동을 이끌어내고 수행을 개선할 수 있도록 돕는 역할을 한다(정미경 2013, 임천택 2005). 그리고 자기 평가는 자신의 수행 능력에 대한 판단과 확신을 통해 자기 효능감을 증진하는 긍정적 역할을 하기도 한다(김종백·우은실 2005). 이러한 맥락에서 박영민(2011)은 채점자가 스스로 자신의 쓰기 채점 과정을 점검하게 하고, 채점 과정에서 발생하는 여러 가지 문제들을 해결할 수 있도록 채점 과정 점검 질문을 개발할 필요가 있다고 주장하였다. 따라서 쓰기 채점 과정 점검을 위한 자기 평가 체크리스트를 구성해 채점자들에게 제공한다면 채점자들이 자신의 채점 과정을 반성적으로 점검하고 판단하게 함으로써 채점 편향이 나타난 텍스트를 능동적으로 조정할 수 있도록 도울 수 있을 뿐 아니라, 채점 효능감을 증진하는 효과를 얻을 수도 있다(박영민 2011, 신동일·장소영 2002).

이 연구에서는 채점자의 사고구술을 분석해 채점 과정별로 채점 편향에 영향을 미치는 정보 처리 행동들을 분석하였다. 분석 결과에 기초하여, 채점자의 채점 과정을 점검하기 위한 자기 평가 체크리스트를 제시하면 다음과 같다.

〈표 5-4〉 자기 평가 체크리스트 예시

쓰기 채점 과정 자기 평가 체크리스트	
채점자	○○○(14)
채점 편향 산출 텍스트	텍스트 번호 : 7번 (엄격한 편향) 관찰 점수: 34점　　예측 점수: 42.0점 채점 기준 1개 당 1.01점 엄격하게 부여
참고 텍스트	텍스트 번호: 4번 (편향 미산출) 관찰 점수: 46점　　예측 점수: 42.2점 채점 기준 1개 당 0.48점 관대하게 부여

채점 과정	자기 평가 항목	척도		
		그렇다	아니다	모르 겠다
기 준 내 면 화	특정 채점 기준의 점수를 다른 채점 기준에 그대로 부여하지 않았다.	√		
	채점 기준의 하위 평가 요소를 타당하게 설정했다.	√		
	이전 텍스트와 다른 방식으로 채점하지 않았다.	√		
	채점 기준을 재설정한 후에는 이전 텍스트를 재채점했다.	√		
평 가 적 읽 기 평 가 적	전체 텍스트 수준에 대한 인상을 통제하며 채점했다.		√	
	개별 채점 기준에 대한 인상을 통제하며 채점했다.	√		
	다른 채점 기준의 평가 요소를 채점에 반영하지 않았다.	√		
	다른 채점자들과 협의한 대로 텍스트의 양을 채점에 반영했다.	√		
	텍스트의 표면적 특징(어법 오류, 응집 기제 등)을 중심으로 채점하지 않았다.	√		

채점 과정	자기 평가 항목	척도		
		그렇다	아니다	모르 겠다
읽 기	(엄격한 편향일 경우) 특정 감점 요인을 여러 채점 기준에 중복 반영하지 않았다. (관대한 편향일 경우) 특정 가점 요인을 여러 채점 기준에 중복 반영하지 않았다.	√		
	(엄격한 편향일 경우) 텍스트의 수준을 낮게 잘못 판단하지 않았다. (관대한 편향일 경우) 텍스트의 수준을 높게 잘못 판단하지 않았다.	√		
	(엄격한 편향일 경우)가점 요인을 누락하지 않았다. (관대한 편향일 경우)감점 요인을 누락하지 않았다.	√		
	(엄격한 편향일 경우)감점 요인을 잘못 지적하지 않았다. (관대한 편향일 경우)가점 요인을 잘못 지적하지 않았다.	√		
점 수 확 정 하 기	특정 감점 요인이나 가점 요인에 부여하는 가중치를 동일하게 유지했다.	√		
	(엄격한 편향일 경우)특정 감점 요인에 매우 큰 가중치를 부여하지 않았다. (관대한 편향일 경우)특정 감점 요인에 매우 작은 가중치를 부여하지 않았다.		√	
	(엄격한 편향일 경우)특정 가점 요인에 매우 작은 가중치를 부여하지 않았다. (관대한 편향일 경우)특정 가점 요인에 매우 큰 가중치를 부여하지 않았다.	√		
	(엄격한 편향일 경우)지적했던 가점 요인을 점수를 부여하는 과정에서 누락하지 않았다. (관대한 편향일 경우)지적했던 감점 요인을 점수를 부여하는 과정에서 누락하지 않았다.	√		
	판단에 알맞은 척도를 활용하여 점수를 부여했다.		√	
	텍스트를 모두 읽은 후 점수를 부여했다.	√		
점검 조정	타당한 방식으로 점수를 점검했다.	√		
기타	채점 지침을 잘 지켰다.	√		
	텍스트의 내용을 정확하게 파악했다.	√		

채점 편향이 나타난 원인과 개선 방안

[채점 편향이 나타난 원인]

- 7번 텍스트의 채점 기준 7번에 점수를 부여할 때 텍스트에 인용되어 있는 속담을 감점 요인으로 지적했는데, 이 요소 하나만을 가지고 2점을 감점한 것은 매우 엄격한 판단이라는 생각이 들었다. 채점자 협의에서 다른 채점자들은 대부분 이를 점수에 반영하지 않거나 1점 정도 감점했다고 말했다. 이와 비교해 보면 나는 매우 엄격한 점수를 부여한 것 같다.
- 7번 텍스트의 채점 기준 8번에 4점을 부여했는데, 생각해 보니 7번 텍스트에는 눈에 띄는 어법 오류는 없었던 것 같다. 채점 결과를 받아본 후, 나는 맞춤법 오류가 없다고 판단하면서도 만점을 부여하지 않는 경향이 있음을 알았다. 맞춤법 오류를 독립적으로 변별하지 않고, 텍스트의 전반적인 수준을 고려해서 점수를 부여했기 때문인 것 같다. 이러한 문제 때문에 7번 텍스트의 어법 수준이 4번 텍스트와 비슷한데도 더 낮은 점수를 부여한 것 같다.

[개선 방안]

- 채점을 할 때 특정 감점 요인에 매우 큰 가중치를 부여하지 않도록 노력해야한다. 특히 채점 기준 7번이나 8번과 같이 텍스트의 문법적 수준과 관련이 있는 채점 기준의 점수를 부여할 때는 하나의 감점 요인을 지적하면서 2점이나 감점하는 행동은 지양해야 한다.
- 채점 기준의 평가 요소를 변별적으로 평가할 수 있도록 노력해야 한다. 특히 전체 텍스트의 수준이 낮더라도 텍스트의 어법 수준이 우수하다면 그에 맞는 척도를 활용하여 점수를 부여해야 한다.

<표 5-4>는 채점 편향을 유발하는 채점자의 정보 처리 행동을 중심으로 구성한 자기 평가 체크리스트이다. 예비 채점과 본 채점을 실시한 후 채점자에게 개별 채점 피드백을 제공했다면, 채점자에게 자신의 채점 과정을 점검할 수 있도록 추가로 체크리스트를 제공할 필요가 있다. 채점자의 채점 과정을 살펴보기 위한 방안들이 실제 채점 상황에서 활용되기 어렵기 때문이다.

자기 평가 체크리스트는 예비 채점과 본 채점이 끝난 후에 제공된 개별 채점 피드백을 참고하여 작성하는 것이 바람직하다. 자신의 채점

과정을 점검하기 위해서는 먼저 어떤 텍스트와 채점 기준에 채점 편향이 나타났는지 파악해야 하기 때문이다. 자기 평가 체크리스트를 채점 상황에서 활용하기 위한 구체적인 방안은 다음과 같다.

첫째, 채점의 편의성과 효율성을 위해 채점 편향이 나타난 텍스트를 중심으로 채점 과정을 점검하도록 한다. 모든 텍스트의 채점 과정을 점검하기보다 채점 편향이 나타난 텍스트를 중심으로 자기 평가를 실시한 후 문제점을 탐색하면 재채점에 소요되는 시간과 노력을 절약할 수 있다. 그러므로 채점 결과에 대한 개별 채점 피드백을 통해 채점자가 채점 편향이 나타난 텍스트를 확인하게 한 후 해당 텍스트에서의 채점 과정을 점검하게 한다.

둘째, 채점자의 자기 평가를 도울 수 있는 채점 정보를 함께 제시한다. 채점자가 채점 편향이 나타난 텍스트에서 부여한 관찰값과 MFRM이 산출한 예측값을 제시할 때는 원점수로 표기하고, 분석적 채점일 때는 채점 기준 1개 당 얼마나 관대하게/엄격하게 채점했는지에 대한 정보를 제공함으로써 채점자가 자신의 엄격성 차이를 직관적으로 파악할 수 있도록 한다. 특히 쌍대 비교 분석 결과를 통해 채점 편향이 나타나지 않은 텍스트 중에 수준이 비슷하지만 엄격성 차이가 유의했던 텍스트 정보를 함께 제시할 수 있도록 한다. 수준이 다른 텍스트를 제시한다면 두 텍스트의 점수를 비교하기가 어렵기 때문이다. 이러한 방식으로 참고 텍스트를 제시해 채점 편향이 나타난 텍스트에서의 자신의 채점 과정을 보다 손쉽게 점검할 수 있도록 한다.

셋째, 자기 평가 체크리스트를 작성한 후에는 <그림 5-2>에 나타난 것처럼 채점자 협의를 통해 채점 편향의 원인에 대해 논의해보도록 한다. 특히 같은 텍스트에 대해 채점 편향을 보인 채점자들과 함께 채점 과정에 대해 논의한다면 채점 편향을 개선할 수 있는 다양한 방안을 도출해 낼 수 있다. 채점자가 자신의 채점 과정을 객관적으로 점검하는 것은 고도의 상위 인지를 요하는 일이므로, 다른 채점자들과 채점 과정에 대해 논의한다면 자신의 점검 내용을 보완하는 데 도움이 될 것이다. 채점자 협의를 통해 채점 편향의 원인을 도출한 후에는 <표 5-4>의 하단부에 제시된 것처럼 채점 편향의 원인과 개선 방안을 종합하여 자유 서술식으로 작성해 보게 한다.

이러한 방식으로 채점자들에게 채점 과정을 스스로 평가할 수 있는 기회를 제공한다면 사고구술을 병행하는 방법이나 눈동자 추적, fMRI 등을 활용하지 않고도 간단하게 채점 과정의 문제점을 파악해 낼 수 있다. 스스로 자신의 채점 과정을 점검해 보고, 채점 과정에 대해 다른 채점자들과 협의를 해 봄으로써 채점에 관한 여러 지식들을 습득할 수 있으며, 채점 과정을 점검하고 조정하는 상위 인지 능력을 향상시킬 수 있다. 이렇듯 자신의 채점 과정을 평가하고 이를 다른 채점자들과 협의함으로써 채점 상황에서 나타날 수 있는 여러 문제를 해결해 나가는 과정은 그 자체로 채점자 교육 방법으로도 활용될 수 있다.

참고문헌

강민석(2014), "다국면 라쉬 모형을 통한 한국어 쓰기 평가에서의 채점 경향 연구", 석사학위논문, 고려대학교.

강민석·심재경(2015), "쓰기 평가에서 채점 특성에 대한 피드백이 채점에 미치는 영향 연구", 『이중언어학』 61, 이중언어학회, 1-29.

곽혜윤(2017), "한국어 쓰기 평가에서 개별 채점 특성 피드백의 효과 연구: 미숙련 채점자를 대상으로", 석사학위논문, 고려대학교.

교육과학기술부(2011), 『국어과 교육과정』, 교육과학기술부 고시 제2011-361호(별책5).

교육부(2015), 『국어과 교육과정』, 교육부 고시 제2015-74호(별책 5).

권태현(2014), "쓰기 성취기준에 따른 학생 예시문 선정에 관한 연구", 박사학위논문, 한국교원대학교.

김라연(2007), "총체적 쓰기 평가와 분석적 쓰기 평가의 상관 연구: 고등학생의 논설문 평가를 중심으로", 『이중언어학』 35, 이중언어학회, 103-126.

김렬(2007), 『사회과학도를 위한 연구 조사 방법론』, 박영사.

김종백·우은실(2005), "자기평가 중심 학습이 초등학생의 쓰기 능력 및 효능감에 미치는 영향", 『교육심리연구』 19(1), 한국교육심리학회, 205-221.

김지영(2018), "한국어 말하기 평가 채점자의 채점 경향 연구", 박사학위논문, 연세대학교

김지영·원미진(2018), "한국어 말하기 평가에서의 채점 편향성 분석", 『이중언어학』 70, 이중언어학회, 59-83.

김현택·김교헌·김미리혜·권준모·박동건·성한기·이건효·이봉건·이순묵·이영호·이주일·이재호·유태용·진영선·채규만·한광희·황상민·현성용(2003), 『현대 심리학의 이해』, 학지사.

남명호·김성숙·지은림(2000), 『수행평가-이해와 적용』, 문음사.

박영목(2008), 『작문교육론』, 역락.

박영목·한철우·윤희원(2001), 『국어과 교수 학습론』, 교학사.

박영민(2009), "평가 예시문을 활용한 쓰기 평가 개선 방안", 『청람어문교육』 39, 청람어문교육학회, 111-133.

박영민(2011), "국어교사의 작문평가 전문성 신장 방안", 『작문연구』 13, 한국작문학회, 89-116.

박영민(2012), "예비 국어교사의 중학생 논설문 평가에서 발견되는 엄격성 및 일관성의 특성", 『국어교육학연구』 43, 국어교육학회, 253-283.

박영민(2013), "눈동자 움직임 분석과 작문교육 연구", 『작문연구』 18, 한국작문학회, 35-61.

박영민(2015), "작문평가의 평가자 신뢰도", 성낙수·김슬옹·김홍범·안주호·양정석·이정택·이창덕·한길·박영민·박종임·박형우·유혜령·윤천탁·이재형·최숙기(2015), 『국어학과 국어교육학』, 채륜.

박영민·이재기·이수진·박종임·박찬홍(2016), 『작문교육론』, 역락.

박영민·최숙기(2009), "현직 국어교사와 예비 국어교사의 쓰기 평가 비교 연구", 『교육과정평가연구』 12(1), 한국교육과정평가원, 123-143.

박영민·최숙기(2010a), "Rasch 모형을 활용한 국어교사의 쓰기 평가 특성 분석: 중학생 설명문 쓰기 평가를 중심으로", 『국어교육학연구』 37, 국어교육학회, 367-391.

박영민·최숙기(2010b), "예비국어교사의 성별 및 학생 성별 인식에 따른 평가 차이 분석", 『교육과정평가연구』 13(2), 한국교육과정평가원, 239-258.

박영민·최숙기(2010c), "국어교사의 설명문 평가에 대한 모평균 추정과 평가 예시문 선정", 『우리어문연구』 36, 우리어문학회, 293-326.

박종임(2013a), "국어교사의 쓰기 평가 특성 연구", 박사학위논문, 한국교원대학교.

박종임(2013b), "쓰기 평가 전문성 신장을 위한 온라인 채점자 훈련 프로그램 개발 방향 연구", 『작문연구』 17, 한국작문학회, 413-440.

박종임(2014), "작문 채점에서의 인지적 과정 모형에 대한 이론적 고찰", 『청람어문교육』 52, 청람어문교육학회, 57-85.

박종임·박영민(2011), "Rasch 모형을 활용한 국어교사의 채점 일관성 변화 양상 및 원인 분석: 중학생 서사문 채점을 중심으로", 『우리어문연구』 39, 우리어문학회, 301-335.

박종임·박영민(2012), "평가자 일관성에 따른 설명문 평가 예시문 선정의 차이 연구", 『작문연구』 14, 한국작문학회, 301-338.

박찬홍(2016), "눈동자 추적과 회상적 사고구술을 활용한 쓰기 과정 분석과 쓰기 교육 연구에서의 활용", 『작문연구』 30, 한국작문학회, 187-223.

배정윤(2002), "중립반응범주 유무에 따른 Likert형 척도의 양호도 비교", 석사학위논문, 이화여자대학교.

백유진(2018), "국어교사의 쓰기 평가 지식과 효능감이 논설문 평가에 미치는 영향", 석사학위논문, 한국교원대학교.

백유진(2020a), "일관성 수준에 따른 논설문 평가 과정의 인지적 차이 분석", 『작문연구』 44, 한국작문학회, 37-72.

백유진(2020b), "논설문 채점에 나타난 국어 교사의 채점 편향의 특성 분석: 텍스트 특징에 따른 채점 편향 분석을 중심으로", 『청람어문교육』 76, 청람어문교육학회, 67-101.

백유진·박영민(2021), "중학생 논설문 평가에 나타난 예비국어교사의 평가 특성 분석", 『학습자중심교과교육연구』 21(1), 학습자중심교과교육학회, 1119-1146.

백현영·양병곤(2011), "중학교 영어교사의 말하기평가 채점경향 분석", 『언어과학』 18(4), 한국언어과학회, 77-99.

서울대학교 국어교육연구소(2008), 『국어교육학 사전』, 대교출판.

신동일(2001), "채점 경향 분석을 위한 Rasch 측정모형 적용 연구", 『외국어교육』 8(1), 한국외국어교육학회, 249-272.

신동일·장소영(2002), "후광 효과의 이해를 통한 채점 오류 분석 연구", 『외국어교육』 9(4), 한국외국어교육학회, 215-232.

오세영(2017), "작문 평가자의 학생글 읽기 과정 연구", 『우리말글』 72, 우리말글학회, 129-167.

유진은(2015), 『양적연구방법과 통계분석』, 학지사.

이성영(2005), "국어과 교사의 쓰기 영역 평가 전문성 기준과 모형", 『국어교육』 117, 한국어교육학회, 349-372.

이영식(2000), "영어작문 평가에 대한 채점자 훈련의 원리", 『영어교육』 55(2), 한국영어교육학회, 201-217.

이인제·박영목·이범홍·박정·진재관·김옥남·서수현·김신영·김종철·이성영·이충우·천경록(2004), "국어과 교사의 학생 평가 전문성 신장 모형과 기준 (연구보고 JRC-2004-12)". 한국교육과정평가원·한국어교육학회.

이종승(2009), 『교육·심리·사회 연구 방법론』, 교육과학사.

이지연(2009), "영작문 평가를 위한 채점자 훈련의 방향", 『현대영어교육』 10(3), 현대영어교육학회, 217-241.

이창수(2014), "한국 중·고등학교 교사들의 영어작문 채점 훈련에서 나타나는 채점자 편향과 그 원인", 박사학위논문, 서울대학교.

임천택(2005), "쓰기 지식 생성을 위한 자기 평가의 교육적 함의", 『새국어교육』 71, 한국국어교육학회, 285-310.

임천택(2012), "쓰기 평가에서 글씨 정확도와 평가 결과의 관련성 연구", 『어문학교육』 45, 한국어문교육학회, 169-180.

장소영·신동일(2009), 『언어교육평가 연구를 위한 FACETS프로그램』, 글로벌콘텐츠.

장은섭(2015), "쓰기 평가에 대한 국어교사의 인식 및 실태 조사 연구", 『국어교육』 150, 한국어교육학회, 329-358.

장은주(2015), "채점의 일관성 유형에 따른 국어교사의 쓰기 평가 특성 분석", 박사학위 논문, 한국교원대학교.

전명재(2002), "사고 구술(Think aloud)을 통한 쓰기 과정 연구", 석사학위논문, 고려대 학교.

정미경(2011), "국어교사의 성별에 따른 쓰기 평가 특성 분석", 『교원교육』 27(4), 한국 교원대학교 교육연구원, 73-93.

정미경(2013), "자기 평가 전략을 활용한 고쳐쓰기 양상 분석", 『작문연구』 17, 한국작 문학회, 69-100.

조재윤(2009), "일반화가능도 이론을 이용한 쓰기 평가의 오차원 분석 및 신뢰도 추정 연구", 『국어교육』 128, 한국어교육학회, 325-358.

지은림(1996), "Many-facet Rasch 모형을 적용한 대입 논술고사 채점의 객관성 연구", 『교육평가연구』 9(2), 한국교육평가학회, 5-22.

지은림(1999), "사회과 보고서 수행평가를 위한 총체적 채점과 분석적 채점의 비교", 『교 육평가연구』 12(2), 한국교육평가학회, 11-24.

지은림·채선희(2000), 『Rasch모형의 이론과 실제』, 교육과학사.

채선희(1996), "논술시험 채점의 공정성과 효율성 확보방안: 채점과정의 엄격성과 FACETS 모형에 의한 채점결과 분석", 『교육평가연구』 9(1), 한국교육평 가학회, 5-29.

천경록(2002), "읽기 교육 방법과 사고 구술", 『한국초등국어교육』 21, 한국초등국어교 육학회, 39-65.

천경록(2004), "사고 구술 활동이 초등학생의 독해에 미치는 효과", 『국어교육학연구』 19, 국어교육학회, 513-544.

최미숙(1997), "중등 국어과 교원양성 교육과정과 임용시험", 『국어교육학연구』 52(4), 국어교육학회, 47-76.

최미숙·원진숙·정혜승·김봉순·이경화·전은주·정현선·주세형(2010), 『국어 교 육의 이해: 국어 교육의 미래를 모색하는 열여섯 가지 이야기』, 사회평론.

최성호·정정훈·정상원(2016), "질적 내용분석의 개념과 절차", 『질적탐구』 2(1), 한 국질적탐구학회, 127-155.

최숙기·박영민(2011), "논설문 평가에 나타난 국어교사의 평가 특성 및 편향 분석", 『교육과정평가연구』 14(1), 한국교육과정평가원, 201-228.

최현섭·최명환·노명완·신헌재·박인기·김창원·최영환(1997), 『국어교육학개론』, 삼지원.

최훈(2013), "동물 실험 옹호 논증의 논리적 분석", 『철학탐구』 34, 중앙철학연구소, 221-243.

한철우·천경록·김명순·박영민·이재기·정미경·가경신·최병흔·홍인선·이

재형 · 임택균 · 최숙기(2012), 『국어 교육 연구 방법론』, 박이정 출판사.

Atkinson, R. C. & Shiffrin, R. M.(1968), Human memory: A proposed system and its control processes, In J. T. Spence & K. W. Spence(Eds.), *The Psychology of Learning and Motivation 2* (pp. 89-195), NY: Academic Press.

Bachman, L. F.(2004), *Statistical Analyses for Language Assessment*, UK: Cambridge University Press.

Beck, S. W.(2018), *A Think-Aloud Approach to Writing Assessment: Analyzing Process* and Product with Adolescent Writers, NY: Teachers College Press.

Bejar, I. I., Williamson, D. M., & Mislevy, R. J.(2006), Human scoring, In D. M. Williamson, R. J. Mislevy, & I. I. Bejar(Eds.), *Automated Scoring of Complex Tasks in Computer-Based Testing* (pp. 49-81), NJ: Lawrence Erlbaum Associates.

Campbell, D. T., & Fiske, D. W.(1959), Convergent and discriminant validation by the multitrait-multimethod matrix, *Psychological Bulletin* 56(2), 81-105.

Charney, D.(1984), The validity of using holistic scoring to evaluate writing, *Research in the Teaching of English* 18, 65-81.

Carr, N. T.(2000), A Comparison of the effects of analytic and holistic rating scale types in the context of composition tests, *Issues in Applied Linguistics* 11(2), 207-241.

Congdon, P. J. & McQueen, J.(2000), The stability of rater severity in large-scale assessment programs, *Journal of Educational Measurement* 37(2), 163-178.

Creswell, J. W., 김동렬 역(2017), 『알기 쉬운 혼합연구방법』, 학지사.

Crisp, V.(2007), Do assessors pay attention to appropriate features of student work when making assessment judgements?, Paper presented at the International Association For Educational Assessment Annual Conference, Baku, Azerbaijan.

Crisp, V.(2008a), Exploring the nature of examiner thinking during the process of examination marking, *Cambridge Journal of Education* 38(2), 247-264.

Crisp, V.(2008b), The validity of using verbal protocol analysis to investigate the processes involved in examination marking, *Research in Education* 79, 1-12.

Crisp, V.(2012), An investigation of rater cognition in the assessment of projects, Educational Measurement: Issues and Practice 31(3), 10-20.

Cronbach, L. J. (1989), Construct validation after thirty years, In R. L. Linn (Ed.), Intelligence: *Measurement, theory, and public policy* (pp. 147-171), IL: University of Illinois Press.

Cronbach, L. J.(1990), *Essentials of Psychological Testing(5th ed.)*, NY: Haper and Row.

Culpepper, M. & Ramsdell, R.(1982), A comparison of a multiple choice and an essay test of writing skills, *Research in the Teaching of English* 16, 295-297.

Cumming, A.(1990), Expertise in evaluating second language compositions, *Language Testing* 7, 31-51.

Cumming, A., Kantor, R., & Powers, D. E.(2001), *Scoring TOEFL Essays and TOEFL 2000 Prototype Writing Tasks: An investigation into raters' decision making and development of a preliminary analytic framework(TOEFL Monograph Series 22)*, NJ: Educational Testing Service.

Cumming, A., Kantor, R., & Powers, D. E.(2002), Decision making while rating ESL/EFL writing tasks: A descriptive framework, *Modern Language Journal* 86, 67-96.

Denzin, N.(1978), Sociological Methods, NY: McGraw-Hill.

Denzin, N. K. & Lincoln, Y. S., 최욱·김종백·김민정·김평국·김한별·김현진·도승이·문경숙·박승현·박용호·박종원·변호승·손미·손승현·이명석·이영민·이호규·임걸·임철일·정종원·진성미·최희준·홍원표 역(2014), 『질적 연구 핸드북』, 아카데미프레스.

Denzin, N. K. & Lincoln, Y. S.(2018), *The SAGE Handbook of Qualitative Research(5th Eds.)*, CA: Sage.

DeRemer, M. L.(1998), Writing assessment: Raters' elaboration of the rating task, *Assessing Writing* 5(1), 7-29.

Diederich, P. B.(1974), *Measuring Growth in English*, IL: National Council of Teachers of English.

Diederich, P. B., French, J. W., & Carlton, S. T.(1961), *Factors in the Judgment of Writing Quality*, NJ: Educational Testing Service.

Du, Y., Wright, B. D., & Brown, W. L.(1996), Differential facet functioning detection in direct writing assessment, Paper presented at the Annual Conference of the American Educational Research Association, New York, NY.

Eckes, T.(2008), Rater types in writing performance assessments: A classification approach to rater variability, *Language Testing* 25(2), 155-185.

Eckes, T.(2011), Introduction to *Many-Facet Rasch Measurement*, Frankfurt: Peter Lang.

Eckes, T.(2012), Operational rater types in writing assessment: Linking rater cognition to rater behavior, *Language Assessment Quarterly* 9(3), 270-292.

Elder, C., Knoch, U., Barkhuizen, G., & von Randow, J.(2005), Individual feedback to enhance rater training: Does it work?, *Language Assessment Quarterly* 2(3), 175-196.

Elo, S. & Kyngäs, H.(2008), The qualitative content analysis process, *Journal of Advanced Nursing* 62(1), 107-115.

Engelhard, G.(1994), Examining rater errors in the assessment of written composition with a many-faceted rasch model, *Journal of Educational Measurement* 31(2), 93-112.

Engelhard, G.(2007), Differential rater functioning, *Rasch Measurement Transactions* 21(3), 11-24.

Ericsson, K. A. & Simon, H. A.(1993), *Protocol Analysis: Verbal Reports as Data*, Mass: MIT Press.

Frederiksen, J. R.(1992), Learning to "see": Scoring video portfolios or "beyond the hunter-gatherer in performance assessment", Paper presented at the annual meeting of the American Educational Research Association, San Francisco, CA.

Freedman, S. W. & Calfee, R. C.(1983), Holistic assessment of writing: Experimental design and cognitive theory, In P. Mosenthal, L. Tamor, & S. A. Walmsley(Eds.), *Research on Writing : Principles and Methods* (pp. 75-98), NY: Longman.

Grainger, P., Purnell, K., & Kipf, R.(2008), Judging quality through substantive conversations between markers, *Assessment and Evaluation in Higher Education* 33 (2), 133-142.

Godshalk, F., Swineford, F., & Coffman, W.(1966), *The measurement of writing ability*, NJ: English Testing Service.

Hamp-Lyons, L.(1989), Raters respond to rhetoric in writing, In H. W. Dechert & M. Raupach(Eds.), *Interlingual Processes* (pp. 229-244), Tübingen: Gunter Narr Verlag.

Hamp-Lyons, L.(1991), Scoring procedures for ESL contexts, In L. Hamp-Lyons(Ed.), *Assessing Second Language Writing in Academic Contest* (pp. 241-276), NJ: Ablex.

Hamp-Lyons, L. & Henning, G.(1991), Communicative writing profiles: An investigation of the transferability of a multiple-trait scoring instrument across ESL writing assessment contexts, *Language Learning* 41(3), 337-373.

Hamp-Lyons, L. & Mathias, S. P.(1994), Examining expert judgments of task difficulty on essay tests, *Journal of Second Language Writing* 3(1), 49-68.

He, T., Gou, W., Chien, Y., Chien, I., & Chang, S.(2013), Multi-faceted Rasch measurement and bias patterns in EFL writing performance assessment,

Psychological Reports 112(2), 469-485.

Huot, B. A.(1988), The validity of holistic scoring: A comparison of the talk-aloud protocols of expert and novice holistic raters, Unpublished PhD thesis, Indiana University of Pennsylvania.

Huot, B. A.(1993), The influence of holistic scoring procedures on reading and rating student essays, In M. M. Williamson & B. A. Huot(Eds.), *Validating Holistic Scoring for Writing Assessment: Theoretical and Empirical Foundations* (pp. 206-236), NJ: Hampton Press.

Johnson, R. B., Onwuegbuzie, A. J., & Turner, L. A.(2007), Toward a definition of mixed methods research, *Journal of Mixed Methods Research* 1(2), 112-133.

Kondo-Brown, K.(2002), A FACETS analysis of rater bias in measuring Japanese L2 writing performance, *Language Testing* 19(1), 3-31.

Kurihara, S. & Maruyama, A., 김선숙 역(2018), 『통계학 도감』, 성안당.

Landis, J. R. & Koch, G. G.(1977), The measurement of observer agreement for categorical data, *Biometrics* 33(1), 159-174.

Lance, C. E., Butts, M. M., & Michels, L. C.(2006), The sources of four commonly reported cutoff criteria: What did they really say?, *Organizational Research Methods* 9(2), 202-220.

LeDoux, J., 최준식 역(2006), 『느끼는 뇌』, 학지사.

Linacre, J. M.(1989), *Many-Facet Rasch Measurement*. IL: MESA Press.

Linacre, J. M.(2019), *A User's Guide to FACETS: Rasch-Model Computer Programs*, IL: Winsteps.com.

Lumley, T.(2002), Assessment criteria in a large-scale writing test: What do they really mean to the raters?, *Language Testing* 19(3), 246-276.

Lumley, T.(2005), *Assessing Second Language Writing: The Rater's Perspective*, Frankfurt: Peter Lang.

Lumley, T. & McNamara, T. F.(1995), Rater characteristics and rater bias: Implications for training, *Language Testing* 12(1), 54-71.

Lunz, M, E. & Stahl, J. A.(1990), Judge consistency and severity across grading periods, *Evaluation and the Health Professions* 13(4), 425-444.

Mandler, G.(1975), Consciousness: Respectable, useful and probably necessary, In R. Solso(Ed.), *Information Processing and Cognition: The Loyola Symposium* (pp. 229-254), NJ.: Lawrence Erlbaum Associates.

McColly, W.(1970), What does educational research say about the judging of writing ability?, *Journal of Educational Research* 64(4), 147-156.

Mckelvie, S. J.(1978), Graphic rating scales−How many categories?, *British journal of Psychology* 69(2), 185−202.

McNamara, T. F.(1996), *Measuring Second Language Performance*, NY: Longman.

McNamara, T. F., 채선희 · 지은림 · 백순근 · 설현수 역(2003), 『문항반응이론의 이론 과 실제: 외국어 수행평가를 중심으로』, 서현사.

McNamara, T. F.(2000), *Language Testing*, UK: Oxford University Press.

McNamara, T. F. & Adams, R. J.(1991), Exploring rater behavior with Rasch techniques, Paper presented at the Language Testing Research Colloquium, Educational Testing Service, Princeton, NJ.

Messick, S.(1989), Meaning and values in test validation: The science and ethics of assessment, *Educational Researcher* 18(2), 5−11.

Milanovic, M., Saville, N., & Shuhong, S.(1996), A study of the decision−making behaviour of composition markers, In M. Milanovic & N. Saville(Eds.), *Performance Testing, Cognition and Assessment: Selected Papers from the 15th Language Testing Research Colloquium* (92−114), Cambridge: Cambridge University Press.

Miller, G. A.(1962), *Psychology: The Science of Mental Life*, NY: Harper and Row.

Myers, M.(1980), *A Procedure for Writing Assessment and Holistic Scoring*, IL: National Council of Teachers of English and Educational Resources Information Center.

Myford, C. M. & Wolfe, E. W.(2003), Detecting and measuring rater effects using Many−facet Rasch measurement: Part 1, *Journal of Applied Measurement* 4(4), 386−422.

Nisbett, R. E. & Wilson, T. D.(1977), Telling more than we can know: Verbal reports on mental processes, *Psychological Review* 84(3), 231−259.

Nold, E. W. & Freedman, S. W.(1977), An analysis of readers' responses to essay, *Research in the Teaching of English* 11(2), 164−174.

Nunnally, J. C.(1978), *Psychometric Theory(2nd Ed.)*, NY: McGraw−Hill.

Perkins, K.(1983), On the use of composition scoring techniques, objective measures, and objective tests to evaluate ESL writing ability, *Tesol Quarterly* 17(4), 651−671.

Polin, L.(1981), Effects of time and strategy use on writing performance, Paper presented at the annual meeting of the American Educational Research Association, New York.

Pula, J. J. & Huot, B. A.(1993), A model of background influences on holistic raters, In M. M. Williamson & B. A. Huot(Eds.). *Validating Holistic Scoring for Writing Assessment: Theoretical and Empirical Foundations* (pp. 237−265), NJ: Hampton

Press.

Rafoth, B. A. & Rubin, D. L.(1984), The impact of content and mechanics on judgements of writing quality, *Written Communication* 1(4), 446-458

Sakyi, A. A.(2000), Validation of holistic scoring for ESL writing assessment: How raters evaluate composition, In A. J. Kunnan(Ed.). *Fairness and Validation in Language Assessment: Selected Papers from the 19th Language Testing Research Colloquium* (pp. 129-152), Cambridge: Cambridge University Press.

Schaefer, E.(2008), Rater bias patterns in an EFL writing assessment, *Language Testing* 25(4), 465-493.

Shohamy, E., Gordon, C. M., & Kraemer, R.(1992), The effect of raters' background and training on the reliability of direct writing tests, *The Modern Language Journal* 76, 27-33.

Simon, H. A.(1981), *The Science of the Artificial(2nd ed)*, Mass: The MIT Press.

Smith, L. S., Winters, L., Quellmalz, E. S., & Baker, E. L.(1980), *Characteristics of Student Writing Competence: An Investigation of Alternative Scoring Systems(Report to the National Institute of Educations)*, CA: Center for the Study of Evaluation, University of California.

Spandel, V. & Stiggins, R.(1990), *Creating Writers: Linking Writing Assessment and Instruction*, NY: Longman.

Stahl, J. A. & Lunz, M. E.(1996), Judge performance reports: Media and Message, In G. Engelhard & M. Wilson(Eds.), *Objective Measurement: Theory into Practice* (pp. 113-125), NJ: Ablex.

Stewart, M. F. & Grobe, C. H.(1979), Syntactic maturity, mechanics of writing, and teachers' quality rating, *Research in the Teaching of English* 13(3), 207-215.

Stiggins, R.(1982), A comparison of direct and indirect writing assessment methods, *Research in the Teaching of English* 16, 101-114.

Sweedler-Brown, C. O.(1993), ESL essay evaluation: The influence of sentence-level and rhetorical features, *Journal of Second Language writing* 2, 3-17.

Tashakkori, A. & Teddlie, C.(1998), *Mixed Methodology: Combining Qualitative and Quantitative Approaches*, CA: Sage.

Vaughan, C.(1991), Holistic assessment: What goes on in the raters' minds?, In L. Hamp-Lyons(Ed.), *Assessing Second Language Writing in Academic Contexts* (pp. 111-125), NJ: Ablex.

Weigle, S. C.(1994), Effects of training on raters of ESL compositions, *Language Testing* 11, 197-223.

Weigle, S. C.(1998), Using FACETS to model rater training effects, *Language Testing* 15(2), 263-287.

Weigle, S. C.(1999), Investigating rater/prompt interactions in writing assessment: Quantitative and qualitative approaches, *Assessing Writing* 6(2), 145-178.

Weigle, S. C., 정희모 · 김성숙 · 유혜령 · 서수현 역(2017), 『쓰기 평가』, 글로벌콘텐츠

White, E. M.(1984), Holisticism, *College Composition and Communication* 35(4), 400-409.

Wigglesworth, G.(1993), Exploring bias analysis as a tool for improving rater consistency in assessing oral interaction, *Language Testing* 10(3), 305-335.

Wolfe, E. W.(1997), The relationship between essay reading style and scoring proficiency in a psychometric scoring system, *Assessing Writing* 4(1), 83-106.

Wolfe, E. W.(2005), Uncovering rater's cognitive processing and focus using think-aloud protocols, Journal of *Writing Assessment* 2(1), 37-56.

Wolfe, E. W., Kao, C. W., & Ranney, M.(1998), Cognitive differences in proficient and nonproficient essay scorers, *Written Communication* 15(4), 465-492.

Wolfe, E. W. & Ranney, M.(1996), Expertise in essay scoring, In D. C. Edelson & E. A. Domeshek(Eds.), *Proceedings of ICLS 96* (pp. 545-550), VA: Association for the Advancement of Computing in Education.

Wright, B. D., Linacre, J. M., Gustafson, J. E., & Martin-Löf, P.(1994), Reasonable mean-square fit values, *Rasch Measurement Transactions* 8(3), 370.

[부록] 프로토콜 예시

A. 채점 기준 내면화하기

프로토콜 번호	프로토콜	코드
R15-T3-N4	(채점 기준 1을 보며)분량 여기에 들어가야 해. 분량 못 채우면 -2점	A1
R8-T1-N26	보통 주장이 처음에 하나 있고 그 다음에 이거를 주장해 주는 주장이 하나 있고, 중간 중간에 하위 주장들이 있어야 하는데	A2
R11-T11-N9	세 가지에 만점을 주고, 두 가지에는 이 정도 주고.	A3
R10-T6-N36	(채점 기준 4 해석)다 지키면 6점, 삼천포로 1번 가면 3점, 양비론은 1점	A4
R7-T8-N16	그리고 통글로 되어 있는 글도 2점을 부여하겠습니다.	A5
R2-T6-N44	문장 부사, 대용표현이 잘 안 쓰였으면 3점 줘야지.	A6
R20-T3-N26	문장호응의 문제는 문장의 길이나 명료성과 관련된 얘기니까.(채점 기준 7을 보며)앞뒤 안 맞는 거니까 이걸로 하는 거야.	A7
R5-T2-N37	세 개씩 자를까?	A8
R3-T12-N16	기본 점수를 2점으로 깔아 줘야겠다.	A9

B. 내용 파악하기

프로토콜 번호	프로토콜	코드
R12-T2-N15	(채점 기준 1을 보며)지금 생성한 내용이(11줄을 가리키며)동물 실험 3r법칙에 의해 진행 중이다.	B1
R4-T14-N2	(3~8줄)(9줄에 밑줄)'인간과 동물은 엄연히 다른 종'. 반대하고 있구나.(9~33줄)	B2
R14-T2-N4	(16~23줄)(16줄에 밑줄)반대하는 사람들이 하는 주장을 깨면서 자기주장을 강화시키는 근거인 것 같은데…. 대체할	B3

프로토콜 번호	프로토콜	코드
	수 있는 실험이 없기 때문에 동물 실험을 해야 한다. 라고 두 번째 근거를 들었고(24~31줄)	
R6-T20-N4	(32~39줄)(32~39줄 묶으며)결론	B5
R9-T5-N15	(채점 기준 6을 보며)응집성은(18줄의 '이렇듯이' 표시)	B6
R1-T5-N6	(4~5줄) ('읽어주세요'에 표시하며)호소하고 있어.	B7
R8-T8-N6	(12줄)(12줄의 '제어'에 표시하며)사람 이름인가 보네.	B8
R16-T1-N2	(3~4줄)(3~4줄에 밑줄)정의. 개념에 대해서 이야기하고 있고	B9

C. 채점 근거 제시하기

프로토콜 번호	프로토콜	코드
R17-T11-N18	(채점 기준 1을 보며)내용 생성도(8~15줄 가리키며)잘못 이야기를 하고 있지	C1-
R18-T15-N12	(채점 기준 2를 읽으며)(6줄을 가리키며)지금 반대했는데 (25~26줄의 '나는 어떤 의견인지 생각해 보는 시간을 가 져보자'에 표시하며)계속 반대하는 게 아니라 다시 생각해 보자 이런 식이기 때문에 명확하지 않다.	C2-
R19-T22-N11	(27~30줄)세 번째는 심리학적 결과인데 내가 신체까지는 이해를 하겠는데 이게 아무리 동물 실험과 관련이 있더라 도, 동물을 대상으로 한 심리학 결과가 여러 가지 면에서 유용하게 쓰인다는 건 좀 그렇지 않나? 교육 분야에 쓰인 다. 이건 좀 어폐가 있는 것 같아. 어쨌든 인간의 심리는 인간하고 연결해야 하는 것 아닌가?	C3-
R11-T28-N9	(채점 기준 4를 보며)통일성이 떨어지죠.(30~36줄 묶음 가 리키며)왜 이런 내용이 있는지 모르겠다. 조절을 잘 하면 좋을 텐데.	C4-
R13-T18-N2	(5~9줄)(전체 훑어 읽기)문단 안 나눴고	C5-
R6-T2-N2	(3~4줄)(3줄의 '근현대 의학'에 표시하며)근현대 의학의 발 달?('근현대 의학' 앞에 제시된 '이러한'을 지칭하며)'이러 한'이라고 하기에는 내용이 안 맞고	C6-

프로토콜 번호	프로토콜	코드
R9-T13-N24	(25줄의 '것이죠.'에 표시하며)문체가 문어체가 아닌 구어체를 써서 문제가 될 수 있습니다.	C7-
R3-T30-N24	다시 볼까 한번(22~27줄)(27줄의 '바램'에 표시) 하나. 바램	C8-
R1-T4-N3	(1~4줄)(1~4줄을 묶으며)동물 실험 정의.(여백에 '정의'라고 쓰며)정의는 좋은 것 같아. 정의를 제시해 주는 것은	C9+

D. 다른 텍스트와 비교하기

프로토콜 번호	프로토콜	코드
R10-T4-N7	(채점 기준 1을 보며)아까 거에 비해서 정말 마음에 드네.	D1+
R19-T27-N6	(19~20줄)'생명은 인간이나 동물에게 소중합니다?' 차라리 전에 봤던 애가 훨씬 낫네. 걔는 주장이라도 확실하지.	D2-
R6-T3-N15	근거가 너무 다른 글들에 비해 부족하니까	D3-
R3-T24-N21	(23번 글을 본 후)애는 4점을 줬구나.	D40
R13-T3-N35	(2번 글을 가리키며)애는 2점을 줬는데 (3번 글을 가리키며)애를 3점을 줄 수가 있나. (3번 글 전체 훑어 읽기)만약 통일성 때문에(10~14줄을 가리키며)이걸 뺀다고 하면, 체계적이라고 줄 만한 게….	D5-
R20-T22-N8	(10~30줄 가리키며)응집성은 좋아. 다른 애들에 비해 내용 연결도 좋고 괜찮은데	D6+
R8-T2-N28	(채점 기준 7을 보며)표현도 앞에 비해 거칠어서 이해하기가 어려웠으므로	D7-
R1-T9-N54	(3번 글을 보며)3번 글은 3점을 줬는데, 3번 글보다 훨씬 많이 틀렸으니까	D8-
R18-T4-N4	앞에서 이렇게 명확하게 정의를 내린 애가 있나? 라는 생각이 들고.	D9+

E. 개선 방안 제시하기

프로토콜 번호	프로토콜	코드
R8-T3-N8	(1줄)(1줄에 밑줄)이런 거(자기소개 내용)쓰지 말라고	E1
R14-T20-N8	(채점 기준 2를 보며)자기 주장을 처음에 딱 '나는 동물 실험에 찬성한다.' 이런 얘기가 있으면 좋은데	E2
R5-T2-N6	(11줄)(11줄의 '3r법칙'에 표시하고 여백에 '설명'이라고 쓰며)3r법칙을 좀 더 설명해줬으면 좋겠다.	E3
R4-T27-N12	(채점 기준 4를 보며)통일성은 정말 갖추지 못한 상황인 것 같습니다. 이것저것 이야기를 하는데 그게 중간에(9~12줄 가리키며)왜 반대를 언급을 했는지를 명확하게 표현을 해주면서 반론에 대한 반박을 위해서 했다고 하면 상관이 없는데 그런 부분이 아니고	E4
R2-T18-N1	(1~5줄)(5줄의 '첫째' 앞에 문단 구분 표시 하며)문단 구분이 안 되어 있네?	E5
R15-T1-N31	(33줄의 '인간들은'앞 가리키며)이렇듯	E6
R12-T3-N4	(5~6줄)(5줄의 '왜냐하면' 6줄의 '있습니다.'에 표시하며)'있기 때문입니다.' 이렇게 써야 맞겠지?	E7
R16-T6-N5	(7줄의 '잇는'을 '있'으로 수정)시옷 받침을	E8
R19-T8-N1	(1~5줄)군이 동물실험의 역사를 말해야 하나? 이건 독자의 흥미를 끌기 위해 사용한 것 같은데 군이 이게 필요한지 모르겠어. 흥미가 일어나긴 하는데 군이 왜? 그리스에서 뭘 했는지 알려줬으면 오히려 흥미가 더 일어났을 것 같은데	E9

F. 판단하기

프로토콜 번호	프로토콜	코드
R2-T7-N13	(채점 기준 1을 보며)내용을 굉장히 잘 생성했어.	F1+
R5-T6-N17	(채점 기준 2를 읽으며)주장은 명료하고	F2+
R6-T30-N17	(채점 기준 3을 보며)근거가 타당한 편인데	F3+
R7-T4-N26	(채점 기준 4를 보며)통일성은 갖추었다고 판단이 되어서	F4+
R12-T21-N13	(채점 기준 5를 읽으며)체계성은 좀 많이 떨어져	F5-

프로토콜 번호	프로토콜	코드
R13-T15-N5	(채점 기준 6을 보며)응집성이 많이 떨어지는 것 같고.	F6-
R18-T7-N18	(채점 기준 7을 보며)문장도 명확하지 않았다는 생각이 들어서	F7-
R17-T9-N10	(채점 기준 8을 보며)틀린 게 솜 많은 것 같아	F8-

G. 총평하기

프로토콜 번호	프로토콜	코드
R11-T10-N25	아주 잘 썼네.	G+
R1-T2-N30	우선 앞의 글보다는(1번 글) 조금 못쓴 글인 것 같은데	G-
R7-T24-N22	중 수준의 글이라는 생각이 듭니다.	G0

H. 다른 채점 기준의 개입

프로토콜 번호	프로토콜	코드
R14-T8-N9	(25~28줄)내용 자체는 뭐…. 그런데 글의 조직이 너무 떨어지니까 내용도 좋아 보이지 않는다.	H15-
R18-T3-N16	(채점 기준 1을 가리키며)설득이라는 목적이(채점 기준 2, 3, 4를 가리키며)여기에 다 영향을 주고 있기 때문에	H21-
R7-T9-N15	(채점 기준 3을 보며)그에 따라 주장이 흔들려서 근거의 타당성 여부도 흔들리고요	H32-
R16-T3-N16	(채점 기준 4를 보며)근거가 부족하기 때문에 통일성도 갖추기 힘들고	H43-
R13-T13-N19	(채점 기준 5를 보며)통일성만 갖추면 체계적일 것 같고	H54-
R12-T13-N20	(채점 기준 6을 읽으며)(22~26줄 묶은 부분 가리키며) 여기서 좀 깎여야지 응집성. 갑자기 불필요한 내용이 나오는 부분.	H64-
R6-T15-N24	(채점 기준 7을 보며)문장이. 근거의 타당성이 너무 떨어지는데 이게 문장력이라고 할 수 있나?	H73-
R5-T3-N39	그 다음에 문단을 이상하게 나누었고	H86-

I. 외적 요소 고려하기

프로토콜 번호	프로토콜	코드
R15-T30-N19	(채점 기준 1을 보며)분량은 30줄은 채웠네요.	Ia1+
R5-T3-N38	(채점 기준 8을 읽으며)일단 나는 글의 길이가 짧으면 어법을 좋게 줄 수가 없어. 너무 짧게 썼기 때문에(채점 기준 8에 표시 1개)	Ia8-
R2-T6-N1	와 내용이 너무 적은데?	Ia9-
R20-T5-N17	근데 중 수준의 글인데 5점 주긴 좀 그래.	Ib4-
R3-T5-N18	(채점 기준 5를 읽으며)글을 너무 못 써가지고	Ib5-

J. 실수

프로토콜 번호	프로토콜	코드
R4-T17-N2	(11~17줄)(17줄에 표시)찬성인 것 같은데	J2
R1-T27-N40	(채점 기준 4를 보며)포함되면 안 되는 내용들이 3군데 있었어.	J4
R15-T10-N20	(채점 기준 5를 읽으며)정의, 주장, 서론 본론 결론 갖추고 있고요.	J5
R1-T19-N35	(채점 기준 7을 보며)이해하기 쉽고 명료하지 않은 부분이 3군데 정도 있었어.	J7
R6-T27-N23	(채점 기준 8을 보며)글자가 이상한 거는….(17줄의 '대체적으로'를 가리키며)띄어쓰기 이상한 거 말고는	J8

K. 점수 부여하기

프로토콜 번호	프로토콜	코드
R17-T4-N16	5점 줘야겠다.	Ka5
R10-T7-N24	(채점 기준 8을 보며)어법(6점이라고 씀)	Kb8

L. 점수 수정하기

프로토콜 번호	프로토콜	코드
1. 감점 요인이나 가점 요인을 추가로 찾았을 경우		
R9-T20-N5	(22~35줄)(32~35줄 묶으며)문단이 제대로 나눠져 있지 않고	E5
R9-T20-N6	(채점 기준 5의 4점을 3점으로 수정)	L5-
2. 점수를 부여한 후 누락한 감점 요인을 다시 반영하여 점수를 수정하는 경우		
R15-T13-N16	(13번 글을 보며)이거 정의 없었어.	C5-
R15-T13-N17	(13번 글의 채점 기준 5의 6점을 5점으로 수정)	L5-
3. 채점 기준 해석 방식을 바꾼 경우		
R10-T5-N41	(전체 훑어 읽기)22줄	Ia5-
R10-T5-N42	(채점 기준 5의 6점을 5점으로 수정)	L5-
4. 자신이 설정한 하위 기준을 잘못 적용했다는 사실을 깨달은 경우		
R8-T10-N22	여섯 개가 1점인가? (채점 기준 적어둔 것 확인)2점이네.	M
R8-T10-N23	(채점 기준 8의 1점을 2점으로 수정)	L8+
5. 자신이 매우 엄격하거나 매우 관대하게 점수를 부여했다고 생각한 경우		
R13-T6-N24	아니 근데 이렇게 주면은…. 너무 쉽게 받는데?	M
R13-T6-N28	(2번 글을 보며) 2번 글은…. 아 애가 26점이네. 근거를 훨씬 잘 썼는데	D3-
R13-T2-N39	체계적인 건(2번 글을 보며)잘 한건 아닌데 시도는 했으니까	C5+
R13-T2-N40	(2번 글의 채점 기준 5의 2점을 3점으로 수정)	L5+
6. 어떤 점수를 부여할지 고민하는 경우		
R12-T29-N2	(2~16줄)(5~16줄을 묶으며)그냥 나열한 것 같은 느낌인데	C6-
R12-T29-N17	(채점 기준 6을 읽으며)4점	K6
R12-T29-N19	(채점 기준 6의 4점을 3점으로 수정)	L6-
R12-T29-N20	(채점 기준 6의 3점을 4점으로 수정)아니야…. 4점	L6+

M. 점검 및 조정하기

프로토콜 번호	프로토콜	코드
(과정)1. 텍스트의 특정 부분에 대한 판단과 채점 기준을 올바로 대응시켰는지 점검·조정하기		
R6-T14-N13	(24줄을 가리키며)타당도가 떨어지는 부분이 있으니까(채점 기준 2를 보며)4점. 근거가 타당하지 않다고 해야 하나? 그럼(채점 기준 2의 4점을 5점으로 수정)이건 5점(채점 기준 3을 보며)이건 4점	M
(과정)2. 채점 기준 간 개입이 일어나는지 점검·조정하기		
R2-T12-N26	다른 것과 연관이 있다 하더라도 그것에 지배받을 순 없지. 내용에	M
(과정)3. 채점 지침을 잘 지키고 있는지 점검·조정하기		
R20-T2-N42	(25줄의 '백신 이었을까?'에 표시하며)이런 것도. 아. 띄어쓰기는 안본다고 했으니까.	M
(과정)4. 인상 평가를 하고 있는지 점검·조정하기		
R4-T21-N19	전체적으로 인상평가가 되는 것 같지만	M
(과정)5. 글을 꼼꼼히 읽고 있는지 점검·조정하기		
R18-T8-N6	(10~17줄)지금 글을 띄엄띄엄 읽었다는 생각이 들어서 다시 읽어 보겠습니다.	M
(과정)6. 채점 시간이 오래 걸리는지 점검·조정하기		
R10-T5-N32	지금 시작한지 30분 지났는데…. 이대로 가다가는…. 이렇게 하면 안 되지만 이거를 짧은 시간 내에 채점하려면	M
(결과)7. 자신이 부여할 혹은 이미 부여한 점수가 후하거나 박하지는 않은지 점검·조정하기		
R17-T16-N19	근데 이 정도는 아닌데? 2점밖에 안 깎었어?	M
(결과)8. 자신이 부여할 혹은 이미 부여한 점수가 형평성에 어긋나는지 점검·조정하기		
R19-T4-N21	중간 중간에 내가 가혹했는지는 모르겠는데. 그래도 형평성을 갖춰야 하니까	M

N. 채점의 어려움

프로토콜 번호	프로토콜	코드
R16-T17-N14	(채점 기준 6을 보며)이거 되게 애매하네.	N6
R20-T10-N11	(채점 기준 7을 보며)(21줄을 가리키며) 이걸 얼마나 깎을 것인가?	N7
R2-T11-N30	(채점 기준 8을 보며)오타. 몇 개 안되니까. 4점을 줘야하나 5점을 줘야 하나. 한두 개는 보통. 아. 4점을 줘야 하나 5점을 줘야 하나?	N8
R3-T12-N1	이제 집중력이 좀 떨어지는데.	N9
R19-T1-N9	(21~24줄) (20~24줄을 묶으며) 타당하기는 한 것 같으면서도…. 인간의 유전자가 동물의 유전자가 같을 수 있나? 전문가가 아니어서 내가 파악을 못하겠네.	N9
R13-T16-N6	(11~24줄)(18~24줄 묶으며)이건 내용이 약간 다른 것 같은데. 이걸 구성의 문제라고 해야 하나, 필요 없는 내용이라고 해야 하나.	N9

O. 개인적 반응

프로토콜 번호	프로토콜	코드
R16-T26-N3	(11~25줄)(25줄에 밑줄)귀엽네.	Oa
R6-T14-N2	(5~8줄)(7~8줄을 묶으며)그렇구나. 쥐가 암에 걸릴 확률이 높구나.	Ob

저자 소개

백 유 진

한국교원대학교 국어교육과 졸업
한국교원대학교 국어교육 전공 석사 졸업
한국교원대학교 국어교육 전공 박사 졸업
현재 이리고등학교 교사

[논문]

- 「고등학생 논설문 쓰기에서 내용 생성 단계의 인지 과정 탐색」(단독, 학습자중심교과교육 연구, 2019)
- 「일관성 수준에 따른 논설문 평가 과정의 인지적 차이 분석」(단독, 작문연구, 2020)
- 「논설문 채점에 나타난 국어 교사의 채점 편향의 특성 분석: 텍스트 특징에 따른 채점 편향 분석을 중심으로」(단독, 청람어문교육, 2020)
- 「중학생 논설문 평가에 나타난 예비국어교사의 평가 특성 분석」(제1저자, 학습자중심교과교육연구, 2021)
- 「모평균 추정과 다국면 Rasch 분석을 활용한 설명문 평가예시문 선정 방안 연구」(제1저자, 청람어문교육, 2021)
- 「예비국어교사의 중학생 설명문 평가 특성 및 일관성 변화 양상 분석」(제1저자, 학습자중심교과교육연구, 2021)
- 「글 유형에 따른 예비국어교사의 평가 특성 분석」(제1저자, 교원교육, 2021)
- 「COVID-19 시대의 국어과 쓰기 평가 실태 조사」(교신저자, 교육과정평가연구, 2021)
- 「텍스트 분량 요인에 대한 현직 국어교사와 예비 국어교사의 쓰기 평가 특성 차이 분석」(제1저자, 청람어문교육, 2021)
- 「국어교사의 비대면 쓰기 지도 실태 조사 연구」(공동저자, 국어교육, 2021)
- 「국어교사의 음성 장애 지수 분석」(제1저자, 학습자중심교과교육연구, 2021)
- 「국어교사의 음성 증상 및 음성 관리 실태 조사 연구」(제1저자, 학습자중심교과교육연구, 2021)

쓰기 채점자의 인지 과정과 채점 편향

초판 1쇄 인쇄 2022년 1월 14일
초판 1쇄 발행 2022년 1월 25일

지은이 백유진
펴낸이 이대현

책임편집 임애정 | **편집** 이태곤 권분옥 문선희 강윤경
디자인 안혜진 최선주 이경진 | **마케팅** 박태훈 안현진
펴낸곳 도서출판 역락 | **등록** 1999년 4월 19일 제303-2002-000014호
주소 서울시 서초구 동광로46길 6-6(반포4동 577-25) 문창빌딩 2층(우06589)
전화 02-3409-2060(편집부), 2058(영업부) | **팩시밀리** 02-3409-2059
전자우편 youkrack@hanmail.net
홈페이지 www.youkrackbooks.com

ISBN 979-11-6742-211-8 93370
정가는 뒤표지에 있습니다.